大学美育

朱志荣　刘彦顺————主编

华东师范大学出版社
·上海·

图书在版编目（CIP）数据

　大学美育 / 朱志荣主编. -- 上海：华东师范大学
出版社,2025. -- ISBN 978 - 7 - 5760 - 5946 - 5
　Ⅰ.G40 - 014
　中国国家版本馆 CIP 数据核字第 20257K3H70 号

大学美育

主　　编　朱志荣
责任编辑　范耀华　张　婧
审读编辑　刘效礼
责任校对　江小华
装帧设计　俞　越

出版发行　华东师范大学出版社
社　　址　上海市中山北路 3663 号　邮编 200062
网　　址　www. ecnupress. com. cn
电　　话　021 - 60821666　行政传真 021 - 62572105
客服电话　021 - 62865537　门市（邮购）电话 021 - 62869887
地　　址　上海市中山北路 3663 号华东师范大学校内先锋路口
网　　店　http://hdsdcbs. tmall. com

印 刷 者　苏州工业园区美柯乐制版印务有限责任公司
开　　本　787 毫米×1092 毫米　1/16
印　　张　18.75
字　　数　406 千字
版　　次　2025 年 6 月第 1 版
印　　次　2025 年 6 月第 1 次
书　　号　ISBN 978 - 7 - 5760 - 5946 - 5
定　　价　49.90 元

出 版 人　王　焰

（如发现本版图书有印订质量问题，请寄回本社客服中心调换或电话 021 - 62865537 联系）

主 编

朱志荣（华东师范大学）　　　　　　刘彦顺（江苏师范大学）

各章撰稿人

第一章　绪论　　　　　　　　　　刘彦顺（江苏师范大学）

第二章　大学美育的本质　　　　　鲍俊晓（盐城师范学院）

第三章　大学美育的功能　　　　　谭玉龙（重庆邮电大学）

第四章　中国大学美育简史　　　　李　宁（北京师范大学）

第五章　西方大学美育简史　　　　林　可（北京师范大学）

第六章　音乐美育　　　　　　　　刘　莉（新疆师范大学）

第七章　影视美育　　　　　　　　李　骏（南京财经大学）

第八章　文学美育　　　　　　　　朱志荣（华东师范大学）

第九章　书法美育　　　　　　　　向　彬（中南大学）

第十章　绘画美育　　　　　　　　陈晓娟（华中师范大学）

第十一章　设计美育　　　　　　　李　敏（上海大学）

第十二章　生态美育　　　　　　　卢　政（鲁东大学）

目　录

第一章
绪　论

　　大学美育，顾名思义，是对正在大学这一高等教育机构内学习的学生所进行的审美教育。大学之内的学生，狭义上是指本专科学生，广义上还包括硕士生、博士生，年龄在 18 岁到 28 岁。本教材所说的大学美育对象，就是指大学内的本专科学生、硕士生、博士生，统称为大学生。

　　人们尚在母亲腹中孕育时，美育活动就开始了。妈妈与其他家庭成员都会营造一个美好、安静、平和的环境，比如在室内陈列悦目的图画、播放优雅灵动的音乐、诵读修身养性的诗文，等等，对孩子进行胎教，迎接新生命的到来。然后，到幼儿园、小学、中学，美育活动仍在继续。那么，大学美育有自己特殊的品性、要求、功能吗？如果没有，那就只能是初等教育之中美育活动的自然延续或延伸，就没有必要编写一本大学美育教材了。

　　事实上，与此前所接受的美育活动相比，大学美育确实有自身特殊的性质、要求与功能。这集中体现在，大学教育是很多人从学校教育彻底走向社会，尤其是走向工作阶段、职业生涯的最后一个学校教育时期，而大学教育在根本上又是一种不同于中小学基础教育的相对狭小的专业教育。因此，大学美育活动既亟须实施，为大学生即将到来的真正独立的社会化生活培养审美能力，同时又面临专业教育的挤压，也就是说，大学生们必须要为职业生涯与社会竞争尽力做好准备。

　　基础教育的目的是让国民具备成为国家公民的基本能力，是民族素质与接受终身教育的基础。基础教育面向全体国民，追求国民整体素质的提高与发展，在教育内容上也兼顾科学与人文，德智体美劳全面发展。相比之下，大学专业教育之所以是狭小的，就是因为社会所需要、所提供的工作、职业总是具体的，而且分工还会越来越细，新工作与新工种越来越多，需要人们具备极其专业、专门的能力。在大学的专业教育中，只有极少数学生的专业本身涉及美育活动或艺术教育活动的某一种具体形态，比如中文系或文学院中的文学教育、外语系中的外国文学教育、音乐教育、绘画教育、电影教育、书法教育、设计教育、舞蹈教育、动漫教育，等等。即便是专门学习某一种艺术门类或审美设计门类的教育，也还是一种专业教育、职业教育。

　　人之生涯，以百岁计，工作时间占据三分之一，甚至将近一半。因此，大学生即将走向漫长的职业生涯，要成家立业，要回报家庭，要为社会与国家作出贡献，就必须首先学好自己的专业知识与技能。同时，在完满完成自己的工作、获得独立生活的物质条件之后，尤其是在 8 小时工作时间之后，人生还有远超过大半的时间，需要人们去关切：如何创造属于自己、符合自身气质的美好生活，善待自身的感官感觉，使诸感官获得合情合理的愉悦感或美感？这就远远超出了在大学里所掌握的专业知识与技能。

　　什么是审美活动？什么是审美教育？什么是大学阶段的审美教育？大学美育的性质、功能、原则、内容是什么？这些问题就是在绪论里要加以回答的。

第一节　大学美育与大学生审美发展的特征

一、审美活动、审美能力、美育与审美发展

　　本节的第一部分要学习的是关于大学美育的常识性内容，即为什么要实施大学美育？什么是审美活动、审美能力、美育与审美发展？在掌握了这些基本常识之后，再来学习大学生审美发展的特性。

（一）审美活动

　　所谓审美活动，简单地说，就是让人们获得合情合理的感官愉悦感觉的活动。人们的感官主要包括耳、目、鼻、舌、身，人们的感觉主要有听觉、视觉、嗅觉、味觉、触觉。审美活动就是主要通过视觉、听觉、嗅觉、味觉、触觉获得合情合理的愉悦感觉的过程。这就是审美活动作为人生意义的特别之处。实施美育，就是为了提高人们获得数量越来越多、质量越来越高的审美活动的能力。

　　人活着的意义有很多，就其大概而论，可以分为科学探索、宗教信仰、道德践行、审美追求四种。人生四大意义的划分不是随意的，而是必然的，因为这是所有人对不可回避的根本问题的选择性作为。人们必须面对四大问题，即人与自然的关系、人与神之间的关系、人与人之间的关系、人与自身感官之间的关系。解决人与自然的关系问题，必须探究自然的奥秘，从而产生绝对客观的知识，这就是科学或科学活动。解决人与神之间的关系问题，有些人选择信仰一个绝对主观的神秘力量，从而导致神祇的产生，这就是宗教或宗教活动。解决人与人之间的关系问题，人们既要主动地遵从善良的天性，也要被动地克制自己的负面欲望，为了让人们多行善事，就会产生以追求善良行为为标准的伦理道德规范，这就是道德或道德活动。人们还要善待与呵护自己的身体感官的感觉，给予感官以合乎情理的悦乐或愉悦感觉，这就是审美或审美活动。以上科学活动、宗教活动、道德活动、审美活动，又可以简称为真、信、善、美。由此可见，不仅审美活动的意义是其他意义无法取代的，美育活动也同样如此。

特别需要指出的是，在不同的国家、民族或文化圈的人们，对这四大意义有不同的选择，并组合成适合自己的生活意义圈或生活意义生态圈。在某些以宗教文化为主导的文化圈，有以宗教禁欲主义来压制甚至禁绝审美活动的悠久历史与传统，其美育活动就极不健全或极其衰微。如果把科学的意义与价值凌驾于审美活动之上，把知识、认识的客观与真实视为审美活动的标准，把人们的审美心理视为生理现象进行一般性研究，把审美创造视为科学技术制作，把审美活动视为客观数据进行考试与测量，就会产生狭隘且自大的科学主义美学。在现代社会中，科学主义美学尤其值得人们警惕。

在中华传统文化中，虽然也有极为发达的佛教与道教，但是宗教始终不占据社会的统治地位，不是文化的主流。儒家是传统文化的主流，由此滋生的审美文化就极为发达，辉煌灿烂。中华审美文化及其审美活动极为特别，第一，尤其重视人际之间和谐关系的美感，其中男女夫妻之爱与亲子慈孝之爱是根本与核心，此外还有朋友关系、兄弟姐妹关系、上下级关系，等等。第二，中华审美文化均衡地、无差别地对待人们的各种感官，尊重每一种感官的愉悦感觉，呵护每一种感官的愉悦需要，而不是对各种感官进行饱含偏见的贵贱划分，因此中华民族对艺术作品、日用品的审美设计、空间环境之美、饮食之美、馨香之美都极为钟爱。

对于大学美育来说，审美活动最直接、最强大的挑战就是以科学教育、理性教育为主的专业教育，因为它对于大学生的职业生涯来说至关重要，是安身立命、成家立业的基础，占用了过多的时间、精力，自然就会使学生忽视对自身感官愉悦感的呵护以及审美能力的养成。同时，以科学教育、理性教育为主的专业教育又是大学美育的机遇，学好专业恰恰可以为更好地进行审美活动提供物质保障、时间保障，因为这也是审美活动所需要的。因此，必须妥善处理大学专业教育与大学美育的关系。

（二）审美能力

审美能力，从字面来看，尽管可以直接且简单地理解为从事审美活动的能力，但必须进行更具体且根本的分析，才能把握审美能力的本质，才能彰显美育、大学美育的根本目的在于提升审美能力的特殊性，也才能与培养科学研究能力、技术操作能力的科学教育与理性教育区别开来。

审美能力的特殊性在于：

第一，从审美活动的意义来看，是人们为了呵护自身感官的感觉，所以通过审美活动让感官得到合乎情理的愉悦感觉。审美活动的意义从来就不是抽象的，不是人们对感官愉悦感的清谈与背书，而是实实在在的感官的冲动、愿望、欲求。同时，这些冲动、愿望与欲求也是一种能力，且必须在具体的审美活动中才能体现出来。因此，审美活动自身作为一种能力就是审美活动意义的显现，且只能如此。只要人们有正常的、健全的身体感官，就都会期待好用的日用品、好吃的食物、好闻的气味、好看的衣服、好听的音乐、好住与好游的环境与风景、好看的电影与小说、对自己有善意的人们、良好的人际关系与工作环境，凡此种种，就是期待感官得到愉悦感。

感官的愉悦感不同于理性的愉悦感。我们从小就经历过数不清的考试，考试之前对学过的内容反复背诵，以至于倒背如流，一直到考试之前都不会忘记，但是考试一结束，所有那些似乎已经刻在自己头脑里的内容，都会忘得一干二净。当我们读章回体小说时，看到某一回的结尾写道"欲知后事如何，且听下回分解"，就会欲罢不能，一心想知道下一回的故事如何发展。当我们在电影院看电影的时候，如果邻座有观众站起来，出去买东西，虽然他彬彬有礼，从我们面前倏地一下就过去了，但是视线被挡住的一瞬间，我们还是会惋惜甚至愤懑不已。相比之下，理性带来的愉悦却不在理性所追求的目标本身，理性所求的是真，而真是绝对客观的。真自身容不得任何主观与感觉，当然也容不下感官的愉悦感。人们在寻求真的过程中，孜孜以求，虽然也会体验到愉悦感，甚至在取得对真的把握的结果时还会欣喜若狂，但是这些愉悦感却不会在真之中显现出来。在求真的过程中，占据主要地位的是理性的思考，充满着艰辛、磕绊、苦闷、枯燥。美国文学家爱伦·坡曾说："在我看来，诗和科学论文是相反的，诗的直接目的是获得快感，而不是真理。诗和小说也是不同的，诗的目的是获得朦胧的快感，而不是明确的快感，只有达到这样的目的才算是诗。小说赋予可感知的意象确定的意义，而诗则赋予可感知的意象朦胧的感觉，要达到这一目的，音乐是本质的因素，因为我们对美妙声音的领悟是一种最朦胧的观念。"① 此段的第一句话尤其简洁、深刻，直接揭示了审美活动的意义。

第二，从审美活动作为感官愉悦感能力的具体显现来看，感官只能直接感觉、直接感受，而不具备所谓间接感觉、间接感受的能力——世界上根本不存在这种感官能力，更不具备理性能力，也就是回忆与反思能力。回忆是人类最低的理性行为，它能重现曾经发生且保存在记忆中的对象，尤其是能让科学知识可以无损耗地重现，但是回忆虽然可以从记忆里提取一个曾经发生的审美活动，却无法再造一个生动的审美活动。回忆不长着眼、耳、鼻、舌、身。美妙的音乐只能去听，好电影只能去看。回忆听音乐、看电影，与听音乐、看电影是完全不同的行为。回忆为反思提供可反思的对象，这些对象是真实的，但还只是一些材料；反思是对回忆所提供材料的更高智能处置，它包括对比、求同、求异、总结、归纳、演绎、判断、推理等所有具体的理性思考操作手段，并最终以认识结果、知识、共识、原理、规律等形式来表达。

第三，从审美活动的状态来看，可以分为两个方面，一是审美活动的时态只能是正在进行时的；二是审美活动只能是流畅的，而不能是磕磕绊绊、踉踉跄跄的。审美活动的这两种状态同时也就是审美能力的状态。

大学美育活动在根本上是实践的，任何间接的转述与品评都不能取代直接感受审美对象。同时，大学美育活动只能是一种正在进行着的审美活动。审美活动的时态只能是正在进行时，其实这也是所有感官之感觉的特性，但是，审美活动在正在进行时这一时态上显得尤为醒目，因为审美活动正在兴发之时，人生的审美意义——即感官之愉悦感、

---

① 爱伦·坡：《爱伦·坡精选集》，刘象愚编选，山东文艺出版社 1999 年版，第 629 页。

幸福感、自由感之意义才得到了实现。审美活动可以被回忆，甚至审美活动所呈现的审美时间意识域也可以在回忆中被再造，但是回忆绝对不能造就一个原发性的审美活动，因为通过审美活动获得的愉悦感觉只能由感官直接接触、接受，乐在耳中，画在眼中，诗文在耳目之中，美食在口舌之中，香在鼻中，舍此别无他途，而不能经由间接的回忆与反思来完成。

眼里容不下沙子，快感受不了卡顿。人们不仅寻求感官的愉悦感，更力求这种愉悦感能够流畅地持续下去，直到满足为止。毛宗岗在评论《三国演义》时说："俗本之乎者也等字，大半龃龉不通，又词语冗长，每多复沓处。今悉依古本改正，颇觉直捷痛快。"① 不管艺术家的创作过程是艰辛的，还是轻松的，他们都是流畅时体的创造者，在流畅时程的每一个审美时位上斤斤计较，力求安置妥当。② 流畅与卡顿是相对的。审美创造与艺术创作追求的最高目标与理想便是让人们获得流畅无碍且行于当行、止于当止的感官愉悦感。一旦出现卡顿，其实也就是出现了与愉悦感相反的消极感受。人们避之唯恐不及。王骥德说："大抵词曲之有入声，正如药中甘草，一遇缺乏，或平、上、去三声字而不妥，无可奈何之际，得一入声，便可通融打诨过去，是故可作平，可作上，可作去；而其作平也，可作阴，又可作阳，不得以北音为拘；此则世之唱者由而不知，而论者又未敢拈而笔之纸上故耳。"③ "甘草"在中药中所起的主要作用之一是调和诸药的药性，使诸药能够协调为一个整体起作用。入声所起到甘草一般的调和作用，便是与平、上、去三声搭配救急，把不妥、无可奈何之处调节为"通融"——即流畅。"打诨"一词在这里的含义是"生动"，其实也就自然包含了流畅的意思。

第四，从审美活动的构成方式来看，审美能力在审美活动中的体现只能是人们与审美对象始终不能分离。一旦我们不看张艺谋的电影《一个都不能少》，审美活动便告终结。或者说，当且仅当，我们正在看这部电影的时候，这一个独一无二的审美活动才可能存在。

（三）美育与审美发展

美育是人们审美能力的提高性发展，而且审美能力的提高与发展只能在审美活动中实现。这就要求美育活动是一种提高性的、超越性的审美活动。换句话说，能让审美能力有所提高的审美活动，本身就是美育活动。可见，美育并不特别，发生在我们身上的很多审美活动就可能是美育活动。只是一般性的审美活动可能具有的美育功能，其审美发展的可能性较小，且不稳定。

国家教育活动具有有组织、有计划、有投入、有保障的特点，因此其美育活动就可以专门挑选那些富有提高性的审美对象，组织专业的、训练有素的、具有极高审美能力的美育教师，提供专门的美育空间与物质条件，对不同的美育对象或人群进行适宜的审美划分，制定

---

① 罗贯中：《三国演义·上·凡例》，毛宗岗批评，齐鲁书社 2014 年版，第 1 页。

② 此处"时程"指时间历程，"时体"表示在一定时间内的状态，"时位"表示时势地位。

③ 王骥德：《王骥德曲律》，湖南人民出版社 1983 年版，第 78 页。

具体的实施方案与计划，依据国家的教育法及其他相关法律、法规，确立强制性的学时与目标，确保美育活动的实施。这是专门的美育活动，其美育功能的自觉性、组织性、强制性，远远超过了一般性的审美活动。可见，其审美发展的可能性更大且稳定。

同时，美育活动与一般审美活动之间存在着良性的互动关系。一方面，美育活动本身必须满足一般审美活动的特性，那就是能够使人获得合乎情理的感官的愉悦感，而且这一审美活动只能是一次性的、正在进行时的、流畅的，人们与审美对象之间是片刻都不能分离的。这个要求看似简单，其实很难做到。在实际的美育活动中，人们往往陷入过多的事后陈述与阐发，而且往往把审美对象、审美活动进行化约性的总结，并把这些陈述、阐发、总结以文字或语言的形式呈现出来，老师讲，学生背，然后写在试卷上，用标准答案来判定成绩。但是，这已经不是审美活动了，而是对审美活动的回忆与反思。即便是对审美活动正确的回忆与反思，也不是审美活动本身。可见，让美育活动保持一般审美活动的特性，并不容易。

另一方面，一旦美育活动完满实现，对一般审美活动就会起到引导与提升作用。就引导作用来说，美育活动会引领人们选择适宜的审美对象；就提升作用来说，美育活动会提高人们的审美能力。审美能力一旦提高，人们的审美需要就会更加强烈，他们就会期待具有更高审美价值的审美对象，而具有更高审美价值的审美对象则更有可能提高人们的审美能力。有什么样的审美能力，就会期待什么样的审美对象，就会有什么样的审美需要。久而久之，人们就会养成一种审美活动的习惯，也就是倾向于选择那些具有提高性、超越性的审美对象。

二、大学生审美发展的特征

自高考结束进入大学算起，包括本专科生、硕士研究生、博士研究生在内，大部分大学生的年龄在 18 岁到 28 岁之间。其中从 18 岁到 23 岁，是成年初期阶段；从 23 岁到 28 岁，是成年前期阶段。

孔子曾说："吾十有五，而志于学，三十而立，四十而不惑，五十而知天命，六十而耳顺，七十而从心所欲不逾矩。"[①] 这是孔子对毕生发展的思考和总结，尤其阐明了成人的心理发展趋势。大学生所处的 18—28 岁，就是处于"三十而立"之前的成人初期和前期阶段。这一发展阶段的独特性在于：一是这一阶段的学习发展任务最重，尤其是专业学习发展任务重；二是大学生所承担的社会角色发生了很大变化；三是在生理与心理上都开始走向人生的巅峰。同时，大学生在审美发展上也有独特之处，那就是相对成熟的审美能力、富有青春活力的人际交往审美特性和自觉的风格化。

（一）相对成熟的审美能力

大学生的身心智能都向着逐渐成熟、成形的方向发展，儿童、少年时期的游戏、童

[①]《论语集释·上·为政》，程树德集释，中华书局 2013 年版，第 82 页。

话、人际关系、环境感受、日用品、饮食文化等审美对象，都不再具有审美的魅力了。他们在审美能力上已经相对成熟，有了更为自觉与成熟的审美能力，也就有了更为高级的审美需要。因此，也就必须接受更高层次的审美教育。

大学时代的学习是全方位的，除了把专业学习作为核心任务之外，丰富的美育类课程、触手可及的网络审美空间里的大量音视频、城市里高度聚集的审美文化、越来越辽阔且变化多端的空间环境、日益丰富的日用品、越来越多的人际交往，都给大学生带来了不同以往的审美体验。大学生们对于自己喜欢什么、爱好什么，对喜欢、爱好的审美对象投入多少时间与精力，花费多少钱财，都有了相对稳定的自觉性。

不过，正是因为这是一种相对成熟的审美能力，才更需要提高、引导。第一，大学生作为正值青春期的人群，他们既对审美世界充满了好奇与探索的勇气，也容易自足、自满，甚至固执。第二，专业学习有可能占去了大学生绝对大部分的时间，而在剩余的有限时间里所进行的审美活动，往往只是较为浅表的低审美值消遣。不管这样低审美值的消遣进行多少次，都只是重复，而没有提高。第三，从审美活动所存在的区域来看，艺术作品作为视听对象比较容易呈现于课堂上的视听设备与其他媒介中，而很多人往往认为以艺术作品为对象的艺术教育就是美育的全部内容，这就大大减损了审美对象的领域与数量，比如日用品、环境、人际关系、饮食等，有时就不会被纳入大学美育的内容中。因此，大学美育的内容必须是全面而均衡的。

（二）富有青春活力的人际交往审美特性

和谐的人际关系带给人身心的愉悦。在大学生时代，建立亲密关系是极为关键的成长任务。大学生从之前依赖性较强的家庭与中小学生活，走向相对独立的大学生活，必须要实现两个目标：（1）从精神上逐步脱离家庭，脱离父母的呵护与管教，而日益走向独立的生活。（2）建立与异性朋友之间的良好关系。大学生人际关系的主要体现便是友谊、爱情，这也是人际关系美感的主要形态之一。

就友谊来看，强烈、稳定、亲密、体贴的关系本来就是人们的普遍需要与有力动机，而大学生作为年轻的单身个体，比已婚者更需要朋友，以满足其社会交往需要。一般来说，这个时期的朋友数量在人的一生中是最多的。大学生在这个阶段大都能按照自己的需要、愿望、能力或爱好发展友情，形成丰富的朋友圈，且比以往更加愿意倾听他人的意见，变得更友好、和善和相互尊重，既能充分地替对方着想，为朋友付出，也能在友情交往中保持自己的相对独立性，甚至会为肯定性或否定性的批评与探讨留有余地。健康、美好的青年人友谊有两个特点：一是无条件性、无功利性。大学生应该对朋友采取无私的态度，能够无条件地积极关注对方。二是善解人意。大学生大多能做到设身处地，为对方着想，且能准确地感受他人的思想与情感。只有这样，大学生才能积极发展以友谊为主的社会关系，互相赢得对方的好感与支持，为走向社会之后开创自己的事业奠定坚实基础。

就爱情来看，大多数单身男女都是在成年前期阶段结成夫妻的。大学生已经初步完成了社会化角色的转变，正在为完全走向社会进行专业的技能学习，且已经做好即将工作、即将独立的心理准备。同时，大学生心理发展也日趋成熟，尤其是人生观、价值观相对稳定。当然，最为重要的是大学生生理发育成熟，性意识也趋于成熟。爱情有三个主题，一是互相依恋，二是互相关心与满足，三是互相信任与自我展现。在爱情行为中，甜蜜的话语交流、表达爱意的拥抱与接吻等身体语言、适时所送的礼物、互相的肯定与鼓励、对彼此缺点的忍受与牺牲等，都是令人身心愉悦的恋爱体验。

（三）自觉的风格化

如果大学生在相对成熟的审美能力上加以充分的审美发展，就会在审美活动上自觉地选择高审美值的审美对象，灵活且适宜地更换审美对象，满足不同的审美需要，并把审美能力体现于自身生活方式中，形成风格化的审美生活方式，这就是大学生审美发展的风格化。

第一，自觉选择高审美值的审美对象。

人们对审美对象的选择有两种倾向值得关注，一是审美对象的审美值过低，就会导致人们看不上这些对象，认为它们低级、幼稚；二是审美对象的审美值过高，就会导致人们对此退避三舍。这就是所谓高不成、低不就的审美现象。对于大学生审美发展来说，完满的大学美育会使他们自觉选择稍微高出目前审美能力的审美对象，既能够流畅地进行审美活动，又能提高自身的审美能力。

第二，灵活且适宜地更换审美对象，满足不同的审美需要。

通过完善的大学美育，大学生会获得适时宜而选择不同审美对象的能力。人的审美感官有眼、耳、鼻、舌、身，感官的感觉有视、听、嗅、味、触。审美对象有可以听与看的艺术作品，可以看与触及的日用品，可以吃的美食，可以休憩与优游的环境，可以和谐相处的人际关系，可以闻的香味。这些审美对象都不能互相取代，也没有什么高低贵贱之分。不同的审美对象，能给人带来完全不同的美感。即使是同一个审美对象，在不同的时宜，也是处在变化之中的。贝多芬的《第五（命运）交响曲》对于某一个人来说是美的，对于另外一个人就不是。即便是一个喜欢欣赏这一交响曲的人，他什么时候会欣赏它，也是完全不能确定的。因此，得到充分审美发展的大学生，会具备随时宜变化而自觉选择不同审美对象的能力。

第三，形成风格化的审美生活方式，做生活的艺术家。

当然，不同的大学生在审美发展上的体现是不一样的，但是，在这个时期，他们已经有了普遍自觉的审美角色意识，认识到自己在审美上具有个体化的审美爱好、审美理想与审美态度。这种审美角色自主性的觉醒，在人的一生中都是极为重要的事件。

大学生的审美发展的完善不仅体现于自觉选择高审美值的审美对象，适时宜地选择不同的审美对象，还体现于自身的审美生活方式有了显著的变化，用于审美教育的时间增多，对各种审美对象的物质投入增加，人际关系更加和谐，日用品的使用更有品位，更加热爱与呵护自然环境，更加讲究各种场合的礼仪，凡此种种都会把自己的生活塑造成为独一无二的作品，所有这一切都可以称为风格化的审美生活方式。

第二节 人的全面发展与大学美育的根本目的

一、马克思主义关于人的全面发展学说与大学美育

从宏观来看，大学美育必须以马克思主义关于人的全面发展思想作为根本指导思想；从我国当下具体教育方针来看，大学美育必须在德智体美劳"五育"并举的教育体系中适当发展。德智体美劳"五育"并举的教育方针，其实也就是马克思主义关于人的全面发展学说在中国特色当代教育实践的发展性体现。

之所以说马克思主义关于人的全面发展学说对大学美育有特殊含义，就是因为马克思主义经典作家所针对的主要是已经有职业的、已经工作的成年人，是否实现了全面发展；而这些有职业的成年人是由于社会分工，尤其是由于工业革命引发的分工细化、理工科教育细化所造就的。在这个过程中，大学教育或与其类似的专业教育起到了关键作用。

马克思说："人以一种全面的方式，就是说，作为一个完整的人，占有自己的全面的本质。人对世界的任何一种人的关系——视觉、听觉、嗅觉、味觉、触觉、思维、直观、情感、愿望、活动、爱，——总之，他的个体的一切器官，正像在形式上直接是社会的器官的那些器官一样，是通过自己的对象性关系，即通过自己同对象的关系而对对象的占有，对人的现实的占有。"[①] 这段话直接指出了，理性能力与感觉能力应该均衡、全面发展。

第一，马克思主义看到了工业革命之前，人在全面发展上的相对和谐。马克思说："在发展的早期阶段，单个人显得比较全面，那正是因为他还没有造成自己丰富的关系，并且还没有使这种关系作为独立于他自身之外的社会权力和社会关系同他自己相对立。"[②] 这是极客观、极乐观的思想，反对向后看的消极主义。这个时期的欧洲大学，尚没有以科学教育、专业教育、分科教育、理性教育为主。

第二，马克思主义看到了工业革命所导致的片面发展，也看到了工业革命在人的全面发展上的机遇。马克思说："工场手工业把工人变成畸形物，它压抑工人的多种多样的生产志趣和生产才能，人为地培植工人片面的技巧。"[③] 还说："工场手工业把一种手艺分成各种精细的工序，把每种工序分给个别工人，作为终生的职业，从而使他一生束缚于一定的操作和一定的工具之上。"[④] 这些话语一针见血地指出了资本主义发展初期，由于

---

① 《马克思恩格斯文集》第 1 卷，人民出版社 2009 年版，第 189 页。
② 《马克思恩格斯文集》第 8 卷，人民出版社 2009 年版，第 56 页。
③ 《马克思恩格斯文集》第 5 卷，人民出版社 2009 年版，第 417 页。
④ 《马克思恩格斯全集》第 20 卷，人民出版社 1971 年版，第 316 页。

追逐利润的最大化，所造成的专业偏狭化倾向。这个时期的欧洲大学，就已经开始以科学教育、专业教育、分科教育为主。同时，这一思想也有助于我们思考，在现时代的大学教育中，如何处置专业教育与全面发展、大学美育的关系。大学生审美素养应该与其他所有智能一样，得到充分的发展，且与其他得到充分发展的智能相互协调。

第三，马克思主义更看到了人的全面发展在共产主义社会的实现。恩格斯说："正是由于这种工业革命，人的劳动生产力才达到了这样高的水平，以致在人类历史上破天荒第一次创造了这样的可能性：在所有的人实现合理分工的条件下，不仅进行大规模生产以充分满足全体社会成员丰裕的消费和造成充实的储备，而且使每个人都有充分的闲暇时间从历史上遗留下来的文化——科学、艺术、交际方式等等——中间承受一切真正有价值的东西；并且不仅仅是承受，而且还要把这一切从统治阶级的独占品变成全体社会的共同财富和促使它进一步发展。"① 这段话对于大学教育有着特别重要的意义。每个人的合理分工所具备的职业技能、专业能力，主要是在大学阶段获得的。合理分工会为社会创造充裕的物质基础与闲暇时间，而在闲暇时间内安然地享有身心俱谐的审美活动，才真正实现了大学教育、大学美育的意义与价值。

二、现代智能理论与大学美育

现代智能理论主要有三种，即智商、情商、多元智能。尤其是多元智能理论为大学美育以及人的全面发展提供了心理学支持。虽然这三种人类智能理论不仅仅适用于大学生，是所有人生阶段共有的人类心智，但对于大学生来说，却具有比较特殊的意义。这集中体现于，大学阶段之前青少年的人生活动场所主要有两处，一是家庭，二是学校。这两个场所的人际关系相对单纯，在家里主要是青少年与父母的关系，在学校里主要是师生与同学之间的关系。尤其是，在中小学所接受的基础教育基本上针对人的所有智能，但是每一种智能都还没有得到充分的发展。在18岁至28岁的大学学习阶段，专业学习大多是智商训练，因为绝大多数大学专业都是针对理性能力而设的。师生与同学之间的关系仍然在持续，但大学教育作为人生最高与最后一次职业教育、专业教育阶段，其任务便是教会学生如何面对漫长的职业生涯与职业生涯之中的各种竞争、协作关系，如何处理成家立业等社会化的人际关系与行为，还有如何安然度过闲暇时间。因此，大学教育阶段学生所需要的就不仅仅是培养智商与情商，而是要在这个最关键的高等教育阶段，接受更为全面的多元智能教育，实现人的全面发展。

(一) 智商与大学美育

智商是指个人智力水平的量化指标。据《中国大百科全书》载："20世纪初德国心理学家 W. 斯特恩最早提出：通过测验得到的儿童的心理年龄（MA）除以他的实足年龄（CA）所得商数，可以表示儿童的聪明程度。1916年，L. M. 特曼在修订斯坦福-比奈智

---

① 《马克思恩格斯全集》第18卷，人民出版社1964年版，第246页。

力量表时，称之为智力商数，简称智商。通常以其英文缩写 IQ 为符号，被世界各地广泛采用，用公式表现为：$IQ = MA/CA \times 100\%$。若心理年龄与实足年龄相等，智商为 100，表示中等智力水平，其值越高表示儿童越聪明。这种用比率方法求得的智商，在日后的发展中也称比率智商（IQR），目前已不多用。"[1] 这种智商理论以抽象的语言能力与数理逻辑能力作为智力核心，虽然真实反映了人类在理性心智上的实际状况，但是它忽视了人类的其他心智，主要是忽视了感官的感觉本身也是一种强大而精致的心智，而且也忽视了人类心智的整体性。

因此，这种智力理论在工业革命以来的现代社会往往成为主流心智观，甚至成为社会的主流价值观。衡量一个人的价值与成功，往往以他在知识、抽象思考、自然科学或技术上的成功作为主要标准。一个人能解一道很难的数学题，就被人们认为聪明，智商高；而一个人如果歌唱得好，舞蹈跳得好，就会被认为只是供人茶余饭后娱乐一下的小技而已。这种狭隘的智商至上或唯智商论对大学美育的损害在于：第一，在大学教育内容上，大学生只是接受以专业教育为主的教育，在专业教育中，以理工科教育为主。第二，在大学美育课程的评价体系中，往往把审美活动作为感官的愉悦感，经过总结、归纳、概括、归并、分类等理性能力的操作，形成文字化的且必须经过背诵而写在考卷上的固定结论。这其实是智商至上在大学美育教育实践中的反映，也是过度自大与蛮横的科学主义在美育领域中的显现。第三，在大学教育文化与学术的整体氛围上，急功近利的理性至上倾向仍然存在。虽然德智体美劳"五育"并举已经成为我国的整体教育方针，大学通识教育课程体系、大学美育或大学艺术教育课程体系已经在国内各大学建立与执行，但是还有很多大学管理者、教师自身就缺乏美育，因此大学美育的整体氛围还不尽完善，任重道远。

（二）情商理论与大学美育

耶鲁大学教授彼得·塞罗韦和约翰·梅耶最早在 1990 年提出了情商的概念，其实是对加德纳所提出的多元智能（见第 13 页"（三）多元智能与大学美育"中的介绍）中的人际交往智能的具体化与深化。心理学家丹尼尔·戈德曼在《情感智商》一书中，提出情商比智商更为重要。此书谨严而富有文采，一时极为畅销，引发人们广泛地关注情商。

情商指的是人们感受并表达情绪、使情绪与思维协调、理解情绪的来源以及管理情绪的能力。情商一般包含四个方面：第一，人们不仅能够准确地感受到自己的情感，而且能够通过恰当的途径、手段，将其表达出来。第二，人们不仅必须认识到自己的情感是怎样影响自身的思维或理性的，更要认识到自己是如何受到情感的影响而做出决定的。第三，人们应该正视自身诸多复杂或矛盾的情感，并理解其发端与持续状态。第四，人们应该适宜地管理自己的情感，不仅抑制负面的情感，让负面情感得到安全、妥当地疏

---

[1] 《中国大百科全书·心理学》，中国大百科全书出版社 1998 年版，第 562 页。

解与释放，同时也能更有效地培养与利用积极的情感。

情商虽然不是只有大学生才有的情感智力，而是针对所有人的，但是情商理论提出的原因与具体内涵，却与大学教育、大学美育有着密切且直接的关系。戈德曼认为，要获得幸福、美好的生活，绝不能单靠学校里的标准课程。很显然，学校里的标准课程基本上是指那些培养理性能力为主的专业教育、职业教育，尤其是以理工科知识教育为主的自然科学教育或技术教育，而且这些标准课程显然主要是在大学里的。戈德曼提到学校以知识教育为主、缺乏情商教育导致的恶果："以 1990 年与之前的 20 年比较，美国的少年暴力犯罪达最高峰，少年强奸案翻了一番，少年谋杀案增长了 3 倍（主要是枪杀案），少年自杀率与 14 岁以内儿童杀人案受害者增长了两倍。怀孕少女不但人数增长，而且年龄下降。"① 这种恶果便是产生海量的情感文盲或情商盲。情商的养成确实需要引起社会与国家的自觉关注，同时也是每个人终身必须面对的道德修养。之所以会产生上述情商盲，问题的核心还是在于社会对科学知识价值的评价过高，对科学知识所滋生的社会财富、成功的评价过于狭隘，以至于大学及其所培养的大学生也成为这种社会价值观的集中体现者。

同时，也应该看到，情商理论还有很多不足。第一，他们没有看到所谓情商就是一个人所必须具有的道德水准，而且道德水准的测定是基于某一个人的某一次道德行为的善或恶，而不是用所谓科学数据为标准的。第二，他们缺乏对情商在道德层面或善良行为内涵中的基本设定，过多地强调了高情商所取得的成功，而这些成功在较大程度上带有厚黑学的色彩。第三，他们像整个西方美学界一样，没有把人际之间的伦理道德行为视为审美对象，也更没有把高情商——也就是适时宜而起，且适时宜而止的善良行为给人带来的身心愉悦感，视为审美对象。

因此，对于我国今天的大学美育来说，就应该把情商理论进行适当改造，借鉴其积极成分，形成促进大学美育的新形态。第一，从宏观来看，我国大学教育以分科教育为主，尤其以理工科或理性教育为主，每一位大学生都有其专业隶属，毕业证上都有专业名称，就业也基本上按照专业对口进行，确实存在智商至上、知识至上、自然科学自大、理性自大的潮流。这为大学美育引入情商理论提供了现实基础。第二，大学美育自身应该突破以艺术教育为核心或唯一对象的美育观念，把人际之间的审美活动或社会美作为审美对象之一，来进行专章与专门讲解、学习，尤其要与伦理实践合而为一，美善合一，在善行良举中显现高情商。第三，大学生即将走向社会，走向职场，走向成家立业，其人际交往的广度与深度都远超之前的任何一个时期。因此，情商在人际审美活动中的体现就是和谐的秩序感。如何随时宜而变，在男女、长幼、师生、友朋、父母、同事、同学、上下级之间，形成既有差异、又有和谐、各得其所、各美其美、美美与共的人际关系，就是大学美育在情商塑造上要努力做到的。

---

① 丹尼尔·戈德曼：《情感智商》，耿文秀、查波译，上海科学技术出版社 1997 年版，第 251—252 页。

（三）多元智能与大学美育

霍华德·加德纳是著名的发展心理学家，美国哈佛大学教授，哈佛大学"零点项目"研究所两位所长之一。1983 年，他出版了《智能结构》一书，针对传统智商测试弊端，提出了多元智能理论。1993 年，他又出版《多元智能》一书，对此理论做了具体论述。

加德纳反对把人类心智能力仅仅把握为智商及其相应的智商测试。他提出了七种主要智能：第一，语言智能，即"诗人身上所表现出来的对语言文字的掌握能力"[1]。第二，逻辑-数学智能，即"数学和逻辑推理的能力以及科学分析的能力"[2]。第三，空间智能，"是在脑中形成一个外部空间世界的模式并能够运用和操作这模式的能力"[3]。第四，音乐智能。第五，身体运动智能，"是运用整个身体或身体的一部分解决问题或制造产品的能力。舞蹈家、运动员、外科医生、手工艺大师等人都表现出高度发达的身体运动智能"[4]。第六，人际智能，"理解和认识：什么是他人的动机？他人是怎样工作的？如何才能与他人更好地合作？等等。成功的销售商、政治家、教师、心理医生、宗教领袖等，都是拥有高度人际智能的人"[5]。第七种智能是自我认识智能，"这是一种深入自己内心世界的能力，即建立准确而真实的自我模式并在实际生活中有效地运用这一模式的能力"[6]。与此前所介绍的智商、情商理论相比，多元智能理论更全面地展现了人类心智的各种能力，为人的全面发展在心理学上提供了迄今为止最全面的依据。

关于这七种智能，加德纳强调，第一，所有心智正常的人或一般人都会同时具有以上智能，而且作为潜在智能有待于在后天进行无差别的均衡发展。有些人可能在某个智能上特别发达，比如李白、杜甫在语言能力上就非常卓绝，贝聿铭在建筑空间设计上有非凡的天才，爱因斯坦在数理逻辑方面是不世之材。第二，每个人可以根据自身七种智能发展的不同状况，施行完全差异化的教育与教化方式，继而形成风格化的、具有独特个性的智能结构。不存在刻板的、整齐划一的标准与尺度。第三，每个人都有实现多元智能发展的独特目标与实现这一目标的方式。

在这七种人类智能中，音乐智能本身就是纯粹的审美能力；人际智能寻求的是善良行为，而善良行为给人带来的是身心俱谐的愉悦感觉；身体运动智能能够带来健美、健康的身材，以及身体各部位在运动中的美妙感受；空间智能包含视觉快感，诸如在建筑内的感受，观赏绘画、游历美景的感觉等；语言智能所包含的文学欣赏、创作能力也是审美能力。看来，至少有五种智能与审美教育、大学美育有密切关系。

多元智能理论对大学美育的启示有以下三点。第一，从大学专业设置来说，绝大部

---

[1] 霍华德·加德纳：《多元智能》，沈致隆译，新华出版社 2004 年版，第 6 页。
[2] 同上书，第 6 页。
[3] 同上书，第 6 页。
[4] 同上书，第 7 页。
[5] 同上书，第 7 页。
[6] 同上书，第 7 页。

分专业是对社会、国家的政治、经济、管理等贡献更大的理工科，或是以理性思考、逻辑能力见长的专业，然而人类的七大智能虽然没有概括所有智能，但是七种之内至少有五种与审美能力有密切关系。因此，必须要在大学专业的课程设置中，增加美育课程的课时、师资、设备。第二，大学生处在人格形成的相对成熟期，相比于以前更加成熟，相比于以后还显得稚嫩。而且大学阶段还处于学校与职业生涯的中间地带，因此，在审美能力上，大学生审美发展的广度比不上中小学阶段，但其审美发展的专业性、系统性又超过职业生涯阶段。那么在大学阶段，就必须既在审美发展的广度上继续拓宽，为大学美育留足时间、空间、物质准备，又要在美育活动的系统性、专业性上继续提高，以应对职业生涯之余的闲暇生活。第三，我们也应该反思加德纳多元智能理论中的不足之处，比如他过多地强调了各种智能的独立性，而没有注意到各种智能之间应该协调、协作发展。

第三节　大学美育的准则

大学美育活动的准则有三个。第一，维护审美活动的意义。这是三个美育准则的根本。审美活动的意义是大学美育的根本目的，一切大学美育活动都应该以此为核心来展开。第二，美育手段具有可操作性。这是大学美育的实践保障。可操作性的教育手段既是确保大学美育活动得以顺利实施的机制，也是大学美育原则在教育实践上的体现。第三，落实于大学生的审美发展。这既是大学美育的最终结果，也是大学美育原则在大学生人格发展上的体现。审美活动的意义与可操作性的教育手段最终要落实在个体审美心理发展上。这就是审美意义、教育手段、心理发展的统一。

一、维护审美活动的意义

大学美育应以审美活动的获得与提高为根本与最高目标，然后与美育活动中的教育手段、审美心理发展状况评估相交叉，从而构成一个具有可操作性的、个体审美发展得以落实的大学美育完备体系。

审美活动是大学美育的根本。审美活动的意义是感官的愉悦感，而且这一意义理应在大学美育活动中处于被提升、被丰富、被超越的状态。把握审美活动的意义，对于解决大学美育作为教育活动如何实施、作为审美心理发展如何评测的问题，至关重要。审美活动的意义不是抽象的，而是体现于具体而微的审美活动的能力、状态与构成上。第一，从审美活动的意义来看，人们总是乐于寻求适时宜而起、适时宜而止、且起止之间流畅无碍的愉悦感，乐在过程。第二，从审美活动的能力来看，人的所有感官都不具有回忆与反思的功能。所有的审美活动都是一次性的、原发性的。第三，从审美活动的状态来看，其时态只能是正在进行时，其持续的时体只能是流畅的。第四，从审美活动的构成方式来看，人们与审美对象之间是绝对同时性的，也就是说，我们与审美对象之间须臾不能分离；一旦我们与审美对象脱离接触，审美活动便彻底结束。以上审美活动的意义、能力、状态、构成，便是大学美育所要遵循的根本原则。

在大学所设置的专业体系中，绝大部分是理工农医军等理工学科，还有很多诸如管理学、经济学、哲学、伦理学、文学、历史学、艺术学、新闻学、人类学、社会学等人文社会科学专业。在这当中，只有极少部分专业中的某些课程与文艺欣赏、艺术欣赏、设计欣赏有关。这表明，大学专业设置以理性能力的培养为主，这样才能满足社会的理性需求。因此，大学生在进行美育活动时，应该思考科学、理性与审美活动的根本区别。同时，也应该思考审美活动与宗教活动、道德活动的区别与联系。

审美活动与科学活动、道德活动、宗教活动有极大差异。第一，科学活动解决的是人与自然的关系问题，追求的是最终正确而客观的科学规律、命题。在科学活动中，主体与客体之间是不作区分的，即科研工作者与所要研究的对象之间是不分开的，科学工作者的热情、思维都会集中于对象之上，要力图保持科学研究对象的绝对客观。科学活动的过程是为了得到最终正确的，而且是绝对正确的客观结论，它们往往使用数学化的公式加以最简洁的表达。经由主客不分的过程或时段，得出客观的结果。人们对这一科学结论或者真理会保持完全一致的态度，一般没有任何异议。知识可以在回忆与反思等交流、传输过程中，保持绝对无损耗，不变化。这表明知识不依赖承载、表达它的材质或材料，材质、材料的变化不会引发知识变化。第二，道德活动追求的是道德行为本身的善，对于道德行为的评价，所依据的是伦理道德规范。道德行为的评判所遵循的是道德规范或道德律令，规范与律令不是绝对的，它不可能超离于道德行为之上。不管是善行还是恶行，都是如此。第三，宗教活动追求的是对绝对主观的神祇的信仰，对审美活动往往采取禁欲主义态度。宗教总要有一个绝对可以信赖、信仰的对象，这一对象也总是绝对的，有着绝对的、超自然的神秘力量，一切相对的、处于变动不居中的对象都不堪其任。那么，这个对象就只能是超时间、超空间且因此可以创造时间、空间之世界的神祇。世界各主要宗教总要虚拟出一个与苦难、多灾的此岸世界相对立的彼岸世界——"天国""天堂""来世"。在不信神的世俗世界的人们看来，宗教的这一彼岸世界是永远不可能经由现在、现世的各种能力就可以通达的未来时间；而对宗教信徒来说，就会无条件地信服这一未来时间、未来世界的来临。

将审美活动与科学活动、道德活动、宗教活动进行比较，对于大学美育来说，其实也就是将大学美育内容与科学教育、专业教育等进行比较，把大学美育的意义与宗教教育、道德教育进行比较。其意义在于：第一，从审美与科学的比较来说，大学生应该思考，专业教育作为理性教育，审美教育作为感觉提升或美感教育，这两者之间是一种意义平行、意义均衡的关系，彼此都不可缺少，更不可厚此薄彼，彼此僭越与替代。在科学主义或科学主义教育学泛滥的时代，大学生更应该自觉地辨析在大学美育过程中出现的科学主义倾向。第二，从审美与道德的比较来说，两者之间的重合极多，因为善良行为都会给人带来身心愉悦，这本身就是审美活动。因此，大学美育的内容与伦理学教育有很多相通之处。第三，从审美与宗教的比较来说，马克思主义历来都是无神论的，都旗帜鲜明地反对宗教禁欲主义美学。中国数千年传统文化虽然也有道教、佛教，但始终不是社会与文化的主导力量。中国社会与文化的主导力量是儒家，而儒家文化对感官的愉悦感持极为开明、宽容、大度的态度，包括诗教、乐教在内的礼乐教化体系是整体悦乐文化的组成部分。即便是佛教、道教的审美文化，也具有相当程度的悦乐性。大学生在学习大学美育课程与教材时，应该敏锐地发现其中的马克思主义审美文化与中国传统审美文化在宗教上的态度。

二、美育教育手段具有可操作性

就大学美育的审美活动意义来看，它为大学美育提供了根本与目标。而大学美育的根本与目标的实现，又必须具有可操作性，必须落实于具体的审美教育手段。大学审美教育活动本身作为一种有组织性的审美生活，就必须与其他课程体系一样，既要服从高等教育的一般规律，同时又要保持自身作为审美教育的属性与特性。

审美活动的独特性对于大学审美教育活动来说至关重要。在对审美对象的选择与操作上，要进行严格的审美特性、审美价值分析，以形成与提高大学生审美能力为核心，对审美对象进行选择。需要指出的是，审美对象在存在领域上非常多样，数量上极为浩繁，涉及耳目鼻舌身五大感官、视听嗅味触五大感觉能力，以及艺术作品、日用品、空间环境、人、饮食、气味六大审美对象。这要求大学美育教师首先要具有在质与量上的涵养储备——既要对唐诗宋词有较高的鉴赏力，也要能够读懂巴尔扎克的小说；既要能够听得懂肖斯塔柯维奇的交响曲，也要能对中国的乡土艺术略知一二；既要关切空间环境的美好，也要呵护日用品的审美设计；既要领略中国饮食文化的源远流长与博大精深，也要尝试焚香读书的美妙境界。我国从事大学审美教育理论研究与审美教育实践的教师与研究者，首先要面对自己施行完备的美育。同时，大学生也要在老师的引导下，敞开审美感官，扩大审美对象，丰富审美体验，实现审美发展。

在现代社会中，审美教育活动的计划性、组织性超过以往任何社会形态，尤其是现代国家形态的强化，更为作为一种教育形态的审美活动提供了强大的物质基础与组织体系。在现实条件下，审美教育只能是在一个国家的整体教育框架内，与其他专业教育类课程一样，在严格的教学计划、学时体系中进行。

大学审美教育有广狭之分。广义的大学审美教育是在校园生活中发生的审美生活体验。也就是说，任何一个已经发生的审美生活行为，同时也就是一个受教育的行为，只是其教育性与提高个人审美能力的可能性较低；狭义的大学审美教育是指由学校统一规划，纳入大学生培养的课程体系，有计划、有组织地实施的审美教育活动。

就广义的大学审美教育而言，很多审美生活行为的发生往往是自发的，比如在寝室、食堂、广场、超市等公共空间，通过电视、报纸、网络等各种媒体来传播的审美对象，大学生会不自觉地受到影响，而且这样的审美对象在质量上参差不齐。由于很多审美对象受利益活动的操控，所以，大学生虽然可以满足一时的需要或得到一时的快活，然而却不能真正提升自身的审美素养。就狭义的大学审美教育活动而言，大学在美育硬件设施的系统性、美育专业教师的专业性、专业教育之外时间的充裕性、美育课程的体系性等方面，都远远超过了中小学阶段的基础教育，也远远超过了广义的大学美育，更远远超过了大学校园之外的社会美育资源。因此，在校大学生应该珍视这一宝贵的审美教育制度资源。

就大学美育作为教育活动的可操作性来看，其基本要求有二。第一，大学美育作为高等教育活动目标之一，在现代教育日益成为国家政策、制度与意识形态体制之一的情势下，它必须完成人的全面发展教育目标中的美育要求。在大学课程设置上，美育课程就必须与其他课程，尤其是与专业课程、通识课程等共同构成均衡的教育体系。第二，大学美育应确定审美个体发展的成长目标，并依据成长目标来确立实践的具体过程。在审美活动中，人们与审美对象之间的关系体现为绝对同时性或片刻都不能分离，人们只能以自己的感官直接享受审美对象。那么，对于美育活动来说，就是不可能从绝对的主观或者绝对的客观出发，去衡量审美活动或大学美育活动的质量，去测试审美主体的素养。不同的人们对同一个审美对象，会有千差万别，甚至完全相反的体验。即使同一个人针对同一个审美对象，也会因为年龄、遭际、心情的变化而产生不同的体验。所以，对于科学教育适用的完全科学、客观的教育机制，就无法适用于大学审美教育。因而，在大学审美教育实施的机制上，如何选择教材，如何设定教法，如何进行测试，都成为值得我们在大学美育实践中高度重视的问题。如果把科学教育的方式、方法、方案照搬过来，那就会从根本上破坏审美活动与美育活动。

对于大学生来说，正处于由青春期跨入成年期、由基础教育跨入专业教育、由审美的少年期跨入成熟期的关键时刻，与其他年龄阶段相比，就尤其需要树立一个包含美育在内的成熟而健全的教育观。

三、落实于大学生的审美发展

从上述对大学美育的意义与教育实施的论述可知，大学美育应该兼顾审美活动的独特性与审美主体作为个体存在的独特性，并把审美活动的独特性实现于大学生个体的审美发展之中。大学审美教育的课堂首先应该是一个完善的审美活动的所在。如果这一师生共同参与的审美活动能够完成，那就已经实现了大学审美教育的目的与价值。而且，对于大学审美教育所进行的测试，也完全不能采纳科学教育或理性教育的客观性、普遍性、简约性模式。审美教育及其测试模式理应在尊重审美活动意义的基础上，采取个体化的教育与测试方式，即让作为审美主体的学生自己感受到——审美活动不仅是一种第一人称的、独一无二的感官感受教养，而且在境界与能力上有无限的提升与养成的可能。

高质量的审美活动的获得以及作为教育活动的审美活动意义的实现，最终体现或实现于作为审美主体的大学生个体之上。因而，就必须对审美主体与审美客体之间的适应性进行选择与操作。也就是说，对发生在心理层面的两者之间的交叉关系，进行具体把握。这个交叉点就是大学生作为审美主体的审美素质。审美素质的提升与超越，就是审美发展。审美素质不仅是衡量审美活动质量的标志——有什么样的审美素质就会做什么样的审美活动，就会选择特定的审美对象；而且它本身也是处在形成、提升的过程之中。也就是说，审美素质不仅仅是一种审美能力，而且这种审美能力只能通过具体的、一次性的审美活动来显现。

受基础教育中应试教育的影响，很多大学生在进入大学之前，已经习惯了不通过审美活动、离开审美活动，来评价审美活动或审美活动中某些构成因素的做法，比如对某个文学作品内容的阐发，往往就是在事后进行的。而事后对文学作品内容的回忆，其实是隶属于曾经正在发生的文学作品阅读活动的，而且即使把文学作品内容的回忆放在阅读活动中进行，即使进行极其忠实的回忆，文学作品内容以及文学阅读活动也都已经彻底失去了原本的鲜活状态。任何一个审美活动都是通过感官直接感受可感对象而得到愉悦感，审美教育活动同样如此。只是审美教育活动比较特殊，因为在它正在进行的过程中，大学美育教师肯定要对审美对象进行一些讲解、阐发、点评，而这都有可能打断审美活动。因此，大学美育教师尤其要注意保持审美活动的完满状态，把有可能中断与干扰审美活动的因素降到最低，最大限度地保持审美活动正在进行的流畅状态。

在大学美育中，亟须防范的就是科学主义对审美心理发展的测量或测试。审美活动是纯粹个体化的心理体验，是个体整体生活中的一个组成部分或者生活之流的一段时光。审美活动的意义与美育活动特性的最终实现，就体现于此。大学生个体审美心理的发展，与其科学认知能力的发展有着根本的差异。审美发展的根本特性在于感官直接的愉悦体验，而且是直接的、第一度的体验，即审美主体对审美客体的感受一定是第一人称的，而且意义就只是在这一愉悦的过程本身。更为重要的是，审美心理的发展不是追求普遍的、客观的结果，任何一个审美对象带给审美主体的快乐都是独一无二的。因而，自冯特以来的现代心理学，一直高举自然科学的大旗，以客观主义、科学主义的方式，去研究那些以科学、客观为名的心理内容，其实是把审美心理作为生理现象进行研究，因而无法适用于审美心理发展。大学美育必须在个体审美心理的发展上，坚持美育课堂中教师、大学生、审美对象之间的多重同时性关系，坚持其流畅且正在进行时的状态，追求每一节美育课都是一次完满的审美活动，审美活动的意义、大学美育的特性才能最终在教育过程中完美地实现。

本章思考题与阅读书目

一、思考题

1. 审美活动的特性是什么？

2. 大学生审美发展的特征是什么？

3. 马克思主义关于人的全面发展学说对大学美育有什么特殊的指导意义?
4. 大学美育的准则是什么?

二、阅读书目推荐

1. 曾繁仁,高旭东:《审美教育新论》,北京大学出版社 1997 年版。
2. 席勒:《审美教育书简》,冯至、范大灿译,北京大学出版社 1985 年版。
3. 蔡元培:《蔡元培美学文选》,北京大学出版社 1983 年版。
4. 赵伶俐:《大美育实验研究》,西南师范大学出版社 1996 年版。
5. 刘兆吉:《美育心理学》,西南师范大学出版社 1990 年版。
6. 加德纳:《艺术与人的发展》,兰金仁译,光明日报出版社 1988 年版。
7. 杜卫:《美育论》,教育科学出版社 2000 年版。
8. 郭声健:《艺术教育论》,上海教育出版社 1999 年版。

第二章
大学美育的本质

大学教育的本质不仅是传授知识，更是指引学生确立人生目标，学会平衡现实与理想、感性与理性。这对大学生的精神世界的建构有重要的意义，可以影响学生的一生。审美教育就是经由各种具体的审美活动，让人们的感性得到释放，是一种诉诸情感而使人在不知不觉中有所感悟的特殊教育方式。大学审美教育的本质就是通过对审美活动的指导，引导大学生在感性体验中丰富自身，体会到自由和尊严，让自己脱离实用主义"工具人"的状态，而成为一个完整的自由的人。

第一节　从闲暇的游戏中领悟自由

一、美育起源于闲暇的游戏

大学生正处于好奇心和求知欲旺盛的年纪，对于宇宙、人生、社会都想要有一定的整体性把握，理解人生的意义所在。冯友兰先生曾经提到，人异于禽兽者在于觉解，也就是对于外界事物有所了解，对自己所做之事有所觉悟，这也是人不想陷入懵懂无知的境地的一种本能。从某种角度来说，审美的形式特征和情感特征能够让人轻松地理解和接受世界，因而各种教育都会适当借助审美的方式来达到目的。

"游戏说"是关于艺术和美的起源的理论之一，探讨的是人类在童年时期审美意识如何出现的问题，其中就牵涉到了审美教育的本质问题。先民为了生存而进行艰苦的劳作，狩猎、采集、驯兽、耕种，才能够繁衍生息。而在劳作的间隙，有人会仰望天空，看到日月星辰的运行规律，观察周围的水泽山林，思考其中的联系。这些活动就脱离了和日常劳作的直接联系，可以说闲暇是使人脱离动物界、成为智慧生命的重要的环节。人的生命中有很多活动有着明确的现实目的，要么为了解决出现的特定问题，要么为了达到某一确定的目标，而在此之外，生命也会在闲暇中渴望那些没有明确目标却能够令自身愉悦的时刻。凝望晚霞漫天、体会清风徐来、聆听百鸟鸣叫，都会让人们感受到与自然的亲密联系；而在闲暇中能够投入游戏，让生命力自然流溢在各种有趣的活动中，就更加让人感到轻松惬意。从这个角度来看，闲暇不是无所事事，而是人们暂时脱离当下的利益得失，投身于创造性活动的自由时间。

最初的游戏不考虑利益而使人快乐，"游戏……无须人们把利益的考虑作为它的基础而使人快乐"①，然而其中灌注着某种生机和活力，"希望、恐惧、高兴、愤怒、嘲弄这些激情在此通过它们在每一瞬间交换它们的角色而做游戏，它们如此生动，以至于好像体内的整个生命活动作为一种内在的骚动都由此而被调动起来了，就像内心借此而产生的某种生气勃勃所证明的那样"②。因此游戏中蕴含的各种活动带有生机勃勃的生命特征，让人们乐在其中，身心都获得了愉悦。

在游戏时人们尽管明知有假想和设定的成分，但能够从中体会到自豪感和愉悦，主要是因为意识到这些感觉并非来自自然力的外在的支配，而是人自身创造的种种假象或模拟。后来人们就有意识地从自然中提取、加工来获取假象，并按照自己的法则来对之进行组合、分解、变形、粘贴，希望建立一个可以自己行使支配权的领域。这建立在无实体的想象力的基础之上，充满人类创造力的游戏的王国，就和现实划开了界线。席勒称"对假象的游戏中包含了审美假象，带给人纯粹的愉悦，其中还包含着想象力的创造和内在的自由性。喜爱，对装饰和游戏的爱好"③，是人类摆脱动物状态和不再被自然奴役的标志性现象。虽然游戏的冲动来自自然，与生命的发展息息相关，但本身也意味着非功利化和理想性的萌芽。

到了心智成熟的年龄，人的精神不再满足于恰好与自己的喜好符合的偶然事物带来的单纯的愉悦，而是想让事物打上自己智慧的印记，通过创造来征服固有的形式。正如奥地利作家茨威格所说："就青年人的本性来说，他不仅要获得许多表象的东西，还要对表象的东西进行批判、消化和吸收，并作出新的回答。"④ 青年的创造力反映了自身的能力，抓住了世界的真谛，并反观到自身。那么，单纯的物质游戏和假象游戏下一步就需要过渡到审美游戏。

二、美育的无功利性

游戏作为艺术和审美的雏形状态，一开始就带有和现实拉开距离的疏离。真正的游戏需要远离现实的目的，才能真正进入闲暇的自由和轻松的状态。一般游戏都会创造情景，设定评价标准，也会有输赢，当然也有争斗和结果。大学生正处于人格定型的时期，丰富的感性形象对他们极具吸引力，而在闲暇中通过审美活动来引导他们建立崇高的理想、健全的人格，是大学美育比起其他教育方式来说比较优越的地方。大学美育就是要

① 康德：《判断力批判》，邓晓芒译，人民出版社 2002 年版，第 178 页。
② 同上注。
③ 席勒：《审美教育书简》，冯至、范大灿译，上海人民出版社 2022 版，第 216 页。
④ 茨威格：《昨日的世界》，徐友敬译，上海译文出版社 2018 年版，第 56 页。

通过审美活动丰富学生的人生图景，从而使其获得特殊的感性教育。

审美游戏和一般游戏一样，需要视之为真而全心投入，不会因为虚构性而漫不经心。真正的游戏也要求人们全力以赴地获得对自身智慧的自由的肯定，从中领悟某种人生境界。如果过于汲汲营营于结果的输赢，就使得闲暇的轻松染上了劳作的特点，失去了单纯的欢畅和自由。而商业化游戏通过输赢过关来激发胜负欲，让人沉溺在物质性中，并不能够给人精神上的提升。

审美游戏中蕴含着对自然的深切感情，让人们在闲暇中暂时脱离强制义务和压力，从感性兴趣出发，释放天性，寻求真正属于自身的快乐，对生命进行更深的领悟。这种高级的游戏让我们从全力以赴的努力投入中感觉到自身的存在，站在另一个视角看待世界，获得无拘无束的精神上的畅游。而且在这种游戏中感受到的美是纯粹的，没有现实功利性，但其内涵又和真、善等价值有着内在的联系，让人们领悟到更高的人生境界。

在今天信息爆炸的时代，年轻人有一定叛逆性，喜欢新鲜事物，对于说教的方式不满。大学生面对消费文化铺天盖地的影响力，亟须培养自身的品味和鉴赏能力。面对纷繁复杂的社会现实，即使明知是有益于自身和社会的法则和活动，如果形式陈旧烦琐，也会有天性被束缚的感觉，觉得自主性受到了挑战。过于一本正经、居高临下的态度往往让人产生抵触性情绪，而游戏的轻松形态则大大降低了人们的这种反感的程度。

审美诉诸感性，让人不知不觉地受到感染而产生同情或敬佩之心，能够在轻松愉快的氛围中体味到形象中蕴含的精神力量，潜移默化地接受艺术作品中的价值。由于没有直接现实的利害关系，审美活动也能够暂时摆脱来自感性欲求的压力和来自道德理性原则的强制性。审美活动所特有的轻松闲暇的方式，能让大学生从感性愉悦中不知不觉地体会到某种在形象中蕴含的精神力量。就像人们可以毫无顾忌地品评文学和影视剧中的虚构人物，表达鲜明的爱憎，是因为知道这些人物大多是形象而不是确定的现实人物；同时艺术塑造人物的原则和方式又带有必然性的思考，在趣味之中隐含了反思精神，让人们在可亲、可敬、可爱、可信的情感的驱使下，能够自觉接受其中的意蕴。

三、从纯粹形式中体会化育

闲暇时的娱乐让人身心得到放松和愉悦，而审美活动的规则意识、内在的形式之美则会让人同时从感性的物质方面和精神方面得到快乐。"艺术家不是以严峻的态度对待他的同时代人，而是在游戏中通过美来净化他们，他使他们在闲暇时得到娱乐，不知不觉地从他们的娱乐中排除任性、轻浮和粗野，再慢慢地从他们的行动乃至意向中逐步清除这些毛病，最后达到性格高尚化的目的。"① 审美游戏或者说艺术不会简单地停留在粗糙和轻浮的娱乐层次，而是通过对形式的追求探寻理想的境界，悄然地起着净化的作用，让人们的性格得到陶冶。

---

① 席勒：《审美教育书简》，冯至、范大灿译，上海人民出版社 2022 年版，第 79 页。

在美的艺术作品中，素材本身的重要性是有限的，更加重要的是形式。来自现实生活的材料进入艺术家的视野，经过艺术的加工会焕然一新。同样的题材在不同层次的人手中表现出来的形式可以有天壤之别，艺术家有点铁成金的手指，把材料本身的偶然性用独特的艺术手法，可以熔铸成令人耳目一新的艺术品。即使是现实中猥琐、粗鄙的对象经过处理之后，也能够进入审美活动，成为嘲弄和讥讽的对象，被赋予了新的意义，像是喜剧中对于丑恶行为的讽刺和戏谑，本身就具有认识和娱乐的双重效果。

审美活动要把真、善、美带入人的心灵世界需要有与内容相称的恰当形式。尽管古代的人、事都已经在时间中湮灭，但那些真正高贵、优美、崇高的形式，在振奋人的精神、唤醒人的尊严方面不减当年。像是古希腊的帕特农神庙、古罗马的万神殿、敦煌莫高窟，艺术的形式之美可以超越时代，和人类的创造力及人性的光辉一起经久保存。艺术形式带有时代性，也有传承性，古老的艺术仍然有震撼人心的魅力。而大学审美教育就是要通过对各种审美活动中意义和形式的变迁的展开，使大学生拥有更加有质感和厚度的人生体验。

第二节　审美作为中介的本质作用

游戏说只是审美教育的初级本质，有待于进一步的发展。大学生在中学阶段就获得了真理和信念的基础，对世界有强烈的参与和改造热情，不会仅满足于单纯的游戏的快乐，而是盼望对世界、人生都有整体的把握，可以在各种审美活动得到进一步融合加强，让自己的生命更具尊严和信念。

一、知性与理性分裂的现代困境

古代传统社会中，感性和精神、诗歌与抽象思辨、爱与情感曾经和谐相处，并没有严格划定界限，都是统一于真理之下不同的部分。理性虽然区分了物质和人的天性中的不同的成分，但这些成分并未肢解分散于不同的系统，而是处于混合状态。正如古希腊诸神每个都各有特色，却不缺乏完整性。"各个单独的精神力得到充分的发挥，固然可以造就出非凡的人，但只有各种精神力均衡地混合在一起才能造就出幸福而又完善的人。"[①]中国古代儒、道、释等各种信仰大多都能保持在争论中互相学习交融的状态，共同相处。如果说古代社会的哲学偏重综合性和整体性，那么到了近代，哲学则更加偏重条分缕析的知性方式。人类的发展不可能停留在古代社会的阶段，而人们的彼此对立使自身的各种潜力在对抗中得到发展，可以说是文明发展的必经之路，但这种思维方式也造成了各自固守领地、把人工具化的后果。

从现代性的发展历程来看，近代文明的发展尽管获得了很高的成就，在生产力发展

---

① 席勒：《审美教育书简》，冯至、范大灿译，上海人民出版社 2022 年版，第 65—66 页。

上超越了前面的所有时代，但也带来了相应的后果，那就是破坏了人的天性与和谐，尤其个人为了世界的发展而牺牲了自己性格的完整性。虽然这种发展对文明的进步是必要的，但毕竟属于片面的发展，对于作为个体的人带来的就是撕裂，和人本来应有的那种完整性背道而驰。现代人的感性能力和理性能力处于分裂状态，也许作为整体种类的人在很多领域上有很大发展，但在个体方面，现代人和古代人在综合能力和整体素质方面相比，就难以说有很大优势。

而且近代知性的思维方式在各个经验领域的扩展使得科学分工日益细致，延伸到了社会生活领域。错综复杂的社会结构被严格划分成各种职业和级别，撕裂了人的天性中的内在联系，使得本来处于和谐状态的人的各种力量也分裂开来。"人永远被束缚在整体的一个孤零零的小碎片上，人自己也只好把自己造就成一个碎片。"① 为了追求效率，个人的能力被束缚在某一窄小的门类之中。人成为了职业和专业的附庸，不再把自己的天性发展当作最重要的目的。

社会仿佛化身为一架精妙的机器，每个人都成为其中的某一零件。天才和知解力的光芒在现实中，甚至不如训练有素的技巧和记忆起的作用更大，害怕失去的恐惧使人们无暇去追求全面的发展以及更高的生活智慧。伴随着对物质的追逐和焦虑的升级，社会内部竞争加剧，这些都牺牲了人的完整性，更不用说未来还将面临着人工智能的挑战。

而另一方面，社会的总体发展更需要理性的规范，亟须形成一个整体有机的、建立在伦理基础上的人类社会。在精神和道德领域，则需要从内心深处接受了伦理规范的人成为现行的伦理社会的基础。因为道德律令具有强制性力量，需要人的整体素质的提高以及对于伦理原则每个人发自内心的服从，才能达到个人道德原则和普遍伦理的统一。因此，现代社会面临着知性和理性分裂的巨大挑战。

二、审美教育可以调和感性冲动与理性冲动

人生活在物质世界中需要各种物质来维持生存需要，受到自然规律支配，在社会生活中也有自身的角色。我们处于前后相继的时间流之中，各种感觉随着环境不断变化。感性冲动总是伴随着我们眼前纷至沓来的事物，在一个个当下接踵而至。感性的活动累积出各种经验，组成我们天性中的某些部分。同样，不同于自然界的其他生物，人作为一种有理性的生灵有自身的类的属性。无论是作为个体的人还是作为种属的人类，都有那种不会随着时间变化而自相矛盾的本质，具有必然性且是不变的存在，如人性中的尊严和自由。

人性的根本要求希望感性冲动和理性冲动互相限制，不要侵入对方的领地。在理想状态中，感性冲动和理性冲动虽然保持着对立和矛盾，但彼此应该严守界限，不得逾越。

---

① 席勒：《审美教育书简》，冯至、范大灿译，上海人民出版社 2022 年版，第 58 页。

人格面对着变化无端的感性冲动，要维护自身形式的尊严，不能突破人性的樊篱；而感性冲动则代表着人的丰富的体验方式和生活的多样性，也要防备理性冲动用人的内心的深刻性和独立性来侵害感性的纷繁复杂。一旦这两种冲动中的某一种占据上风，并超越界限来把自身的法则强加给对方，就会造成灾难性后果：要么感性冲动碾压人的形式，人就失去本性不再是自己；要么理性冲动压倒感性需要，人将失去对自然和世界的丰富的感受力，只能从其中看到自己强加给自然的原则和干预社会的结果。

碎片化、单向度的个体欲望与伦理社会所需要的理性，这两种不同的需求使人与社会处于自身之内的对立状态：如果物质和感觉占据上风，那么囿于各自领域和分工的人们就会固守着各自的领域，可能只从本领域的经验出发来指导行动，造成经验规则的分立，无法达成相互理解；另一方面，如果道德原则和普遍的理性占据重要位置，那么有可能只从抽象的普遍教条出发来指导人的行为，从而忽视个体差别而要求整齐划一，扼杀了感性的丰富多样性。这两种思维方式就造成了人性中感性与理性的分裂和对立，需要某种中介来加以调和。

打破僵局的唯一解决方法只能是，人格必须使感性冲动的强度保持在适合的范围之内，让感性向广度发展来扩展生命的体验；感性冲动也要求保持刺激，使理性冲动不要采用律令的方式来干预现实生活，而使得意志疲惫和冷漠，造成人性的堕落。因此，在现实中难以达到平衡的两种冲动必须由第三者作为中介来进行调和。审美教育就是要避免出现为了某种目的而忽略个体完整的情况，打破这种分裂和痛苦，使人们能够在审美活动中暂时恢复完整。

三、审美活动作为中介

审美的游戏特性因为没有现实的功利性，也不划定自己的领地，这就能够容纳感性冲动和理性冲动，使其共同在审美游戏中反观自身，营建新的可能性的审美王国。在双方都默许的情况下，审美活动建立想象力的中间场域，使得感性冲动和理性冲动都参与这种审美的游戏，而不至于剑拔弩张，各不相让。美因其感性特征不能脱离活生生的感性形象，然而审美艺术把绝对的形式和绝对的实在结合在一起，扬弃现实事物发生的偶然性，从而消除了理性法则的强制性，同感官的意趣有机地融合。

审美活动从游戏冲动开始，把形式送入物质之中，按照必然律来进行创造，让感性冲动与理性观念相一致，形成活的、有生命力的形象。席勒认为美是我们童年期的保护者，甚至把人们从原始的自然状态引向文明，那么在未来理应发挥更大的作用。青年人需要接受艺术的洗礼，克服懒散和怠惰的情绪，培养更丰富的感觉功能，把握住现实生活中的美。当然审美活动需要一定的引导，从感觉的甜美，过渡到思维的艰辛，勇于追求崇高和宏伟，追求更高的真理。这就是审美教育的重要性。

新时代大学生应该成为有教养的人，性格具有全面性。这就要求通过艺术或者审美教育来使人们恢复天性中的完整性，"艺术作品所处的地位是介乎直接的感性事物与观念性的思想之间的"①。大学美育的本质就是让学生知道，只有经过艺术和审美的中介，方能兼顾感性表象的丰富与人的深刻普遍的本质，这样才有可能达到社会与个人的和谐统一，成为完整的人。青年学生认识到审美活动有沟通感性与理性、恢复完整性的本质功能，参与多种类型的审美活动的积极性就会有所增加。

第三节　指明逐级向上的道路

审美教育要求以美的规律来观照人生和改造世界，这应该是人的实践活动的主要原则。而大学的美育通过课程设置，指导审美实践，就是要把美的尺度镌刻在人的心灵深处，在今后的人生中不断实践，而且这是一个循序向上的阶梯。

一、审美感觉的训练

人的审美感觉从表面看似乎是自然形成的，实际上都是在社会历史中逐渐形成的，具有人化自然的性质。马克思曾经说过："只有音乐才激起人的音乐感；对于没有音乐感的耳朵来说，最美的音乐也毫无意义。"② 这说明审美感觉需要两方面的共同作用：外在需要富有丰富内涵的审美对象的刺激，内在要求有对艺术的感觉和素养。这些不是天生就有的，只能通过各种基本素养的培养才能够达到。美的艺术蕴含着丰富的历史因素。"只是由于人的本质客观地展开的丰富性，主体的、人的感性的丰富性，如有音乐感的耳朵、能感受形式美的眼睛，总之，那些能成为人的享受的感觉，即确证自己是人的本质力量的感觉，才一部分发展起来，一部分产生出来。"③ 这说明审美活动蕴含着人对自身本质力量的肯定。

审美教育能够从理论上指导审美实践，在具体的艺术和欣赏的过程中，帮助人们提高欣赏品位，从而有可能进一步引发审美情感和提高审美素质。"凡物之美者，盈天地间皆是也，然必待人之神明才慧而见。"④ 个体只有产生审美感觉的潜在的可能性，需要经历教育和培养，才能展开成为真正的审美感觉，进而激发为审美情感。只有人类能够把握其他任何物种的尺度，并且像马克思所说的那样"按照美的规律"来构造人化的世界。这种"内在的尺度"，是作为万物之灵的人类经过长期进化和社会历史、人文环境的熏陶而产生的，这就首先决定了人的感觉具有社会历史的特殊性。

人类的需要不会仅仅停留在本能的层次，而人的感觉器官也在生活和实践中逐渐成长，趋向于寻求更加高级、体现自身本质力量的部分。从本能需求向趣味、品位过渡，人的感觉器官的社会性因素和审美性因素会随着历史和时代的变革产生变化、发展和积

---

① 黑格尔：《美学》第一卷，朱光潜译，商务印书馆 2008 年版，第 48 页。
② 马克思：《1844 年经济学哲学手稿》，人民出版社 2014 年版，第 236 页。
③ 同上书，第 237 页。
④ 叶燮：《已畦文集》卷九《集唐诗序》，载《中国美学史资料选编》，复旦大学出版社 2008 年版，第 496 页。

累。梁启超先生认为艺术能够让人的感官更加敏锐，让人追求更高的趣味："感觉器官敏则趣味增，感觉器官钝则趣味减；诱发机缘多则趣味强，诱发机缘少则趣味弱。专从事诱发以刺戟个人器官不使钝的有三种利器：一是文学，二是音乐，三是美术。"[①] 文学、音乐、美术等各门艺术的熏陶，能够让人保持对世界的敏锐感觉，从而超越具体事务的功利性，不致受限于个人暂时的利害得失，让人们的审美感觉对新鲜事物保持旺盛的好奇心，对趣味的追求更倾向自由的内涵，体现人的本质力量。

拥有健全敏锐的审美感觉和审美情感只是走出的第一步，美育是一个浸润、发展、上升的过程，伴随人的成长过程的始终。随着生命体验的加深，审美内涵的层次性不断加深。审美教育从趣味开始，不断刺激人们的感官向追求形式感发展，逐渐让审美活动脱离现实的功利性。

二、审美活动贯穿未来的生涯

首先，人的审美需要是一个从初级向高级、渐次发展的过程。

荀子说过："若夫目好色，耳好声，口好味，心好利，骨体肤理好愉佚，是皆生于人之情性者也，感而自然，不待事而后生之者也。夫感而不能然，必且待事而后然者，谓之生于伪。"[②] 也就是说，人们对于美好的向往，刚开始伴随着生理的自然需求，是和生理方面的需要结合在一起的，然而在经历了社会实践和教育之后，逐渐融入了更多的社会属性和人文特征。从天然的带有强烈自然本能属性的审美感性，渐次成为具有更多人文社会属性的审美情感，最终升华为对于纯粹美的领悟。

其次，审美教育是需要实践的，对于美的理解也受到个人经历、年龄、教育经历等多方面因素的影响。

人的审美维度伴随着年龄的增长、人生阅历的加深、情感体验的增加以及所面临的时代的共同问题等多重元素而呈现出多种向度的发展，广度、厚度、深度都在审美实践中不断拓展。文学阅读和审美活动可以拓展人对于世界的理解程度，其中所蕴含的对于审美对象的不同态度，也包括了审美知觉的不同选择，也就有了不同的领悟。大学生因生活面狭窄而阅历有限，但可以从阅读、艺术等审美活动中领悟人生，打开视野，加深情感体验。

最后，对美的领悟本身是一个由浅入深、渐次向上的过程。

我们对美的事物有天然的好感，但是也要意识到不能停留在单纯的兴趣阶段，而是要经历入门、展开、曲折甚至停滞，精神力量逐渐加强，才能渐入佳境。日常审美活动中我们接触到和领悟的境界往往都是以优美为主的，可以给人以精神上的享受，满足人们的对纯形式的欣赏。然而审美的范围可以逐渐扩大，那些感性无法把握的庞大的形式

① 梁启超：《美术与生活》，载金雅选编：《中国现代美学名家文丛·梁启超卷》，中国文联出版社 2017 年版，第 14 页。

② 王先谦：《荀子集解·性恶》，中华书局 1988 年版，第 437—438 页。

和强大的力量，也可以进入我们的审美感受，这就需要人们理性的积极参与。"我们必须以纯粹精神的法典为准，因而要使审美教育成为一个完整的整体，要想使人的心灵的感受能力扩大到我们规定的全部范围，也就是扩大到感性世界的范围以外，就必须除美之外再加上崇高。"① 审美对象的领域拓展，需要加强理性力量的参与，促使人走向更为宽阔的精神境界。

三、渐趋向善的真理之路

大学生随着年龄的增长和阅历的加深，对情感的体验有了一定的深度，也认识到了个体的局限性，明白某些人在个人的艺术技能上的提升只能停留在某一阶段，无法成为专门性的艺术人才，但是对于宇宙人生的体悟，却可以随着审美活动的展开逐渐拓展和丰富。

首先，审美教育通过丰富可感的形式，在情感上培养大学生对他人和世界的同理心。

在艺术作品的感召下，在审美体验过程中，大学生可以从中体会到被各种艺术形式淬炼过的各种感情，从而对真善美产生无限的向往，对假恶丑产生厌恶，直观感受到艺术的情感力量，受到深刻的感动，在心底留下印记。梁启超说："艺术的权威，是把那霎时间便过去的情感，捉住它令它随时可以再现，是把艺术家自己'个性'的情感，打进别人们的'情阈'里头，在若干期间内占领了'他心'的位置。"这种无声的化育很少会得到积极或消极的抵制，会让人产生发自内心的情感呼应。"情感教育的目的，不外将情感善的美的方面尽量发挥，把那恶的丑的方面渐渐压伏淘汰下去。这种工夫做得一分，便是人类一分的进步。"② 艺术作品中蕴含的情感与意象、形式等唯美的因素，会让人对积极、美好、德性的东西产生心向往之的倾慕，对于假恶丑则会产生厌憎，使人不知不觉地提升自己的精神境界。

其次，审美情感与道德是有区别但互相联系的两个概念，人对于美的憧憬本身就带有向善的因素，因此审美教育对人的全面发展有促进作用。

卢梭在《爱弥儿》中谈到教育问题时认为："有了审美的能力，一个人的心灵就能在不知不觉中接受各种美的观念，并且最后接受同美的观念相联系的道德观念。"③ 审美能力的培养可以拓展人的心灵感受力，在虚构的想象世界中对大千世界种种美好和美的诸种观念接受起来会顺理成章，进而渐渐接受与其密切相关的道德观念，从而全面提高自己。而且，这种转换在不知不觉中产生，由内而外润泽心灵，让人领悟理想的光辉，逐渐趋向真理和至善。

最后，审美情感的化育能带给人无限的精神愉悦感，让青年人主动走向真理的康庄大道。

---

① 席勒：《审美教育书简》，冯至、范大灿译，上海人民出版社 2022 年版，第 271 页。

② 梁启超：《中国韵文里头所表现的情感》，载金雅选编：《中国现代美学名家文丛 梁启超卷》，中国文联出版社 2017 年版，第 122—123 页。

③ 卢梭：《爱弥儿》，李平沤译，商务印书馆 2012 年版，第 611 页。

从审美活动出发的精神活动带给青年人的愉悦，可以使人暂时摆脱现实生活的琐屑和个人的现实计算，从小我逐渐扩展到接近作为人类全体的精神世界，从而窥见世界之广大、宇宙的浩瀚、真理的崇高。正如王国维先生所说："今夫人积年月之研究，而一旦豁然悟宇宙人生之真理，或以胸中恍恍不可捉摸之意境，一旦表诸文字、绘画、雕刻之上，此固彼天赋之能力之发展，而此时之快乐，绝非南面王所能易者也。"① 把个人的发展天赋、创造能力和宇宙真理联系在一起，从而让审美情感上升为对真理的不懈追求。如果一旦企及这种境界，人们就能体会到无上的快乐，胜于任何虚荣和名利带来的满足。

随着人的年龄和阅历的增长，审美需求也不是固定不变的。古希腊哲学家柏拉图在《会饮篇》中曾经提到对爱与美的寻求有着不同的阶段，从开始个别事物的美，延伸到共同的具有普遍性的美，进而从外在美扩展到心灵美，再到美的行为和美的制度，到美的知识，各个环节依次拾级而上，直到美的最高境界。"于是放眼一看这已经走过的广大的美的领域，他从此就不再像一个卑微的奴隶，把爱情专注于某一个个别的美的对象上，某一个孩子，某一个成年人，或是某一种行为上，这时他凭临美的汪洋大海，凝神观照，心中起无限欣喜，于是孕育无量数的优美崇高的道理，得到丰富的哲学收获，如此精力弥满之后，他终于一旦豁然贯通唯一的涵盖一切的学问，以美为对象的学问。"② 这种从浅至深、由外及内的美的探索引领人们达到理性、至善，也是个人最值得向往的生活境界。

大学生正处于感性需求旺盛的时期，容易被各种各样的纷繁复杂的外部世界所诱惑，目迷五色，难以找到前进的目标，而审美教育能够让他们对于更加崇高的理性之美产生亲近之感。尽管可能短时间领悟不深，但是种下的美的种子会在以后的学习和实践中渐渐生根发芽，指引着将来发展的方向。正如王国维先生引用的"昨夜西风凋碧树，独上高楼，望尽天涯路"的境界，此时此刻站在高的起点，眺望远方的无尽风景，只要志存高远，就能为人生的路途照亮前进的方向。

第四节　美育的目标是整体和谐

在高等教育的序列中，美育是特殊的一环，它不是知识的传授，而是在各种审美活动中潜移默化，怡情悦性，从而陶冶大学生的精神世界，完善他们的人格。这种情感净化、精神境界提升不是在短时间内可以看到效果的，而是如春风化雨，"润物无声"地使人逐渐受到浸染和影响，让人在一个个微小的活动中逐渐变化和提升，最终影响人的精神境界。

---

① 王国维：《论哲学家与美术家之天职》，载聂振斌选编：《中国现代美学名家文丛 王国维卷》，中国文联出版社 2017 年版，第 5 页。

② 柏拉图：《文艺对话录 会饮篇》，人民文学出版社 1963 年版，第 271—272 页。

一、继承传统美育的移风易俗目标

大学美育的目标是让学生获得全面的发展，采用的方式是通过感性的接触，以多姿多态的形象来打动人，引发情感共鸣，自然而然地丰富人的心灵世界。这种教育过程是在审美活动进行时候，不假借概念和推理而发生的，能够让真、善、美相互激荡，互为推动，共同达到陶冶性情的目的。

人们在面对审美对象的时候，最先打动人的是感性特征。由于天赋、趣味、取向与文化氛围的不同，审美个体差异很大。虽然美的原则可做指导，但必须经过个人的审美活动来提升个体的素质，这就导致无法用千篇一律的传授方式来达到目的。因此美育是在审美活动中通过个人亲身体验而展开，形成种类繁多、层次不同的状况。这代表了世界的丰富性和社会的复杂性，审美的差异并没有高下雅俗的绝对不同，包容着个体的差异性和特殊性。但是也正因为此，差异性和普遍性的矛盾构成了审美领域的独特魅力，可以成为人与人之间和谐对话的场域，从而凝聚起共同的精神价值，家园、国家与世界情怀等，成为人类文明的重要的组成部分。

第一，在中国传统的诗教与礼乐文化中，"乐"是最高的追求。

大学美育的关注点虽然是提高学生的审美品位，但是最终的目标是让学生能够成为和谐健康的社会的成员，共同建立美好的价值体系和完备的生活世界。也就是在东西方的文化中，审美活动都是人的教养中最重要的成分，在教育中占有重要的位置。而这些最终的目标在伦理社会中同样重要。在中国传统的教育中，礼乐是君子六艺中的成分，是所有读书人都应该通晓，培养理想的继承者所必备的。尤其是对于礼乐中"和"的理解，不仅是个人的修养问题，还可以推至整个社会治理理想的目标。先王以礼乐和诗教来自天地万象，取其中正和平。

先王制作礼乐时，取天地之清朗，四时之象，从天地之志导向人心，让各种活动都充满着礼仪和价值内涵，以求达到移风易俗、天下太平、美善相乐的境界。"君子以钟鼓道志，以琴瑟乐心，动以干戚，饰以羽旄，从以磬管。故其清明象天，其广大象地，其俯仰周旋有似于四时。故乐行而志清，礼修而行成，耳目聪明，血气和平，移风易俗，天下皆宁，美善相乐。"[1] 各种乐器、歌舞、礼仪取法于天地四时的清明、广阔与节奏交替，体现着人的志向和感情与天地交融的境界，因此能够让人达到从感官到身体的愉悦，进而在美善合一的境界中达到和谐。

以乐、礼、诗为代表的审美活动具有强烈的感染力，并能较快地影响人们，先王因此谨慎地选择诗教和礼乐来教化培养人民的精神世界。"夫声乐之入人也深，其化人也速，故先王谨为之文。乐中平则民和而不流，乐肃庄则民齐而不乱。"[2] 音乐的中正和平、

---

① 王先谦：《荀子集解 乐论》，中华书局 1988 年版，第 381—382 页。

② 王先谦：《荀子集解 乐论》，中华书局 1988 年版，第 380 页。

庄严肃穆能够让人心平和安定而不至于混乱。

其次，礼乐融合在各种艺术形式中，在美感中建构和谐的伦理社会。

先王制作礼乐的目的不是满足人们的各种欲望，而是教导人们应该如何改善内心，让礼乐的精神浸润自身，从而建立一个与自然、他人之间都能够和谐相处的伦理社会。"是故先王之制礼乐也，非以极口腹耳目之欲也，将以教民平好恶，而反人道之正也。"[1]也就是说，不是停留在感官享受的层面，而是教导民众通晓善恶，回归人之正道。

因此，在我国的典籍中，各种艺术形式如乐、诗、画都被赋予了伦理教化、移风易俗的功能。"乐也者，圣人之所乐也；而可以善民心，其移风易俗，故先王著其教也。"[2]音乐是先王用以教化万民、移风易俗的；"故正得失，动天地，感鬼神，莫近于诗。先王以是经夫妇，成孝敬，厚人伦，美教化，移风俗。"[3] 诗教是为了让各种人伦规范和正确得失在感情中得到熏陶；张彦远《历代名画记》中记载："夫画者：成教化，助人伦，穷神变，测幽微，与六籍同功，四时并运，发于天然，非由述作。"[4] 绘画同样能够显示天地万物幽微神奇的变化，从天然中发掘和典籍同样的功用，有助于人的教化。

再次，通过系统化地传承礼乐、诗教，能够用以儒家为代表的价值观以及和谐的理念潜移默化地影响各个社会阶层，形成互敬、有序的文化伦理共同体，让人们在其中找到自身的位置。

在礼乐系统中，美育和德育、伦理等融合在一起，成为传统教育中不可缺少的重要一环。《论语》讲"兴于诗，立于礼，成于乐"，也就是说，最初的出发点是注重感性情感的诗，其次是带有规范性质的礼仪秩序，最终的目的是美善共存的艺术化的人生。因此，儒家的教化中，最高的境界不是礼，而是体现着"和"的精神的乐。"乐至则无怨，礼至则不争。揖让而治天下者，礼乐之谓也。……和父子之亲，明长幼之序，以敬四海之内，天子如此则礼行矣。"[5] 如果人人达到把自己的人生当作艺术的美善相依的境界，那么怨恨、纷争都会消弭，达到秩序完善、人伦亲和，以至于四海之内人人敬服的境界。

古代社会的诗教和礼乐培养人的方式是浸润在各种艺术、礼仪和社会规范之中的，尤其整体性的思维方式让人们能够在其中找到合适的位置，当然其中的问题也在于对于个人的特殊性的关注不够。

同样，西方古代美育思想也有深刻的历史渊源。西方的美育发源于古希腊时期，尤其在雅典的教育中，诗歌、音乐、体育竞技等都是主要内容。希腊人爱好智慧也追求美，追求身体和精神内外皆美的教育理念；既注重实际事务又关心理想和社会，培养全面发展的完整的人才是他们想要达到的目标。雅典的美育几乎无处不在：诗歌、音乐、建筑、

① 《礼记 乐论》，载于民主编：《中国美学史资料选编》，复旦大学出版社 2008 年版，第 50 页。
② 《礼记 乐论》，载于民主编：《中国美学史资料选编》，复旦大学出版社 2008 年版，第 52 页。
③ 《毛诗序》，载于民主编：《中国美学史资料选编》，复旦大学出版社 2008 年版，第 105 页。
④ 张彦远：《历代名画记》，载于民主编：《中国美学史资料选编》，复旦大学出版社 2008 年版，第 245 页。
⑤ 《礼记 乐论》，载于民主编：《中国美学史资料选编》，复旦大学出版社 2008 年版，第 51 页。

雕塑、舞蹈、戏剧、体育，还有宗教节日的欢庆，同时也是他们参与城邦公共生活的方式，具有全民性质。尤其重要的是，希腊的美育活动和他们的政治制度以及城邦民主制度联系在一起，呈现出人类童年时代的那种朝气蓬勃的精神，也成为了后世培养完美人格的一种带有理想性质的典范。后来到了罗马时期，贺拉斯基本继承了希腊的美育的思想："诗人的愿望应该是给人益处和乐趣，他写的东西应该给人以快感，同时对生活有帮助。"①

从中世纪到 17 世纪，由于政治和历史的变局以及宗教、哲学的多方面影响，西方社会总体上更加偏重理性，强调要以理性驾驭感情。理性主义始终占据重要位置，而对感性的强大力量相当警惕，推崇宗教、道德、理性至上，压抑感性，强调秩序，因此美育的观念相对弱化，沦为宗教的附庸，作为一种手段来服务于其他类型的教育。

18 世纪以后的浪漫主义则是作为一种理性的反叛力量而出现的，更加注重人的主观精神，强调想象力和创造性。因此主张要积极介入到生活中，把情感、欲望、想象等感性的活动释放出来，张扬生命的活力。同时，人性的理性和感性的分裂也越来越凸显出来，作为独立学科的美学出现。因此，席勒提出要通过审美教育来恢复人的天性的完整，他认为只有在艺术活动中感性和理性达到平衡的和谐的人才能够改善时代的性格，从而带来社会和国家政治的变革。

总的来说，在中西方古代社会中，审美教育作为古代伦理社会中重要的一部分，有着非常重要的作用，感性和理性在人伦道德、社会风俗中紧密联系在一起。而到了近代社会则发生了变化。

二、以个人自由为基础构建的现代审美教育体系

在现代社会分工极为发达的今天，一方面人们生活在共同的地球村中，以网络为代表的社交方式渗透到人的方方面面，让人们似乎拥有了无限的选择的自由权利；而另一方面，各个领域之间的壁垒越来越分明，人们只能在自己熟悉的领域中找到一席之地，高度发达的技术不仅没有治愈，反倒加剧了人性的撕裂。

首先，审美场域是人与人之间平等对话的场所，这只有在审美教育的原则中才能构建。

在这样的情况下，审美教育基本上面临两种倾向：要么关注在日常生活中无所不在的形式变化，让美育成为各种其他教育或者其他目的的某种附庸，失去了本身的独立性；要么坚持美独特的精神内涵和内在体系，让审美活动成为培养和教育人的独特方式。这两种倾向各有偏重，但是现代教育的挑战要求我们更倾向于后者。这是由现代的思维方式所决定的。

黑格尔在《精神现象学》的序言中曾经提到，"古代人的研究是真正的自然意识的教

---

① 亚理士多德、贺拉斯：《诗学 诗艺》，人民文学出版社 1962 年版，罗念生、杨周翰译，第 450 页。

养和形成。古代的研究者通过对他的生活的每一细节都作详尽的考察，对呈现于其面前的一切事物都作哲学的思考，才给自己创造出了一种渗透于事物之中的普遍性。但现代人则不同，他能找到现成的抽象形式；他掌握和吸取这种形式，可以说只是不假中介地将内在的东西外化出来并隔离地将普遍的东西（共相）制造出来。"① 也就是说古代人的教养在自然中形成，通过对其生活细节的细致考察，思考并创造出渗透其中的普遍的真理，而现代人与大自然之间已经有了距离，从一开始就掌握的是概念的方式而不是丰富直接的个体，因此思维缺乏流动性。如果要克服这种困难，就必须通过各种活动把普遍的概念化为现实的有生气的东西。在审美教育方面，就是要通过活生生的艺术和审美实践使得我们的教养不至于陷于教条化，从而恢复与自然及社会生活的密切联系。

　　基于以上情况，大学生多数是从书本和观念上来接触世界的，如果要克服这种单一性，就需要审美教育这种把抽象的普遍概念和现实进行结合的有效尝试。感性教育的活动引导他们把学到的枯燥的概念和活生生的现实联系起来，并通过审美活动搭建起桥梁，让大家在审美活动、艺术欣赏实践中形成共同的精神空间，也能够让人们从个体的小天地进入到共同的大世界。"若夫真正之大诗人，则又以人类之感情为其一己之感情，彼其势力充实不可以已，遂不以发表自己之感情为满足，更进而欲发表人类全体之感情。"② 伟大的艺术作品有巨大的感染力，能够超越个人感情而上升到人类共同的理解，能够创造出更多的可能性。

　　在由艺术搭建的审美空间中，大学生在体会感性形式的美好的同时，可以就共同的审美对象平等地交流，在其中寻找自己的审美理想，提升自己的境界。各种审美活动的参与者可以畅所欲言，既保留自身的独特个性，又可以就审美的诸环节产生交流和碰撞，基于共通感有权要求他人赞成自己，但又尊重他人的独特的审美个性。这样就形成了一个的各美其美的理想和自由的审美场域。

　　其次，审美教育可以搭建自由与必然的桥梁。

　　审美愉悦的微妙与独特在于它首先是个人的感受，但是在总体效果上却能够治愈人们在现实中的片面与分裂，从狭隘的生活境界过渡到更为纯粹的审美境界。与此同时，人可以照见理想和个人的尊严，从异化状态中得到恢复，走向自由。审美教育可以直接作用于人的内在感情，并将人的理解与感受调动起来，渗透进审美活动的各心理层次中，在多重心理层次融会贯通，从而唤醒作为整体的人的自由感和深沉体验，产生的快乐包含着想象的飞跃和知性的理解以及理性的评价。"人们在经验中要解决的政治问题必须假道美学问题，因为正是通过美，人们才可以走向自由。"③ 而通过审美教育，使得作为社会主体的人的精神境界得到升华，在自由的理想中找到共同协作的方向，设计未来的蓝

① 黑格尔：《精神现象学》，贺麟、王玖兴译，商务印书馆 1996 年版，第 22 页。
② 王国维：《人间嗜好之研究》，载《中国现代美学名家文丛 王国维卷》，聂振斌选编，中国文联出版社 2017 年版，第 137—138 页。
③ 席勒：《审美教育书简》，冯至、范大灿译，上海人民出版社 2022 年版，第 31 页。

图，并充满信心地投入实践并改造社会。

现代性对于个人的撕裂表现在各种职业之间的生产和分工带来的人与世界、人与人的异化。而在审美领域中，人们可以暂时跨越职业的分工的限制，超脱在现实的束缚，从事各种自己想要进行的精神活动。我们在欣赏一幅画、读一本书、听一段音乐、看一场电影时，会投入自己的精神力量去理解，而很少用各自的专业知识去挑剔评价，因为我们此时的身份是人本身。审美欣赏激发我们的情感，使得我们感同身受，而在我们和他人交流的时候，会发现除了个人的现有感受之外，他人可能有不同的感受，从而导致对话和辩论，我们的观察和反应和他人的交织在一起，我们的原则和习惯和他人的互相抵牾，这种妙趣横生的体验拓展了我们的个人体验，也增加了人生的厚度。

我们很大程度上都困于个人的身份与职业中，难以摆脱当下的困境。也许真正的自由状态，正如马克思所说："而在共产主义社会里，任何人都没有特殊的活动范围，而是都可以在任何部门内发展，社会调节着整个生产，因而使我有可能随自己的兴趣今天干这事，明天干那事，上午打猎，下午捕鱼，傍晚从事畜牧，晚饭后从事批判，这样就不会使我老是一个猎人、渔夫、牧人或批判者。"① 当然现阶段这只是一种遥远的理想，可能一直到共产主义社会实现时，才能最终治愈人的撕裂。但是在目前，只有审美教育指导下的活动，才有可能让感性和理性、不同层次的审美形成全面对话的空间，达到暂时的平衡。

三、从个体到社会的整体和谐

美育从一开始就与德育、智育、体育等教育领域都有密切联系，彼此都能够相互促进，共同塑造完整的人格。审美活动的强大感染力使得人们易于接受其影响，对于整个社会的风气都有引领作用。也因为这样，使得审美和艺术能够成为大家相互交流并建立共通感、促进彼此间平等对话的场所，能够为人类的未来擘画出更好的蓝图。因此，大学审美教育是从个人的天性出发通过美的理想塑造完整的人格，真正的最终目标是形成在一个总体上各美其美、美美与共的和谐社会。

蔡元培曾经提出以美育代替宗教的看法："鉴激刺感情之弊，而专尚陶养感情之术，则莫如舍宗教而易以纯粹之美育。纯粹之美育，所以陶养吾人之感情，使有高尚纯洁之习惯，而使人我之见、利己损人之思念，以渐消沮者也。"② 在古代传统中宗教具有给予人们终极目标的崇高地位，而在现代社会中，宗教的影响力已经弱化，而审美教育可以部分承担宗教的职能，使之成为陶冶性情、抚慰人心的重要手段，同时也对营建爱美向善的社会有重要的作用。这是一个循序渐进的漫长过程，审美教育从小就要开始，而在大学美育的阶段，则是要深入领会美的本质，让青年人学会用审美的眼光来看待整个世

---

① 《马克思恩格斯选集》第一卷，人民文学出版社 1995 年版，第 165 页。
② 蔡元培：《以美育代宗教说》，载《蔡元培全集》第三卷，中华书局 1984 年版，第 33 页。

界和宇宙，让对美的追求成为塑造未来社会的重要指导因素，指导将来的工作和生活。

大学美育从个人的感性愉悦出发，指引学生追求更为广阔的崇高境界，成为新时代的具有家国情怀的建设者。美感最初开始时是与优美的形式感紧密结合在一起的，但是随着审美境界的提高，越来越和精神境界以及心灵情操结合得更深，达到与天理浑然合一的境界。"美感者，合美丽与尊严而言之，介乎现象世界与实体世界之间，而为津梁。……人既脱离一切现象世界相对之感情，而为浑然之美感，则即所谓与造物为友，而已接触于实体世界之观念矣。故教育家欲由现象世界而引以到达实体世界之观念，不可不用美感之教育。"[1] 例如在我们幼年时代所背诵的中国古代诗歌文章，如杜甫的诗歌、范仲淹的文章等经典作品，当时可能只留下一知半解的记忆碎片，但是到了大学阶段，一旦重新诵读品味，其中蕴含的强烈的情感和审美内涵，都会成为我们血脉的回声，激励我们作为中国人的内在的家国情怀。在现代社会中需要重新挖掘中国古代的诗教和礼乐传统中优秀的内涵，加上与时俱进的现代精神，对于塑造中华民族新时代的民族性及健全的人格来说至关重要。

人的感性生命在不断成长中逐渐远离粗糙和虚荣、名利，摆脱外在的目的而专注于发展自身，成就全面发展的自己。审美活动展现了在现实世界和理想境界的桥梁作用，审美情感也脱离了个人的情感而是更加纯粹的情感，通过激发人的情感让人的心灵得到净化，和自然、真理等价值结合在一起。在新世纪中国腾飞的关键时期，美育的本质随着审美活动的展开，体现在审美对象的选择和欣赏上，更是伴随在对审美对象的解读、品鉴的全过程中，也体现在青年人的人生规划以及对于社会的规划中。

中国美育精神中那种平等而敬重他人的真诚态度，温柔敦厚的精神，体现着中国特有的文化软实力，必将成为中国力量的一部分。中国青年对于美的理念的理解，以及传承在文化中的特有的知觉世界的方式，推己及人、和而不同的思维方式，可以为世界的发展贡献出自己的智慧力量。这种沉浸在审美教育中的教养，直接会影响我国未来的主人公，也将成为世界文明的一部分。新世纪的大学生将来必然成为改变世界，参与全球规划的中国力量。因此无论在对外交往、商务往来，还是参与全球生态治理、共同构筑人类的未来等各种活动中，都会秉承中国审美精神来擘画蓝图，不懈追求真理，指向全人类和谐共处的最终目的。这些都体现着大学育人的最高目的，也是培养21世纪新型人才的需要。

大学美育的本质，是让青年学生能够超脱出个人现实利害关系的窠臼，投入审美的自由游戏，在获得感性的愉悦的同时拓展自己的视野和品位；进一步引导学生用审美的中介来跨越感性与知性的分裂，调和感性冲动与理性的独断，发展为全面而丰富的人；认识到审美教育是伴随着人的成长而逐级向上的阶梯，从最初的感官愉悦不断发展，最终可能抵达认识真理和美的本质的最高境界。而大学时代只是奠定了长期的目标，美育

---

[1] 蔡元培：《对于新教育之意见》，载《蔡元培全集》第二卷，中华书局1984年版，第134页。

中丰富的内涵包含着古代文化的优秀传统，又继承了近代、现代的自由精神，成为新一代大学生精神世界的重要成分，指导着青年人走向真理。

本章思考题与阅读书目

一、思考题

1. 谈谈你对于审美活动和游戏关系的理解。

2. 结合个人的审美实践，谈谈如何理解审美是一个不断发展的过程。

3. 谈谈审美活动在不同时期对于文化建构的作用。

4. 审美教育是怎样帮助大学生培养家国情怀和世界责任的？

二、阅读书目

1. 席勒：《审美教育书简》冯至、范大灿译，上海人民出版社 2022 年版。

2. 柏拉图：《文艺对话录》，朱光潜译，人民文学出版社 1963 年版。

3. 朱光潜：《谈美书简》，中华书局 2012 年版。

4. 柏拉图：《理想国》，郭斌和、张竹明译，商务印书馆 2002 年版。

第三章
大学美育的功能

通过劳动实践，人逐渐脱离动物，并且不断改造外在自然和内在自然，使人除具有动物性的基本欲求外，还具有更高的精神需求，审美需求正包孕其中。大学美育的对象为大学生，相对于中小学生，他们掌握了更多、更专业的知识技能，即将走向漫长的职业生涯，并且他们的身心发展都更加成熟。大学美育正是让大学生在掌握关于美和艺术基本理论知识的基础上，通过对鲜活灵动、丰富多彩的艺术美、自然美与社会美的体验感受，进一步认识到美和审美对人生的重要价值，在潜移默化中培养更强的审美能力，促进德智体美劳全面发展，最终进入人生的最高境界——自由的审美境界。因此，大学美育不等于大学艺术教育，不能包含于德育，也不局限于专门讲授美和艺术理论知识的教育，它的根本任务与最终目标是使大学生人生境界得到升华，形成光风霁月的人格气象，实现人生的审美化和审美的人生化，逐渐走向自由，从而为大学生毕业之后，成家立业，回报家庭，为社会与国家作出贡献提供支持。

第一节　大学美育与审美观、
审美力、创美力

一、大学生健康正确审美观的树立

古今中外的许多美学家都或隐或现地将培养人的健康正确审美观纳入他们的美学理论体系之中，并且视其为自己研究美和艺术的重要目标之一。例如，柏拉图以"理式"为美的本体，事物之美只是美的现象，所以他引导人们要不断提升自我，树立以"美本身"为美的审美观，他在《会饮篇》中说："从个别的美开始探求一般的美，他一定能找到登天之梯，一步步上升——也就是说，从一个美的形体到体制之美，从体制之美到知识之美，最后再从知识之美进到仅以美本身为对象的那种学问，最终明白什么是美。"[1]

---

[1] 柏拉图：《柏拉图全集》第二卷，王晓朝译，人民出版社 2017 年版，第 254 页。

《论语·八佾》载："子谓《韶》，'尽美矣，又尽善也'。谓《武》，'尽美矣，未尽善也'。""尽善尽美"虽是孔子对乐舞艺术的评论，但其中透露出孔子倡导一种美善相因的审美观。美学家们将美学用于教育人、培养人，倡导树立健康正确的审美观，美学与美育天然地具有姻缘关系，故蔡元培先生说："美育者，应用美学之理论于教育。"① 由此，树立健康正确的审美观乃是大学美育的首要功能。

经过数百万年的实践，人不仅脱离了动物，还渐渐产生了对世界及其中万事万物的根本看法，即形成了世界观。古希腊的毕达哥拉斯学派认为宇宙万物的本源是"数"，我国春秋末期的老子认为是"道"，这是他们不同世界观的体现。审美观是世界观的重要组成部分，是对世界中的美（即审美对象）的根本看法与基本观点。健康正确的审美观能够让人在一定的审美标准基础上分辨美丑，去丑求美。所以，审美标准与审美理想又是审美观的核心。

人们对美丑进行判断并非随心所欲、毫无标准的而是具有一定尺度的，这种判断美丑的内心尺度就是我们所说的审美标准。朱光潜先生说："有一千个读者，就有一千个哈姆雷特。"② 鲁迅先生也说："《红楼梦》是中国许多人所知道，至少，是知道这名目的书。谁是作者和续者姑且勿论，单是命意，就因读者的眼光而有种种：经学家看见《易》，道学家看见淫，才子看见缠绵，革命家看见排满，流言家看见宫闱秘事……"③ 人与人因性情、教育、爱好、性别等方面的差异，就会具有不同的审美标准。在日常生活中更是如此，同样的景色可能在张三看来是美，在李四看来却一般，而在王五看来则不美。不同历史时期的人持有的审美标准也会有所不同。在史前时代，由于生产力水平十分低下，原始人朝不保夕，所以他们认为的美往往与功利相连，即有利于生存、生活的东西就是美，否则就为丑、恶。随着生产力水平的提高，人们通过劳动实践不断改造外在自然和内在自然，让美逐渐脱离实用、功利而与精神需求相连，如先秦时期的孔子就提出"里仁为美"（《论语·里仁》），他认为符合道德规范才能成为美，否则就是丑。西方亦如此。古希腊神话中的阿佛罗狄忒（Aphrodite），即后来罗马神话中的维纳斯（Venus），是爱与美的女神，但在进入中世纪后，她被视为激起人欲望的女妖而被侮辱、贬低，到了 18 世纪，人文主义者们则再次赋予她爱与美的女神地位。由女神到女妖再到女神，维纳斯地位的变化正说明了不同时期的人们具有不同的审美标准。这也是"各美其美""趣味无争辩"等时常被人提及的原因所在。但在一定的文化背景、地域环境、历史阶段等中，人们的审美标准又具有同一性的特点，如刚才提到的中世纪，人们不也较为一致地以爱与美的女神为女妖吗？又如我国魏晋时期的名士们，逃避动荡的时局，隐居山林，共同追求"越名教而任自然"（嵇康《释私论》）、"放浪形骸之外"（王羲之《兰亭集序》）的生活情趣，以虚伪的名教为丑，以逍遥自由为美。这就说明审美标准是多样性

① 文艺美学丛书编辑委员会：《蔡元培美学文选》，北京大学出版社 1983 年版，第 174 页。
② 朱光潜：《论美是客观与主观的统一》，载《朱光潜全集》第五卷，安徽教育出版社 1989 年版，第 91 页。
③ 鲁迅：《〈绛洞花主〉小引》，载《鲁迅全集》第八卷，人民文学出版社 2005 年版，第 179 页。

与普遍性的统一。

人的审美理想同样不是天生的，而是在长期的审美活动、创美活动中形成的，也具有多样性与普遍性统一的特点。审美理想是人对美、美的事物的具体明确要求与渴望，是关于审美对象的理想蓝图。古希腊雕像呈现的"高贵的单纯，静穆的伟大"①，我国园林追求的"虽由人作，宛自天开"②，不仅是当时艺术家们审美理想的体现，也是当时艺术欣赏者的审美理想。审美理想是激发人们追求美、创造美的动力，在美化人及人的生活环境方面发挥着重要作用，使人对客观世界的改造符合美的规律。

简言之，大学美育的首要功能是帮助大学生树立健康正确的审美观，改变原来可能较为肤浅、迟钝的，有时甚至是不辨美丑、以丑为美的审美观。

二、大学美育与大学生审美力的提升

审美力就是人能够进行审美的能力，具备相应的审美能力是大学生全面发展的必然要求。马克思在《1844年经济学哲学手稿》中曾说："如果你想得到艺术的享受，那你就必须是一个有艺术修养的人"；"对于没有音乐感的耳朵来说，最美的音乐毫无意义，不是对象"。马克思所谓的"艺术修养""有音乐感的耳朵"无不指向人的审美能力，人要具有一定的审美能力才能欣赏艺术，才能获得美的享受。审美感知力、审美想象力与审美鉴赏力组成了大学生审美能力的主要内容。

在心理学上，感知分为感觉与知觉。感觉是对事物个别特征的反映，知觉则是对事物各种不同特征的总体性把握。审美感知是审美活动的起始点，是进入更深层次体验活动的基础，如美国哲学家帕克所言："感觉是我们进入审美经验的门户。而且，它又是整个结构所依靠的基础。"③ 感知离不开人的感官，即眼耳鼻舌身五官，审美活动不涉及利害计较，超越单纯的肉体欲望，而五官中的眼、耳相对于鼻、舌、身，远离肉体欲望，所以黑格尔说："艺术的感性事物只涉及视听两个认识性的感觉，至于嗅觉、味觉和触觉则完全与艺术欣赏无关。"④ 黑格尔的说法虽然有些绝对，但至少揭示出视觉和听觉在审美感知中的主要地位，发挥着主导作用，是人的最重要的审美感官。审美感知的特点首先是具有浓厚的情感性。它侧重对事物具体表象的感知，与个人情感的快与不快相联，而非一般感知那样局限于对象自身，服从理性、逻辑，情感受到压制。瑞士思想家阿米尔说："一片自然风景是一个心灵的境界。"我国齐梁时期的刘勰曰："登山则情满于山，观海则意溢于海。"（《文心雕龙·神思》）审美感知始终伴随着情感体验。其次，审美感知的特点是具有敏锐的选择性。审美感知的对象主要是事物的外在形象，而事物的形象千姿百态、千变万化。这就要求审美主体具有敏锐的选择能力，在瞬间把握到事物的特

① 温克尔曼：《希腊人的艺术》，邵大箴译，广西师范大学出版社2001年版，第17页。
② 计成：《园冶》，城市建设出版社1957年版，第65页。
③ H.帕克：《美学原理》，张今译，广西师范大学出版社2001年版，第48页。
④ 黑格尔：《美学》第一卷，朱光潜译，商务印书馆1979年版，第48页。

点。艺术家亦当如此，以敏锐的眼力在变化森罗的现象中捕捉到事物的特性，创造典型。此外，审美感知还具有整体性的特点。审美感知是对事物形态的整体性把握，而非对事物的某一方面、某一元素进行分析、研究。元代马致远《天净沙·秋思》曰："枯藤老树昏鸦，小桥流水人家，古道西风瘦马。夕阳西下，断肠人在天涯。"诗人将诸多个别景象汇聚成一个和谐的意象群，为读者呈现出一片凄凉的整体性艺术境界。

在我国戏剧表演中，三五人就是千军万马，三五步就是千山万水。这说明审美活动和创美活动都离不开想象。审美想象是在感知表象与记忆表象的基础上，建构新的审美意象的心理活动。广义的想象分为联想与想象，联想又分为接近联想、类似联想与对比联想。接近联想起于事物与事物在时空上的接近，如看见某人住过的房间、使用过的东西而"睹物思人"。类似联想因两物在性质或状貌上类似而产生，如由雄鹰联想到勇士，由老鼠联想到小偷。对比联想是由两物在性质、特点、状貌等方面的对比关系而开展的联想，如萁豆相煎①。狭义的想象分为再造想象与创造想象。再造想象是对感知获得的表象进行加工，形成新的形象。创造想象是将记忆中存储的表象创造性地综合，从而创造出新的形象。前者主要在审美活动中发挥重要作用，后者则主要在创美活动中占主导地位。要想在审美和创美活动中进行积极的想象，一方面需要在日常生活中细心观察，热心体会，存储多样的记忆表象；另一方面要努力学习，增加见闻，具备广博的知识储备；此外，还需加强对自然、艺术、社会的审美体验，增强自我的感知能力。

审美能力的另一重要组成部分为审美鉴赏力。审美鉴赏力就是审美主体对审美对象的鉴别与欣赏能力。天地自然间存在各式各样的美的类型和美的形态，审美主体需要运用相关知识，凭借审美经验、经历，对它们进行鉴别，判其美丑、雅俗等，以获得对审美对象的正确理解。例如，中国画与西洋画在笔法用墨、色彩构图、审美风格等方面存在巨大差异，如果对这些差异毫无了解，就可能会对它们妄加褒贬，无法判其美丑，更不用谈欣赏了。欣赏要以鉴别为基础，但欣赏并非只针对审美对象的形式，而是通过形式感悟其内在意蕴，进而获得超越内容与形式的艺术境界。如《红楼梦》中的"黛玉葬花"，读者透过小说的文字描写不仅能够感受到黛玉其人的多愁善感，还能了解当时社会的世态炎凉，但"葬花"更深层次地彰显出中华民族具有的"仁者，以天地万物为一体，莫非己也"（《河南程氏遗书》卷二上）的哲学精神。

法国艺术家罗丹说："美是到处都有的。对于我们的眼睛，不是缺少美，而是缺少发现。"② 大学美育正是要通过理论、实践两个维度，丰富大学生在美学、文艺方面的知识，打下深厚的文化基础，提升审美能力，从而获得一双能够发现美的眼睛。

---

① 曹植《七步诗》曰："煮豆然豆萁，漉豉以为汁；萁在釜下然，豆在釜中泣。本是同根生，相煎何太急！"参见曹植：《曹植集校注》，赵幼文校注，人民文学出版社1984年版，第279页。
② 罗丹口述，葛塞尔笔记：《罗丹艺术论》，沈琪译，台北雄狮图书股份有限公司1989年版，第88页。

三、大学美育与大学生创美能力的培养

人从脱离动物开始，就逐渐按照美的规律改造自然和自身，人类社会中的一切物质文明与精神文明，一切美好的东西，都是由人创造的。可以说，人类的文明史就是不断追求美和创造美的历史。高尔基在《论"渺小的"人及其伟大的工作》中说："照天性来说，人都是艺术家。他无论在什么地方，总是希望把'美'带到他的生活中去。他希望自己不再是一个只会吃喝，只知道愚蠢地、半机械地生孩子的动物。他已经在自己周围创造了被称为文化的第二自然。"① 因此，创造美的能力就是人按照美的规律创造美的事物，美化自身以及生活环境的能力。这是人所独具的能力，并且是大学生应该具备的能力，是其综合素质的体现。

艺术创作者往往被视作创美者，因为他们所创造的艺术作品是美的结晶。的确，美育对于艺术创作者而言意义重大，有利于他们创美能力的提升。经过美育，艺术创作者进一步树立健康正确的审美观，增强审美感知能力，把握时代的文化和审美思潮，从而创造更为生动活泼和具有典型性的艺术形象。美育还有助于提升艺术创作者的文化素养，进而使他们创作出的艺术作品具有深厚的文化意蕴。比如，《红楼梦》不仅为我们描绘了贾、史、王、薛四大家族的兴衰以及其中人物的人生百态，还为我们展现出一幅生动丰富的封建社会图景，涉及建筑、园林、诗歌、音乐、绘画、书法、服饰、医药、养生、饮食、品茗等多方面的内容。这无疑体现出作者深厚的人文素养。又如电影《长城》（张艺谋执导），如果电影创作团队对殷商青铜文化、饕餮纹饰、关于饕餮的神话传说以及我国古代哲学中的五行学说等不甚了解，那么，他们就不可能将五色军对抗恐怖的食人怪兽——饕餮，以保卫家园的故事淋漓尽致地展现出来。

但值得注意的是，大学美育并不是要把每一位大学生都培养成艺术家，因为那是专业性艺术教育的任务和目标。创美活动并不等于，也不限于艺术创作活动，大学生的穿衣打扮、环境美化、产品造型、社会交往等都是创美活动。《淮南子·说林训》曰："靥輔在颊则好，在颡则丑。绣，以为裳则宜，以为冠则讥。"酒窝长在脸颊上是美的，长在脑门上则是丑的，花绣在衣服上是美的，绣在帽子上则会遭人笑话。这就揭示出人的美丑与整体形象有关，不能孤立地看待美丑。另外，人对家居环境的装饰也属于创美活动。除实用、经济外，人们对家居环境的装饰还追求美观。家具对家居环境的美观起着重要作用，一般而言，宜选择表面光洁、线条简洁、色彩适宜的家具，这样才能让居住其中的人感到轻松、适宜、愉悦。

总之，创美活动并不仅仅指艺术创作，大学生生活中许多活动都是或者都与美、美的创造有关。美育不是专门针对艺术创作者的教育，而是针对普罗大众的教育，同理，大学美育也不是专门针对艺术专业的大学生的技能教育，而是面向全体大学生的有利于

---

① 高尔基：《高尔基政论杂文集》，孟昌选译，生活·读书·新知三联书店1982年版，第384页。

在日常生活中提升创美能力的教育。

第二节　大学美育与大学生的全面发展

中国特色社会主义已经进入新时代。新时代的社会主要矛盾已经发生了变化，即人民日益增长的美好生活需要和不平衡不充分的发展之间的矛盾。而人民日益增长的"美好生活需要"不只是物质生活的"美好"，还包含精神生活的"美好"。这就要求作为新时代中国特色社会主义的接班人与建设者的大学生，应该成为全面发展的人而非片面发展的人，否则将来难以承担满足人民美好生活需要的重任。大学美育即针对大学生的审美教育，它本身旨在提升大学生的审美素养和人文素养，能够让大学生在悦耳悦目、悦心悦意的审美活动中陶养性情、洗涤心胸，使感性不再受到理性的压制。除此之外，大学美育与大学德育、智育、体育和劳动教育具有紧密的关系，能够促进其他教育有效培养出德智体美劳全面发展的大学生。

一、以美储善

中华民族历来重视伦理道德，中华传统文化也常被认为是一种伦理型文化。梁漱溟先生就说过："融国家于社会人伦之中，纳政治于礼俗教化之中，而以道德统括文化，或至少是在全部文化中道德气氛特重，确为中国的事实。……我们尽可确言道德气氛特重为中国文化之一大特征。"[①] 正由于此，我国古人并不把文学艺术当成单纯供娱乐休闲的对象，而是能够发挥道德教化功能的载体。

孔子曰："礼云礼云，玉帛云乎哉？乐云乐云，钟鼓云乎哉？"（《论语·阳货》）马融解释道："乐之所贵者，移风易俗，非谓钟鼓而已。"荀子曰："乐者，乐也。君子乐得其道，小人乐得其欲。以道制欲，则乐而不乱；以欲忘道，则惑而不乐。故乐者，所以道乐也，金石丝竹，所以道德也。乐行而民乡方矣。故乐者，治人之盛者也，而墨子非之。"（《荀子·乐论》）孔子、荀子所重视的并非礼乐的形式，而是礼乐发挥的移风易俗、导人向善的作用。也就是说，儒家具有一种通过美育促进德育的思想。张彦远将儒家的这种美育思想引入了绘画，他在《历代名画记·叙画之源流》中明确提出："夫画者：成教化，助人伦，穷神变，测幽微，与六籍同功，四时并运，发于天然，非由述作。"同样在西方美育中，也存在类似的思想，如亚里士多德认为音乐应发挥教育、净化和消遣的作用，他在《政治学》中说："我们仍然主张，音乐不宜以单一的用途为目的，而应兼顾多种用途。音乐应以教育和净化情感为目的，第三个方面是为了消遣，为了松弛与紧张的消释。"要言之，这些美学家旨在通过美育实施德育，重视文艺的道德教化功能，使欣赏者获得道德的浸染而变得更加善良。这就是以美储善。

---

① 梁漱溟：《中国文化要义》，上海人民出版社 2011 年版，第 22—23 页。

审美确实可在人的德性修养方面发挥积极的作用，美育能够促进德育。这首先是因为文艺可承载道德内涵，彰显道德精神。例如，小说《三国演义》中的关羽，英勇仗义，赤胆忠心，以忠义名于世；李白的诗歌《赠汪伦》，朴实地体现出汪伦对李白的真挚深厚的友情；董其昌的山水画《秋山高士图》，画中虽无高士，但通过几株树、几座山体现出"以天地为师"的"闲静无他好萦"的高士精神（《董玄宰自题画幅》）。近年来，消防题材的电影、电视剧如雨后春笋般破土而出，《逃出生天》（彭氏兄弟执导，2013 年上映）、《救火英雄》（郭子健执导，2014 年上映）、《特勤精英》（徐宗政执导，2013 年上映）、《烈火英雄》（陈国辉执导，2019 年上映）等是这类影视剧的代表。它们的故事架构清晰，情感真挚，剧情跌宕起伏，展现出消防人员在火灾面前舍己为民、不畏艰险的崇高道德品质。当然，文艺有时也从揭露丑恶来达到扬善的目的，如杜甫《自京赴奉先县咏怀五百字》曰："朱门酒肉臭，路有冻死骨。荣枯咫尺异，惆怅难再述。"杜诗生动地刻画出当时统治阶层不顾百姓死活而贪图享乐的丑恶形象。大学生通过欣赏这些文艺作品，就会得到心灵的洗礼、道德的浸染，使他们更加坚定地追求善、向往善而否定恶、批判恶。

蔡元培先生多次倡导"以美育代宗教"，其中的一个重要原因是"美育是自由的，而宗教是强制的"①。其实，纯粹的道德教育也是强制的，因为作为思想品质、道德修养教育的德育，总是让人遵守一定的行为规范与准则，体现着"善"的要求。而这种规范、准则是外在于人的强制，人始终处于服从的状态之中。所以在日常生活中，人有时会对这种强制、服从产生逆反心理。所谓"美育是自由的"并不是说大学美育让大学生毫无规则、无拘无束、任性妄为，而是大学美育是通过审美体验的途径，通过生动形象的方式，将道德观念传递给欣赏者，让大学生在不知不觉中获得道德教育。冯梦龙在《古今小说序》中说："试令说话人当场描写，可喜可愕，可悲可涕，可歌可舞；再欲捉刀，再欲下拜，再欲决脰，再欲捐金；怯者勇，淫者贞，薄者敦，顽钝者汗下。虽小诵《孝经》《论语》，其感人未必如是之捷则深也。"人对文艺的审美体验往往是深入其中、情真意切的，以美育促进大学德育有时比单纯的道德说教更能使道德观念深入人心，所以高尔基在《论作家》中说："美学是未来的伦理学。"

二、以美启真

德国哲学家席勒在《审美教育书简》中说："审美状态在认识和道德方面可以结出丰硕的果实。"② 大学美育在发挥以美储善功能的同时，还可以发挥以美启真的作用，即美育对大学智育的促进。智育是传授知识、培训技能的教育，使受教者认识、掌握客观规律，其目的是求真。实践美学认为，美是合规律性与合目的性的统一③。合规律性即真，合目的性为善。审美就自然包含对真的把握。艺术是美的结晶，是实施大学美育的重要

---

① 蔡元培：《蔡元培美学文选》，文艺美学丛书编辑委员会编，北京大学出版社 1983 年版，第 180 页。
② 席勒：《席勒经典美学文论》注释本，冯至、范大灿译，生活·读书·新知三联书店 2015 年版，第 323 页。
③ 李泽厚：《美学的对象与范围》，载《美学》第三期，上海文艺出版社 1981 年版，第 17 页。

途径，大学美育促进、启发大学生对自然、社会、历史等认识的功能，在对艺术的审美中尤为突出。

艺术同哲学、政治、法律、历史等一样是社会意识形态，是社会存在的反映，那么，艺术对大学生而言就具有一定的认识功能，如孔子曰："小子何莫学夫《诗》？《诗》可以兴，可以观，可以群，可以怨。迩之事父，远之事君，多识于鸟兽草木之名。"（《论语·阳货》）其中，《诗》可促使人"多识于鸟兽草木之名"讲的正是艺术的认识功能。但艺术是以生动、活动、具体、可感的形象而非抽象的概念反映现实，所以对艺术的欣赏可视作一种通过审美体验而获得知识、加深认识、启迪智慧的活动，此即为以美启真之一方面内容。北宋画家张择端创作的《清明上河图》，以五米多长的画卷描绘了清明节时北宋都城汴京（今河南开封）的城市风貌和各色人等的生活。一方面，对它的审美欣赏可让人感知到画家用笔兼工带写，设色淡雅，运用了我国绘画独特的散点透视法。另一方面，正是通过画家高超的写实手法，欣赏者才能看见当时的士、工、农、商等各类人群的生活、工作，目睹城市中的手工作坊、茶馆、酒店等各种状况，再现了北宋末年工商业的发展和城市的繁荣，为欣赏者提供了形象可感的历史资料。

《清明上河图》描绘的不同衣着、不同神态的人物共 500 多人，他们做着各自的事情，其间还有戏剧性的情节和冲突①。对该画作的观赏就需要细致的观察力，或者说对这样的画作进行审美鉴赏可以锻炼人的观察力。这正是科学的求真活动所需要的能力。另外，如前所述，想象是审美能力的重要内容。文艺的形式是有限的，但它的意蕴却可以是无限的，所以文艺总是给接受者留下许多未定点，需要接受者发挥想象去填补、扩充。李白《望庐山瀑布》曰："飞流直下三千尺，疑是银河落九天。"细细品味"飞""落"字眼，结合天上的银河，积极调动审美想象，欣赏者才能通过诗歌有限的字句，体会到雄奇壮丽的庐山瀑布。当然，其中也有形象思维在发挥作用。钱学森先生就十分重视科学研究中的形象思维。②而想象、灵感等在求真活动中的作用也是不可忽视的。当科学家意识到一点可能有价值的东西，紧紧抓住不放，然后开展想象推理、概念思维、逻辑推论以及实验，最终成功了。这是以美启真的第二个方面的内容。不过，李泽厚先生说："'以美启真'，也就是'启'一下而已，它会启示你真理的方向，但达到真理的道路，还是要靠真正的理论思维来把握，并要有经验来证明。"③以美启真并不是用大学美育代替大学智育。

以美启真还有一方面的内容是，科学求真活动是十分艰辛的，探求真理的过程是十分漫长的，需要人的思想、思维高度集中。而对艺术、自然进行审美欣赏可以让大学生心情放松，让高速运转的大脑得以休整。劳逸结合才能使大学生更加有效地投入下一阶段的求真活动，也有利于他们的身心健康。

---

① 李希凡：《中华艺术通史·五代两宋辽西夏金卷》下编，北京师范大学出版社 2006 年版，第 157 页。
② 参见钱学森：《钱学森讲谈录——哲学、科学与艺术》，九州出版社 2009 年版，第 85 页。
③ 李泽厚：《中国哲学如何登场——与刘绪源对谈（新编版）》，南京大学出版社 2021 年版，第 92 页。

三、以美塑形

以美塑形涉及美育促进体育的问题。体育是提高人的身体素质，增进身体健康的教育，以提高人对外界环境的适应能力和生存能力。美育诉诸心，体育诉诸身。身心相互依存、相互促进，人的生命存在是身心合一的有机体。司马谈《论六家要旨》曰："凡人所生者神也，所托者形也。神大用则竭，形大劳则敝，形神离则死。死者不可复生，离者不可复反，故圣人重之。由是观之，神者生之本也，形者生之具也。"大学美育通过对大学生的感性、情感、心灵、精神等影响，一定有利于至少间接有利于他们身体某些器官的调节，发挥增进身体健康的作用。

体育虽以身体健康为主要目标，但人并不满足于此。体育运动中的体操、滑冰等，不仅为观众展现出运动员健康的体魄，还在优美的音乐伴奏中，将优雅、矫健的身姿造型呈现给观众。古希腊时期的人们十分重视体育，他们刻苦锻炼身体，认为："练就一个灵巧、健美的身体，在竞赛中炫耀裸体，夺取桂冠，那简直是人生最大的幸福。……至于祭祀神明，无非是向神展露最美的裸体，与神狂欢豪饮。"① 人们，尤其是大学生，在通过体育锻炼追求健康基础上，还进一步追求健美，让健康的身体成为美的形象，因为大学生正值青春期，处于由学校走向社会的过渡阶段，并且具有更高的审美需求与人际交往欲求。

大学美育中必不可少的内容是传授关于美本质的知识。两千多年来，有一些美学家重视美的客观性，从事物的客观属性中寻找美的本质，如亚里士多德认为："美的最高形式是秩序、匀称和确定性。"（《形而上学》）斯多葛学派专门就身体美提出："形体美在于很匀称的各个部分，在于美丽的肤色和发达的机体。"② 从这个角度说，大学美育可以引导大学生通过体育运动塑造自身和谐、匀称的形体，实现由单纯的健康进而到健美的目的，这即是以美塑形。

对人而言，美有内外之分。孔子曰："质胜文则野，文胜质则史。文质彬彬，然后君子。"（《论语·雍也》）屈原曰："纷吾既有此内美兮，又重之以修能。"（《离骚经》）人们应追求内外兼修、表里如一之人格美。这告诉运动员，健康、健美的形体、身姿仅仅是"文""修能"（即修态），除此以外，还需要"质""内美"的培养。这也是体育更深层次目的——体育精神的养成与显现所要求的。体育精神是体育运动者的个人文化、道德品质、价值观念、审美趣味等的结合体，是他们内美的彰显。例如，赛场上的运动员遵守规则，尊重裁判、对手和观众，具有良好的团队合作精神，以高超的体育技能、灵活矫健的身姿赢得了比赛，那么，这就应该视作对内外合一之美的恰当诠释。

可以说，大学美育能够促进体育，引导大学生在掌握相关美学知识基础上，追求健

---

① 叶朗：《现代美学体系》，北京大学出版社1999年版，第43页。

② 沃拉德斯拉维·塔塔科维兹：《古代美学》，杨力、耿幼壮、龚见明、高潮译，中国社会科学出版社1990年版，第255页。

康、健美，最终养成内外兼修的人格美。

四、以美促劳

马克思主义哲学本质上是以实践为本体的哲学，实践美学也以实践为探讨美和艺术问题的逻辑起点。实践有狭义和广义之分。狭义的实践指以物质手段改造自然，处理人的吃穿住行等实际生存问题的物质生产活动，这种生产活动是"以使用工具和制造工具为核心和标志的"①。广义的实践，除物质生产外，还包含在它基础上逐渐衍生出的精神生产实践和话语生产实践。② 还有学者进一步拓宽了广义实践的概念，认为："'实践'应是人的各种有意识活动的总和，既包含物质生产与劳动，也包括精神生产与劳动；既包括物质性的工具实践，又包括行为性的伦理实践，还包括精神性的审美实践；如此等等。……因此，实践本体论中的'实践'，如果用一种较通俗的说法——'人生实践'——来代替，也许更恰当些。"③ 狭义的实践——以使用和制造工具为核心和特征的物质生产活动，就是劳动。

显然，劳动的意义并不限于进行物质生产。大约在 700 万年前，由于自然环境变化的原因，出现了已获得直立行走能力的灵长类动物，他们是人类最早的祖先。直立意味着双手的解放，双手不再像脚一样用于行走，这为双手学会使用和制造工具奠定了基础。就在双手使用和制造工具以及改造自然的实践过程中，大脑不断对双手发出指令，双手向大脑回馈信息，大脑与双手双向互动、共同进化，逐步使猿的脑进化为人的脑，并且不断推动生产力的发展。这也促使原始人间需要更加密切的合作，"这些正在形成中的人，已经到了彼此间有些什么非说不可的地步了"④。他们的口腔结构、发声器官因这样的需要而进化，语言便随之产生。可以说，劳动，即物质生产实践，在人成为人的过程中发挥着决定性作用，劳动创造了人的双手，劳动创造了人的大脑，"劳动创造了人本身"⑤，劳动"是人同其他动物的最后的本质的区别"⑥。人通过劳动改造外在自然的同时，也改造了人自身的内在自然，塑造了脱离动物性的人性，让动物性的感官进化为人的感官，即不只是关注事物对人的物质需求的满足，还开始追求超越物质需求的精神需求。人的耳朵和眼睛成为有音乐感的耳朵、能感受形式美的眼睛，人的双手"才能仿佛凭着魔力似地产生了拉斐尔的绘画、托尔瓦德森的雕刻以及帕克尼尼的音乐"⑦。马克思在《1844 年经济学哲学手稿》中说："我在我的生产中使我的个性和我的个性的特点对象

① 李泽厚：《批判哲学的批判：康德述评》，生活·读书·新知三联书店 2007 年版，第 73 页。
② 张玉能等：《新实践美学论》，人民出版社 2007 年版，第 19—28 页。
③ 朱立元：《发展和建设实践本体论美学》，《广西师范大学学报（哲学社会科学版）》2001 年第 1 期。
④ 恩格斯：《劳动在从猿到人转变过程中的作用》，载《马克思恩格斯选集》第三卷，人民出版社 1972 年版，第 511 页。
⑤ 同上书，第 508 页。
⑥ 同上书，第 517 页。
⑦ 同上书，第 510 页。

化，因此我既在活动时享受了个人的生命表现，又在对产品的直观中由于认识到我的个性是对象性的、可以感性地直观的因而是毫无疑问的权利而感受到个人的乐趣。"作为物质生产实践的劳动，就是人的个性及个性特点物化或对象化的过程，是人的生命表现。人在可直观感知的劳动产品中感受到乐趣，而这种乐趣不是由于产品满足了人的欲望或物质需要，它是源自人的本质力量的对象化。所以，从产品中获得的乐趣应该是一种审美愉悦，劳动产品此时可成为劳动者的审美对象，劳动过程是人的本质力量对象化的过程，不仅"劳动产生了美"，劳动本身就是美。

　　大学教育是很多人从学校教育彻底走向社会，尤其是走向工作阶段、职业生涯的最后一个学校教育时期，所以劳动教育在大学教育中占据十分重要的地位，其目的是让大学生树立劳动光荣、伟大、崇高的观念，使他们热爱劳动，培养勤俭、奋斗、创新、奉献的劳动精神，从而更好地为社会、国家作贡献。大学美育的功能之一是让大学生理解美、认识美，自觉追求美。而劳动创造美，劳动本身就是美，所以大学美育自然促使大学生热爱劳动。劳动使人脱离动物，使人成为社会的人、审美的人进而进行审美创作，劳动或实践是人的存在、审美、艺术的基础。明白这个道理，劳动的伟大、光荣、崇高自然显现，因为只有人才劳动。当然，作为大学美育的重要实施途径之一的艺术欣赏，可让大学生深入感知劳动精神。例如，电影《北大荒》（李文歧执导，2009 年上映）通过一位上海女孩的视角，再现了 20 世纪 50 至 60 年代十万官兵在北大荒艰苦创业的事迹。他们为了改变这片荒芜的土地，不畏艰险，勇往直前，将生命融入了这片土地，最终使北大荒变成了北大仓，凝结成了可歌可泣的北大荒精神。这正是一种奋斗、奉献、崇高的劳动精神。在美学领域中，劳动精神其实是人格美、社会美的重要来源与具体体现。大学美育通过艺术欣赏，将劳动精神落实于具体生动的艺术形象上，深入大学生的心灵，让他们感受到劳动精神就是美，从而热爱劳动，以劳动为光荣、伟大和崇高。

　　大学美育除通过艺术美的欣赏外，还可通过欣赏自然美的途径来实施。而大学美育不仅要让大学生具体感受自然美，还要使他们明白自然为什么美。在人无力改造自然、科学认识自然以及掌握自然规律之时，人不能支配自然而是自然支配人。那时的自然不仅不美，不是人的审美对象，还是压迫、威胁人的对象。劳动是人通过使用和制造工具改造自然，掌握自然规律，满足人的主观目的，使与人对立的自然成为"人化的自然界"①。而人化的自然才可能成为人的审美对象，即美。《中庸》曰："诚者，非自成己而已也，所以成物也。成己，仁也。成物，知也。性之德也，合外内之道也。""成物"与"成己"是同时进行和实现的。人在劳动中改造外在自然的同时，也改造着自己的内在自然，让自己的感官超越动物性而获得审美能力，成为审美的感官。另外，随着人不断地改造外在自然，生产力不断进步，物质资料也丰富起来，人于是萌生出对更高需要的追

① 马克思：《1844 年经济学哲学手稿》，人民出版社 2000 年版，第 87 页。

求，审美需要正包孕其中。人要具有审美感官、审美需求，自然要人化，自然美才能生成。而这一切的基础都是人的物质生产实践，即劳动。

要言之，劳动创造美，劳动本身美，劳动创造人本身，使人具有审美感官，形成了更高的精神需求，使美的类型更加丰富。通过大学美育，可让大学生更加爱美、爱劳动，使他们深入体会劳动的伟大、光荣与崇高。

第三节　大学美育与大学生人生境界的提升

无论是中国还是欧洲，美育从古到今都受到许多学者的重视，在老子、孔子、柏拉图、亚里士多德的著作中就已存在有关审美教育，重视艺术对人生产生积极影响的思想观念。不过，直到18世纪，"美育"这一概念才在德国哲学家席勒那里被首次提出。在席勒看来，美育使人的感性与理性和谐统一，使感性的人发展为理性的人，同时，美育让人获得"审美心境"，使"物质的人"提升为"精神的人"而走向自由："由于审美心境，理性的自主性在感性领域就已经会显示出来，感觉的支配在它自己的范围之中就会被打破，物质的人已经净化提高到这种地步，只要按照自由的法则由他就能发展成精神的人。"[1]"审美心境"的形成，由"物质的人"提升为"精神的人"，其实是人的精神境界或人生境界的提升。所以，大学美育除培养大学生的审美能力，促进他们全面发展外，还能够提升他们的精神境界。这也是大学美育的旨归之所在。

境界或境，本为佛学概念，是梵文"Visaya"的意译，指人的眼、耳、鼻、舌、身、意"六根"所认识的一切物质的和精神的现象。唐代王昌龄、殷璠、皎然等将它引入文艺学，指诗歌呈现出的情景交融的精神状态。随着时代的发展，境界或境在文艺学中逐渐受到人们重视，到近代王国维那里，它被赋予了极为重要的地位，如"词以境界为最上。有境界则自成高格，自有名句"；"言气质，言神韵，不如言境界。有境界，本也。气质、神韵，末也。有境界而二者随之矣"。[2] 美育中所谓的境界，指的是人的精神境界或人生境界。人首先生活在一个物质的世界中，它对每一个人都是相同的，不以人的主观意志为转移。这个物质世界，或者说这个世界中的具体物质，总是对人产生某种意义，具有某种价值，而同样一种物质对不同的人却可能具有不同的意义。所以，人除生活在一个物质世界中外，还生活在一个基于物质世界的意义世界中，这也是现象学所谓的"生活世界"。朱光潜先生在《谈美》中讨论过对待一棵古松的三种态度。木商关心这棵古松能够做成什么，值多少钱。植物学家关注这棵古松具有什么样的生物学特点，如叶为针状，果为球状，它是四季常青的显花植物。画家则"什么事都不管，只管审美，他

---

[1] 席勒：《席勒经典美学文论》，范大灿等译，生活·读书·新知三联书店2015年版，第331页。

[2] 王国维：《人间词话》卷下，载《王国维文学论著三种》，商务印书馆2001年版，第30、47页。

所知觉到的只是一棵苍翠劲拔的古树"①。木商、植物学家、画家分别以实用的态度、科学的态度、美感的态度看待古松。从另一个角度说，同样一棵古松对木商、植物学家、画家产生了实用、科学、美感三种不同的意义。在此时此地，这三者虽生活在同一个物质世界中，但物质世界给予他们的意义却有所不同，即他们所在的意义世界或生活世界却完全不同。意义世界或生活世界的内化就是一个人的境界，人的境界因自然、社会、文化、历史等因素的不同而呈现出差异，人与人的境界不仅不同，并且还会有高低之分。

有不少哲学家、美学家都十分重视人生境界的问题，并对此发表了自己的看法。例如，冯友兰先生将人生境界由低到高依次划分为自然境界、功利境界、道德境界与天地境界；宗白华先生将人生境界分为功利境界、伦理境界、政治境界、学术境界、艺术境界与宗教境界六种；张世英先生则认为人生境界由低到高为欲求境界、求知境界、道德境界与审美境界。我们主要参照冯友兰先生的观点论述大学美育在提升大学生人生境界方面的功能。

一、自然境界

人是由动物进化而来的，进化的核心动力是劳动实践，所以人是实践的动物。既然人是由动物进化而来，那么，人身上自然存在动物性的成分，如保障自我生存与种族的生存、繁衍的"食""色"之性。如果某一个大学生在生活、学习以及今后的工作中总是关注"食""色"，而毫无更高的精神追求，那他就处于自然境界。冯友兰先生说：

> 在此境界中底人，顺才而行，"行乎其所不得不行，止乎其所不得不止"；亦或顺习而行，"照例行事"。无论其是顺才而行或顺习而行，他对于其所行底事的性质，并没有清楚底了解。此即是说，他所行底事，对于他没有清楚底意义。就此方面说，他的境界，似乎是一个混沌。②

"顺才"即率性，这是自然境界的第一个特点，"率性之性，正是说，人的生物学上底性"③。自然境界的人的行动皆出于自然天性，饿了就吃，渴了就喝，他不知道自己为什么要吃喝。张世英先生用"欲求境界"来形容这样的人："人在这种境界中只知道满足个人生存所必需的最低欲望，舍此以外，别无他求，故我以'欲求'称之。"④ 自然境界的第二个特点是"顺习"。"顺习"之习指个人习惯和社会的习俗，个人的所作所为出于他的个人习惯和社会习俗，因别人这样做所以他就这样做，他对他的行为同样没有觉解。

---

① 朱光潜：《朱光潜全集》第二卷，安徽教育出版社1987年版，第9页。
② 冯友兰：《贞元六书》下册，中华书局2014年版，第601页。
③ 冯友兰：《贞元六书》下册，中华书局2014年版，第601页。
④ 张世英：《美在自由——中欧美学思想比较研究》，人民出版社2012年版，第302页。

原始社会中的人就属于"自然境界"，他们日出而作，日入而息，凿井耕田，但不知为何要这样做。此外，冯先生说："在现在最工业化底社会中，有此种境界底人，亦是很多的。"① 他们虽不像原始社会中的人日出而作，日入而息，凿井耕田，甚至会在事业、道德等方面取得一定成就，但他们却不知自己为什么要这么做，仍然没有"觉解"，不识不知，不著不察。处于自然境界中的人，仍然是"异于禽兽者几希"（《孟子·离娄下》）的人。

二、功利境界

人是实践的动物，实践促使人脱离动物而成为人，同时，人通过实践不断改造自然，从而使物质生活逐渐丰富，保障了人的生存和生活，因此物质的"剩余"也随之出现。席勒在《审美教育书简》中说："单单满足自然和需要所要求的东西，已不能感到满足，他还要求剩余。当然，最初只是要求物质的剩余，以便使欲望看不见自己的局限，以便确保享受能超出眼前需要的范围。"② 正是由于不断的实践而带来的物质剩余，刺激了部分人对它的追求、迷恋，甚至占有，"为利"成为他们行事的重要动力与目的，而"为利"正是功利境界的一大特征。冯友兰先生说：

> 所谓"为利"，是为他自己的利。凡动物的行为，都是为他自己的利底。不过大多数底动物的行为，虽是为他自己的利底，但都是出于本能的冲动，不是出于心灵的计划。在自然境界中底人，虽亦有为自己的利底行为，但他对于"自己"及"利"，并无清楚底觉解，他不自觉他有如此底行为，亦不了解他何以有如此底行为。在功利境界中底人，对于"自己"及"利"，有清楚底觉解。他了解他的行为，是怎样一回事。他自觉他有如此底行为。他的行为，或是求增加他自己的财产，或是求发展他自己的事业，或是求增进他自己的荣誉。③

我们可从这段话中总结出：一方面，功利境界之人以求自己的利益为中心，而利益主要指自己的财产、事业和荣誉；另一方面，功利境界之人与动物和原始人一样追求利，但不同的是，后者求利出于天性，不识不知，不著不察，而前者求利则是有意识的行为，他知道自己求利的原因和目的，即有"觉解"。一般而言，这种功利境界之人会不顾一切地去求利，在此过程中，往往会以损害他人的利益为代价。但冯先生也指出，这种为求自己之利的行为，"事实上亦可是与他人有利，且可有大利底。如秦皇汉武所做底事业，有许多可以说是功在天下，利在万世"④。除秦皇汉武外，我们现实生活中确实有一些这样的人，如修建路桥的商人，他们承包修建路桥工程的首要目的是求自己之利，但在求

---

① 冯友兰：《贞元六书》下册，中华书局 2014 年版，第 602 页。
② 席勒：《席勒经典美学文论》，范大灿等译，生活·读书·新知三联书店 2015 年版，第 363 页。
③ 冯友兰：《贞元六书》下册，中华书局 2014 年版，第 602—603 页。
④ 冯友兰：《贞元六书》下册，中华书局 2014 年版，第 603 页。

自己之利的同时，只要工程质量过关，也为当地社会的生产、生活提供了巨大的便利。但尽管如此，他们还是处于功利境界。

宗白华先生也谈论过"功利境界"，并将它视为最低的人生境界，他认为"为满足生理的物质的需要，而有功利境界"①。显然，与宗先生"功利境界"对等的应该是"自然境界""欲求境界"。而我们所谓的功利境界是对超越满足生理欲求或超出眼前需要范围的"剩余"的追求，它比自然境界、欲求境界要高一级。

三、道德境界

如果说"功利境界"是求自己之利，那么，"道德境界"则是求他人、社会之利，不是自利而是利他，利他即"行义"。可见，利与义是相反又相成的，其区分标准是利己还是利他。除冯友兰先生外，宗白华先生、张世英先生都认为超越欲求、功利境界的更高一级境界为道德境界或伦理境界。冯友兰先生说："在功利境界中，人的行为，都是以'占有'为目的。在道德境界中，人的行为，都是以'贡献'为目的。用旧日的话说，在功利境界中，人的行为的目的是'取'；在道德境界中，人的行为的目的是'与'。"② 为什么道德境界之人就可为他人、社会之利而贡献自己呢？这是因为：

> 在功利境界中底人，大都以为社会与个人，是对立底。对于个人，社会是所谓"必要底恶"。人明知其是压迫个人底，但为保持其自己的生存，又不能不需要之。在道德境界中底人，知人必于所谓"全"之中……人不但须在社会中，始能存在，并且须在社会中，始得完全。社会是一个全，个人是全的一部分。部分离开了全，即不成其为部分。社会的制度及其间底道德底政治底规律，并不是压迫个人底。这些都是人之所以为人之理中，应有之义。③

实践使人脱离动物而成为人，此"人"为社会的人，所以人又可被视为社会的动物，社会中的伦理道德、政治制度等是人之所以是人，人区别于动物的标志之一。道德境界之人对此有"觉解"，个人不能离开社会而存在，个人是社会之一部分，个人利益正存在于他人、社会的利益之中。所以，他们愿意为他人求利，为社会作贡献而不拘泥于个人的欲求、私利。

四、天地境界

在前三种境界之上，还有一种人生的最高境界——"天地境界"，这一境界的特征是

---

① 宗白华：《中国艺术意境之诞生（增订稿）》，载《宗白华全集》第二卷，林同华主编，安徽教育出版社2008年版，第357页。
② 冯友兰：《贞元六书》下册，中华书局2014年版，第604页。
③ 冯友兰：《贞元六书》下册，中华书局2014年版，第603—604页。

"事天"。冯友兰先生说:

> 在此种境界中底人,有完全底高一层底觉解。此即是说,他已完全知性,因其已知天。他已知天,所以他知人不但是社会的全的一部分,而并且是宇宙的全的一部分。不但对于社会,人应有所贡献;即对于宇宙,人亦应有贡献。人不但应在社会中,堂堂地做一个人;亦应于宇宙间,堂堂地做一个人。人的行为,不仅与社会有干系,而且与宇宙有干系。他觉解人虽只有七尺之躯,但可以"与天地参";虽上寿不过百年,而可以"与天地比寿,与日月齐光"。①

在冯先生看来,"天地境界"是最高的人生境界,天地境界之人因"知天"而"知性",即明白宇宙造化之本体和生命本真,人与万物都是宇宙造化的一部分,其生命都源自宇宙造化。在宇宙造化面前,人与万物齐同为一、了无分别。因此,天地境界之人超越了人类中心主义,并不认为自己是自然的主宰,可以随意占有万物,而是让天地万物是其所是的存在。而在让万物是其所是存在的同时,我的存在也走向是其所是。这就是宇宙万物的本然样态、生命本真,显现出物与我的真性。此时,物我无间、物我同一,由我可知物,可知天,天、物又可显现我,人就超越有限而进入无限,最终实现由人及天、天人合一。天人合一就是"天地境界",天地境界之人虽在身躯和寿命上仍有所局限,但他的精神却可以冲破有限而实现永恒,故可"与天地比寿,与日月齐光"。

关于最高的人生境界,宗白华先生认为是"主于神"的宗教境界。我们知道,宗教是丧失了自我意识的人的自我意识,宗教中的神是人的异化。神外在于人,神的谕旨是人的思想观念、所作所为必须遵循的规则。马克思在《1844 年经济学哲学手稿》中说:"人奉献给上帝的越多,他留给自身的就越少。"宗教境界中的人不可能"是其所是",而是"是其所不是",人的生命本真被遮蔽,人无法实现自由。从这个意义上说,宗教境界不是最高的人生境界。宗教境界可视为与道德境界平行的第三层次的人生境界。张世英先生则以审美境界为人生的最高境界②,这是可取的,因为审美境界与天地境界同出而异名。

马克思曾说:"忧心忡忡的、贫穷的人对最美丽的景色都没有什么感觉。"(《1844 年经济学哲学手稿》)对美丽景色进行"感觉"就是审美,"贫穷的人"就是自己的温饱都难以解决的人,即基本的物质需要都没有得到满足。一般而言,当人的物质需要得以满足时,人才会花更多的时间、精力想办法满足自己的精神需要,才会有兴趣去进行精神享受活动,如恩格斯所言"人们首先必须吃、喝、住穿,然后才能从事政治、科学、艺术、宗教等等"(《在马克思墓前的讲话》)。另外,我们在对一幅油画进行审美观照时,

---

① 冯友兰:《贞元六书》下册,中华书局 2014 年版,第 604 页。
② 张世英:《美在自由——中欧美学思想比较研究》,人民出版社 2012 年版,第 310 页。

画中的食物不会引起我们的食欲，我们也不是为了满足自己的食欲而前往美术馆欣赏油画，因为欣赏油画满足的是我们的精神文化需要。由此可见，审美活动是一种精神文化活动，审美满足的是人的精神文化需求而非求温饱的生理欲求。因此，审美的境界不是"自然境界"。既然审美活动是精神文化活动，满足的是人的精神文化需求，所以审美境界在超越欲望的同时，也超越功利，正如康德所言："决定鉴赏判断的愉快没有任何利害关系。"① 这里的"鉴赏判断"就是审美。当我们在美术馆欣赏绘画，在音乐厅聆听交响乐以及鸟瞰我国名山大川的壮丽景色时，我们不是为了增加自己的财产，发展自己的事业和增进自己的荣誉（"求利"）。审美与这些利害得失毫无关系，审美给人的是没有任何利害关系的愉悦，这种无功利的愉悦就是"美感"。所以，审美活动具有无功利的性质，审美不是给人以实际的物质回报而是给人带来美感，美感是超越生理欲望、利害得失的精神愉悦。这也说明，审美境界不是"功利境界"而是超功利的境界。虽然，道德境界高于功利境界，但两者有一共同的属性，那就是"求利"。从这一点上说，审美境界也应是超道德的境界。另外，在现实生活中，道德境界通常体现为我们常说的"善"，它以求"善"为目标和目的，"就其表现形式而言，善既可以取得理想的形态，又具体地展开于现实的社会生活。善的理想往往具体化为普遍的道德规范或道德规范系统，后者以不同的方式规定了'应该如何'：应该如何行动（应该做什么），应该成就什么（应该具体有何种德性），应该如何生活，如此等等"②。要言之，道德境界除具有"求利"的性质外，尽管此"利"是他人、社会之利，此种境界还显示出对人的束缚、强制的特性。因为在道德境界中，人总是在具体的伦理道德规范约束或影响下"应该"做什么，不"应该"做什么。所以，道德境界之人以"善"为目的和目标，还处于不自由的状态之中。

《庄子·刻意》曰："淡然无极而众美从之。此天地之道，圣人之德也。"具体而言，"淡然无极"就是"无己""无功""无名"（《庄子·逍遥游》）和"外天下""外物""外生"（《庄子·大宗师》），即对生理欲望、利害得失等的超越。这也是"道"的特性，因为"道之出口，淡乎其无味"（《老子》三十五章）。"众美"汇聚就是天地间的"大美"（《庄子·知北游》），就是"道"。由此而言，"道"境就是审美的境界。"道"是宇宙万物的本体及生命本源，所以在"道"的境域中，宇宙万物都齐同为一、了无分别，哪里还有高低贵贱、善恶美丑之别啊！故《庄子·秋水》曰："以道观之，物无贵贱"；"以道观之，何贵何贱"。所谓"天地境界"之人就是知性、知天之人，他洞察了宇宙之真际、生命之本真，人并不是宇宙万物的主宰，人与万物都是宇宙的一部分，是平等一如的，从而实现由人及天、天人合一，用冯先生的话说就是"自同于大全"，而"自同于大全者，其觉解是如佛家所谓'无分别智'"③。因此，进入"天地境界"的人就是超越分别见解和功利欲望的得道之人，天地境界就是"道"境，就是审美之境。此外，在天地境

① 康德：《康德美学文集》，曹俊峰译，北京师范大学出版社2003年版，第451页。
② 杨国荣：《伦理与存在——道德哲学研究》，广西师范大学出版社2015年版，第3页。
③ 冯友兰：《贞元六书》下册，中华书局2014年版，第609页。

界或审美境界之中，人超越了分别的见解，荡去了欲望追求、利害得失，他的所思所想、所言所行都不是出于功利和欲望，而是发自内心的自然而然，即老子哲学所倡导的"无为而无不为"（《老子》四十八章），人就因"无为而无不为"实现了自由。所以，审美境界（天地境界、"道"境）又是一种超越种种束缚和羁绊的自由境界。

　　大学生接受的是高等教育，他们接受的知识传授、技能训练相对中小学生而言有质的不同。大学生即将进入社会，承担相关行业的工作任务，肩负着建设祖国的重任。所以大学生应以最高的人生境界为追求，树立远大的理想抱负，而不应拘泥于自我功利欲望的满足。大学美育让大学生在审美中受到教育，而审美超越欲望、功利等束缚，能够帮助他们实现自由与人性的完满，最终使大学生进入人生的最高境界——自由的审美境界或审美的自由境界——成为可能。

本章思考题与阅读书目

一、思考题

1. 谈谈你对"劳动产生了美"是如何理解的。

2. 结合具体的艺术作品，试析它们在促进人的全面发展中的意义。

3. 谈谈你将如何在日常生活中做到"内美"与"修能"（即修态）的统一。

二、阅读书目

1. 马克思：《1844年经济学哲学手稿》，人民出版社2000年版。

2. 席勒：《席勒经典美学文论》，范大灿等译，生活·读书·新知三联书店2015年版。

3. 朱光潜：《谈美》，安徽教育出版社2006年版。

4. 宗白华：《艺境》，商务印书馆2017年版。

5. 叶朗：《更高的精神追求——中国文化与中国美学的传承》，中国文联出版社2016年版。

第四章
中国大学美育简史

我国有源远流长的大学教育史，最早的大学教育机构可追溯至夏、商时期。大学美育的历史几乎同步开始，殷商时期设立的瞽宗，可谓中国最早的音乐教育机构。西周时期，大学教育的内容除射、御之外，增加了礼、乐、书、数，即"六艺"，其中尤为强调礼、乐在社会治理中的作用。自此，我国形成了漫长而深厚的礼乐教化传统。清末民初，在中西、古今剧烈对撞的大变局中，我国现代意义上的大学开始了筚路蓝缕的艰辛探索。1898年正式批准设立的京师大学堂，是中国第一所正式以"大学"为称的高等学府，在我国高等教育史上有着重要的里程碑意义。几乎同一时期，蔡元培、王国维等前辈学人大力译介西学中的"美育"概念与理论，推动着我国美育事业艰难起步。"美育"观念自引入伊始，就与民族危机深重时代下的国民素养提升紧密勾连，甚至被置于现代教育的总体框架中，着力于培育完善的人格。此后，我国的大学美育事业也随20世纪以来跌宕起伏的社会历史进程而不断演进，呈现出多元繁盛的发展样貌。

大学美育的内容涵盖广泛，跨越了各个学科领域，渗透于各类教学活动与校园文化中。但总的来看，艺术师范教育、专业艺术教育与普及艺术教育是其中最重要的三个板块。艺术师范教育是指以培育中小学教师队伍为主旨的教育实践，专业艺术教育是指培育专业艺术人才的教育实践，而普及艺术教育是指提升高校全体学生审美素养的教育实践。本章便尝试结合清末民初以来我国的历史发展进程及高等教育史，对大学美育事业的历史脉络作简要的勾勒和梳理。

第一节　初创与探索期（1898—1948年）

自1898年京师大学堂创建至1948年，可以视为我国大学美育事业的初创与探索期。我国的大学美育事业是在"美育"观念西学东渐和清末民初探索新式教育的双重语境下起步的。民国初期，美育更是首次被纳入国家教育方针，一度受到国家层面的重视。诸多先贤也以"美育救国"为信念，探索着大学美育的发展空间与社会功用。但此后直至新中国成立的这段时期，在政权更迭、战乱频仍的时局中，大学美育事业沉浮不定，在动荡艰难中开拓着生路。

一、西方美育观念的引介与碰撞

我国早期大学美育事业的开拓，一方面得益于"美育"概念及相关观念的引进，另一方面得益于高等教育体制的探索。20 世纪初，西方"美育"概念开始了在中国的理论旅行。蔡元培的《哲学总论》（1901）一文首次引入"美育"概念，其后又以"以美育代宗教说"等观点大力呼吁美育建设。在《哲学总论》一文中，蔡元培便指出："教育学中，智育者教智力之应用，德育者教意志之应用，美育者教情感之应用是也。"[1] 这里，他不仅使用了"美育"的概念，而且将美育列为与德育、智育并列的一个独立学科。王国维则在《论教育之宗旨》（1903）等文章中对美育的学科定位、理论内涵等展开了深入阐发。也正因此，蔡、王二人普遍被视为我国美育事业的主要奠基人。

与此同时，改革传统教育体制、探索现代高等教育制度的步伐也在展开。1902 年，清政府批准颁布了参照日本学制拟定的《钦定学堂章程》（也称《壬寅学制》）。1904 年，清政府又批准颁布了《奏定学堂章程》（也称《癸卯学制》），这是我国近代教育史上第一个实行了的学制。《癸卯学制》中关于高等教育制度的规定，包括《高等学堂章程》《大学堂章程》《优级师范学堂章程》等。这些章程将"图画"等列为学生的必修课程，可以说是大学美育课程的萌芽。1912 年随着中华民国的成立，美育一度被提升至总体教育方针的层面。1912 年 2 月，时任中华民国第一任教育总长的蔡元培发表了《对于教育方针之意见》一文，批判了清末"忠君""尊孔"的教育宗旨。同年 9 月，中华民国教育部制定的教育方针明确提出"注重道德教育，以实利教育、军国民教育辅之，更以美感教育完成其道德"[2]，可谓中国教育史上"一个划时代的进步"[3]。从 1910 年代中华民国教育部所发的大量文件中，可以看出教育主管部门对美育事业的高度重视。例如，1912 年中华民国教育部公布的《师范学校规程》便规定师范生的训练目标之一为："陶冶情性，锻炼意志，为充任教员者之要务，故宜使学生富于美感，勇于德行。"[4]

尽管美育在民国初期一度备受重视，但相关美育方针的施行并不顺利。例如 1915 年，袁世凯出于复辟帝制的目的颁发《特定教育纲要》，该纲要以不切实用为由将美育从教育方针中删除，申明教育宗旨要"注重道德、实利、尚武，且运之以实用"[5]。翌年，随着袁世凯的复辟失败，这股否定美育的逆流也成为历史，民国政府很快便于 1917 年恢复了

---

① 中国蔡元培研究会：《蔡元培全集 第一卷》，浙江教育出版社 1997 年版，第 357 页。

② 舒新城：《中国近代教育史资料》上册，人民教育出版社 1961 年版，第 223 页。

③ 赵伶俐、汪宏等：《百年中国美育》，高等教育出版社 2006 年版，第 14 页。

④ 舒新城：《中国近代教育史资料》中册，人民教育出版社 1961 年版，第 702 页。

⑤ 舒新城：《中国近代教育史资料》上册，人民教育出版社 1961 年版，第 255 页。

德、智、体、美并行的教育方针。1922 年，民国政府颁布施行《学校系统改革案》（又称"壬戌学制"），这套以美国学制为蓝本的学制随后几经修改，一直沿用至新中国成立，为彼时我国大学美育事业的开展提供了重要保障。不过需要注意的是，步入 20 世纪 20 年代后，美育事业虽然仍被强调，但已开始逐步淡出国家教育方针，提倡力度也远不及民国初年。例如，南京国民政府于 1929 年颁布的《中华民国教育宗旨及其实施方针》中，教育宗旨为"中华民国之教育，根据三民主义，以充实生活，扶植社会生存，发展国民生计，延续民族生命为目的，务期民族独立，民权普遍，民生发展，促进世界大同。"[①]无论是教育宗旨还是实施方针中，"美育"二字已难觅踪影。随着抗日战争的爆发，民族矛盾上升为社会主要矛盾，民族救亡压倒一切。在国运动荡、战火蔓延中，大批高校辗转迁徙、颠沛流离，无论是美育政策还是美育实践，都已不再是教育最重要的构成部分。

此外需要提及的是，民国时期虽然战乱频仍、政局多变，但这一时期的学制改革与高等教育探索为我国日后高等教育事业的繁荣与发展奠定了基础。据统计，截至 1947 年，我国共有各类大学及独立学院 130 所。其中大学 55 所，分别为国立 31 所、私立 24 所，在校学生 93 398 人；独立学院 75 所，在校学生 42 340 人，在校研究生 36 人[②]。这些数字所代表的高校发展状况，构成了这一时期大学美育事业开展的重要基础。

二、艺术师范教育发展状况

清末民初至新中国成立的这段时期，我国大学美育事业的探索首先体现在艺术师范教育的蓬勃兴起。彼时，为适应中小学普遍开设美术、音乐课的师资需求，艺术师范教育受到较高重视。

我国艺术师范教育的源头，可追溯至 1902 年京师大学堂师范馆（北京师范大学的前身，1908 年扩展为京师优级师范学堂，1912 年更名为北京高等师范学校）设立之初设置的"图画"课程。此后，一些师范类院校开始探索创办美术相关科系。1906 年，两江师范学堂（由张之洞创建的三江师范学堂更名而来）创办了我国近代最早的美术系科——图画手工科。两江师范学堂为我国培养了第一批近代化的美术师资和艺术人才，其中汪采白、吕凤子、沈溪桥等人后来均成为著名的美术教育家。此外，保定优级师范学堂、浙江两级师范学堂、广东优级师范学堂、北京高等师范学校等也设有图画手工科（班）。

以北京高等师范学校为例，该校于 1915 年增设手工图画专修科。依照《北京高等师范学校手工图画专修科规程》规定，该校手工图画专修科以养成师范学校及中小学校之手工图画教员为主旨，招收学生名额以 40 人为限，修业期 3 年，毕业后应服务 2 年。同

① 王学珍、张万仓：《北京高等教育文献资料选编：1861—1948》，首都师范大学出版社 2004 年版，第 606 页。
② 国民政府教育部教育年鉴编撰委员会：《第二次中国教育年鉴》，上海商务印书馆 1948 年版，第 1400 页。

时，该科所设课程有伦理、教育、手工、手工实习、图画、英语、理化、数学、国文、美学、音乐、体操等①。手工图画专修科的开设一定程度上是受实用主义的影响，且是效仿日本、欧美的结果。

在音乐师范教育方面，相关院校从 1910 年代就开始了以培养音乐师资为目的的美育探索。例如，1912 年秋，浙江两级师范学校开办图音手工专修科；1915 年，四川高等师范学校创设乐歌体育专修科；1916 年，北京高等师范学校先后开设初级、高级音乐讲习班；等等。国立北京女子高等师范学校则于 1920 年 9 月开始增设音乐体育专修科，并于翌年独立为音乐科。其重要性在于是"中国第一所由国家兴办的、较为正规的高等师范专业音乐系科"②。该学科由萧友梅、杨仲子等人创办，最初为三年制音乐体育专修科，后经萧友梅提议，将体育与音乐分科，于翌年改为独立的四年制音乐科，仍由萧友梅担任音乐科主任。任课教师包括萧友梅、杨仲子、赵丽莲、刘天华、金孟仁等音乐家。

我国现代美育史上第一所正规的艺术师范学校是 1919 年成立的私立上海专科师范学校。该校由吴梦非、刘质平、丰子恺等人共同筹办，成立之初在普通师范科、高等师范科中设立图画音乐组。高等师范科招收初中或师范毕业生，培养目标是中学及师范学校的艺术师资。1923 年该校改名为上海艺术师范学校，1924 年扩建为私立上海艺术师范大学。

总的来看，这一时期的高等艺术师范教育处于初创时期，以借鉴欧美及日本的教育体制模式为主。虽规模有限、体制不一，但却逐渐改变了以往依赖国外力量培养师资的状况，为当时的普通学校音乐、美术教育提供了后盾，也为我国艺术师范教育事业奠定了基础。

三、专业艺术教育发展状况

这一时期，以培养专门人才为旨归的高校专业艺术教育也处在起步与探索阶段。总体来看，彼时的高校专业艺术教育以美术教育、音乐教育为主，兼及戏剧教育、舞蹈教育、电影教育等其他领域。

1918 年，北京美术专科学校（中央美术学院前身）成立，这是我国第一所国立美术学校，可谓中国现代专业美术教育的开端。创办之初，著名美术家郑锦担任首任校长，后继者有林风眠、徐悲鸿等。该校培养人才的宗旨与目标为："或于普通学校中任关于美术之教科，或于实业界改良制造品，或于社会教育界提倡美育，可各因其性之所近而定之。"③ 在发展早期，该校设中国画、西画、图案等系别，拥有陈师曾、李毅士、溥心畬、黄宾虹、滕固、潘天寿等一大批美术家和美术教育家，培养了刘开渠、王雪涛、雷圭元、

---

① 参见北京师范大学校史编委会：《北京师范大学纪事（1902—2011）》，北京师范大学出版社 2012 年版，第 20—22 页。
② 居其宏：《百年中国音乐史（1900—2000）》，湖南美术出版社 2014 年版，第 73 页。
③ 《中国第一国立美术学校之开学式》，《北京大学日刊》第 114 号，1918 年 4 月 18 日。

李苦禅等一批中国现代美术史上的艺术巨匠。1928年于杭州创立的国立艺术院则是我国现代最早的综合性国立高等艺术学府，学院创立之初设有国画、西画、雕塑、图案等系，首任校长为林风眠。作为当时国内的最高艺术学府，该校机构的完整、师资的雄厚、教学的规范以及学生培养的规模与质量在当时可以说无出其右。除此之外，这一时期还陆续诞生了一批私立美术学校，如上海美术专科学校、新华艺专、私立武昌艺专、私立北平美专等。

在音乐领域，我国的专业音乐教育始于20世纪20年代初。在蔡元培、萧友梅等教育家的开拓下，我国最早的一批专业音乐教育机构陆续诞生：1922年，我国首个专业音乐教育机构——北京大学附设音乐传习所成立；1925年，北京艺术专门学校增设音乐系；1927年，中国第一所独立的高等音乐学府——上海国立音乐院建立。其中，作为专业音乐教育之发端的北京大学附设音乐传习所由蔡元培兼任所长、萧友梅任教务主任。该所提出"以养成乐学人才为宗旨，一面传习西洋音乐（包括理论与技术），一面保存中国古乐，发挥而光大之"的教学方针，设本科、师范科和选科，导师阵容有萧友梅、杨仲子、刘天华等。此外，北京艺术专门学校增设的音乐系等也是专业音乐教育的较早探索。

1927年，北洋政府下令停办北京各高等学校所设音乐系科。萧友梅南下上海，于1927年创立国立音乐院（1929年改称国立音乐专科学校），标志着我国专业音乐教育由此进入一个新的历史时期。此后，国立音专在专业设置及教学管理体制等方面日趋完备，在提高专业教学质量和培养音乐人才方面积累了许多有益的经验。国立音专时期培养了贺绿汀、吕骥、刘雪庵、周小燕等众多音乐人才，他们日后成为我国音乐事业不可或缺的中坚力量。这一时期的专业音乐院校，还有福建省立音乐专科学校、湖南省立音乐专科学校等由地方政府创设的音乐院校，以及广州音乐学院、西北音乐学院等私立音乐院校。

话剧教育方面，我国高校话剧教育最早的探索始于20世纪20年代。1925年，国立艺术专门学校（由北京美术专科学校恢复并更名而来）建立戏剧系，使戏剧教育第一次进入了公立学校系统。1935年，国民政府于南京成立国立戏剧学校（后更名为国立戏剧专科学校）。该校成立时的办学宗旨是"研究戏剧艺术、养成实用人才，辅助社会教育"，后多次进行学制改革，并首次将斯坦尼斯拉夫斯基体系引入我国艺术教育。该校共历时14年（1949年并入中央戏剧学院），是民国时期办学时间最长、教学质量最高的现代话剧教育机构。

20世纪30年代，面对电影这门新艺术如火如荼的发展态势，我国开始有正规大学引进电影教育，主要以南京金陵大学、上海大夏大学为代表。例如，金陵大学作为创建于1888年的一所教会大学，是我国开展电化教育事业并培养电教专业人才最早的一所综合性大学。当时该校理学院积极提倡、推行电化教育，在推广部下设了科学电影组，将各系教师组织起来译制教学影片，利用现代化媒体来探索新的教学方式。虽然彼时的电影教育实质上只是一种狭义的电化教育，主要作为其他学科和课程的一种教辅手段，但也为我国高校电影教育探索了有益的经验。

值得一提的是，在抗日战争全面爆发后，除了国统区等地，抗日根据地的专业艺术教育也在蓬勃展开。1938年4月，中共中央在延安成立鲁迅艺术学院。初设戏剧、音乐、美术三个系，后又增设文学系。翌年，鲁迅艺术学院与陕北公学、工人学校、青训班合并为华北联合大学，1943年并入延安大学。作为中国共产党创办的第一所综合性高等艺术院校，鲁迅艺术学院以文艺深入大众的路径和姿态，为我国培养和造就了大批文艺人才，为新中国文艺事业的发展奠定了基础。

四、普及艺术教育发展状况

清末民初以来，艺术师范教育与专业艺术教育成为我国大学美育事业的重要两翼，但与此同时，面向高校全体学生开展的普及艺术教育也在不断投石问路。

这一时期的普及艺术教育，首先体现在美育课程的开设。我国大学美育课程的开设，最早可追溯至清末民初在各类新式学堂中设置的"图画"等课程。例如，1866年在福州设立的我国第一所近代海军学校——马尾船政学堂，其教学科目中就包括了画法。随后，天津电报学堂、江南水师学堂、天津中西学堂等一批新式学堂都开设了图画相关课程。京师大学堂设立之初，其开设的艺科中也包括国画等内容。

民国时期，面向普通学生开设的艺术教育课程分量进一步加大。例如，国民政府教育部为解决当时大学课程凌杂、通识教育欠缺的困境，使各高校课程设置有章可循，在1938年公布了《文理法三学院共同科目表》。其中规定，大学工学院的共同必修科目中的艺术类课程，有工程画、徒手画、初级图案、建筑初则及建筑画、阴影法等[1]。1939年，教育部又公布了《文理法农工商各学院分系必修及选修科目表》，其中农学院的园艺学系开设有投影画选修课，建筑工程学系的选修课有美术史、中国建筑史、模型素描、水彩画、建筑图案论、古典装饰、壁画、木刻、雕塑及泥塑、内部装饰和人体写生等[2]。再以清华大学为例，20世纪30年代，梅贻琦就任清华大学校长期间，清华大学开始推行"智、德、体、美、群、劳"并进的教学方针。围绕着美育，学校设立了从事音乐教育的专门机构——中乐部和西乐部，戏剧教育主要由中文系承担。1946年该校成立了音乐室，这是彼时中国普通高校中唯一的专门从事公共艺术教育的教学机构。

除了美育课程之外，这一时期的各类高校也以美育社团、美育展演等方式不断培育美育氛围与文化。尤其是"五四"新文化运动之后，青年学子们接受新潮、表达自我的愿望愈加强烈，大学校园文化更是蓬勃兴盛。例如，蔡元培出任北京大学校长后便大力探索校园美育，对高校公共美育实践起了很重要的促进作用。他不仅亲自在北大开设美学课，还组织画法研究会、书法研究会、音乐研究会等美育团体，并聘请著名艺术家来

① 刘英杰：《中国教育大事典（1840—1949）》，浙江教育出版社2001年版，第624页。

② 同上书，第596—637页。

北大讲学，使北大形成了重视美育和艺术教育的传统。以 1930 年的北大美育类学生社团为例，比较活跃的有音乐学会、演说辩论会、摄影研究会、造型美术研究会等[①]。再以北洋大学（天津大学前身）为例，20 世纪二三十年代该校活跃的美育类社团有电影社、摄影学会、音乐社、国剧研究社等[②]。除了特定的社团，彼时许多大学还不定期地举办各类游艺大会。例如，南开大学学生自治会于 1924 年成立游艺股，其宗旨便是"以谋南开大学全体学生课外乐趣"[③]，并于 1924 年 4 月 25 日举办了盛况空前的游艺大会。值得一提的是，彼时普及艺术教育的开展与国族命运的沉浮有着密切的勾连。例如在 1931 年"九一八"事变以及 1935 年"一二·九"运动先后爆发的背景下，全国掀起轰轰烈烈的抗日救亡歌咏运动，众多高校也纷纷成立各类歌咏协会或合唱团体参与其中。彼时的大学美育以这种"美育救国"的姿态，汇入了时代的洪流中。

第二节　重建与调整期（1949—1976 年）

1949 年中华人民共和国的成立，代表着我国大学美育事业进入了一个全新的发展时期。随着我国社会经济的恢复与文教事业的蓬勃发展，大学美育在百废待兴之际迎来了发展的契机。新中国成立初期的六七年里，美育曾一度被写入我国教育方针政策中。不过，由于各种历史的原因，自 20 世纪 50 年代中后期开始的 20 多年里，"美育"一词逐渐淡出各种教育政策与法规，大学美育事业也经历了一段曲折的道路，一度在政治的裹挟中跌入低谷。

一、走向政治教育美育观

新中国成立后，第一次全国教育工作会议于 1949 年 12 月在北京召开。会议讨论了如何对旧教育进行有计划、有步骤改革的问题，指出要"以老解放区新教育经验为基础，吸收旧教育有用经验，借助苏联经验，建设新民主主义教育"[④]。1950 年 6 月，教育部召开了第一次全国高等教育会议，讨论了新中国高等教育的方针、任务等重要问题，对新中国的高等教育体制做了进一步的规定。会后，《高等学校暂行规程》《关于实施高等学校课程改革的决定》等文件颁布。一系列的会议与政策，标志着新中国高等教育制度的初步建立。

从 1952 年至 1957 年，我国借鉴苏联教育模式，对高校实行了有计划、分步骤的院系

[①] 李浩泉：《躁动的青春：民国时期北京大学的学生社团活动（1912—1949）》，华中科技大学出版社 2014 年版，第 52 页。

[②] 王杰：《学府史集》，天津大学出版社 2017 年版，第 202 页。

[③] 《纪事：南开大学学生会游艺股简章》，《南大周刊》1924 年第 8 期。

[④] 中共中央文献研究室：《建国以来重要文献选编》第一册，中央文献出版社 1992 年版，第 86 页。

调整。院系调整的目标是"整顿与加强综合大学，发展专门学院，首先是工业学院"①。据统计，调整前，全国共有高等学校 211 所，其中普通大学 49 所、独立学院 91 所、专科学校 71 所；调整后，全国共有高等学校 229 所，其中综合大学 17 所、工业院校 44 所、师范院校 58 所、医药院校 37 所、农林院校 31 所、语言院校 8 所、财经院校 5 所、政法院校 5 所、体育院校 6 所、艺术院校 17 所，其他院校 1 所②。总体以来，经过了 20 世纪 50 年代的院系调整，高校的地域分布、高等教育的内在结构进一步优化，在适应我国社会主义建设实际需求的同时，也初步奠定了我国高等教育的基本框架。

不过从美育观念的角度来看，这一时期我国经历了益智、道德美育观向政治工具美育观的转变。新中国成立初期，"美育"一词虽并未直接出现在高等教育的顶层设计里，但在其他相关教育领域仍然备受重视。例如，1952 年教育部颁布的《小学暂行规程（草案）》《中学暂行规程（草案）》都明确规定，"应对学生实施智育、德育、体育、美育等全面发展的教育"③。可以说，美育、艺术教育被纳入到青少年整体素质培育的重要环节中。不过，由于彼时我国几乎全面照搬苏联教育模式，过于重视社会主义经济建设中的实际问题，使得大学美育工作在一定程度上被忽视。尤其是在 20 世纪 50 年代末之后，美育的政治工具化倾向进一步加剧。1957 年，毛泽东在《关于正确处理人民内部矛盾的问题》的讲话里指出："我们的教育方针，应该使受教育者在德育、智育、体育几方面都得到发展，成为有社会主义觉悟的有文化的劳动者。"这一表述里，没有了"美育"二字的踪影。翌年，我国发布《关于教育工作的指示》，明确地、系统地提出党和国家的教育工作方针是"教育为无产阶级的政治服务，教育与生产劳动相结合"。显然，这一方针首要突出的是教育必须为政治服务。1960 年 4 月，文化部和教育部专门召开了全国艺术教育工作会议，会议进一步明确了 1958 年提出的教育方针。此后直至 20 世纪 70 年代，美育几乎被排除在各类教育方针与政策之外，加之各种政治运动的频繁侵扰，我国美育事业"由于政治因素被抛进历史的低谷"④。

二、艺术师范教育发展状况

新中国成立伊始，国家对高等师范教育十分重视，将其视为"整个教育建设的中心环节"⑤。不过就当时的艺术师范教育状况来说，全国高等师范院校设有音乐、美术、戏剧等系科者为数甚少。1954 年，教育部拟以集中办学的原则对全国高等师范学校艺术系（科）进行调整时曾做过统计，彼时全国高等师范学校设有艺术系（科）的共有 19 所，一

① 何东昌：《中华人民共和国重要教育文献（1949—1997）》，海南出版社 1998 年版，第 150 页。
② 郝维谦、龙正中：《高等教育史》，海南出版社 2000 年版，第 82—97 页。
③ 何东昌：《中华人民共和国重要教育文献（1949—1997）》，海南出版社 1998 年版，第 139 页。
④ 赵伶俐、汪宏等：《百年中国美育》，高等教育出版社 2006 年版，第 17 页。
⑤ 何东昌：《中华人民共和国重要教育文献（1949—1997）》，海南出版社 1998 年版，第 109 页。

般系（科）的规模很小，最多的有 115 人，最少的 19 人，平均为 40 至 50 人①。总体来看，师资力量分散，教学质量很难提高。

其中整体实力较为雄厚的，当属北京师范大学。建国之初，得益于此前的积累，该校拥有彼时实力最雄厚的公办艺术学科，设有音乐戏剧系与图画制图系，集聚了洪深、焦菊隐、贺绿汀、卫天霖、吴冠中、张松鹤、李瑞年等一大批艺术名家。音乐戏剧系方面，先后由贺绿汀、洪深担任系主任，并于 1950 年开始分音乐、戏剧两组招生。图画制图系方面，系主任由著名美术家卫天霖担任。20 世纪 50 年代早中期，该系开设的专业课程主要有：素描、色彩学、解剖学、制图学、木工、金工、钣金工、翻砂、翻石膏、印染、油画、图案、毕业创作、美术史等②。可见，当时该系的人才培养十分注重工艺制作，且课程设置深受苏联模式影响。

为改变当时艺术师范教育分散办学的状况，我国借鉴苏联体制，探索建立专门的艺术师范学院。其中，北京师范大学与华东师范大学的音乐系、美术系，以及东北师范大学高年级音乐系于 1956 年 5 月合并成立北京艺术师范学院。这是我国艺术教育史上的一次创举，标志着新中国第一所艺术类师范院校的建立。值得一提的是，北京艺术师范学院后更名为北京艺术学院，前后共存在 8 年时间，1964 年全国院校调整中被撤销，其美术系独立为北京师范学院美术系（今首都师范大学美术学院），音乐系独立为中国音乐学院，戏剧系则并入当时的北京戏曲学校。北京艺术师范学院成立不久，武汉艺术师范学院、河北艺术师范学院等也相继成立。

与此同时，艺术师范教育的教学改革也在迅速展开。从 1952 年起，教育部数次颁布师范学校教学计划。尤其是在 1956 年，教育部颁发了《师范学校音乐教学大纲（草案）》和《师范学校图画教学大纲（草案）》，此为新中国成立以后第一套师范学校音乐、美术大纲。这两套大纲对于艺术师范教育的教学内容、目标任务、学时分配等作了非常详尽的设置，为此后各高等师范院校的美育课程设置提供了较好的指导。在 20 世纪中前期，尽管多数院校囿于社会经济环境所限办学条件一般，但都拥有一批富有教学经验的师资。例如音乐方面，陈洪、老志诚、刘雪庵、张肖虎、刘质平、曾雨间、刘天浪、蒋风之等一批资深教育者活跃在教学岗位，为我国培育了第一批合格的中学音乐教师。

20 世纪 50 年代末，在教育"大跃进"的背景下，艺术师范教育力量非但没有获得发展，反而有所削弱。当时，许多院校停招或减招，许多院校的艺术系（科）则被移出师范系统，转为培养专业艺术人才。例如，武汉艺术师范学院与中南音乐专科学校于 1958 年合并，改为湖北艺术学院；天津河北艺术师范学院音乐系于 1959 年并入天津音乐学院；北京艺术师范学院于 1960 年改为北京艺术学院。20 世纪 60 年代之后，艺术师范教育不

---

① 杨力、宋尽贤：《学校艺术教育史》，海南出版社 2002 年版，第 41 页。

② 教育部体育卫生与艺术教育司、教育部艺术教育委员会：《学校艺术教育 60 年（1949—2009）》，湖南师范大学出版社 2009 年版，第 175 页。

得不介入各种政治运动，教学活动进一步偏离方向，不断陷入违背师范教育规律的困境。

三、专业艺术教育发展状况

新中国成立后，为了尽快适应社会经济发展和专业艺术人才的迫切需求，我国专业艺术教育呈现出蓬勃发展的态势。

音乐方面，在新中国成立前夕，成立国立音乐院的构想便被提上日程。1949 年 9 月，国立音乐院于天津组建，年底政务院正式命名为中央音乐学院，分北京、上海两地办学（上海分院于 1956 年更名为上海音乐学院）。为集中力量办好音乐教育事业，1952 年以后，在院系调整的基础上，地方性的音乐专科学校纷纷成立。例如，西南音乐专科学校（四川音乐学院前身）、中南音乐专科学校（武汉音乐学院前身）、东北音乐专科学校（沈阳音乐学院前身）、西安音乐专科学校（西安音乐学院前身）等。这是继北京、上海成立音乐学院之后，中国专业音乐教育的新的建设和发展时期。1963 年，在周恩来的倡导下，我国又调整成立中国音乐学院，主要发展民族音乐教育[①]。除了专门的音乐院校外，一些综合性高等艺术院校的音乐系科也发挥了重要的音乐人才培养作用，例如华东艺术专科学校（南京艺术学院前身）、中国人民解放军艺术学院、广西艺术专科学校（广西艺术学院前身），等等。

美术方面，新中国成立后我国国立高等教育机构——国立美术学院于 1949 年 11 月迅速成立，1950 年经政务院批准正式定名为中央美术学院。随后，一大批美术类专门院校成立：由国立杭州艺专改名而来的中央美术学院华东分院（中国美术学院前身），1949 年由东北大学鲁迅文艺学院迁移沈阳成立的东北鲁迅文艺学院（鲁迅美术学院前身），1953 年创立的中南美术专科学校（广州美术学院前身），1953 年合并成立的西南美术专科学校（四川美术学院前身），1957 年成立的西安美术专科学校（西安美术学院前身），等等。1956 年，我国第一所高等工艺美术学院——中央工艺美术学院也宣告成立。至此，我国高等专业美术教育呈现出专门院校为主力、综合性艺术院校和普通大学的美术系科为重要补充的新格局。在苏联教育模式的影响下，美术教育的教学内容和课程设置上也进行了较大的调整。

随着新中国的成立，戏剧教育也步入了全新的历史阶段。1950 年 4 月，中央戏剧学院成立，这是我国现代历史上前所未有的高等戏剧教育学府。它与随后成立的上海戏剧学院、中国戏曲学校（中国戏曲学院的前身）、北京市戏曲学校、上海市戏曲学校、天津市戏曲学校以及其他设有戏剧教育专业的艺术学校等构成了较为完整的人才培养体系。这一时期的戏剧教育在教学内容上开始大力推行苏联的斯坦尼斯拉夫斯基体系，为彼时各演出团体培养了一大批艺术人才。

舞蹈方面，著名舞蹈家吴晓邦于 1951 年在中央戏剧学院主持舞蹈运动干部训练班，

---

① 参见李雁宾、王照乾：《中国音乐学院简史》，《中国音乐》1989 年第 3 期。

拉开了新中国舞蹈教育的序幕。1954年，北京舞蹈学校（今北京舞蹈学院）的成立标志着我国舞蹈教育走向专业化、正规化。不过北京舞蹈学校当时乃中专建制，直到1978年被国务院正式批准改制为大学，才正式翻开我国舞蹈高等教育的新篇章。

与此同时，我国正规的高等电影教育体系也开始完善。1950年6月创建的电影局表演艺术研究所可谓新中国电影教育的滥觞，其后该所作为主要力量组建电影局电影学校，并于1956年正式改制为北京电影学院。北京电影学院筹建之初，不仅在成立前派出代表团对苏联电影教育体制进行考察，还专门邀请苏联专家全程指导，深度参与了教学计划、课程体系、教学管理等相关内容的制定。该校与1959年成立的北京广播学院（今中国传媒大学）成为新时期开始前我国仅有的两所提供电影相关专业教育的高等院校，而其他综合性院校的电影专业教育或普及教育在很长时间里付之阙如。

苏联模式的影响加上我国的特殊社会文化语境，使得这一时期我国的专业艺术教育十分强调在教学过程中引导学生培养与社会主义建设相匹配的价值观、艺术观。总体来看，新时期以前我国专业艺术教育的缺陷在于过分强调对专业知识和技能的培养，一定程度上忽略了其他人文社科知识的传授。同这一时期的艺术师范教育类似，专业艺术教育在新中国成立后的七八年时间里教学秩序较为稳定、教学改革较有成效。此后随着政治运动的频繁开展，专业艺术教育也日益陷入教育政治化、艺术政治化的双重困局。

四、普及艺术教育发展状况

相对于艺术师范教育和专业艺术教育，新中国成立后至"新时期"这段时间里，我国的大学普及艺术教育发展相对逊色。这主要是由于，这一时期我国高校美育类社团的发展较为缓慢，且高校普及美育事业的政治功利化倾向日益凸显。

新中国成立之初，高校美育课程与美育活动的开展还较为丰富。例如，清华大学1950年开设了供全校学生选修的《音乐概论》《基本乐理》课程，还外聘任课教师开设钢琴、声乐班；北京航空学院建立了声乐、管乐队；浙江大学于1951年4月成立合唱团；等等。各个高校都开展了较为丰富的美育实践活动①。但与此同时，我国各高校不断加强对学生社团的整顿与管理，学生社团的活动主要围绕恢复教育和生产、服务社会和群众等方面来开展。例如，为配合"抗美援朝"战争，从1950年11月中旬开始，清华大学、北京大学、北京师范大学、燕京大学、辅仁大学等30多所学校2.1万名学生组织宣传队，通过讲演、漫画展览、相声及活报等美育活动向群众开展宣传教育②。

这一时期，虽然我国整体高校数量在增加，但学生社团总数却在减少。以北京大学为例，1952年前后该校拥有摄影学会、舞蹈组、美术组、音乐社、中乐组、剧艺社、新

---

① 宁薇：《大学生美育论》，天津社会科学院出版社2013年版，第112页。

② 刘来兵、涂怀京、但昭彬：《中国教育活动通史（第八卷）中华人民共和国》，山东教育出版社2017年版，第173页。

文艺社等与美育相关的学生社团①。此后，学生社团建设陷入滞缓，1956 年成立的五四文学社成为当时最有影响力的学生社团，给彼时稍显沉寂的社团文化注入了些许亮色。1966 年之后，高校美育社团、美育展演等受到政治运动的强烈冲击，普及艺术教育逐渐陷入低潮。

第三节　复兴与深化期（1977—2012 年）

步入改革开放的新时期，在百废待兴的语境下，高等教育事业经过拨乱反正，逐渐走上健康发展的轨道。美育也重回人们的视野，日渐成为现代化建设不可或缺的一环。这一时期，随着国家对于美育规律的重新认识和美育事业的高度重视，美育政策不断颁布，美育管理体制日渐完善，"美育"二字也重回总体教育方针，甚至被写入党的重要报告。在素质教育成为党和国家核心教育战略的背景下，大学美育事业的诸多领域与环节都呈现出焕然一新、昂扬奋进的全新姿态。

一、素质教育与全面发展的美育观

这一时期，我国大学美育观念与政策制度的变化，大致经历了两个阶段。第一个阶段是从 1978 年至 20 世纪 90 年代末，美育事业经历了拨乱反正和地位复归的过程。1978 年 4 月，教育部在北京召开了历时 25 天之久的全国教育工作会议，对于高校拨乱反正、正本清源起了积极的推动作用。随后，新时期的思想解放潮流为美育政策的全面恢复酝酿了有利的社会氛围。

从 20 世纪 80 年代中后期起，"美育"二字开始重回国家各类政策方针中。1986 年 4 月，国务院制定《国民经济和社会发展第七个五年计划（1986—1990）》，其中规定："各级各类学校都要加强思想政治工作，贯彻德育、智育、体育、美育全面发展的方针。"同年 9 月，国家教委成立第一个主管普通学校艺术教育工作的专门机构——高教一司艺术教育处（体育卫生与艺术教育司的前身之一），12 月又成立艺术教育专家咨询机构——国家教委艺术教育委员会。艺术教育行政管理机构的建立，根本上改变了我国长期没有专门艺术教育管理机构的历史，在大学美育史上具有重要意义。1989 年，《全国学校艺术教育总体规划（1989—2000）》颁布，文件明确指出："我国学校教育的根本任务是坚持为社会主义建设服务的方向，培养德、智、体、美、劳各育全面发展，有理想、有道德、有文化、有纪律的一代新人，提高全民族的素质。艺术教育是学校实施美育的主要内容和途径。"② 这是我国首个全国艺术教育的纲领性文件，"具有重大的理论价值、实践价值

---

① 关成华：《北京大学校园文化》，北京大学出版社 2001 年版，第 225 页。
② 何东昌：《中华人民共和国重要教育文献（1949—1997）》，海南出版社 1998 年版，第 2893 页。

与历史意义，标志着我国美育事业逐步走上健康发展的轨道"①。1993 年，中共中央、国务院发布《中国教育改革和发展纲要》，其中第 35 条规定："美育对于培养学生健康的审美观念和审美能力，陶冶高尚的道德情操，培养全面发展的人才，具有重要作用。"② 这是我国首次在国家教育法规文件中以专条形式论述美育的地位与作用，为大学美育的开展进一步指明了方向。

第二个阶段是 21 世纪以来，我国美育事业被纳入全民素质教育中，获得更加持续、深入的发展。1999 年 6 月，第三次全国教育工作会议召开并颁布《关于深化教育改革全面推进素质教育的决定》，拉开了我国全面推进素质教育的帷幕。该决定从素质教育与人的全面发展的高度审视美育，相比以往将美育视为德育附庸的狭隘认识有了进一步的提升。随后，教育部于 2002 年发布《学校艺术教育工作规程》，并制订《全国学校艺术教育发展规划（2001——2010 年）》，进一步明确了 21 世纪头十年美育的路线图。同年召开的党的"十六大"则明确指出，要"全面贯彻党的教育方针，坚持教育为社会主义现代化建设服务，为人民服务，与生产劳动和社会实践相结合，培养德智体美全面发展的社会主义建设者和接班人"。这是"德智体美全面发展"首次在党的重要报告中完整出现，具有标志性意义，也进一步明确了美育的地位和作用。

从 20 世纪 50 年代后期"美育"淡出国家教育方针到新时期以来"美育"重回国家教育方针，从美育被政治与道德裹挟到美育获得不可替代的独立地位，我国美育观念与政策制度走过了艰难曲折的历程。另据统计，1978 年我国共有普通高校 598 所，普通本专科在校生人数为 140.8 万人，2010 年普通高校数量增至 2 358 所，普通本专科在校生人数为 2 231.79 万人③。我国高等教育事业在这一时期的飞速发展，也为大学美育的开展奠定了坚实的基础。

二、艺术师范教育发展状况

随着美育观念与政策的革新，艺术师范教育迎来了发展的春天。1978 年 10 月，教育部发出了《关于加强和发展师范教育的意见》，强调了大力发展和办好师范教育重要性。1979 年 12 月，教育部在郑州召开高等师范院校艺术专业教学座谈会（又称"郑州会议"），会议总结了新中国成立以来艺术师范教育的得失，讨论了美育在教育过程中的地位与作用，明确了高等艺术师范教育发展与改革的方向。1981 年 9 月，教育部正式公布下达经审定的音乐、美术专业教学大纲。自此，我国高等师范院校艺术专业有了一整套较为统一、完整的教学计划和大纲，相关教材建设也提上日程，艺术师范教育迎来复兴与发展的良好契机。

---

① 曾繁仁等：《现代美育理论》，河南人民出版社 2006 年版，第 324 页。
② 中共中央文献研究室：《十四大以来重要文献选编》上，中央文献出版社 2011 年版，第 69 页。
③ 教育部发展规划司：《中国教育统计年鉴（2010）》，人民教育出版社 2011 年版，第 10 页。

1979 年"郑州会议"召开后，我国的高等师范艺术教育规模迅速扩大，艺术系（科）数量增幅显著。据统计，1979 年音乐教育专业点仅有 34 个，美术教育专业点 36 个，在校学生 4 000 人。到 1990 年，我国高等师范音乐教育专业点已达到 111 个，美术教育专业点达到了 139 个，在校学生达 1.6 万人。[①] 艺术师范教育蓬勃发展的另一表现，是以往只培养少数艺术专门人才的专业艺术学院也开始加入到师范教育的行列中。1980 年，全国尚无一所艺术院校设立师范教育系。到 1990 年，除中央音乐学院、中央美术学院、中央工艺美术学院、浙江美术学院、解放军艺术学院等少数几所部属艺术学院外，其他综合性艺术学院、音乐学院和美术学院基本都成立了师范系。

步入 20 世纪 90 年代，为适应彼时中小学艺术教育的新形势，国家层面开展一系列与艺术师范教育相关的重要座谈会、调研活动，发布了诸多重要政策文件。1995 年 5 月，国家教委下发《关于发展与改革艺术师范教育的若干意见》，这是新中国成立后国家教育行政部门制定的第一个关于全面推进艺术师范教育发展与改革的文件，文件对高等师范艺术教育的教学体系、师资队伍、教育投入、教育管理等进行了明确的规定与说明。这一时期，我国艺术师范教育的规模和层次有了显著提升。一方面，办学规模与专业学生数目迅速扩张。以音乐为例，2004 年我国音乐教育专业在校学生总数为 86 208 人，其中当年的招生数就达 30 360 人[②]。另一方面是办学层次的扩展，在基础教育师资学历要求普遍提高的大背景下，艺术教师教育的教学层次也发生了相应的变化，其中之一就是中等师范学校的大面积萎缩和高等教育层次的极大扩展，尤其是专业研究生的培养规模发展迅猛。以音乐为例，20 世纪 80 年代初国家实行学位制度时，只有 15 所高等师范院校具有音乐教育硕士学位授予权，到了 2009 年，全国除西藏自治区以外，几乎每个省区的重点师范大学都可培养音乐教育专业硕士研究生。

三、专业艺术教育发展状况

新时期以来，我国专业艺术教育开始恢复建制、探索课程体系、改革教育体制、加强师资队伍建设，满足了新形势下国家和社会对专业艺术人才的迫切需求，呈现出欣欣向荣的发展景象。总体来看，这一时期我国专业艺术教育事业基本形成了以音乐、美术、戏剧、广播影视、舞蹈、艺术设计、工艺美术等几大门类为主体，从单一型向复合型、从单科专业院校向多科综合性院校发展的多元化格局。

首先，这一时期的专业艺术教育在总结既有经验、积极取法国外的基础上，不断探索适应社会发展新形势的本土化教育模式。以电影教育为例，1982 年，北京电影学院副院长罗光达与教师周传基赴澳大利亚以观察员身份参加国际影视院校联合会（CILECT）年会，拉开了我国电影教育事业改革的帷幕。此后电影教育开始不断取法欧美，并很快

① 杨力、宋尽贤：《学校艺术教育史》，海南出版社 2002 年版，第 190 页。

② 教育部体育卫生与艺术教育司、教育部艺术教育委员会：《学校艺术教育 60 年（1949—2009）》，湖南师范大学出版社 2009 年版，第 215 页。

在我国电影教育体制改革中产生效果。以北京电影学院为例，它广泛吸取了欧美现代教育的一些优长，在 20 世纪 80 年代中后期不断探索革新课程体系与教学模式，实行了学分制、"二·四制"和创作日等新制度，有效提高了教育教学质量①。总的来看，这一时期各门类的专业艺术教育都在不断深入，逐步探索出有中国特色的艺术教育模式。

其次，专业艺术教育日益打破院校边界，形成多元化办学格局。随着市场化与全球化的发展，高等教育模式更加开放多元。尤其是在 1995 年颁布《中华人民共和国教育法》、1998 年颁布《中华人民共和国高等教育法》之后，高等学校的法人地位最终确立，办学自主权进一步扩大。以舞蹈教育为例，除了北京舞蹈学院的专业舞蹈教育持续推进之外，据不完全统计，上海戏剧学院（1997）、天津音乐学院（2002）、广西艺术学院（2003）也相继创建舞蹈系，致力于专业舞蹈人才培养。除了上述艺术类院校，一些师范类院校也开始大量开设舞蹈系，如首都师范大学（1998）、上海师范大学（1997）、天津师范大学（2000）、北京师范大学（2000）等。可见，专业艺术院校之间、艺术师范教育与专业艺术教育之间学科发展与人才培养的交叉渗透趋势进一步加剧。

再次，专业艺术教育的办学规模与办学层次不断提升。新中国成立以来的 30 年时间里，我国仅有十几所艺术院校从事专业艺术教育。而据 2003 年不完全统计，全国 1 683 所高校中，80％以设上设立了艺术类专业，10 年前设立艺术专业的院校还不足百所，艺术学科已快速发展为规模相对较大的热门学科②。随着艺术类专业的扩招与培养结构的变化，专业艺术教育的办学层次也在随之提升。这一时期，是艺术类研究生教育突飞猛进的时期。硕、博研究生学位授权点的飞速建设，为培养高层次的专业艺术人才打开了重要通道，也为专业艺术教育的深化发展积蓄了人才资源。

四、普及艺术教育发展状况

这一时期，得益于国家层面对于全面素质教育的重视，相比艺术师范教育与专业艺术教育，我国高校普及艺术教育呈现出尤其迅猛的发展态势。

首先，高校美育课程与美育机构在这一时期呈现出狂飙突进的姿态。1978 年，清华大学率先恢复了因政治运动而关闭许久的音乐室，1980 年恢复音乐选修课，面向全校学生开设《音乐概论》《合唱》《舞蹈知识普及》等课程。由音乐室组织辅导的军乐、民乐、弦乐、合唱、键盘、舞蹈、话剧等均取得了令人瞩目的成绩。此后，一些高等院校纷纷响应，陆续成立相关艺术教育机构。据不完全统计，北京外国语学院（1978）、上海交通大学（1981）、沈阳航空学院（1981）、同济大学（1982）、北京航空学院（1984）、北京大学（1984）、浙江大学（1984）、中国人民大学（1984）、华中理工大学（1986）等高校

① 籍之伟等：《中国电影专业史研究·电影教育卷》，中国电影出版社 2011 年版，第 165 页。
② 潘鲁生：《设计教育》，山东美术出版社 2007 年版，第 196 页。

相继成立了艺术教研室，掀起了我国高校普及艺术教育发展的一个热潮①。同时，各个艺术门类的美育课程如雨后春笋般涌现。以电影为例，20世纪80年代初，四川大学、华东师范大学、复旦大学、中山大学、西北大学、安徽大学等不约而同地自发开设了名目不同的电影选修课，结束了我国长期只有电影专业教育而缺乏电影普及教育的状况②。1985年，教育部还专门发布《关于高等院校开设电影课程的情况和意见》的文件，推动影视艺术教育成为高校美育的重要组成部分。

不过新时期头十年，我国的高校普及艺术教育还处在各自为政的自发状态。为了进一步推动高等学校艺术教育工作，一系列与高校普及艺术教育直接相关的政策文件陆续问世。例如，国家教委于1988年印发《在普通高等学校中普及艺术教育的意见》，1996年又印发《关于加强全国普通高等学校艺术教育的意见》。2006年，教育部印发《全国普通高等学校公共艺术课程指导方案》，首次将普通高校非艺术专业学生艺术教育冠名为"公共艺术教育"。这一方案对课程设置做了详细规定，要求实行学分制的学校，每个学生至少要通过艺术限定性选修课程的学习取得2个学分，修满规定学分方可毕业。方案对于艺术限定性选修课程定义也很明确，课程包括《艺术导论》《音乐鉴赏》《美术鉴赏》《影视鉴赏》《戏剧鉴赏》《舞蹈鉴赏》《书法鉴赏》《戏曲鉴赏》。方案同时要求，这些课程的全面开展将先在教育部直属高校、"211工程"院校和省属重点学校进行，其他学校将在两三年内完成。可以说，这一方案的颁布，极大地促进了此后高校美育课程的广泛铺展。

其次，高校美育团体、美育活动在这一时期获得了充分的发展。通过各类校园艺术文化活动积极拓展美育渠道，鼓励学生参加各种文化艺术社团，不定期举办各类展演、竞赛活动，成为这一时期高校推进普及艺术教育的常规手段。值得一提的是，自2005年以来，教育部等多个部门联合发起了至今仍方兴未艾的"高雅艺术进校园"活动。该活动采取讲座、展演等多种形式，引导学生走近大师、感受经典、陶冶情操、提高修养，取得了十分显著的美育效果。随着美育活动的积极开展，许多高校也诞生了一些有影响力的美育品牌。以北京师范大学为例，该校于1986年创立学生话剧演出团体——"北国剧社"。在当年4月举办的我国首届莎士比亚戏剧节上，北国剧社演出的话剧《第十二夜》《雅典的泰门》场场爆满，引发轰动。北国剧社也迅速成为首都大学生艺术团中的佼佼者，甚至成为"第一个被写进中国戏剧史的当代学生业余演剧社团"③。1993年，该校又创办了另一个富有影响力的美育与文化品牌——北京大学生电影节。作为国内第一个由大学主办、以大学生为主体的全国性电影节，北京大学生电影节坚持以"大学生办，大学生看，大学生拍，大学生评"为电影节的特色，有效参与和推进了高校学生群体的美育工作，在国内外产生了较大的品牌影响力。

---

① 杨力、宋尽贤：《学校艺术教育史》，海南出版社2002年版，第190页。
② 李亦中：《电影教育在中国》，《电影艺术》1994年第1期。
③ 张生泉：《戏剧教育新论》，上海教育出版社2016年版，第224页。

再次，一些全国性的高校美育展演、竞赛活动在这一时期也开展得有声有色。例如：1994年，国家教委组织举办了全国大学生校园"新人杯"MTV比赛和全国大学生周末文艺晚会展播，有力地推动了全国高校学生艺术活动；1996年，国家教委与广电部联合举办了全国大学生文艺会演，这是我国学校艺术教育史上空前的一次文艺大会演；1998年，国家教委联合中国摄影家协会等单位举办了全国大学生校园生活摄影比赛，这是新中国成立以来首次举行的全国性的以大学生校园生活为题材的摄影比赛。2004年起，教育部设立了3年一届的全国大学生艺术展演活动，这是我国规格最高、规模最大、影响最广的大学生艺术盛会。据统计，通过有力组织与有序推荐，首届展演便有多达1 563所高校参与，各地各校参加省级展演活动的艺术表演类节目共5 959个，艺术作品共16 380件①。这一活动的持续开展，体现出这一时期高校普及艺术教育的成果与活力，也推动着大学美育事业进一步健康、深入、可持续地发展。

第四节 守正与创新期（2013年至今）

步入新时代以来，在国民认同高涨、网络文化兴盛、媒介融合加速等多重缠绕的语境下，美育日益上升为重要的国家文化、人才与教育战略。加强与改进学校美育、弘扬"中华美育精神"成为迫切的时代课题，美育的重要性得到了前所未有的重视。在这一背景下，我国大学美育事业也步入了守正与创新期。

一、中华美育精神下的美育浸润

新时代以来，学校美育的政策体系不断完善。2015年9月，国务院办公厅印发的《关于全面加强和改进学校美育工作的意见》，成为新时代学校美育的工作指南。2018年召开的全国教育大会上，习近平总书记指出："要全面加强和改进学校美育，坚持以美育人、以文化人，提高学生人文素养。"同年8月30日，在给中央美术学院8位老教授的回信中，习近平总书记进一步提出了"弘扬中华美育精神"的时代课题。2020年10月，中共中央办公厅、国务院办公厅印发了《关于全面加强和改进新时代学校美育工作的意见》。

与大学美育工作更为紧密的重要文件，则是2019年4月教育部印发的《关于切实加强新时代高等学校美育工作的意见》。该意见对新时代高校美育改革发展提出明确要求，对高校美育的重点任务、主要举措与组织保障进行了详细阐释，使高校美育工作有据可循、有规可依。意见还明确提出："到2035年，形成多样化高质量具有中国特色的社会主义现代化高等学校美育体系。"一系列的顶层设计，为我国大学美育事业发展擘画了宏阔

---

① 教育部体育卫生与艺术教育司、教育部艺术教育委员会：《学校艺术教育60年（1949—2009）》，湖南师范大学出版社2009年版，第249页。

蓝图。2023年底，教育部印发《教育部关于全面实施学校美育浸润行动的通知》，决定全面实施学校美育浸润行动，明确了以美育浸润学生、以美育浸润教师、以美育浸润学校3个层次的具体目标和任务，并提出美育教学改革深化行动、教师美育素养提升行动、艺术实践活动普及行动、校园美育文化营造行动、美育评价机制优化行动、乡村美育提质发展行动、美育智慧教育赋能行动、社会美育资源整合行动等8项具体工作举措。

与政策体系完善相同步的，是美育观念的进一步深化。新时代以来，美育对个体的审美和人文素养的提升功能被进一步强调，"以美育人"的导向愈加清晰。值得注意的是，《关于全面加强和改进新时代学校美育工作的意见》对美育所作的定义为："美育是审美教育、情操教育、心灵教育，也是丰富想象力和培养创新意识的教育，能提升审美素养、陶冶情操、温润心灵、激发创新创造活力。"其中，对于美育丰富想象力和培养创新意识的新提法，进一步深化了美育的内涵与功能。同时，这一时期的各类政策表述中也越来越注重凸显"美育"而非"艺术教育"，强调美育的深广性、综合性与跨界性。例如，《关于全面加强和改进新时代学校美育工作的意见》便首次提出以"美育课程"代替"公共艺术课程"的表述，可以看出国家层面有意推动美育走向一种以艺术教育为主要途径、跨学科交互发展的融合路径。"美育浸润行动"的开启与"浸润"概念的提出，则展现出人们对于美育的独特本质的进一步理解。

二、艺术师范教育发展状况

新时代以来，艺术师范教育迎来新的发展契机。一方面，艺术师资队伍建设不断加强。2012年，教育部举办"珠江·恺撒堡钢琴"全国普通高等学校音乐学（师范类）专业本科学生基本功比赛活动，创新了推动高校艺术师范教育教学改革的路径方式。2019年，教育部又举办首届全国普通高等学校美术教育专业教师基本功展示活动。如今，全国普通高等学校音乐、美术教育专业学生和教师基本功展示活动已经成为两年一届的品牌化活动，既是对高校音乐、美术教育专业教学质量的一次集中检查，也是艺术师范教育发展的一项重要措施。另据统计，全国基础教育阶段美育教师人数由2012年的60.4万人增加到2021年的90.8万人，十年来增加30.4万人，年均递增4.6%①。数字的变化，体现出新时代以来艺术师范教育的卓著成效。

与此同时，艺术师范教育与中小学美育的协同发展机制进一步完善。其中最有代表性的举措之一，便是2019年教育部推出的"体育美育浸润行动计划"。该计划旨在依托高校体育美育教师和学生力量，为相关地区提供持续性的定向精准帮扶和志愿服务，为中小学体育美育均衡发展提供优质教育资源。值得注意的是，2022年4月，教育部印发《义务教育课程方案和课程标准（2022年版）》，其中对于艺术教育阶段的艺术课程进行

---

① 《数说"教育这十年"：学校美育取得历史性突破》，中华人民共和国教育部网站。

了改革，在此前的音乐、美术基础上开始融入舞蹈、戏剧、影视等内容。这意味着，大中小幼美育相互衔接的局面会进一步强化，同时也意味着我国艺术师范教育将迎来更大的发展空间。

三、专业艺术教育发展状况

新时代以来，专业艺术教育的发展迎来了新的语境和机遇。首先不能不提的是，2011 年教育部批准印发了《学位授予和人才培养学科目录（2011 年）》，该目录首次将艺术学从文学门类中独立出来，升级为学科门类。对于高校艺术教育，这是一件里程碑事件。艺术学升格后，专业艺术教育的发展规模与层次迅速扩张。以本科生为例，据统计 2012 年我国普通本科在校生为 1 427.09 万人，2020 年为 1 825.75 万人；2012 年我国艺术类本科生为 121.55 万人，2020 年则为 264.88 万人，艺术类本科生规模增幅显著高于全国本科生整体增速[1]。其中颇为引人瞩目的是，艺术学理论学科在这一阶段迎来迅速扩张，截至 2020 年全国艺术学理论学科共计有 23 个一级学科博士学位授权点，64 个一级学科硕士学位授权点[2]。这一颇具中国特色的学科的成长，深化了艺术教育的内涵，也为技能型艺术人才培养模式的改革带来了良好的促进作用。

与此同时，一个显著的趋势是，专业艺术教育的应用化、实践化趋向进一步明确。2022 年 9 月，国务院学位委员会、教育部印发了《研究生教育学科专业目录（2022 年）》。其中，根据艺术类人才培养的特点，目录重点对艺术学门类下一级学科及专业学位类别设置进行了调整优化，在原有艺术学理论一级学科基础上，设置了艺术学一级学科，另设置了音乐、舞蹈、戏剧与影视、戏曲与曲艺、美术与书法、设计等 6 个专业学位类别。与 2011 年目录相比，这一变化不可谓不剧烈。新目录将专业学位类别与一级学科并重，这种统筹设置模式体现出国家对高层次艺术人才培养的战略思考——加快加强对专业学位研究生教育的发展，着重培养高素质、应用型、技术技能型艺术人才。这一调整，体现了艺术学当前与未来发展的趋势，也为专业艺术教育带来了全新的机遇与挑战。

四、普及艺术教育发展状况

新时代以来，高校普及艺术教育事业持续深入推进。一方面，高校美育手段与体制不断创新和完善。这一时期，各高校都在深入开展特色美育课程建设，且大部分都设置了专职机构来管理公共美育事务。以北京师范大学为例，该校于 2016 年成立北京师范大学美育中心，统筹推进全校美育工作。该校将艺术鉴赏与审美体验模块列为六大通识教育课程之一，"2013 年 9 月至 2019 年 3 月学校约有 23 077 名本科生选修了公共艺术教育

① 数据参见《中国教育统计年鉴 2012》（人民教育出版社 2013 年版）、《中国教育统计年鉴 2020》（人民教育出版社 2021 年版）。
② 参见王廷信：《时代机遇与艺术学理论学科前景》，《艺术学研究》2020 年第 5 期。

类课程"①，这一数据在同期全国高校中位居前列。面对互联网和媒介融合营造的全新美育环境，该校还积极创新美育方式，打造以"美育系列MOOC"为代表的各类线上美育课程与活动，形成融媒体美育矩阵。再比如，清华大学艺术教育中心在本科生人才培养方案中推行"文化素质教育核心课程"，打破学科界限，以美育通识教育促进学科交叉、文理渗透；华中科技大学于2016年成立艺术教育中心，下设6支学生艺术团队，有1500平方米的公共艺术教育使用场地。据统计，截至2020年，全国87.6%的高校面向全体学生开设了公共艺术课程，并初步形成了课堂教学、课外活动、校园文化"三位一体"的推进机制②。

与此同时，弘扬中华美育精神与传承传统文化的导向更加明确。作为大学美育的品牌化活动，"高雅艺术进校园"活动持续推进。据统计，十余年来该活动共组织各类优秀经典剧目、专家讲学、作品展览等艺术实践活动15000余场、惠及全国高等院校2000余所、学生达千万人次③。2018年起，教育部还开展了中华优秀传统文化传承基地建设项目，其中一项主要内容便是在全国范围内支持一批普通高校围绕民族民间音乐、民族民间美术、民族民间舞蹈、戏剧、戏曲、曲艺、传统手工技艺等建设传承基地、开展传承活动。项目开展以来，已批准建设北京大学昆曲、清华大学京昆、北京师范大学中国话剧、中央音乐学院中国民族音乐等百余个传承基地，在推动中华优秀传统文化创造性转化和创新性发展的同时，也在学生审美和人文素养的提升方面取得了良好的示范效果。

当前，在美育已成为国家教育方针与文化战略的背景下，"美育已经从蔡元培时代的专业教育和业余兴趣教育变成一种具有大致确定范围的交融性、综合型公共文化教育行业。"④ 面对新形势，走过百余年进程的我国大学美育正继承深厚的美育教育传统，建构起以艺术师范教育、专业艺术教育和普及艺术教育为主体，积极介入社会美育的发展格局，向着"具有中国特色的社会主义现代化高等学校美育体系"这一宏伟远景迈进。

本章思考题与阅读书目

一、思考题

1. 结合我国大学美育的发展史，思考如何处理美育与德育之间的关系。

2. 如何理解艺术师范教育、专业艺术教育与普及艺术教育三者之间的关系？

3. 新时代以来，大学美育事业有哪些新变化与新趋势？

① 胡智锋、樊小敏：《从国家发展战略到人才培养模式——当代中国高校公共艺术教育发展现状论析》，《艺术百家》2019年第3期。
② 《数说"教育这十年"：学校美育取得历史性突破》，中华人民共和国教育部网站。
③ 《数说"教育这十年"：学校美育取得历史性突破》，中华人民共和国教育部网站。
④ 王一川：《当前中国美育三题议》，《美育》2020年第1期。

4. 结合大学美育的发展历程，阐述你对"中华美育精神"的认识和理解。

二、阅读书目

1. 刘彦顺：《中国美育思想通史：现代卷》，曾繁仁主编，山东人民出版社 2017 年版。
2. 刘彦顺：《中国美育思想通史：当代卷》，曾繁仁主编，山东人民出版社 2017 年版。
3. 赵伶俐、汪宏等：《百年中国美育》，高等教育出版社 2006 年版。
4. 郝维谦、龙正中：《高等教育史》，海南出版社 2000 年版。
5. 杨力、宋尽贤：《学校艺术教育史》，海南出版社 2002 年版。

第五章
西方大学美育简史

　　中西方美育均有着辉煌灿烂、源远流长的历史。中国的美育实践可追溯至春秋以前先民通过青铜铸鼎艺术承载意识形态、通过诗书礼乐抒发情感表现的零散经验[①]；西方美育实践可追溯至古希腊城邦以"七艺"中的修辞和音乐为代表的人文教育体系[②]。就大学美育而言，随着欧洲中世纪大学的建立，高等教育领域逐渐出现了美育的实践形态，并取得长足发展；而"美育"作为一个专业学术概念和专门学科，则起源于 18 世纪的德国，是"审美教育"（Aesthetic Education）的简称。被誉为"美学之父"的德国学者鲍姆嘉通（Alexander Gottlieb Baumgarten，又译"鲍姆嘉滕"）开创了美学学科体系，他在《美学》一书中揭示了通过感性教育培养人们的审美思维、审美能力、审美情绪，从而形成"审美教养"的重要性[③]。德国剧作家、诗人、历史学家和哲学家席勒（Friedrich Schiller）提出了系统的审美教育理论，他在《审美教育书简》一书中明确阐述了美育的途径、标准和理想等[④]。此后，西方的美育思想和学说蓬勃发展，各国大学纷纷开设美育相关课程、组织美育相关活动，发展出了不同类型的美育模式。可以说，美育一词"在西方文化的土壤中获得了完整的、成熟的发展并取得了其内涵与外延的概念化过程"[⑤]。一方面，美育作为西方人文教育、通识教育的重要组成部分，成为理想而完满的大学教育中不可或缺的部分；另一方面，西方大学在推动美育相关学术研究、教学活动和社会实践等方面发挥着不可低估的作用。

　　他山之石，可以攻玉。各美其美，美美与共。了解西方美育史特别是西方大学美育

① 单世联、徐林祥：《中国美育史导论》，广西教育出版社 1992 年版，第 3—24 页。
② 徐承：《从人文教育到审美教育再到公共艺术教育——西方美育史的话语变迁》，《艺术百家》2019 年第 1 期，第 38—42、47 页。
③ 鲍姆嘉滕：《美学》，简明、王旭晓译，文化艺术出版社 1987 年版，第 34 页。
④ 席勒：《审美教育书简》，冯至、范大灿译，上海人民出版社 2022 年版，第 8 页。
⑤ 徐承：《从人文教育到审美教育再到公共艺术教育——西方美育史的话语变迁》，《艺术百家》2019 年第 1 期，第 38—42、47 页。

的历史，对于我们在新时代背景下深入思考美学的学科传承与发展、美育与审美人生、美育与人类文明等议题均有重要意义。2014年，习近平主席在联合国教科文组织总部发表演讲时提出："文明因交流而多彩，文明因互鉴而丰富。文明交流互鉴，是推动人类文明进步和世界和平发展的重要动力。"[①] 2023年，习近平主席进一步强调："不同文明之间平等交流、互学互鉴，将为人类破解时代难题、实现共同发展提供强大的精神指引。"[②] 作为新时代的大学生，我们在学习西方大学美育简史的过程中，可以带着历史的、发展的、审慎辩证的眼光，创造性地借鉴诸多美育先驱的思想和经验，从而指导自己在大学阶段更好地参与审美活动、享受美育熏陶——这也是从个体角度出发开启中西审美交流、文明互鉴的"捷径"之一。

本章简要梳理了西方大学美育的历史脉络，聚焦一批有影响力的思想家、实践者和重要高等学府在美育领域的贡献，帮助学习者深入理解在大学阶段学习美育的重要目的与任务、内容与形式、功能与意义。

第一节 酝酿发展期：中世纪大学的"秩序美育"（12—14世纪）

在高等教育史上，大学的起源受到古希腊和古罗马文化的深刻影响。自公元476年西罗马帝国灭亡至文艺复兴前，西欧经历了漫长的中世纪。当时社会战乱频繁，生产力遭到极大破坏；受反动农奴制、教会蒙昧主义、禁欲主义及封建专制主义的制约，科学文化发展滞后，因此被史学家称为"黑暗时代"。[③] 然而，这段封闭落后的时期却孕育了人类文明史上的娇艳之花——大学。公元12至14世纪，欧洲建立了多所中世纪大学，构成了世界近现代大学和高等教育机构的基本原型。在美育方面，中世纪大学充分吸收古希腊和古罗马美育的精髓，形成了以不同文艺形式为载体的美育实践，也产生了以推崇和谐、匀称、明确的"秩序美"为核心的美育思想。

一、中世纪大学美育的古典源流

早在中世纪大学产生之前，以古希腊"学园"和古罗马修辞学校为代表的早期高等教育机构之中，美育就已经得到重视，出现了多种实践模式与思想源流。

（一）音乐研习

古希腊高等教育雏形及其美育实践可以追溯到公元前6世纪毕达哥拉斯学派的教学活动。该学派认为万物的本质是数字、宇宙的内在结构是数学结构，为了认知宇宙万物，

---

① 习近平：《文明交流互鉴是推动人类文明进步和世界和平发展的重要动力》，《当代党员》2019年第11期。

② 《习近平主席致第三届文明交流互鉴对话会暨首届世界汉学家大会贺信引发与会人士共鸣》，中华人民共和国中央人民政府网。

③ 贺国庆：《中世纪大学和现代大学》，《河北师范大学学报（教育科学版）》2004年第2期，第22—28页。

主要研习教授四门学科，即算术、几何、天文和音乐（简称"四艺"）。师生们通过研习音乐来掌握音符、旋律、音调和节拍，从而理解数学、建筑、雕刻、天文等领域的奥秘，探求什么样的数量比例会产生美的效果、什么样的轨道运动会形成"诸天音乐"或"宇宙和谐"的概念①。在他们看来，"音调由数学原理决定，音律本身即数与数之间的关系，数与数之间的恰当比例形成和谐，音乐本身即体现这种和谐"②。

在学习之余，他们推崇以音乐慰藉心灵创伤、解除烦忧、息怒抑欲、涵养美德，以此达致人性平静和谐之美。毕达哥拉斯学派对音乐的强调，极大地影响了后来柏拉图、亚里士多德和伊壁鸠鲁等人的美育思想和办学模式。

以柏拉图为例，音乐在他心目中的地位要比其他艺术门类高级得多。在他看来，音乐模仿的不是自然世界的客观事物而是美德本身，因而最接近"理想的形式"。③ 正因如此，柏拉图创办了高等学府"学园"，在学科设置上继承了毕达哥拉斯学派的"四艺"，保证了音乐教育的重要地位。此外，柏拉图从更宽广的意义上讨论美育的功用，他认为一个人具备美的涵养之后，"对优美的东西会非常赞赏，感受其鼓舞，并从中吸收营养，使自己的心灵成长得既美且善"；一群人接受美的熏陶之后，"一点点地渗透，悄悄地流入人的性格和习惯，再以渐大的力量由此流入人与人之间的关系，再由人与人的关系肆无忌惮地流向法律和政治制度"。④ 可见，在柏拉图培养治理国家的政治家和"哲学王"的理想之中，美育是其重要途径之一。

（二）诗歌教化

公元前4世纪后期到公元前30年的"希腊化时期"，柏拉图的学园、伊索克拉底的修辞学校、亚里士多德的"吕昂克"以及伊壁鸠鲁和芝诺各自创办的哲学学校共同构成了雅典大学。尽管当时未以"雅典大学"命名，但它实质上承担了高等教育机构的重要职能，对后来古罗马由公共图书馆与"和平之庙"发展而成的高等教育模式（后人称之为"罗马大学"）产生了重要影响。⑤ "雅典大学"的美育一方面延续音乐和诗歌的传统，另一方面开始结合伦理学来引导学生追求有道德的生活。正如陈之佛指出："善而美的思想原是希腊思想的骨子，而后世欧洲的教育思想颇受其伟大的影响。"⑥

古希腊的亚里士多德和古罗马的贺拉斯（Quintus Horatius Flaccus）都非常重视诗的审美教化作用。亚里士多德曾效仿柏拉图在雅典创办哲学学校"吕昂克"，他在《诗学》中总结了文艺的社会功用：一是教育，二是净化，三是精神享受；⑦ 在《政治学》中

---

① 朱光潜：《西方美学史》上卷，商务印书馆2015年版，第35—36页。
② 顾明远：《教育大辞典·增订合编本》上，上海教育出版社1988年版，第88页。
③ 阿瑟·艾夫兰：《西方艺术教育史》，邢莉、常宁生译，四川人民出版社2000年版，第21页。
④ 柏拉图：《理想国》，郭斌和、张竹明译，商务印书馆2002年版，第108、139页。
⑤ 贺国庆、王保星、朱文富等：《外国高等教育史》（第二版），人民教育出版社2006年版，第30页。
⑥ 陈之佛：《欧洲美育思想的变迁》，《教育丛刊》1933年第1期，第1—22页。
⑦ 聂振斌：《美育的历史考察》，《华南师范大学学报（社会科学版）》1987年第3期，第32—38、42页。

阐释了各类文艺载体的教育作用，例如："诗歌和音乐在本质上具有道德教育的意义"，能够承担起"培养成年公民的重任"；悲剧有利于净化、疏泄有害情绪，有助于"提高道德品德和加强精明节俭等方面的意识"。包括戏剧、文学和音乐在内的文化艺术构成了城邦公民主要的"闲暇"活动，不仅"有助于调节缓和政治气氛"，还能"使人内心得到满足，给人以最大的幸福"[1]。

古罗马的贺拉斯受古希腊美善相谐的传统启发，提出了诗的两重功用，即娱乐与教益。他主张文艺作品在供人娱乐的同时，也要给人正面积极的引导："它必须站在好人一边，给他们友好的忠告；它应该控制那些暴怒情绪的人，支持那些不敢犯罪的人。它应该赞美适度饮食的欢乐，赞美有益的法律和正义，赞美敞开大门的和平。它应该尊重信心，祷告和恳求天神，让不幸的人重获荣耀，让骄傲的人失去荣华。"[2] 他在《诗艺》中写道："诗人的目标是给人益处和乐趣，或者是给人快感和对生活有用的一些规则……设法将有益的道理与欢乐愉快结合起来。"[3] 在论及诗人的素养与训练时，贺拉斯主张通过文艺实现政治教化，这就扩大了美育的功用，他的美育思想因此被后世概括为"寓教于乐"。[4]

以诗歌为载体的审美教育既可以培养个体的鉴美能力和美好德行，也可以培养群体的行为习惯、和谐关系从而达到移风易俗、修明政治的目的。

（三）修辞美育

在模仿、吸收和发展希腊学校教育的基础上，古罗马建立的修辞学校逐步成为其高等教育机构的主要形态。"较早的修辞学校出现于公元前 2 世纪，招收 16—18 岁的贵族青少年，目的在于培养善良而又善于辞令的演说家。"[5] 在这一时期，随着古希腊的诗歌、戏剧、史诗、散文被逐渐翻译成拉丁文，拉丁文学欣赏和修辞学开始成为古罗马美育的主要载体。

古罗马时期一些杰出思想家就美育问题发表演说、写就篇章，直接或间接推动了修辞学校的美育实践。其中，西塞罗（Marcus Tullius Cicero）和昆体良（Marcus Fabius Quintilianus）是罗马修辞学教育的著名代表人物。[6] 西塞罗认为修辞涵盖诸多艺术门类，修辞无处不在、地位最高、自成其美；修辞学教育旨在培养"雄辩家"，他们"必须具备优秀的道德品质、渊博的知识和善辩的能力"[7]。为此，他们必须接受修辞学训练，能够就任何话题发表丰富多样的演说，这样才能为城邦的利益服务。昆体良作为一名修辞学

① 阿瑟·艾夫兰：《西方艺术教育史》，邢莉、常宁生译，四川人民出版社 2000 年版，第 23 页。
② 亚里士多德、贺拉斯：《诗学·诗艺》，郝久新译，九州出版社 2006 年版，第 129 页。
③ 亚里士多德、贺拉斯：《诗学·诗艺》，郝久新译，九州出版社 2006 年版，第 139 页。
④ 李永毅：《贺拉斯诗艺研究》，中国青年出版社 2016 年版，第 8—9 页。
⑤ 贺国庆、王保星、朱文富等：《外国高等教育史》（第二版），人民教育出版社 2006 年版，第 22 页。
⑥ 贺国庆、王保星、朱文富等：《外国高等教育史》（第二版），人民教育出版社 2006 年版，第 28 页。
⑦ 阿瑟·艾夫兰：《西方艺术教育史》，邢莉、常宁生译，四川人民出版社 2000 年版，第 25 页。

教师，他提出了修辞学教学论的一些原则和方法，例如：学生在学习修辞学和雄辩术之前，应该学习几何学和音乐，将其作为预备基础课程，但不应占据太多时间；教师在教授修辞学之时，必须精细地观察学生能力的差异，根据学生不同的天性、倾向、特点给予适当的赞扬和批评。①

以修辞学为载体的美育倡导将个人美和城邦美相关联、感性的雄辩与理性的统治相结合，这种美育虽然带有强烈的政治性、现实性和世俗，被后世认为是一种"政治美育"，不过审美性的因子并未缺席，体现在其重视语言说服的艺术、激情四射的情感表达、高尚榜样形象的力量、节制欲望的平静之美以及身体优雅健康的和谐之美。②

二、中世纪大学美育的实践形态

古希腊和古罗马的美育传统后来被中世纪欧洲大学吸收借鉴，成为其重要组成部分。然而，中世纪大学美育也有其独特的历史背景与实践形态。从 12 世纪开始，欧洲建立了多所大学。"大学"一词是拉丁文"universitas"的译名，最初被用于指代各类合法社团，如行会、协同组织、法人团体、兄弟会等，并不限于教师或学者行会。13 世纪之后，"大学"专门指代由学者和师生行会发展而来的高等教育机构。这种机构有其独特的组织架构和运行机制，例如："组成了系（Faculty）和学院（College），开设了规定的课程，实施正式的考试，雇用了稳定的教学人员，颁发被认可的毕业文凭或学位，等等"③。

由于史料的缺乏和划分标准的不同，中世纪大学的起源问题尚无统一定论。我国学界普遍认为，意大利的博洛尼亚大学（University of Bologna）可能是欧洲最早建立并获得官方承认的大学，被誉为欧洲"大学之母"；因其地理位置优越、教学活动优质和学术风气自由，成为学者们争相向往的学术胜地，包括但丁、阿奎纳、彼特拉克、丢勒在内的众多文艺复兴时期的诗人、哲学家、文学家、艺术家都曾在这里求学或讲学。除博洛尼亚大学外，著名的中世纪大学还有萨莱诺大学、巴黎大学、牛津大学和剑桥大学等。

西方中世纪大学一般有文学、医学、法律和神学四个系。其中，文学系（The Faculty of Arts）是其余三个系的基础，是接受正规大学教育的第一个台阶。所有学生必须先进入文学系学习"七艺"与哲学，主要内容包括：三艺（trivium），即文法、修辞和逻辑；四艺（quadrivium），即音乐、算术、几何及天文；以及三大哲学，即自然哲学、道德哲学和形而上学。④ 当时的文学系一方面为后续培养医生、律师、神职人员而做准备，另一方面也致力于追求知识和培养"七艺"教师⑤，兼有通识教育和师范教育的功

① 贺国庆、王保星、朱文富等：《外国高等教育史》（第二版），人民教育出版社 2006 年版，第 30—33 页。

② 孟令军：《古罗马美育思想拾遗——以卢克莱修、西塞罗、朗吉努斯为例》，《山东艺术》2022 年第 2 期，第 28—35 页。

③ 贺国庆、王保星、朱文富等：《外国高等教育史》（第二版），人民教育出版社 2006 年版，第 33 页。

④ 贺国庆等：《欧洲中世纪大学》，人民教育出版社 2009 年版，第 84 页。

⑤ James A. Weisheipl, The Structure of the Arts Faculty in the Medieval University，*British Journal of Educational Studies*，1971，19（3）：p. 263.

能，其知识生产和个别科目的教学过程已经蕴含了美育元素。这一时期，以文学作品、插图手抄书、音乐为主要载体的大学美育实践是最为典型的。

（一）文学美育

中世纪大学美育实践的第一个重要特征在于，文学美育初步萌芽。中世纪大学重视翻译和讲授古希腊、古罗马经典作品，不断丰富"七艺"的知识体系。源自柏拉图与亚里士多德时期的"七艺"也被称为"自由艺"（liberal arts，又译"通识教育"），原本带有塑造"自由民"及其高尚生活之意[①]；到了中世纪却一度沦为神学的附庸：早期的"七艺"因违背基督教教义而一度衰落，中期开始与基督教教育进行融合，目的是让学习者更好地理解《圣经》和教义。

11 至 13 世纪，受翻译运动的影响，大学纷纷恢复并扩展了"七艺"教学的内容，只不过"七艺"内部各学科的发展并不均衡：逻辑学占支配地位，"四艺"让位于三大哲学，修辞学附属于文法，虽有培养语言艺术能力的一定价值[②]；但真正意义上的文学研究（诗歌、历史、艺术等）已经消失殆尽。1250 年法国诗人亨利·丹德利（Henri d'Andeli）的经典作品《七种艺术之战》（*Battle of the Seven Arts*）将当时大学的"七艺"复兴描述为一场失败斗争："逻辑学有学生，文法的学生数量骤减……民法（法律）华丽地骑行，教会法傲慢地骑行，领先于所有其他艺术。"[③]

直到 13 世纪后期，以亚里士多德和西塞罗为代表的著作被翻译引进大学的文学系，才重塑了文科课程。例如：在巴黎大学，文学院几乎评注了亚里士多德的全部著作；在博洛尼亚大学，文科侧重于修辞学，其重点是研究西塞罗的《论创造力》和《支持赫伦纽斯》；在牛津大学和剑桥大学，亚里士多德的著作居于课程教学的中心地位。[④]

值得注意的是，一方面，这些大学的文科教学无可避免地带有神学烙印，即便"七艺"引导学习者追求知识完善、心灵美善、精神自律、品格高尚等目标与古典美育精神并不相悖，但终究披上了一层"宗教的外衣"，并非独立发挥纯粹的文学美育与文艺美育功能。另一方面，大学文科教学也为美育的后续发展做了准备，"文学作为一种学习和阐释工具，很大程度上塑造了自由学科随后的发展"[⑤]；文学点燃了大学生学习诗歌戏剧艺术、抒发情感、描绘真实生活的热情，这种人文精神的萌芽已经预见了意大利文艺复兴的到来。[⑥]

（二）视觉美育

中世纪大学美育实践的第二个重要特征在于，视觉美育有了专门的载体。中世纪大

---

① 宋文红：《欧洲中世纪大学：历史描述与分析》，华中科技大学，2005 年，第 50 页。
② 李彬：《12—15 世纪西欧大学文学院研究》，东北师范大学，2021 年，第 78 页。
③ Haskins, Charles Homer, and Theodor Ernst Mommsen. *The Rise of Universities*. Ithaca & London: Cornell University Press, 1965: pp. 29 - 30.
④ 贺国庆：《欧洲中世纪大学》，人民教育出版社 2009 年版，第 84—89 页。
⑤ 刘春华、张斌贤：《西方自由教育传统之演变》，《高等教育研究》2015 年第 36 卷第 4 期，第 74—81 页。
⑥ Haskins, Charles Homer, and Theodor Ernst Mommsen. *The Rise of Universities*. Ithaca & London: Cornell University Press, 1965: pp. 89 - 90.

学部分科目开始使用具有较高艺术价值的彩饰插图手抄书（Illuminated Manuscripts）[1]作为授课教材，通过大学书商的经营活动，手抄书的制作、复制、租借以及传播范围得以扩大。起初，手抄书制作工艺只存在于修道院内。

12 世纪以后，随着大学的建立，形成了独立于修道院的知识中心，手抄书的作坊随即出现在修道院"围墙"之外。[2] 许多行业和工匠都开始参与书籍制作：首先由抄写员用黑体字仔细誊抄书籍手稿，辅以大写字母、花饰字体点缀；之后由画工绘制插图，有时画满整张书页，有时画在羊皮卷边缘作为装饰，绘画材料均采用矿物提取的彩色颜料（主要是深红色、金色和蓝色等），并在图画表面敷设金箔使之发光发亮；接下来由装订工设计封面、编排标题、描红字母、烤干纸张、压实书页，并装进丝绒、牙雕或木雕嵌套，最后完成边缘烫金贴花、书夹镶嵌乌银等工序，在一些重要的书籍（如圣经）封面还要镶嵌闪亮的宝石。[3]

可以说，在当时书籍本就稀少的年代，每一本制作精良富丽的手抄书都是一件艺术品，堪称奢侈品。因此，彩饰插图手抄书是早期大学审美教育的重要载体，发挥着潜移默化的美育功能。尽管早期手抄书的图文内容富含浓厚的宗教神学色彩，但由于大学对书籍的需求使用量与日俱增，间接推动了民间行会在装帧艺术、绘画艺术、视觉艺术等领域的发展，使得相关教育活动及其审美价值逐渐世俗化。

（三）音乐美育

中世纪大学美育实践的第三个重要特征在于，音乐美育走向专业化。这里的"专业化"有两方面含义，一是宗教音乐的专门化，二是学术乐理的精细化。在早期的中世纪大学之中，音乐学科的地位并不高，往往被当作神学的附庸，为教会礼拜仪式、唱诗班等活动服务，学校里的僧侣、教师、作曲家和歌唱家向学生传授的大多都是宗教歌曲。

14 世纪后，古罗马学者波爱修斯（Boëthius）的著作《音乐原理》（*De Institutione Musica*）在巴黎大学、牛津大学和剑桥大学的官方课程中占据一席之地，当时的音乐学科比较注重理论学习，侧重于传授音程（interval）、协和音（consonances）、音阶（scales）、乐器调音（tuning）等乐理知识，从而培养数理能力和理性思维，因此被称为"思辨型音乐"（speculative music）[4]。到了 15 世纪，音乐在大学体系中的独立性和专业性得以提升，例如：西班牙和英国的大学相继对音乐系毕业生提出要求，为考试合格者颁发学位：要想获得学士学位就必须"研读有关音乐的所有书"或者"有关波爱修斯音乐的书"；要想获得博士学位，则"需要做一首弥撒曲"或者"一首弥撒曲和一首赞美歌"，

---

[1] Marek H Dominiczak. *The Aesthetics of Texts：Medieval Illuminated Manuscripts*. Clinical Chemistry，Volume 60，Issue 6，1 June 2014，pp. 907–908.

[2] 阿瑟·艾夫兰：《西方艺术教育史》，邢莉、常宁生译，四川人民出版社 2000 年版，第 29 页。

[3] 宋元红：《欧洲中世纪大学：历史描述与分析》，华中科技大学，2005 年，第 152 页。

[4] Joseph Dyer. Speculative 'Musica' and the Medieval University of Paris. *Music and Letters*，2009，90（2）：pp. 177–204.

要求旋律优美、持续、平滑、流畅，并能够在年度活动或举行毕业典礼的教堂演出。[①]
"1464 年，剑桥大学授予皇家圣乐队儿童唱诗班的指挥亨利·阿宾登（Henry Abyngdon）音乐博士学位，这也是有史记载的世界上第一个音乐博士学位。"[②] 彼时的音乐学位带有荣誉学位性质，大学章程对音乐学位的授予条件尚未进行详细规定，学位申请人无须参加答辩，获得音乐博士头衔的人也不像其他专业学位获得者那样享有特殊权利与待遇。但无论如何，随着音乐专业学位的产生、宗教音乐实践活动的发展，人们逐渐认识到音乐的独立价值及其感性功能、表演功能、身心愉悦功能等，由此，音乐美育开始在大学体系中占据一席之地。

（四）"科学 VS 神学"美育

中世纪大学美育实践的第四个重要特征在于，科学美育与神学美育并存。中世纪大学与宗教力量相互博弈的历史背景也孕育出了独特的美育学说。以圣·奥古斯丁（Saint Augustine）和托马斯·阿奎那（Thomas Aquinas）为代表的思想家、教育家开始将美育的领域拓宽至自然美、科学美、建筑美等领域，但受制于其所处时代的整体底色，这一时期的大学美育不可避免地呈现出较强的宗教目的性，蕴含着鲜明的神学美学、救赎美学、秩序美学的意味。[③]

奥古斯丁曾在米兰的公立修辞学校和宫廷担任过文学和修辞学教师，被称为"西方基督教美学的创立者"[④]。后人通过研究奥古斯丁的《论美与适合》《论音乐》《忏悔录》等著作，认为他提出了一套较为完备的美学主张，论及"整一或和谐之美""无限与有限之美""绝对与相对之美"[⑤]，其美学思想兼有"神学美"[⑥] 与"科学美"[⑦] 的意蕴。前者推崇至高无上的上帝之美，认为上帝（造物主）本身作为真善美统一体，是一切感性事物（包括自然和艺术）的美之根源；它无法通过理性活动企及，须经由美的阶梯方能无限趋近"神学之美"，即只有通过肉体之美、灵魂之美、灵魂内在之美，才能趋向上帝的绝对和谐之美。后者则强调宇宙所蕴含的比例、尺度、秩序之美，以及数学作为"打开宇宙和谐之门的钥匙"的规律之美，例如：人体比例的匀称、动物肢体的平衡、音乐的韵律节奏、建筑的空间对称等都能体现数理形式的"科学之美"。

托马斯·阿奎纳曾两次任教于巴黎大学神学院，被誉为"博学教师"。他在一定程度

---

① 宋文红：《欧洲中世纪大学：历史描述与分析》，华中科技大学，2005 年，第 140 页。

② 吕屹：《剑桥大学音乐教育发展史研究》，河北大学，2019 年，第 36 页。

③ Largier，Niklaus. "Praying by Numbers：An Essay on Medieval Aesthetics." *Representations*（Berkeley，Calif.），2008，104（1）：pp. 73-91.

④ 徐岱：《来自神学的美学——论美学的知识形态之一》，《文艺理论研究》2001 年第 1 期，第 60—69 页。

⑤ 朱光潜：《西方美学史》上卷，商务印书馆 2015 年版，第 139 页。

⑥ 徐岱：《来自神学的美学——论美学的知识形态之一》，《文艺理论研究》2001 年第 1 期，第 60—69 页。

⑦ 孙树森：《浅谈奥古斯丁的科学美学思想》，《河北师范大学学报（社会科学版）》1989 年第 4 期，第 22—25 页。

上继承了奥古斯丁的美育观，也提出了一些新的主张，例如：他强调感性美、感官美和艺术美的价值，注重美和善的一致性与差异性，以及讨论美的超越性问题①。阿奎纳在《神学大全》中提出美的三个要素，第一是完整（integritas）或完美，凡是不完整的东西就是丑的（turpe）；第二是适当的比例或和谐（consonantia）；第三是鲜明（claritas），所以鲜明的东西是公认为美的。②"鲜明"是阿奎纳相较于前人而提出的独特概念，他使用了许多同义词来阐释"鲜明"，如"光辉""光芒""照耀""闪烁"等。在他看来，美是令人愉悦的事物，是需要"被看见""被听见""被感觉到"的认识的对象；审美即是调动感官认识美的活动，而视觉与听觉是审美活动最主要的途径。③因此，审美教育旨在通过促进人的感官协调而提升人们认识美的能力。然而，阿奎那也指出所谓的完整、和谐与鲜明之美只不过属于"形式的范畴"，它们不同于上帝的实质之美、永恒之美，"没有任何一个创造物可以游离上帝的理智的光照"④。尽管阿奎纳肯定了绘画、建筑、音乐在协调感官、培育感性、陶冶人性等方面的价值⑤，但在他个人及中世纪整体的教育体系中，艺术美育并不占主流，宗教美育仍是其底色。

总体来说，中世纪大学美育已经在文学、视觉和音乐等艺术领域取得了发展，但由于大学承担着训练神职人员、医生、政府管理者和律师的主要职能，尚未形成追求纯粹的文学、历史、诗歌和艺术的大学之旨趣。尽管受到教会维护正统和禁锢思想的压力挑战，但是大学坚持以"授课"和"争辩"作为主要教学方法，通过学生阅读教材、教师解释教材、课堂和公共场所辩论等教学活动播撒了自由思想的种子。这种矛盾而奇特的教育现象表明，"欧洲中世纪人文教育的民主特性不仅没有被湮灭，而且还在顽强、茁壮地成长"⑥。

第二节 复兴启蒙期：近代大学的"感性美育" （15—18世纪）

文艺复兴和启蒙运动是西方思想文化史上两个重要的转折点，也是西方近代美学思想空前活跃、美育理论蓬勃发展的重要时期。这一时期，美学相关问题和学说开始成为大学课堂的授课内容；艺术美育的地位得到极大提升，出现了专门的艺术院校；美学逐渐发展成为一个独立的学科，出现了一批在大学开班授课的美育思想家和实

① Castro，S. J. On Surprising Beauty. Aquinas's Gift to Aesthetics. *Religions* 2021，12：779.

② 阿奎那：《神学大全（第1集：第2卷）》，段德智译，商务印书馆2013年版，第182—183页。

③ Castro，S. J. On Surprising Beauty. Aquinas's Gift to Aesthetics. *Religions* 2021，12，779.

④ Castro，S. J. On Surprising Beauty. Aquinas's Gift to Aesthetics. *Religions* 2021，12，779.

⑤ Hentschel，F. The sensuous music aesthetics of the Middle Ages：The cases of Augustine，Jacques de Liège and Guido of Arezzo. *Plainsong & Medieval Music*，2011，20（1），1-29.

⑥ 徐承：《从人文教育到审美教育再到公共艺术教育——西方美育史的话语变迁》，《艺术百家》2019年第1期，第38—42，47页。

践者。

一、文艺复兴时期的人文美育

文艺复兴的核心主旨是复兴古希腊罗马时期的人文主义文化，唤醒人们对人的关注，摆脱中世纪神权对人的思想控制。随着人文主义的复兴与人本精神的彰显，西方资产阶级要求人性解放的愿望愈发强烈，先进思想家们一方面极力倡导关怀人、尊重人、认识人、了解人、回归人本、"一切为了人的利益"等主张，提出了"自由、平等、博爱"的口号；另一方面，他们将人视为"美的创造物"，提倡欣赏人、赞美人、歌颂人和培养全知全能的完美的人。① 在这些主张的影响下，文艺复兴时期的大学美育呈现出三方面突出特点。

（一）人文美育思潮复归

受古希腊和古罗马的美育思潮影响，文艺复兴时期涌现出新兴的或复归的美学思想，被纳入大学的课程教学，对大学美育产生了深远影响。例如：意大利文艺复兴先驱但丁（Dante Alighieri）的《神曲》《论俗语》《飨宴》《致斯加拉亲王书》等著作蕴涵着丰富的美学和诗学思想②；他提倡的"艺术取法自然""诗为寓言说"以及使文学更贴近现实生活和群众的"光辉的俗语"③，都充分体现出中世纪美学向近代美学转折的特点。后来，但丁的文艺作品被西方许多大学列为课程阅读材料或开设独立的鉴赏课程。意大利作家乔万尼·薄伽丘（Giovanni Boccaccio），通过《十日谈》《神谱》和《但丁传》等一系列优美的作品，赞美现实中的人间生活、自然人性和美好人格，形象地表达了自己的人文主义美学理想。

文艺复兴时期的作家、艺术家以及思想家、理论家，大多都深切地感受到文艺作品所蕴含的独特的、强烈的美感教育作用，并且也都善于运用文学艺术来宣传和培育人文主义思想。④ 此外，意大利的建筑师、画家、数学家、诗人兼音乐家阿尔倍提（Leon Battista Alberti），被恩格斯称之为"不仅是大画家，而且也是大数学家、力学家和工程师"的达·芬奇（Leonardo da Vinci），以及同样广受赞誉的德国画家、铜版雕刻家、雕塑家和建筑家丢勒（Albrecht Dürer）等人，都在艺术理论上作出了卓越的贡献，提出了诸多具有创造性的美学和美育的见解⑤。他们的作品和思想都为欧洲大学美育的后续发展提供了丰富的质料，使得绘画艺术和音乐进入大学的课程体系，成为大学学科的组成部分，共同为解放人、培养人的目标服务。

---

① 涂途：《西方美育史话》，红旗出版社1988年版，第97页。

② 苏晖、邱紫华：《但丁的美学和诗学思想》，《西南师范大学学报（人文社会科学版）》2004年第2期，第128—132页。

③ 朱光潜：《西方美学史》上卷，商务印书馆2015年版，第149—153页。

④ 涂途：《西方美育史话》，红旗出版社1988年版，第109—111页。

⑤ 涂途：《西方美育史话》，红旗出版社1988年版，第116页。

（二）人文主义课程兴起

文艺复兴之后，人文学科在大学课程中的比重逐渐上升，人文美育倾向日渐突出。中世纪大学的"神学学科"原本占有主导地位，"人文学科"长时间处于边缘或附庸。而文艺复兴时期的大学课程设置发生了转变，以人为中心的新学科（如：希腊文学、修辞学、诗歌、历史和柏拉图哲学）开始与旧的经院主义课程分庭抗礼。这些课程倡导打破神权中心的来世主义和禁欲主义，追求个性自由、理性至上和人的全面发展等生活理想。

当时德国的一批学者深受意大利人文主义运动的影响，他们从意大利留学回国后，开始在大学讲授新学。15 至 16 世纪期间，莱比锡大学、海德堡大学、维腾贝格大学、耶拿大学、艾尔富特大学和巴塞尔大学等学校开设的人文主义课程吸引了大批听众，越来越多的新学科阐述者被任命为大学教授。① 其中，最著名的是康拉德·策尔提斯（Conrad Celtis，1459—1508），他曾在科隆大学和海德堡大学学习，1486 年来到莱比锡，开始讲授诗歌艺术；1491 年成为英戈尔施塔特大学的诗歌和修辞学教授；1497 年，他又被任命为维也纳大学教授，在那里创立了一个人文研究中心（名为：the Sodalitas Danubiana）。②

英国的大学在这一时期也兴起了人文主义潮流，牛津大学、剑桥大学都曾聘请意大利人文主义学者前来任教，教授修辞学、希腊语、拉丁语和文学。③ 曾就读于牛津大学的英国诗人和评论家菲利普·锡德尼（Philip Sidney，1554—1586）推崇诗歌美育，在他看来，诗是模仿的艺术，"它是一种再现、一种仿造，或者用形象的表现；用比喻来说，就是一种说话的画图，目的在于教育和娱情悦性"④。在其名篇《为诗辩护》中，锡德尼提出了诗学比哲学、历史学等学科更具教化功能的观点。他认为，诗人超越哲学家之处在于，他有能力通过教育和愉悦来激活和引导读者的意志。诗人超越历史学家之处在于："他不局限于复叙事实，而是用虚构唱出激情的最高音，从而促使人、感动人去行善。"⑤

可见，文艺复兴时期的一大批学者都主张学习修辞、文体、诗歌和书信艺术等新学科，力求通过这些文艺形式实现对人性的唤醒和解放。⑥ 他们借助大学讲台，开启了一场划时代的人文主义美育实践。

（三）艺术美育院校出现

文艺复兴时期，绘画、雕塑等艺术形式得到大力发展，以艺术美育为主体的专门院校崭露头角。1562 年，佛罗伦萨艺术家及理论家乔吉奥·瓦萨利（Georgio Vasari）创办了第一所正规的艺术学院，名叫迪塞诺学院（Accademiadel Disegno），邀请了 36 位优秀

① 易红郡、刘东敏：《文艺复兴时期欧洲大学的变迁》，《清华大学教育研究》2005 年第 3 期，第 40—46 页。
② Conradus Celtis. Encyclopaedia Britannica.
③ 易红郡、刘东敏：《文艺复兴时期欧洲大学的变迁》，《清华大学教育研究》2005 年第 3 期，第 40—46 页。
④ 菲利普·锡德尼：《为诗辩护》，钱学熙译，人民文学出版社 1964 年版，第 2 页。
⑤ 涂途：《西方美育史话》，红旗出版社 1988 年版，第 109—111 页。
⑥ 易红郡、刘东敏：《文艺复兴时期欧洲大学的变迁》，《清华大学教育研究》2005 年第 3 期，第 40—46 页。

的艺术家成为该学院的成员。尽管这所学院的建制与今天的艺术类大学相去甚远，但它标志着现代意义上艺术院校教育的开端。1593 年，弗雷德里克·祖卡里（Frederico Zuccari）在卡迪纳尔·博罗梅奥（Cardinal Borromeo）的赞助下创建了罗马圣卢卡学院。大约在同一时间，卡拉奇（Caraci）兄弟在波伦纳也建立了一所学院。值得注意的是，这是一所私立学院，既不受王室的庇护也不受教会的赞助。私立学院在 16 世纪末和 17 世纪的意大利变得十分普遍。它们的出现和存在可以证明，自文艺复兴初期以来艺术家这一职业已经得到人们的承认和尊重。[①] 然而，这一时期的艺术院校主要以研习与创作绘画、雕塑作品为主要教学活动，所谓的美术教育并不包含视觉艺术教育。

二、启蒙运动时期的自由美育

启蒙运动时期由于思想解放、学科分化，大学美育也迎来了人才辈出、思想争鸣的新局面。许多启蒙思想家都围绕"什么是美育"的问题，做了详细的理论阐释，他们或著书立说，或在大学开班授课，以不同的方式影响着大学美育的理论发展与学科布局。

（一）美育学科独立发展

启蒙运动时期，最为重要的事件包括：美学逐渐从哲学中分化出来，形成了独立学科，被定义为"感性认识的学科"[②]；"美育"作一个专门概念被提出，也逐渐形成了系统化的理论体系。德国启蒙哲学家鲍姆嘉通是最早创立美学学科的理论家，[③] 他的学说和实践直接推动了大学美育学科的设立，其贡献主要体现在三方面。第一，鲍姆嘉通首次提出"美学即感性学"和"美育即感性教育"的重要观点。在其 1735 年所写的博士论文《诗的哲学默想录》中，鲍姆嘉通针对工业资本主义社会工具理性至上的现象展开反思批判，提倡通过教育让人们重新重视感性，为美育开辟了"感性教育"的新领域。第二，鲍姆嘉通对"审美教育"的内涵和功能进行了界定，将美育的重要性提升至人的良好教养的高度。他在《美学》一书写道："一切美的教育，即那样一种教养，对在具体情况下作为美的思维对象而出现的事物的审视，超过了人们在以往训练的状况下可能达到的审视程度。熟悉了这种教养，通过日常训练而激发起来的美的天赋才能，就能成功地使兴奋起来的，转化为情感的审美情绪……"他认为，如果忽视了审美教养，对人的情感加以放纵，则会导致人的贪婪、伪善、狂暴、放荡，最后会败坏一切美的东西。第三，鲍姆嘉通主张在各个学科和社会生活各个领域之中挖掘艺术之美、开展审美教育。他在《真理之友的哲学信札》中写道："人的生活最急需的艺术是农业、商业、手工业和作坊，能给人的知性带来最大荣誉的艺术是几何、哲学、天文学，此外还有演说术、诗、绘画和音乐、雕塑、建筑、铜雕等，也就是人们通常算作美的和自由的艺术的那些。"[④] 可见，

---

① 阿瑟·艾夫兰：《西方艺术教育史》，邢莉、常宁生译，四川人民出版社 2000 年版，第 42—43 页。

② 鲍姆嘉滕：《美学》，简明、王旭晓译，文化艺术出版社 1987 年版，第 13 页。

③ Alexander Gottlieb Baumgarten. Encyclopedia Britannica.

④ 鲍姆嘉滕：《美学》，简明、王旭晓译，文化艺术出版社 1987 年版，第 5 页。

鲍姆嘉通所说的一切非自然之物都在"自由艺术"之列，这也说明审美教育并不等同于艺术教育，而是涵盖了比艺术教育更为宽泛的领域。①

（二）美育理论日渐丰富

启蒙时期的西方迎来了一个美育思想蓬勃发展的高峰期，其中，有两位大学教授的思想尤其值得关注，即康德（Immanuel Kant）与席勒（Johann Christoph Friedrich von Schiller）。

德国著名哲学家康德主要从审美能力的角度论述美育的目的及其重要性。首先，康德认为审美作为一种鉴赏力，应当成为人们共同具备的能力，也是造就"天才"的基础。② 康德把人的认识能力分为两大部分，一部分是"理智的能力，包括知性、判断力和理性"；另一部分"与理智能力相对应的，则是人的直觉能力，即作为人的创造和想象的部分"。③ 前者构成了人的思想能力，而后者指向人的审美能力。康德认为，人的审美能力是由超越经验主义或生理感觉的审美趣味，上升为纯粹的趣味判断和高级的精神鉴赏判断，从而获得具有主观普遍性的审美判断。康德之后，"审美趣味"作为描述审美鉴赏力、判断力的同义词，逐渐被广泛应用。其次，康德将审美能力视为人实现主体性、超越性和非功利性的重要桥梁。他把人的精神活动分为"知、情、意"三个部分，写就了基于认识论研究的《纯粹理性批判》、基于美学和感性学研究的《判断力批判》以及基于伦理学研究的《实践理性批判》，即世人所熟知的"三大批判力"。在《判断力批判》中，康德提出了审美具有无利害性、主观普遍性、美的无目的的合目的性、审美共通感四个著名悖论。④ 他认为，在审美活动中，人将摆脱外在一切束缚而获得"一种不计较利害的自由的快感"，这种通过审美的方式来解决人是什么的问题，彰显了康德美学思想的现代性与超越性。再次，康德认为美与善、崇高、崇敬等概念既有区别又有密切联系，提出"美是道德的象征"这一命题⑤。在他看来，审美是人类从"自然人"走向"道德人"的绝对中介。正因如此，审美也具有了教育或教化的性质。

德国启蒙时期著名的文学家和美学家席勒，吸收并发展了康德的思想，成为第一位专门以审美教育作为研究对象写就理论著作的学者，其代表作《美育书简》（又译《审美教育书简》）是美育理论形成独立体系的标志，因此，被人称为"第一部美育的宣言书"。⑥ 此外，席勒在其近 20 部（篇）美学相关论著中，系统论述了美育的性质、特征、社会功能等问题，其美育思想的主要贡献主要有三方面。第一，席勒推动了美育的哲学基础从"认识本体论"过渡到"存在本体论"，强调美是由感性冲动到形式冲动的过渡与

---

① 曾繁仁：《美育十五讲》，北京大学出版社 2012 年版，第 121 页。

② 朱志荣：《康德美学思想研究》，上海人民出版社 2016 年版，第 202 页。

③ 朱志荣：《康德美学思想研究》，上海人民出版社 2016 年版，第 193 页。

④ 汪禹池：《西方学校美育的历史阶段及启示》，《文艺争鸣》2022 年第 2 期，第 186—190 页。

⑤ 康德：《判断力批判》上卷，宗白华译，商务印书馆 1964 年第版，第 201 页。

⑥ 陈育德：《第一部美育的宣言书——席勒的〈美育书简〉》，《江淮论坛》1998 年第 1 期，第 91—96 页。

统一，只有两者统一，人才能达到一种和谐、平衡、自由的存在状态。这种饱含审美情感的状态，被席勒称为"游戏冲动"，他认为"只有当人是充分意义上是人的时候，他才游戏；只有当人游戏的时候，他才是完整的人"①，游戏冲动的对象是"活的形象"，即广义的美。第二，席勒将美育的意义升华至人生意义层面，认为人只有超越"力量的王国"和"法则的王国"，步入"审美的王国"才能达致情感的愉悦、人性的解放与人格的完满。因此，美育是人实现自由的根本途径。他指出："有促进健康的教育，有促进认识的教育，有促进道德的教育，还有促进鉴赏力和美的教育"，而美育的目的就在于"培养我们感性和精神力量的整体达到尽可能和谐"②。第三，席勒提倡凭借艺术手段来实施美育。他认为，艺术的根本属性"是表现的自由"③，只有艺术美才能成为以自由为内涵的美育的最重要手段。因此，他主张通过喜剧相关的艺术形式培育"融合性的美"，即滑稽；通过悲剧相关的艺术形式培育"振奋性的美"，即崇高。只有将二者结合才是理想的美育手段，这里所谓"融合性的美"就是滑稽，包括喜剧等一切有关的艺术形式，内含着某种形式的认识因素；而"振奋性的美"则是崇高，包括悲剧等一切有关的艺术形式，更多地趋向于道德的象征。因此，只有将两类艺术形式相结合才是理想的美育手段，才能从整体上构建美与崇高并重的审美教育，从而实现人性的完整，使人由必然王国，经过情感的审美王国，进入道德的自由王国。④ 第四，席勒认为美育具有社会改造的意义。他认为"政治领域的一切改善都应该来自性格的高尚化"⑤，"为了在经验中解决政治问题，就必须通过审美教育的途径，因为正是通过美，人们才可以达到自由"⑥。因此，席勒主张通过美育培养既能超越现实功利，又能抑制自然欲望，同时能够协调感性和理性的"自由的人""理想的人""性格完整的人"和"有教养的人"，从而达到改革国家、改造社会的目的，由此实现由道德美学向政治美学的转型。⑦ 简言之，席勒的理论从多方面呈现了美育对于个人健康成长与社会良性发展的重要性，他所强调的人生美育、情感美育与我国古代美学所提倡的"诗教""乐教"传统相一致；对我国近现代美育的思想与实践也产生了直接而深远的影响，例如：王国维引介席勒的情感美育理论，蔡元培发展出了"以美育代宗教"的命题。

除了上述代表人物，还有许多思想家都在美学和美育领域有所建树，例如：法国的笛卡尔、布瓦诺、伏尔泰、狄德罗等人，英国的培根、洛克、休谟等人，以及德国的歌德、黑格尔、费尔巴哈等人……他们各抒己见，形成了古典主义美育、经验主义美育、启蒙

① 席勒：《美育书简》，徐恒醇译，中国文联出版公司 1984 年版，第 90 页。

② 席勒：《美育书简》，徐恒醇译，中国文联出版公司 1984 年版，第 108 页。

③ 席勒：《秀美与尊严》，张玉能译，文化艺术出版社 1995 年版，第 75 页。

④ 蒋孔阳、朱立元：《西方美学通史》第 4 卷，上海文艺出版社 1999 年版，第 413、421 页。

⑤ 席勒：《美育书简》，徐恒醇译，中国文联出版公司 1984 年版，第 61 页。

⑥ 席勒：《美育书简》，徐恒醇译，中国文联出版公司 1984 年版，第 39 页。

⑦ 范永康：《从道德美学到政治美学：席勒对康德美学的超越及其启示》，《河北师范大学学报（哲学社会科学版）》2023 年第 5 期，第 36—42 页。

主义美育三大思潮共存交锋的局面。

（三）美育实践自觉自发

这一时期，学者们以个人为主体，借助大学的平台，自觉、自发地围绕美育问题授课研讨、著书立说的现象蔚然成风，形成了当时大学美育最主要的实践活动。例如：鲍姆嘉通是率先在大学开设美学课程的学者，他先后作为哈雷大学、法兰克福大学的教授，从事美学领域的研究与授课实践。《美学》一书就是由他在法兰克福大学执教期间的讲稿汇集而成，他与学生乔治·弗里德里希·迈耶尔（Georg Friedrich Meier）共同起草了授课讲义，最初定名《一切美的科学的基本原理》，后经润饰扩充，正式出版时更名为《美学》①。康德执教于柯尼斯堡大学期间，主讲哲学（形而上学）和教育学等课程，他依据这些课程讲稿出版的书籍之中，也不乏对判断力培养、审美教育以及教育艺术等议题的讨论。席勒也曾在好友歌德的举荐下出任耶拿大学的教授，后来为了纪念席勒的贡献，耶拿大学于 1934 年更名为弗里德里希-席勒-耶拿大学（Friedrich-Schiller-Universität Jena）。黑格尔曾先后在耶拿大学、海德堡大学、柏林大学任教，讲授美学课程，他逝世之后，学生根据听课笔记整理编辑出版了黑格尔《美学》，又称《美学讲演录》。

然而，除了学者个人的努力之外，由大学官方层面主导和开展的美育课程和美育活动比较少见，大学美育实践日渐式微，这与当时大学发展的阶段性困境密不可分。许多资料显示，英国、法国、德国的大学都在启蒙运动时期遭遇了不同程度上的"衰败"和"危机"②。究其原因，主要有以下几方面，例如：教会力量卷土重来，与大学争夺知识合法性③，追求神性回归的宗教知识比追求人性自由的审美知识更具话语权；国家力量和政治权利越来越多地介入学术机构的创建与发展，艺术活动和美育的国家化色彩愈加浓厚④；大学内部管理和网络关系的僵化与混乱，使得曾经的自由氛围成为过眼云烟⑤，纯粹非功利的美育活动也失去了生长的土壤；启蒙运动对理性精神、科学精神的过分推崇，以理性为基础的世俗学科逐渐成为大学里的主要系科⑥，这在一定程度上也造成了这一时期大学对以感性、直觉为基础的美育活动的漠视。

第三节　拓展创新期：现当代大学的
"综合美育"（19—21 世纪）

自 18 世纪中叶开始，欧美国家相继发生了工业革命，促进了科学技术和生产力的迅

① 孙晓霞：《鲍姆嘉通美学中的艺术问题》，《文艺争鸣》2021 年第 4 期，第 72—80 页。
② 贺国庆、王保星、朱文富等：《外国高等教育史（第二版）》，人民教育出版社 2006 年版，第 74—103 页。
③ 孙瑜：《大学与 18 世纪的启蒙运动》，《浙江学刊》2009 年第 5 期，第 50—54 页。
④ 张颖：《艺术国家化的一个样本：17 世纪法国古典主义美学》，《美育学刊》2016 年第 7 期，第 29—40 页。
⑤ 胡钦晓：《从文艺复兴到启蒙运动：社会资本视角下欧洲传统大学的没落》，《江苏高教》2011 年第 1 期，第 152—155 页。
⑥ 赵敏：《启蒙运动对 18 世纪欧洲大学的影响》，《当代教育科学》2019 年第 10 期，第 36—43 页。

猛发展，对西方社会乃至全世界的经济、政治、文化都产生了深远影响。在这样的背景下，19世纪以来，高等教育的发展迎来了普及化、专业化、多样化与民主化的时代，美育作为现代高等教育领域中的一个重要学科，其思想和实践也随之发生变革。一方面，美育的地位得到强化，越来越成为人的全面发展不可或缺的教育，大学里涌现出通识美育、专业美育和美育师资培育等项目；另一方面，美学与其他学科和社会公共生活的联系日渐紧密，大学里产生了跨学科或学科融合的美育形态，与此同时，大学美育的公共服务功能也逐渐凸显。

一、现当代大学美育的重要思想基础

从19世纪至今，西方国家的美育观念持续更新，不断产生新思想和新理论，大学美育的学科基础日臻完善。学习和了解这些重要的美育思想及其发展动态，能为我们理解现当代大学美育实践提供新的理论视角。

（一）美育学科的心理学化、师资专业化趋势

在德国哲学家、教育学家赫尔巴特（Johann Friedrich Herbart，1776—1841）的影响下，美育逐渐被视为培养"完整的人"的重要内容和有效途径，美育的心理学基础和师资培育体系日渐受到重视。赫尔巴特曾经在耶拿大学学习，受到费希特、席勒等人的影响。他于1802年取得哥廷根大学博士学位，后留校任教。1809年，他因研究和提倡裴斯泰洛齐的教育思想，被聘为哥尼斯堡大学教授，主持哲学讲座（这个职务曾因由康德担任而出名）。在讲授哲学、心理学、教育学的同时，赫尔巴特也对美育问题展开研究，其主要著作有《普通教育学》《音乐之心理研究》《心理学教科书》《教育学讲授纲要》等。特别他是1804年撰写的《论世界的美的启示为教育的主要工作》一书，较为集中地论述了人对现实的审美关系及其在教育中的重要地位和作用问题。[1]

在赫尔巴特看来，兴趣是一切教育活动的起点。他将兴趣分为经验的兴趣、思辨的兴趣、审美的兴趣、同情的兴趣、社会的兴趣、宗教的兴趣等六大类，主张从个体的审美兴趣出发，依据个体的心理活动规律，开展合理有效的教育活动。这是因为审美的兴趣能够使人产生专注与审思的愉悦感、全心全意投入有效的学习之中；而艺术教育最能丰富人的感觉经验、激发人的审美兴趣。赫尔巴特写道："谁曾经热衷于人类艺术活动的某一种对象，谁便会知道什么叫作专心，如同鉴赏家要求观赏者对每件艺术作品都具备认真的态度一样，一切值得注意，值得思考，值得感受的事物。"[2]

除了培养兴趣，审美教育的目标还包括培养学生的审美感受力、审美鉴赏力和审美创造力，使他们能够用审美的眼光去看待世界，体验生活的美好。此外，审美教育有助于学生抑制利己欲望、激发道德情感、唤醒道德理性，在知识教育和道德教育之间发挥

---

① 陈育德：《西方美育思想简史》，安徽教育出版1998年版，第226页。
② 赫尔巴特：《普通教育学》，李其龙译，人民教育出版社2015年版，第42页。

中介、桥梁作用，从而实现智育、德育与美育的统一，从而培养心灵充实和人格完满的人。

在审美教育的实施层面，赫尔巴特非常重视教师的地位和教学的步骤。[1] 他认为教师自身应具备良好的心理素质和理论知识，而且必须了解学生的心理，才能更好地理解和引导学生的审美发展。[2] 为此，他主张真正把教育建立在心理学的科学基础上，教师不仅要训练自己的理智、头脑和心灵，而且要遵循"五步教学法"来合理安排教学。简言之，赫尔巴特的这些贡献为美育的科学化、专业化发展奠定了坚实的基础。

（二）美育学科的"学院派"与"国家化"形态

在法国哲学家、教育家维克多·库赞（Victor Cousin，1792—1867）的影响之下，美育的学科化程度得以加深，并且得到了国家层面的认可。[3] 库赞早年打下扎实的古典学基础，曾翻译过 13 卷柏拉图文集，主编过 8 卷本笛卡尔文集，著有研究洛克、苏格兰哲学等的专著。更重要的是，库赞最早向法国美学界引介德国观念论。他曾两次赴德，与黑格尔、谢林、雅各比等美学大师均有交往。

1815 至 1821 年期间，库赞在巴黎高等师范学院和巴黎大学开设美学课程，课程讲稿后来集结成为《论真美善》一书，库赞本人曾在 1845 年和 1853 年两度改写书稿。第二次改写后的《论真美善》于 1854 年出版，涉及 17 堂课的内容，其中 5 堂课论真，5 堂课论美，7 堂课论善。其中，论美的 5 堂课分别涉及"人心中的美""对象中的美""关于艺术""不同的艺术""17 世纪法国艺术"等内容。他的课程和著述"将形而上学、美学和伦理学构成一个密不可分的整体，既加深了对艺术现象的理解，又为美学的学科化奠定了基础"。库赞在美育方面的贡献不仅在于通过推动课程和教育制度奠定了 19 世纪上半叶法国"学院派"美学的主导形态，还在于为法国美学培养了若干人才，其中一位杰出代表人物是对审美心理学作出巨大贡献的儒弗瓦。

另外，由于库赞在法国国家教育系统之中担任要职，对于推动美育学科进入法国官方话语体系的作用不容忽视。1830 年，他成为公共教育委员会成员，1840 年，他开始担任公共教育部部长。他被称作"官方哲学家"，成功地将自己的哲学、美学和美育理论转化为国家教育体制认可的学说，影响波及波旁王朝复辟时期（1814—1830）和七月王朝（1830—1848），这在极大程度上推动了美育在法国国家层面广泛、有效地传播。

（三）构建美好公共生活想象的大学美育

20 世纪中后期以来，随着全球化进程不断加深，多元文化与价值充分交流借鉴的同

① 黄相飞、陈乔：《兴趣与美育：赫尔巴特师资培育理论的两大探求》，《湖北经济学院学报（人文社会科学版）》2022 年第 8 期，第 135—138 页。

② 蔡正非：《美育心理发展史上的二杰论席勒、赫尔巴特的美育心理思想》，《云南师范大学学报（哲学社会科学版）》1989 年第 4 期，第 42—49 页。

③ 张颖：《维克多·库赞美学述要——兼论 19 世纪法国美学主脉及其成因》，《美育学刊》2020 年第 3 期，第 50—58 页。

时，也发生了日趋激烈的碰撞。在这样的背景下，艺术活动和审美教育能否为不同文化背景的人们创造沟通话语、消除人际隔阂、重塑公共生活，成为了当代西方美育发展新的关切。

美国 20 世纪哲学家、教育家杜威（John Dewey，1859—1952）与当代哲学家、政治学家努斯鲍姆（Martha Nussbaum，1947—）都强调美育在构建美好公共生活中的重要作用。杜威哲学在其晚年发生了美学转向，他在 1934 年出版的《艺术即经验》一书中，潜在地但极富启发性地回应了"什么经验最具教育价值"这个问题，即审美经验最具有教育性。① 在杜威看来，艺术创作和欣赏本身就是一种人的完满性的经验建构过程。艺术作为一种审美经验是生命成长强化的表现，它促进了社会民主的共同体的形成。当艺术作为交流媒介被欣赏时，还可以促进社会民主共同体的成长和发展。杜威指出，民主的未来要求我们"理解人类最深刻的需要和实现这些需要的手段"，这在艺术中拥有最大的可能性。② 这是因为，"在一个充满着鸿沟和围墙、限制经验的共享的世界中，艺术作品成为仅有的、完全而无障碍地在人与人之间进行交流的媒介"③。为了实现这样的愿景，教师需要对民主社会充满想象力，既有艺术家的创造力，又有艺术家的态度。④ 通过美育将人的感知、智力、行动、情感、想象创造性地统一起来，培育具有洞察力、同情心、批判性思维和审美创造力的公民，以促进社会的民主和进步。

努斯鲍姆援引了杜威以培养同情心、想象力为要旨的艺术教育理论，她也赞同杜威将美育视为造就民主社会公民的重要手段，并在此基础上提出她自己的美育思想。⑤ 不同之处在于，努斯鲍姆主张通过文学和艺术教育培养个体的同情心和想象力，认为这是理解和尊重他人的重要途径，并强调以社会公正作为基础。她认为，美育应当促进跨文化理解，帮助个体超越自身的文化局限，帮助人类社会消除地理、阶级、种族、民族、宗教信仰、性别等方面的隔绝，促成人与人之间的相互理解与尊重。但与此同时，努斯鲍姆强调，经由艺术所引发的同情必须是一种"公正的同情"和"理性的情感"，否则就有可能导致极端多元化的想象和偏激盲目的判断。⑥ 她在《功利教育批判》一书中写道："中小学校和大学中的艺术有两种作用。首先，艺术能培养学生游戏和移情的总体能力；其次，艺术能消除具体的文化盲点……为使这两种作用与民主的价值观建立稳固的联系，它们都要求学生以一种标准的观点去看待人类之间的关系，那就是将他人看作与自己平等的人，有尊严的人，有内心世界的人，有价值的人……移情想象如果不结合平等的人类尊严的观念，就可能成为胡思乱想，有失公正……还有大量的艺术作品助长了不公正

---

① 温辉、彭正梅：《审美经验最具教育性：基于杜威美学思想的研究》，《教育科学》2021 年第 5 期，第 12—20 页。
② 拉里·希克曼：《阅读杜威：为后现代做的阐释》，徐陶译，北京大学出版社 2010 年版，第 34 页。
③ 约翰·杜威：《艺术即经验》，高建平译，商务印书馆 2005 年版，第 114 页。
④ 辛普森、杰克逊、艾科克：《杜威与教学的艺术》，耿益群译，中国轻工业出版社 2009 年版，第 20—21 页。
⑤ 徐承：《"想象力"美育话语的公共性诉求》，《美育学刊》2021 年第 6 期，第 39—47 页。
⑥ 努斯鲍姆：《诗性正义：文学想象与公共生活》，丁晓东译，北京大学出版社 2010 年版，第 83—87 页。

的同情……各种反民主的运动也懂得如何利用艺术、音乐和文学，以进一步贬低和污蔑某些群体和民族。民主教育中的想象力培养，要求认真地选择作为教材的艺术作品。"①

总体而言，作为大学教授的杜威和努斯鲍姆，都认为美育的功能不仅限于丰富个体的浪漫主义想象，还应塑造共同体的公共生活想象。

二、现当代大学美育的实践模式创新

近现代以来，世界各国高校日益重视美育在人才培养过程中的重要作用，并在美育模式、内容和方法层面进行了一系列改革和创新，形成了丰富的实践经验。相关案例不胜枚举，按照不同国家和院校的代表案例及其对美育学科发展的独特贡献进行分类，涉及十个板块，即通识美育、专业美育、艺术美育、职业美育、视觉美育、动画美育、科技美育、师范美育、公共美育以及美育学术共同体的构建。以下选取其中五个案例进行介绍。

（一）美国哥伦比亚大学：培养"完整的人"的通识美育

通识教育（General Education）是一种兴起于19世纪、盛行于20世纪而延续至今的教育理念与实践模式，其初衷在于培养具有广博知识的、有教养的自由人。通识教育在其发展历程中经历了数次变迁与转型，但其中的"自由教育""博雅教育"的精神始终与美育的宗旨不谋而合。因此，在高等教育领域，许多大学为本科学生设置了必修的美育通识课程，将审美教育作为提高学生综合素质的必由之路。

以美国哥伦比亚大学为例，学校为所有本科生设置了必修的通识课程。从根本目标而言，核心课程的目的不是教导学生掌握某一类具体的知识，而是引导和培养他们的自我反思（self-reflection）的能力、谨言慎行（deliberative action）的作风，以及崇尚自由的人生态度，并将这些要素视为作为"人"的基本能力，希望学生们在其未来的人生中，具有对复杂事务的一种理性判断能力。具体说来，除了达到外语、体育和全球素养等基本要求，哥伦比亚大学的核心必修课程还包括六大板块：文学人文、艺术人文、音乐人文、现代文明、大学论文与写作和前沿学科。其中人文艺术学科占据了举足轻重的地位，成为通识教育中不可或缺的组成部分。② 哥伦比亚大学借助通识教育模式开展的审美教育，注重文学艺术文本的经典性和原典性，强调教师与学生互动的深入性和有效性，以及提高学生认知历史和经验现实的积极性和参与性，其最终目的是以人文艺术作为一类特殊的认知媒介，培养和提高学生通过其他路径较难获得的能力，即如在哥伦比亚大学任教的著名美育家格林（Maxine Greene）所言的洞察力、想象力、创造性，以及自我释放和解压的能力，以适应未来的学习、工作和生活。

经由宽泛博雅的知识贯通与整合，大学通识美育模式旨在培养"完整的人"，使其具备感受艺术之美、文学之美、自然之美、社会生活之美的综合能力。

---

① 努斯鲍姆：《功利教育批判：为什么民主需要人文教育》，肖聿译，新华出版社2017年版，第139—141页。
② 李牧：《欧美高校本科教育中的美育观念与实践及其对中国高等教育的启示》，《美育学刊》2020年第4期，第11—19页。

（二）瑞典斯德哥尔摩大学：教研体系完备的专业美育

19 世纪以来，随着美育的学科化、专门化发展，许多大学都拥有了开展专门美育工作的独立机构和师资储备，瑞典斯德哥尔摩大学就是这方面的典型代表。这所高校创建于 1878 年，是欧洲著名的公立综合性研究型高校。斯德哥尔摩大学在美育体系建设方面目前已形成了"专业取向，美育与教学相促"的独特模式。[①]

在学科建设方面，斯德哥尔摩大学设立了专门的"审美教育研究院"（The Institute for Aesthetic Education），作为独立于学校其他所有院系的学生审美教育专门机构，负责为全校本科生提供美育类课程和教学服务。斯德哥尔摩大学将学生美育课程主要分为两大类，一类是以绘画、雕塑等艺术作品欣赏为主要内容的审美能力培养课程；另一类是以歌剧和戏剧表演为主要内容的表演艺术教学课程。通过这两类课程，学校希望学生在未来的学习、工作和生活中所能够具备沟通、协作、创造等能力，以及领导力、想象力、批判性思维等特殊素养。

在教学方法方面，斯德哥尔摩大学注重运用特殊的"审美教育教学法"（the didactics of aesthetics），旨在训练学生感受和理解图像化语言的技巧，促进其获得在现实场景和抽象语言之间快速准确切换的能力，培养其准确阐释信息、深入分析抽象素材的能力，以及敏锐感知社会、顺利开展社会交往的能力。[②] 该校强调，在美育教学中所使用的"区别于一般艺术教育的特殊方法"，不仅适用于文化艺术的理论实践和教学过程，还应当在其他各个学科的教学与实践中得到运用，以此帮助学生掌握有效学习和开展研究的方法，获得在社会互动中应该具备综合能力，如：想象力、领导力、批判性思维、沟通能力、合作精神、创造性等。[③]

综观斯德哥尔摩大学美育模式的特点，有四大亮点，即注重教育机构的专业性和独立性，采用特殊的审美教育方法，强调美育对其他学科课程教学的促进作用，重视美育对学生综合能力的培养与迁移。

（三）法国里昂国立高等美术学院：走出"象牙塔"的职业美育

法国拥有悠久的艺术传统，许多法国高校在美育领域具有丰富的培养经验，特别注重通过丰富的课程活动、个性化的实践指导提供全面的艺术美育，从而培养学生对艺术的理解力和创造力，鼓励学生以艺术创作的方式解决社会问题、承担公共责任。

里昂国立高等美术学院（以下简称里昂美院）是法国顶尖的公立艺术院校之一，在国际上享有盛誉。它主要以培养艺术家以及文化艺术领域跨学科创作者为办学宗旨，也

---

① 丁莉婷、陈诚：《高等教育中的"美"——高校美育工作的国际实践与经验》，《光明日报》2023 年 11 月 2 日第 14 版。

② 丁莉婷、陈诚：《高等教育中的"美"——高校美育工作的国际实践与经验》，《光明日报》2023 年 11 月 2 日第 14 版。

③ 李牧：《欧美高校本科教育中的美育观念与实践及其对中国高等教育的启示》，《美育学刊》2020 年第 4 期第 11—19 页。

为介于学生与成熟艺术家之间的青年创作者提供职业化发展的机会。

里昂美院曾经的院长伊夫·罗伯特（Yves Robert）用两句话来描述该校硕士后项目（Post-diplôme）的办学理念："它不再是一所学校"和"它仍是一所学校"。① 前者指硕士后课程不只在学校内进行，而是将教学与实践带入当代艺术的现场，让学生参与文化领域的重要事件，在专业实践活动中锤炼自身的艺术创造力和问题解决能力；后者是指修读该项目的青年艺术家仍然可以用学生身份在学校注册，使用学校的系列教学资源与文献资料，并获得教师的技术支持与指导。这样的办学理念彰显了这所学校职业美育的开放性和灵活性。

为了让学生可以有机会进入国际化的文化氛围里进行艺术实践，里昂美院基于"它不再是一所学校"的办学理念，在传统意义的教学方式上提出了新的"游牧"式教学，即学生可以走出校园，在跨文化的交流活动中培养多元文化理解能力以及专业意识。"游牧"式教学有两种形式，一是学生自主选择世界范围内感兴趣的艺术文化活动，与导师讨论后上报学院即可参与；还有一种是需要安排业内专业人员带领学生到其他国家参与艺术项目实践。修读硕士后学位的学生一年会有5—6次世界范围内的短期旅行以及在法国以外的文化机构进行实践的机会。②

简言之，里昂美院的硕士后项目重视学生在实践场域中的活动参与与创作试验，这样的模式为学生今后成为职业艺术家奠定了坚实的基础，并鼓励学生围绕社会需求、观照社会现实进行艺术创作。

（四）英国伦敦大学学院：理论与实践兼修的师范美育

英国的审美教育师资培养模式独树一帜，质量颇高。其中，名为PGCE的"3＋1"培训课程在全球范围内享有盛誉，该课程全称为研究生教育证书课程（Postgraduate Certificate in Education，简称PGCE）。该课程是面向已取得学科专业学士学位，欲从事教学工作的本科毕业生开设的师资培训课程，即课程前三年的学士课程为学科专业学习，后一年进行教育专业学习和教学实习。③"3＋1"模式也是目前英国中小学艺术师范教育和师资培养的主要模式。

以伦敦大学学院（UCL）的音乐教育PGCE课程为例，可以窥见英国当代大学师范美育的鲜明特点。伦敦大学学院是英国著名的综合性教育学院，其音乐教育专业的研究与教学是国际公认的音乐教育研究中心。其音乐教育PGCE课程的目标不仅要培养学生对音乐教育思想和理论的认识，还要赋予学生进行一线音乐教育实践的能力。在课程设置中，除了音乐教育教学课程，还安排了与音乐教育相关的音乐美学、音乐心理学和音

---

① 高岩：《法国高等艺术院校硕士后教育与实践型艺术人才培养模式研究——以里昂国立高等美术学院硕士后"Post-diplôme"艺术教育为例》，《美术大观》2021年第5期，第156—157页。

② 高岩：《法国高等艺术院校硕士后教育与实践型艺术人才培养模式研究——以里昂国立高等美术学院硕士后"Post-diplôme"艺术教育为例》，《美术大观》2021年第5期，第156—157页。

③ 杨明全：《英国高等师范教育课程设置研究》，《外国教育资料》2000年第1期，第61—63、80页。

乐社会学三个模块，集中探究音乐教学的规律性方法。以音乐美学系列课程为例，目的是帮助学生反思音乐、音乐的体验和音乐教育的本质与价值。学生将思考一些音乐教育与音乐美学研究中代表著作的核心问题，关注这些思想以及对当代美学理论的影响，包括音乐意义的哲学理论、音乐作为一种知识形态的当代观点、音乐作为一般交流方式的观点以及美学教育的概念。[①] 在学完这部分课程以后，学生可以对相关论题有批判的意识和理解，并且可以通过反思来发展自己的专业实践。

通过这样理论与实践兼修、人文素养与教学技能兼备的课程，有利于音乐教育的教师和准教师们获得较为开阔的学科视野。[②] 这种培养方式契合了英国中小学对音乐师资的总体要求，即旨在提高全体中小学学生的音乐艺术素养，而不是培育音乐专业人才；这与美育提升人的综合素养的旨归不谋而合。

（五）美国伊利诺伊大学：国际化美育学术共同体构建

随着美育相关学科在世界各国大学教育体系中得以确立和稳步发展，从事美育研究和教学的专业同行开展学术交流的愿望也越来越强烈。顺应这一时代需求，美国伊利诺伊大学展开了探索与实践。[③]

伊利诺伊大学 1966 年发布的一项课程研究项目报告指出，美国当时的教育改革运动虽然扩展到了多个学科领域，但存在几个主要问题，包括学科课程的孤立发展、对艺术等重要学科的忽视、过分强调新教材的创建而忽视其有效性评估，以及忽视了课程改革者和教师教育者之间的合作协调。为解决上述问题，伊利诺伊大学成立了由马克斯·贝博曼（Max Beberman）博士领衔的新课程实验室，旨在采取行动解决这些问题，特别是关注艺术学科的课程研究与创新。依托该项目，哈里·布劳迪（Harry S. Broudy）教授开设了研究生研讨课"美学教育基础"，该课程成为伊利诺伊大学首次开设的研究生美育课程，旨在澄清美学教育的理论和实践问题。教学材料将从文学、音乐、视觉和表演艺术、建筑、景观设计和电影等领域中选择。该项目还通过实验来探索美学教育的相关问题，如学生对艺术作品的审美敏感性、具备艺术特征的教学、跨媒介的艺术效应迁移、重要艺术作品的教学价值等。

为了定期发布这一新课程实验项目的成果，伊利诺伊大学创办了《审美教育》期刊（*The Journal of Aesthetic Education*），该期刊持续邀请美育理论界与实践界的同行刊登相关成果。作为大学创办的专业美育学术刊物，这份刊物逐渐发展成为国际美育学术共同体展开跨学科、跨领域交流合作的重要平台，至今仍然在为全球美育学科的发展贡献力量。

---

① 郭玮：《伦敦大学教育学院音乐教育学硕士课程初探》，《中国音乐教育》2007 年第 7 期，第 42—46 页。

② 同上注。

③ Smith，Ralph. A. Aesthetic education at the University of Illinois. *The Journal of Aesthetic Education*，1966，1（1）：pp. 123 – 126.

本章思考题与阅读书目

一、思考题

1. 结合本章内容，谈谈"美育"与当代大学生学习生活的关系。

2. 在西方大学美育史上，美育有哪些重要的载体（是通过哪些学科实现的)?

3. 结合实践案例，谈谈大学美育的主要功能有哪些。

4. 假设你是一名大学校长，你将如何设计学校的审美教育体系? 尝试设计一张"审美王国的大学美育体系思维导图"。

二、阅读书目

1. 朱立元：《西方美育思想史论集》，山西教育出版社 2019 年版。

2. 曾繁仁：《美育十五讲》，北京大学出版社 2012 版。

3. 朱光潜：《西方美学史》（上、下卷），商务印书馆 2015 年版。

4. 席勒：《美育书简》，徐恒醇译，中国文联出版公司 1984 年版。或席勒：《审美美育书简》，冯至、范大灿译，上海人民出版社 2022 年版。

5. SPIVAK，G. C. *An Aesthetic Education in the Era of Globalization*. Cambridge，Massachusetts：Harvard University Press，2013.

第六章
音乐美育

　　音乐美育是通过音乐艺术的审美来实施的教育，它不仅是中西方教育思想的重要内容，也是当代大学审美教育的重要组成部分。在当下，大学音乐美育要以马克思主义美育思想为指导，从中西方音乐美育思想中汲取有益养分，立足于中华传统音乐资源，扎根于多元的民间音乐，以大学生的音乐审美经验为基础，开展大学生的音乐审美教育。以音乐鉴赏为依托，推广大学音乐美育课程建设，进行丰富多彩的校园音乐文化建设，弘扬中华美学精神，传承中华传统音乐文化，培养高尚的审美价值取向，发展大学生的想象力和创造力，让大学生身心健康发展，培养健全和完善的人格。

第一节　音乐美育的本质

　　音乐美育与大学生的学习生活密切相关。大学美育通识课程，以及校园文艺活动、音乐社团、"三下乡"等社会实践活动都极大地充实了大学生的课余生活，丰富了他们的社会经验，提升了他们的道德情操。大学阶段的音乐美育，与其他阶段的音乐美育没有本质上的不同，但由于各高校设有专门的美育中心，大学生课余时间又较为充裕，因而大学音乐美育无论从形式上，还是从内容上都开展得较为完善而深入。

一、什么是音乐美育？

　　音乐美育，即音乐审美教育，是一个独特的美育类别，它以音乐艺术为手段，通过音乐艺术的审美活动，依托于大学生的音乐鉴赏水平，通过多种渠道、多种途径实施以美育人、以美化人、以美树人的教育目的。音乐美育与美术、设计、文学、影视等艺术门类的美育有相同之处，也有自身独到的特点。

（一）音乐美育与美育

　　音乐美育有广义和狭义两种含义。广义的音乐美育指的是欣赏者在一切音乐鉴赏活动中所受到的教育，它包括家庭、社会、学校等不同环境中所受到的以音乐为媒介的美感教育活动。这种教育通过音乐和听众的直接传递交流就可完成，但由于受到鉴赏主体的文化修养、音乐鉴赏水平和人生阅历的限制，往往表现为一种自发性和较为浅层次的美育活动。狭义的音乐美育是指有明确教育目标和教学计划、由施教者和受教育者共同参与、以音乐为媒介、能产生一定预期育人效果的音乐美育活动。

音乐美育属于美育。音乐美育是立足于音乐艺术审美活动而实施的教育活动，借助于欣赏者听觉的审美感知，构建审美意象，提高欣赏者的想象力和创造力，通过欣赏者与音乐作品的情感共鸣，达到提升欣赏者审美能力的目的。就其性质而言，音乐审美教育是以音乐为媒介，以审美为核心的一种教育实践活动。

音乐美育一般是通过学校的音乐课堂教学和课外音乐活动来体现的。在校的儿童、青少年是它的主要教育对象。由于这种音乐审美教育有教学大纲、教科书、教学管理办法等教育措施，和师资、设备等必要的教学条件，因此，比自发性的音乐审美活动更易取得良好的教育效果。学校音乐审美教育的任务包括：培养学生具有正确的音乐审美观，培养学生对音乐美的感受能力、鉴赏能力、表现能力和创造能力，健全学生的人格，促进学生身心健康发展。

大学音乐美育是学校音乐美育的重要组成部分，是音乐美育工作实施的高级阶段。大学音乐美育通过美育通识课程开展教学活动，以多姿多彩的大学校园文化生活为主要平台，依托于大学生的审美心理和音乐鉴赏水平，实施审美教育。

当代高校音乐美育方针是服务于大学生，以提升大学生的审美情操、培养健全人格为宗旨。大学是音乐美育实施最重要的阶段。大学生年龄处于 18—22 岁之间，这个年龄段是走向成熟的青年时期，是一个心智逐渐趋于成熟，世界观、人生观初步形成、尚未建立的重要阶段。新时代大学美育工作要以习近平总书记关于美育的谈话和《关于全面加强和改进新时代学校美育工作的意见》为指导思想，汲取中华礼乐文化的合理成分，以"立德树人"为根本，以树立社会主义核心价值观为引领。大学是人才培养的高级阶段，大学生作为社会主义事业的接班人，当然应该以道德培养为根本，道德培养和专业素养并重。在人才的培养过程中贯穿德智体美劳的育人目标，五育并举，全面发展。

（二）音乐美育与音乐艺术

艺术教育是美育的核心和主要实施途径。音乐是艺术大家庭中极具特点的艺术形式。音乐艺术的独特性使得音乐审美活动与其他艺术审美活动具有较大的差异性，音乐审美活动是音乐美育得以发生的前提条件，音乐审美活动的特点造就了音乐美育的独特性，使得音乐美育在美育大家庭中具有独特的地位和作用。

第一，音乐美育的实施要遵循音乐艺术的自身特点。

音乐艺术不同于语言、绘画和舞蹈艺术。音乐的音响没有语义内容，又不具有直观性。语言的声音具有一种约定性的词义。绘画能表现物体的大小、形状、色彩，直观地描述自然景象。舞蹈则能刻画人物的外貌、形态、神态。而音乐只能通过音响象征、模仿、暗示等手法和途径来抒发置身于某种环境的内心情感。创作音乐需要将情感升华为音乐语言，表演音乐需要把情感融于音乐之中，欣赏音乐需要去体验音乐的情感，音乐能表达出任何语言或文字不能表达的"心灵状态"。例如贝多芬的《第六（田园）交响曲》第二乐章中弦乐流动不息的音调象征潺潺流水声；小提琴拉出断续的曲调，好像作者正坐在溪边凝神静思；尾声用三种管乐器分别模仿夜莺、鹌鹑和杜鹃的鸣叫声，使人好像置身于鸟语花香的田野、溪边，沐浴着温暖的阳光，呼吸着清新的空气。贝多芬非常热爱大自然，常常细心洞察大自然的内在奥秘。他在完成《第六（田园）交响曲》后，强调该曲不仅要描摹自然景色，更重要的是表现人与大自然交往中的心灵感受。

音乐是表演的艺术。当画家作完一幅画时，一件独立的艺术作品就诞生了，它不需要任何媒介，就可以供人观赏；当一部小说写完后，就可以直接与读者见面，供人阅读；而音乐创作者在完成一部作品后，还必须通过演唱、演奏的表演手段，才能为人们感知而产生艺术效果，实现音乐作品的审美价值。音乐表演过程中，表演者要对作品作出自己的解释，这是一种艺术的再创造，同一作品由不同的艺术家表演，将会产生不同的艺术效果。贝多芬说过："语言的尽头是音乐出现的地方。"音乐是情感的极佳载体，借声传情是音乐艺术的特殊手段。创作音乐需要把情感升华为音乐语言，表演音乐需要把情感融入音乐之中，而欣赏音乐需要体验音乐的情感。音乐作为一种审美形式，其重要的特征就是情感审美。

以音乐为媒介的审美教育，一方面要遵循音乐的艺术规律，另一方面要依据欣赏者的审美活动，才能取得应有的效果，大学音乐教学中的吹、拉、弹、唱的教学和对音乐的聆听欣赏，都是一种实践学习法。如果离开了这种特殊的教育手段，采用其他学科的讲述法、说理法、论证法则不能体现审美教育的本质属性，自然也达不到预期的教育目的。

第二，音乐美育要以音乐艺术的审美活动为实施途径。

音乐艺术是用有组织的音响构成的听觉意象来表达人们的思想感情与社会现实生活的一种艺术形式。任何一种艺术形式都有自己表情达意、塑造艺术意象的表现手段，比如舞蹈是通过肢体动作、面部表情，绘画是通过线条、色彩、构图，文学是通过字、词、句、篇来体现艺术意象。通常，人们正是以表现手段的不同来区分艺术的不同种类。

以音乐为媒介的审美教育，一方面要遵循音乐的艺术规律，另一方面要依据欣赏者的审美活动，才能收到应有的效果。音乐的审美活动主要依赖于欣赏者的听觉，而欣赏者对音响的敏锐感知能力，将抽象的音响按照同构原则进行合理想象的能力，以及对音响传递的主题思想进行情感共鸣的体验能力，是音乐美育得以实施的有效路径。大学音乐美育要建立在大学生的审美活动之上。一方面要立足于不同风格作品的多层次的聆听和同一部优秀作品的反复聆听，来提升大学生的音乐鉴赏能力；另一方面大学音乐教学中的吹、拉、弹、唱诸环节要和大学生的亲身感受和表演实践相结合，这样会比单纯的聆听欣赏更能带给学生对音乐的深入理解，这种实践学习法需要在音乐社团和校园音乐活动中得到实现。如果离开了这种特殊的教育手段，采用其他学科的讲述法、说理法、论证法则不能体现审美教育的本质属性，自然也达不到预期的教育目的。

第三，音乐艺术的审美活动要以审美教育为目标。

音乐艺术以音响标志着它的存在。人们通过颜色和线条感觉到绘画，而通过声音则感觉到音乐。声音是音乐艺术的物质材料，音乐中主要使用的是乐音，乐音具有音高、音值、音量、音色四个方面的物理属性。在人类社会中大体有三种类型的声音，即自然声音、语言声音和音乐声音。动听的泉水叮咚声，悦耳的鸟鸣声，不是音乐的音响。音乐作品中的乐音是非自然性的，无论是一首简单的歌曲，还是一部大型交响曲，都渗透着一种创造性，音乐是一种创造性的音响。语言依靠声音表达思想感情，每一句话、每个词都具有特定的含义，语言是具有语义的，而音乐的声音不具有确定的含义，是非语义性的。但音乐能通过音调的变化表现出音乐的基本含义。如在小提琴协奏曲《梁山伯与祝英台》中一段小提琴与大提琴相互对答的表情音调中，我们能够感受到这对情人离别时发自内心的表达。音乐用声音来表达思想内容，是一种具有表情性的音响。

构成音乐的物质材料是声音，欣赏音乐必须运用人的听觉器官才能进行。演唱与演奏产生的乐音形成声波，传送到听众的耳朵里，使听觉器官有所感受，人们才能领略到音乐艺术的美，感受音乐所包含的内容和情感。因此，音乐是一种听觉的艺术。人们通过声音感觉到音乐，通过颜色和线条感觉到绘画。音乐和绘画的审美接受是有区别的。音乐是听觉的艺术。它以旋律、节奏、节拍、力度、速度等多种外部形态的有机结合，构成完美的音乐形式，作用于人的听觉感知，引起情感反应和情感体验。如由大提琴演奏的《梦幻音乐艺术的分类曲》（舒曼曲），优美的旋律、宽广的节奏、徐缓的速度（行板）等有机结合，描绘出诗一般的意境，使人们在聆听时浮现出儿时美丽的幻想和梦境，获得对春天幸福的向往和美好回忆的情感体验。因此，人们说音乐通过耳朵钻到人的心里，并在灵魂的深处生根、发芽、开花，结出一个情感的果实来。

（三）音乐美育与音乐教育

音乐美育和音乐教育虽然都属于教育，但音乐美育并不等同于音乐教育，音乐美育和音乐教育是两个既有重叠，又有不同的概念。

第一，音乐美育是以审美为核心的育人活动。

音乐美育是以音乐艺术为内容和实施手段对人进行审美教育。"审美"是人类理解音乐的重要和共同的心理基础，审美的音乐教育观点认为从审美的角度去聆听音乐是最有价值、最合适或最具有音乐性的聆听，音乐的立意美、情境美、音韵美、曲调美和配器美等审美因素是学生获得审美体验和审美感受的先决条件，音乐具有引起人们"愉快"的功能，不但能够"娱耳"还能够"移情"。正如康德所谓的美是"无目的的合目的性"和"审美无功利"的思想，审美的目的是让人自然产生愉悦的情感，通过赏心悦目的艺术形式使人获得审美愉悦的同时，揭示美的规律、认识美的本质，最终实现育人的功能。音乐是实施美育"极好"的教材，音乐教育本质上就是美育。

音乐美育既是实施美育的重要方式，也是美育的重要组成部分。音乐最接近人的情感世界，触动人的心灵，音乐具有最深刻、最直接、最明确、最细腻的表达情感的功能。人们对音乐美的感受是与生俱来的，任何一个具备听觉能力的人，无论他是否专门学习过音乐，都具备欣赏音乐的能力。音乐能够调动人们的情感共鸣，无须借助任何外在因素，以一种自然而然的方式打动人、感染人、塑造人。音乐以"随风潜入夜，润物细无声"的方式发挥着潜移默化的育人功能。

第二，音乐教育是一种以培养专业音乐人才为目标的专业学科教学活动。

音乐教育学是一门"研究有关音乐教育的实践及其理论"的学科，一门介于教育学和音乐学之间的交叉学科，培养专业的音乐人才；作为课程的音乐教育，主要指的是学校教育，包括幼儿音乐教育、中小学音乐教育和大学音乐教育。

音乐美育属于美育的一种，而美育作为一种教育观念，与德育、智育、体育和劳育并列，指的是利用一切美的现象对人展开的审美教育，用美学理论达到丰富情感体验、健全人格、培养全面发展的人的目的。随着终身教育、全民教育的提出，美育不仅包含学校教育，还包含公共美育、社会美育等内容。

大学音乐美育，区别于音乐教育专业，是针对所有大学生，通过系统的音乐教育活动培养和提升大学生音乐素养和审美能力的过程。它主要包括以音乐类公共选修课为内容的音乐课程教育，合唱团、乐队、艺术表演等各种形式的音乐实践活动，以及以音乐会、音乐沙龙、名家讲座为载体的旨在提高音乐修养的各类校园音乐活动。其目标是全面提升大学生的音乐修养，让音乐真正走进大学生的生活，丰富他们的精神世界，培养高尚情操，促进全面发展。它是大学通识教育和人文素质教育的重要组成部分。大学音乐美育是学校音乐美育的重要组成部分，是音乐美育工作实施的高级阶段。大学音乐美育通过美育通识课程开展教学活动，以多姿多彩的大学校园文化生活为主要平台，依托大学生的审美心理和音乐鉴赏水平来实施审美教育。

二、音乐美育的特征

大学生是音乐美育实施的重要对象，由于音乐艺术的独特性和大学生音乐鉴赏水平的差异，大学音乐审美教育作为一种特殊的美育形式，除具有一般美育的共性特征外，还具有以下几个区别于其他艺术美育的特征。

(一) 独特的听觉感受性

审美教育区别于其他类型的教育，在于其借助一切美的形态，包括自然美、艺术美和社会美，运用形象思维，作用于人的感官，通过直觉感受达到育人的目的。在所有的审美教育中，大多数美育，包括文学美育、生态美育、设计美育等类型，主要依赖于眼睛这个感官获得美的经验，而音乐美育主要通过听觉感知美，从而进行教育。音乐的美首先为人耳所捕捉，悦耳是音乐审美活动的起点，再逐步转化为情感体验，最后达到精神愉悦。可以说，有别于其他类型的美育，独特的听觉感受性是音乐美育的特性所在。

音乐美育的实施主要以听觉为主。听觉感受在音乐审美活动中占据着至关重要的位置，它在审美教育中占主导地位。音乐艺术是音乐美育赖以实施的手段和途径。音乐艺术在时间的延绵中，用音高勾勒旋律线条，用强弱显示节奏变化，用极具民族色彩的调式调性展现音乐风格……这些音乐的表现手段，成就了音乐的形式之美，而对于这些音响形式的审美感知，是音乐美育得以开展的前提。

音乐美育的实施虽然主要以听觉为主，但视觉依然发挥着必不可少的辅助作用。视觉在音乐美育中的作用主要表现在聆听音乐的过程中出现视听联觉的审美心理，能够更好地听懂音乐中的绘画性内容，让抽象的乐音变得生动起来。比如在欣赏中华传统名曲《彩云追月》时，感知到由连续上行的音高形成的音流，能够想象到彩云追逐月亮不断往上升的视觉画面。

（二）强烈的情感体验性

区别于其他的艺术门类，音乐是长于抒情的艺术，音乐能够抒发喜怒哀乐等情感，引发欣赏者内心的情感共鸣，从而跨越时空与作曲家发生交流。大学生处于人生的重要阶段，心智成熟，有着较为丰富的人生体验，能够对音乐产生较为深入的情感体验。

情感是美育得以实施的桥梁，各类艺术美育依托于艺术强烈的感染力作用于欣赏者的情感，调节心灵，平和人心，达到身心健康、提升人生境界的目的。贝多芬说过："语言的尽头是音乐出现的地方。"音乐是情感的极佳载体，借声传情是音乐艺术的特殊手段。创作音乐需要把情感升华为音乐语言，表演音乐需要把情感融入音乐之中，而欣赏音乐需要体验音乐的情感。音乐作为一种审美形式，其重要的特征就是情感真挚。

音乐审美教育具有强烈的情感体验性的特点，这是音乐美育与其他艺术美育最明显的区别。优秀的音乐作品中传递着人类高尚的精神特质，在实施音乐美育的过程中，无论是歌唱教学还是器乐演奏，都需要教育者以真挚动人的情感触动学生内心来开展音乐实践和音乐鉴赏，从而培养高尚的道德情操，传承中华传统音乐文化。

（三）无限的形象创造性

大学是人才培养的摇篮，创造性是人才的根本，而想象能力则是创造性的核心能力。音乐美育在培养和训练学生想象力方面拥有着独到的优势。区别于绘画等视觉艺术，音乐艺术是时间艺术，其音乐形象具有抽象性和模糊性，因而更易于激发起欣赏者丰富的审美想象。

音乐艺术长于抒情，不擅长再现客观事物，但能够通过音乐独有的形式手段间接再现生活。它不仅能够通过音响模拟大自然和人类社会中的声音，还能运用音响的运动趋势象征事物运动的形态，因而在音乐鉴赏中能够极大程度地提高学生的想象力。德国伟大的音乐家贝多芬在《第六（田园）交响曲》中分别用长笛和双簧管模仿夜莺和鹌鹑的叫声，轻松活泼的音响在时间的流动中展现出一幅万物和谐生长的田园生活画面，表达出作曲家陶醉在田园风光中的喜悦之情。在欣赏这一乐曲时，可以通过多次聆听，想象视觉画面，并用绘画的方式或者语言进行描述，以此锻炼审美想象，培养创造能力。

第二节　音乐艺术的鉴赏

　　音乐的美首先为听觉所拥有，对音乐的鉴赏不能通过直接识读乐谱来实现，而要靠听觉来完成对音乐作品的理解。听觉在欣赏音乐的过程中占据着主导地位。这也是音乐艺术区别于其他艺术形式的重要标志。音乐欣赏是音乐活动的接受环节，也是整个音乐审美实践过程中不可缺少的一个重要环节。一部音乐作品，如果没有听众的欣赏，就等于失去了它的生命，失去了它存在的意义。我们欣赏不同国家的音乐作品，要结合不同历史语境，运用多种欣赏方式去领略不同文化土壤中孕育出的音乐艺术之美。

一、中国传统音乐

　　中国传统音乐是一种独特的音乐形态，受到哲学、礼乐文化、伦理道德及美学思想的影响，有着自身发展的轨迹，形成了抒情写意、趣味生动的音乐艺术样式。传统音乐艺术形态与它赖以生存的文化土壤以及与此相关的艺术观念之间存在丝丝相扣的联系，其潜在的根源，在音乐发展的历史进程中总是隐含着某种音乐审美观念的演变过程，传统的审美观念也往往潜藏在中国传统音乐艺术的进程中，影响着音乐形态的演变和发展。要想听懂中国传统音乐，了解传统音乐之美，就得懂得中华传统文化和美学思想。

1. 比德式的鉴赏方式

　　从类型来看，中国传统音乐主要以声乐为主、器乐为辅的格局，是受到礼乐文化及美学思想的影响。中国传统音乐遵循易于促使美和善结合的原则发展，实现这一原则的最有效的手段是运用文字语言，也就是通过音响以外的语言成分去对音响中的道德内容加以限定。因为道德的善必须借助于语言文字才能明确表现出来，音乐与文学结合成为一种有效宣扬道德思想的必然路径，所以声乐成为各个时代中国传统音乐的主要类型，如：《诗经》《楚辞》，汉代的相和歌，唐代的曲子、变文，宋代的词曲，元代的说唱、戏曲等，都是诗乐的完美结合。

　　《阳关三叠》是根据唐代诗人王维诗《送元二使安西》谱写的一首琴歌。王维这首诗在唐代就曾以歌曲形式广为流传，并收入《伊州大曲》作为第三段。王维的诗是为送友人去关外服役而作："渭城朝雨浥轻尘，客舍青青柳色新；劝君更尽一杯酒，西出阳关无故人。"谱入琴曲后又增添了一些词句，加强了惜别的情调。据清代张鹤所编《琴学入门》（1864 年）传谱，全曲分三大段，基本上用一个曲调作变化反复，叠唱三次，故称"三叠"。每叠又分为前段、后段两个部分，除第一叠前段加"清和节当春"一句作为引句外，其余均用王维原诗；后段是新增的歌词，每叠不尽相同。从音乐角度说，后段有点类似副歌的性质。这首琴歌的音调纯朴而富于激情，特别是后段"遄行，遄行"等处的八度大跳，和"历苦辛"等处的连续反复的咏唱，情意真切，激动而沉郁，充分表达出作者对即将远行的友人的那种无限关怀、留恋的诚挚情感。

中国传统器乐音乐发展缓慢，独立性较差。其曲目绝大多数是标题性的，多数情况下，明确地指明了音乐中所表现的内容。中国传统审美准则中的"善"，绝非音乐本身音乐性的内容。正因为如此，中国传统器乐曲往往采用象征隐喻的表现方式展现君子的高尚品格，特别是古琴音乐，这种倾向尤为明显。

琴曲《酒狂》相传是魏晋名士、竹林七贤之一的阮籍所作。阮籍在乱世谨言慎行，据说他"言皆玄远，未尝臧否人物"，所以在司马氏篡位过程中得以保全性命。而《酒狂》中的狂士正是他醉酒狂歌、宣泄压抑苦闷情绪的自我形象的写照。琴曲通过节奏变化和音程大跳来塑造狂士的形象。与西方"强弱弱"的圆舞曲节拍样式不同，《酒狂》中用三拍子"弱强弱"，表现喝醉后踉踉跄跄的步伐；还用九度、十度、十二度等音程大跳来表现醉态。醉酒的狂士形象，不仅是阮籍的自画像，而且也是用狂士形象来暗喻当时文人不与强权同流合污的品质。

古琴曲《梅花三弄》又名《梅花引》《梅花曲》《玉妃引》，是中国古典乐曲中表现梅花的佳作，早在唐代就在民间广为流传。晋隋以来有此笛曲，为东晋大将桓伊所作。后经唐代琴家颜师古改编为琴曲，流传至今。梅花傲霜高洁的品格，是古今艺术创作的重要题材，常被人们用以隐喻具有高尚节操的人。此曲用古琴独有的音色来刻画音乐形象。严冬的形象用坚实、厚重、低沉的散音在低音区呈现，形成一个肃杀、冷酷的氛围；而清亮、空灵、通透的泛音在高音区形成一个音色模块，展现了高洁、安详而又生机勃勃的梅花形象，这个代表梅花形象的泛音片段穿插在整首曲子中，出现了三次，所以叫《梅花三弄》。

2. 形象化的欣赏方式

中国传统的器乐曲，不仅要通过乐曲表现儒家所提倡的高尚的道德情操和人格魅力，还要展现道家所提倡的与自然同一的生命精神。如果说儒家音乐美学观念追求一种"善"的精神，是一种美善相济的审美价值观，那么道家在音乐中追求的就是一种融于自然的"道"的精神。道家在人与自然、有限与无限、短促与永恒的鲜明对照中，选择并归依于自然的怀抱，确立了"自然关照、物我合一"的审美价值观。

在中国的传统音乐中体现着人与自然的和谐相处。中国传统器乐曲大部分题材来自大自然，突出显示在纯器乐作品中。如：古琴曲《高山》《流水》《梅花三弄》，琵琶曲有《春光好》《月儿高》《海青拿天鹅》，唢呐名曲《百鸟朝凤》，笛乐《鹧鸪飞》《牧童短笛》，二胡曲有《二泉映月》《听松》，等等。从曲名，我们就可以看出艺术家对自然的热爱。乐曲中体现出情中有景、景中有情的特点。古代作曲家并没有把自己的情趣单纯交付给自然，而往往是借自然之景暗喻人生之情。

"物我同一、情景相即"的审美情趣，不但在形式上要求音乐具有独白自娱的表现方式，而且在表现上要求体现出"虚"和"含蓄"的特点。与西方音乐所采取的实在的音响手段（和声、对位、配器等）和直截了当的气氛渲染的方法不同，中国传统器乐在表现上往往追求"虚"的意境和"含蓄"的表现方式。所谓"虚"，并不是真正的虚空，而是借助有限的音声留给人们的心灵以更多的感受余地，比如中国弹拨乐的泛音、余韵。中国的传统器乐曲虽然较多地以自然万物为标题。但在音乐表现中却较少采用直截了当的描写和模拟，而往往采取一种含蓄的态度，达到表现所谓"弦外之音"的效果。

琵琶名曲《春江花月夜》取意于唐代著名诗人张若虚的歌行体古诗《春江花月夜》，通过琵琶特有的音色，运用象征手法，展现了春、江、花、月、夜这五种人间美好的景色，抒发了"人生代代无穷已，江月年年望相似，不知江月待何人，但见长江送流水"的感想，与永恒的江月相比，人生短暂，世事无常，这是这首琵琶名曲蕴含的令人深思的千古不变的哲理。琴曲《渔歌》，音乐中较少表现水的律动和船的动态，更多的是通过一些平缓、优雅的旋律表现出一种"远离人世烦恼的潇洒自由的生活情调"，从而引发人们产生更为丰富的感受，使他们从中体会到更多的"弦外之音"。

中国民乐器，我们一般按照演奏方式"吹、拉、弹、打"进行分类。而在古人心目中，不同类型的音乐也有高下之分，按照与自然的关系，"丝不如竹，竹不如肉"，即丝弦类乐器不如吹管类乐器，而吹管类乐器又不如人声。声乐依靠喉管这个天然的器官振动发声，气息控制自如，最擅长抒情，因而是最自然、最美的声音。其次是器乐中的管乐，管乐依靠人吐出的气流吹动乐器里的孔窍振动发声，不如人声自然。弹拨乐器用手指拨动琴弦发声，相比之下，是最不自然、依傍最多的乐器，因而离自然最远，声音也最不好听。

吹奏乐器一般为木质或者竹制，因为依靠气流振动管体发声，声音比较嘹亮、高亢，能演奏流畅的旋律，恰好就像抒情女高音一般能够自然抒情。民乐团中有特点的独奏乐器有笛子、笙、箫、唢呐、葫芦丝等。唢呐名曲《百鸟朝凤》，原为豫剧抬花轿的伴奏曲，由民乐大师魏子猷原创，后改编成唢呐独奏曲。利用吹奏技巧模仿百鸟和鸣之声，通过热烈欢快的旋律，表现出一派喜气洋洋的场景。20世纪70年代，在民间乐手任同祥演奏的基础上，又设计了一个呈现百鸟齐鸣意境的引子，以加强音乐性，还扩充了华彩乐句，使用快速双吐演奏技巧，使乐曲更为完整。在"百鸟朝凤"乐段中，唢呐模拟各种鸟叫声，充分发挥其拟声性的专长，惟妙惟肖地表现了百鸟争鸣的画面。随着欢快情绪持续推进，乐曲进入中后段"欢乐歌舞"段，这段乐曲戛然而止之后，用舌音模拟了夏天在树上躁动不安的蝉鸣声，画面十分喜庆。

弹拨乐器，主要通过手指或者硬性拨子拨动琴弦振动发声，音色大都清脆明朗，节奏表现力强，在传统民乐中占据着重要的地位。常见的弹拨乐器有古琴、古筝、琵琶、三弦等。筝，作为中国传统乐器，有着2 000多年的悠久历史，经过不断改良，现代筝具有S型二十一弦尼龙钢丝缠弦，演奏技法突破传统的八度对称模式，创立了轮指、弹轮、弹摇等指序技法体系。因音域宽广，音色优美动听，演奏技巧丰富，表现力强，而被称为"众乐之王"，亦称为"东方钢琴"，是中国独特的、重要的民族乐器之一。

《渔舟唱晚》是古筝名曲。曲名出自王勃《滕王阁序》中"渔舟唱晚，响穷彭蠡之滨"的词句，由古曲《归去来兮》为素材发展编创而成。这首乐曲是20世纪30年代以来，在中国流传最广、影响最大的一首筝独奏曲。1925 年古筝大师魏子猷完成《渔舟唱晚》初稿，曲成后经高徒娄树华加工润色，成了一首蜚声世界、举世公认的中国传统古筝名曲。乐曲描绘了夕阳映照万顷碧波，渔民悠然自得，渔船随波渐远的优美景象。乐曲以优美典雅的曲调、舒缓的节奏，描绘出秋水共长天一色的画面，再现了老渔翁划船晚归时，欢唱渔歌，歌声响彻湖滨的情景，表达了"唱晚"的意境和渔翁得失随意的豁达人生态度。

拉弦乐器通过运弓按弦与琴筒共鸣发声，音色柔和优美，擅长拉奏歌唱性的旋律，具有极强的表现力，能够表现丰富细腻的情感变化。常见的拉弦乐器有二胡、高胡、京胡、板胡等。其中二胡是我国独具魅力的拉弦乐器，接近人声，既能表现悲伤的情绪，又能营造欢快热闹的场景。在表现较为悲伤的乐曲时，尤其擅长模拟各种哭泣的声腔。演奏者通常会使用滑揉或压揉等揉弦技巧来模拟人痛哭的声音腔调，表现出音乐强烈的情感，用慢揉来模拟人声的如泣如诉。

盲人艺术家阿炳自创的二胡名曲《二泉映月》以苦音"5"结尾，用两根弦模拟了哭泣的声腔，让欣赏者感悟到阿炳一生的坎坷。乐曲虽苦却不过分悲伤，反而洋溢着一股顽强的生命力。《兰花花叙事曲》是一首著名的二胡叙事曲，由关铭先生根据陕北民歌《兰花花》的主部音调及故事情节创编而成，有着鲜明的叙事性和陕北地域特色。乐曲由引子、呈示部、展开部、再现部和尾声组成，展现"赞美兰花花""惊变""抬进周家""出逃"的情节变化。全曲在矛盾冲突爆发的展开部"抬进周家"一节中集中展现了二胡声腔化的特点。它通过连断弓的弓法技巧，左手揉弦进行保持，营造出声断而气不断的独特效果，形象展现出"兰花花"抽泣时的泣不成声。该乐段出现大量上滑音的演奏技巧，使用三指进行较大力度的上滑音演奏，有力地体现出"兰花花"悲愤交加的情感，与不甘屈服于不公命运的深切控诉。作品成功塑造了一位美丽、善良、天真而纯朴的农村姑娘的典型形象，通过她在爱情婚姻上的不幸遭遇，展现了她勇于向封建势力抗争的坚强性格。

打击乐器是通过打击乐器本体而发声的乐器。其音色差异比较大，体积庞大的，音色宏大壮阔；体积较小的，音色纤细。打击乐器不仅是节奏型乐器，也能够烘托气氛，对审美风格的形成有奠基作用。常见的打击乐器有大鼓、小鼓、板鼓、大锣、木鱼等。《鸭子拌嘴》是安志顺 1982 年创作的打击乐合奏曲。乐曲取材于《西安鼓乐》的开场锣鼓。乐曲用各种打击乐器，不同的敲击方法，不同音色、音量、音区的对比，形象地描摹了鸭子引颈鸣叫、嬉戏游水、拌嘴争吵、地上蹒跚走路等情景。音乐诙谐生动、富于韵律。

中国传统音乐之美主要呈现于品德高洁之中和美，隐逸山水之超越美，以及人间烟火气之世俗美。儒、道、释三大文化主流意识，儒家是入世哲学，音乐是德行培养的工具，欣赏音乐主要是为了对君子道德的提升起到有益的补充作用；道家和佛家是出世哲学，讲究精神的自由，音乐是得道的载体，欣赏音乐有助于人们从山水中寻找到一种生命的力量。中国传统文化底蕴中孕育出独特的音乐艺术，鉴赏音乐的方式也打上了中国文化的烙印。

二、西方传统音乐

区别于中国传统音乐的美在于道德美、自然美和内容美，西方音乐之美在于其文化美、科学美和形式美。我们欣赏西方音乐可以采用三种欣赏方式去聆听、感悟和体验：从西方音乐历史文化变迁中产生的不同时期的音乐作品，去欣赏西方音乐不同的风格特色；用反复聆听、精锐化的欣赏方法，去理性分析西方音乐大厦之精妙绝伦；调动欣赏者的主动参与意识，深刻体验西方音乐之博大精深。

（一）西方音乐风格之鉴赏

西方音乐在独特的地理条件和文化背景下形成了自身的风格特色，其发展大致经历了古希腊古罗马时代、中世纪时期、文艺复兴时期、巴洛克时期、古典主义时期、浪漫主义时期和 20 世纪音乐等几个阶段。整体发展呈现乐以表情、散而有序的特征。音乐是用声音表现情感的听觉艺术，不同时代有不同的表情方法。整个西方音乐史就是一部探索不同手段表现情感的创造史。

风格是划分西方音乐发展阶段的音乐本体依据，也是区分乐种的理由。音乐的类型一般分为古典音乐、流行音乐、民间音乐、电影音乐和电子音乐，了解音乐史纲和音乐风格变迁，是聆听西方音乐、获得美感经验的根本途径。

从公元 5 世纪到公元 15 世纪，漫长的一千年时间里，神权凌驾于世俗需求之上，人的情感和需求是被忽略的。音乐是神权的工具，只有一种音乐得到发展，那就是教会音乐。一位著名的罗马教皇格里高利（590—640）整理了当时的教堂音乐作品，因而我们将在教堂演唱的歌曲称为格里高利圣咏，"咏"是一种介于歌唱与说话之间的抒情方式，用拉丁文演唱，是清一色的男声无伴奏演唱，其和声配置常用八四五度和声，被称为最和谐的和声，排斥过于强烈的情感表达。圣咏最初的抒情方式是单声部，即一个声部，如《慈悲经》；后面发展成为双声部或者多声部的奥尔加农。奥尔加农就是一种男声合唱，也是一种复调音乐，由两个或者多个旋律线条组成。比起古希腊古罗马的音乐来说，抒情的方式更加丰富，表现力更强了。圣咏的风格庄严肃穆，空灵纯净。

15—16 世纪进入文艺复兴时期，神权逐渐瓦解，人性复苏，圣咏一端独大的垄断地位结束了，俗乐开始和圣乐分庭抗礼。音乐的情感表达方式越发多样化，一方面多声部成为音乐主流形态，另一方面器乐因为有着独特的表现力，也获得了较大的发展。这一时期代表性曲目：《热泪奔流》。

巴洛克时期延续了 150 年，歌剧作为综合艺术首次成为人们抒情的载体，1600 年诞生第一部歌剧《尤莉迪丝》，复调音乐的特点是所有声音必须服从主旋律，声乐和器乐获得长足的发展。这一时期代表性曲目：巴赫改编的《慈悲经》，用了复调手法，强调抒情。

古典主义时代从 1750 年到 1810 年，以海顿、莫扎特和贝多芬为代表。交响曲、协奏曲形成并发展成熟，室内乐与歌剧成就辉煌。古典时期音乐的风格庄重、高雅且欢娱，整体看，抒情比较客观、含蓄、节制而有分寸。海顿、莫扎特音乐代表着古典主义最典型的风格样式。贝多芬的音乐风格酝酿着较大的转变，他在古典主义的形式语言框架内实现了最大的突破，使当时的音乐创作风格朝着新的方向发展。这一时期音乐成果主要包括交响曲、奏鸣曲和室内乐，都是主调化风格的大型多乐章器乐套曲体裁。

声乐中莫扎特歌剧和海顿的清唱剧是最成功的作品。莫扎特一生创作 22 部歌剧，代表性的歌剧作品有《费加罗婚礼》《魔笛》和《唐璜》。歌剧用咏叹调和宣叙调来塑造人物形象。咏叹调通过长线条、起伏多变的旋律和变化多端的强弱对比来模仿文学中抒情的功能，具有打动人心的作用。音乐中歌剧的宣叙调通过简单的音、简单的节奏和力度来取得叙述的效果，往往是暗示的。《费加罗婚礼》所要表现的思想情感主要通过女主人公苏珊娜的女高音咏叹调来实现，其中代表性咏叹调有《美妙时刻即将来临》《你们可知道什么是爱情》《哪里去了，美好的时光》。莫扎特擅长运用调式、调性反映抒情人物的情绪、情感变化，且音乐旋律具有强烈的对比，跳跃反差幅度极大。

浪漫主义时期从 1810 到 1900 年，将近一百年的时间里，浪漫主义思潮席卷欧洲，涌现出大量优秀的音乐作品。注重技巧，表现激情成为这一时期音乐创作和表演的显著特点。除了古典音乐、交响曲继续发展外，还产生了交响诗、艺术歌曲、标题音乐等新的音乐体裁。音乐的抒情功能发展到高峰。浪漫主义作曲家热衷于探究音乐与音乐之外的事物的关系，标题音乐、交响音诗风行，与文学、戏剧、美术、哲学发生关系。浪漫主义音乐发端于德奥，代表作曲家有舒伯特、韦伯、门德尔松和舒曼，其他音乐家还有法国作曲家柏辽兹、波兰肖邦、匈牙利李斯特，以及意大利歌剧大师威尔第、德国布拉姆斯和瓦格纳。

奥地利作曲家舒伯特（图 6-1）创作了 600 多首歌曲，开创了艺术歌曲发展的新纪元。其中《魔王》是根据歌德同名叙述诗创作的叙事曲。《魔王》原是德国民间神话，叙述雾神用甜言蜜语引诱天真无邪的孩子的故事。德国大诗人歌德将此神话改编成叙事诗。当时谱曲的有 14 人，其中 7 人比较有名。梅特菲瑟、许略特的作品属于简单民歌；车尔特、克兰的作品以民歌为主，掺入一点戏剧性；赖夏德的作品属抒情歌曲；吕伟、舒伯特两人的作品戏剧性强烈。舒伯特的《魔王》艺术成就最高，流传最广，极具创造性的快马三连音、魔王大调甜言蜜语的引诱、孩子节节升高的呼号，都堪称最佳写法。

标题音乐是浪漫主义音乐的一种代表体裁样式，如果说古典主义时期的贝多芬创作的《第六（田园）交响曲》是标题交响曲的前身，那么浪漫主义成熟期的柏辽兹（图 6-2）创作的《幻想交响曲》（1830 年）就是标题交响曲的经典之作。作曲家在创作中采用一些文学性的记录作为构思的基础，欣赏者可以根据每个乐章的标题和文字说明进行合理的想象，柏辽兹的《幻想交响曲》全名是《幻想交响曲：一个艺术家的生活片段》，分五个部分，它用极富想象力的浪漫主义创作方法，体现一位具有诗人气质的青年失恋后的幻想体验，带有自传性。柏辽兹的性格多愁善感，其带有病态的梦想和燃烧着的热情，使他摆脱了形式受约束的古典交响曲的框架，展现出了一种全新的风格。他不像门德尔松那样引用客观的标题，而是大胆地使音乐成为标题的附属品，在结构、和声与旋律方面都大胆创新，由此开创了自由浪漫主义音乐的创作之路。

图 6-1　舒伯特

图 6-2　柏辽兹

　　交响曲一般分为四个乐章，结构严密，内容庞大，标题一般都是以音乐的调性命名，更专业，也更高雅。相比之下，交响诗只有一个乐章，形式相对简单，含义却形象得多，更接近大众的审美趣味。它属于西方古典音乐最年轻的一种体裁，其前身是音乐会序曲。19 世纪中叶，李斯特第一次创造了这种体裁，深受大众喜爱，一直沿用至今。这种形式是诗与乐的结合，用音乐的手法传达着一个文学性的主题，一般有一个明确标题，关联着一个哲学思想，体现一定的诗意形象和意境。

　　西方音乐发展的历史建立在音乐风格的变迁之上。风格是西方音乐史分期的依据，更是我们聆听西方音乐要听懂的第一要素，听音乐就是在听风格，把握风格就能把握西方音乐的审美构成要素。很多人听西方音乐都听不懂音乐的风格，听不懂西方音乐风格体系的构成要素，因此，提高西方音乐鉴赏能力就是要培养听众的风格跟踪力、风格捕捉力和风格辨析能力。西方音乐走过的古希腊时期、中世纪时期、巴洛克和古典主义、浪漫主义不同的历史脉络，表面区分的是不同时代，实际标记的是不同类型的审美风格，我们聆听西方不同时代的音乐作品，实际就是体验到了西方作曲家们音乐创作风格反映出的不同的审美经验和审美品位。

　　（二）西方音乐之精锐化鉴赏

　　西方音乐第二个特点是音乐创作的科学性。受到古代哲学的影响，音乐被视为一种几何数学体系在时间中的存在样式。古希腊哲学家毕达哥拉斯认为世界是由"数"构成的，"数"是一切事物的形式和存在方式。包含在哲学思想中的音乐观念认为，和谐的乐音是由不同弦长的比例关系构成的。与中国艺术追求"善"的目标不同，西方艺术追求真理，将音乐视为科学的一部分，因而西方作曲理论不断总结音响的数学和物理属性，其音乐创作是高度数理逻辑计算与艺术想象的产物，将乐音振动的时间结构固定成刚性定位，符合几何原理的音乐对位法则，后世的勋伯格的十二音序列、申克的音乐分析理论都是这种追求真理的科学精神的延续。

要想听懂西方音乐，那么就必须了解形成不同风格特色的西方音乐创作手法。西方音乐风格体系构成的六个要素：节奏、节拍、旋律、织体、曲式和音色。音乐是流动的建筑，要用这六个要素去搭建时空的大厦。

音乐的时间，简单地讲就是音乐的节奏节拍。14 世纪，西方人以科学的精神，运用数学方法解决了音乐时间的定量计算问题。中世纪，人们在排练多声部圣咏时发现，多人演唱圣咏，声音混乱，音乐时间杂乱无序，很难做到声音的整齐和统一。因而西方音乐的创作进程是伴随着音乐时间的逐步秩序化、规范化和精密化的探索过程。西方音乐作品中的节奏、节拍在音乐时空大厦分布的节点是十分规则而有秩序的。常见的西方音乐中的节拍有两拍、三拍、四拍和六拍。两拍子"咚哒"就像人心脏收缩、舒张一次的跳动一样，一强一弱；三拍子"咚哒哒"，强弱弱，是西方圆舞曲一般采用的拍子。节奏、节拍是我们在聆听音乐一开始就应该尤其注意的音乐美感要素。掌握了拍子，就掌握了音乐的心跳和脉搏。我们在聆听巴赫《乐队组曲》中三拍子的《小步舞曲》和苏格兰军乐的节拍时，不妨思考一下两者的节拍能置换吗？答案肯定是不行。因为西方舞会用三拍子强弱弱，规范了华尔兹使用的舞步，而苏格兰军乐则是用两拍子表现行军的速度和节奏。

曲式指的是音乐各段之间的结构与设计所显现出来的音乐整体的样式，也称曲体。曲式是音乐各要素之间的有效组织与安排。狭义的曲式特指西方专业音乐发展中体现出来的特定结构样式，包括二部曲式、三部曲式、奏鸣曲式、回旋曲式等。音乐是一门付诸听觉的时间艺术，与视觉形象相比，听觉形象具有不稳定性和模糊性。针对音乐过耳即逝的特点，音乐的曲式结构在设计上的要点就是重复加变化。因为音乐转瞬即逝，主题音乐若不重复，就难以给听众留下深刻印象。但一味重复又很单调易于让欣赏者厌烦。二部曲式 A—B，是包含着重复因素的对比，具有一种平衡的美感；三部曲式 A—B—A，回旋曲式 A—B—A—C—A—D，像一条重复与对比的链条，每次偏离主题之后又返回主题，形式丰富多彩，能够创造出不间断的流动感。变奏曲式 A—-A—-A—-A，是重复与变化的结合。在一个完整的主题 A 呈现之后，出现它的不同变体- A，呈现同一主题在和声、旋律、节奏等方面的不同变化。奏鸣曲式 A—B—A' 包含重复、对比和发展的因素，是西方音乐最经典的曲式结构。因此，西方音乐史上创作出的这些曲式是依据音乐特点、契合欣赏者审美心理的结构样式。

舒伯特的声乐套曲《冬之旅》，根据德国浪漫主义诗人缪勒的同名诗歌创作，是他艺术歌曲的代表作。其中一首歌曲《菩提树》采用了奏鸣曲式的结构样式，A—B—A'。A段是明朗的 E 大调，描写流浪汉看见菩提树后，回忆幼年在树下度过的美好时光，整体是一种欢快的情调；B 部转入同名 e 小调，表现流浪汉现实中的痛苦感受，与第一部分形成鲜明对比；最后 A 部又转回 E 大调，流浪汉听到菩提树召唤他到那里寻找平安，歌曲通过奏鸣曲式的结构样式，给人留下深刻的印象。

无标题纯器乐作品，不能像中国传统器乐曲那样借助乐曲题目了解音乐的内容，而是完全依靠听觉获得审美享受，这样的欣赏方式是一种精锐化聆听，往往需要欣赏者具有较高音乐修养。其聆听方法是听重复乐段，分段落去聆听，反复聆听。旋律作为主题，反复出现，成为情感的载体，是欣赏音乐的法宝之一。

贝多芬（图 6-3）《第五（命运）交响曲》第一乐章一开篇用很强的力度奏响一个命运的主题，"梆梆梆梆"四音主题贯穿乐曲始终，后面的乐章都是这四个音变化出来的。对贝多芬而言，开始听不见声音可以说是一个致命的打击，这个主题表现了对命运的抗争。第二主题则比较抒情、明朗，给人以希望，暗示虽然命运如此不公平，但我们仍然可以紧紧扼住命运的咽喉，让自己的人生重新开启新的征程。

图 6-3 贝多芬

（三）西方音乐鉴赏能力的提升：实践性欣赏

我们知道，我们对于音乐作品的欣赏程度往往由我们对音乐感悟的深浅决定。如果欣赏音乐只是一种被动的聆听，那么音乐的很多内容无法感同身受。实践性的欣赏方式强调的是欣赏者参与其中，成为音乐的主人。如果说风格欣赏法侧重被动的聆听、感知音响的刺激，精锐化的欣赏方式主要依赖于听众对音乐形式的理性分析，那么到了第三种实践性或者说体验式的欣赏方式，我们更多地要求欣赏者在前两者的基础上，付出大量的时间和精力反复聆听一首优秀的音乐作品，通过实操的方式，即化身为音乐的表演者或者参与者，身体力行，让音乐映入你的感觉里、让音乐成为你自身情感需求的一种表达。

对于好的音乐，我们建议欣赏者不要作为旁观者游离在美妙的音乐之外，尝试参与其中，无论唱得好坏、怎么表现，音乐都是自身生命的一种印记。乐于自娱自乐、乐于参与的欣赏者往往对音乐的理解会更深入。参与的方式是多种多样的。一般来说可以通过开音乐会、唱卡拉 OK 或者录制专属歌集，达到与音乐合而为一的境界。现代社会参与音乐实践的方式是多样的，使用录歌软件、开直播演唱、对口型演唱等方式，都能够使欣赏者变成表演者，深度参与音乐作品美的创造过程，由旁观者变成了美的传递者。

为了获得深入欣赏的参与体验，我们还可以通过聆听音乐的不同版本来加强对音乐作品的审美经验，这就是比较聆听法。能够通过比较分析，思考不同版本音乐作品的美妙之处，是欣赏者主动欣赏、积极参与的一种体验方式。

首先可以是不同音乐创作版本的比较聆听。

曲目比较一：舒伯特《军队进行曲》与莫扎特《土耳其进行曲》的比较聆听。

舒伯特的《军队进行曲》强调鼓声和低音部分，配器上也注重军乐队的特点，使用了铜管乐等具有力量感的乐器，强化了进行曲的庄重氛围，简洁而有力的节奏，塑造出一种昂扬向前的氛围，具有一种坚定不移的力量。莫扎特的《土耳其进行曲》则通过富有生气的旋律和轻松的律动，加入了"土耳其"式的节奏和乐器（如打击乐），模仿土耳其军乐明朗、雄壮的特点，给人一种异域风情的感觉，营造出轻松愉悦的氛围。两首作品都是经典的进行曲，但在风格、情感以及表现手法上各有特色，各异其趣。

曲目比较二：莫扎特《费加罗婚礼》序曲与门德尔松《婚礼进行曲》的比较聆听。

《费加罗婚礼》是莫扎特的歌剧作品，讲述了一个关于爱情、身份和社会阶级的故事。《婚礼进行曲》最初是作为门德尔松的戏剧《仲夏夜之梦》的一部分创作的，后来被广泛用于婚礼场合。序曲通常用来为整个歌剧奠定基调。《费加罗婚礼》序曲节奏明快、结构紧凑，略显复杂的和声和快速的旋律使得整部作品气氛有些俏皮，但又不失庄重的贵族气质。与莫扎特的《费加罗婚礼》序曲不同，门德尔松的《婚礼进行曲》情感上更偏向于喜庆和隆重，旋律流畅且优雅，结构简单而富有表现力。整首乐曲给人的感觉是对新人的祝福和对美好时刻的庆祝，表现了婚礼这一场合的神圣和幸福。

曲目比较三：法国国歌《马赛曲》与柴可夫斯基《1812年序曲》中《马赛曲》曲调的比较聆听。

《马赛曲》是法国国歌，它充满力量和激情，旋律简洁明快，节奏快速且有力，表达了对革命和自由的呼唤，表现法兰西民族解放和独立的坚定信念；《1812年序曲》是柴可夫斯基为纪念俄国在1812年抗击拿破仑的胜利而创作的。乐曲融合了俄国传统音乐和法国的《马赛曲》，表达了俄国人民抗击侵略必胜的决心和力量。在柴可夫斯基的《1812年序曲》中，《马赛曲》被用来象征法国侵略者。两个版本的《马赛曲》在风格上的差异体现了它们各自的历史背景和情感表达不同，虽然旋律相似，但它们的含义和作用却有着显著的区别。

其次，可以是不同表演版本的比较聆听。一部音乐作品，不同的表演者通过自身的主观能动性可以赋予其新的阐释，相同的音乐作品也会呈现出差异较大的审美风格。

欣赏西方音乐，动手动脑动情是我们所提倡的一种审美方式，这是一种实践参与体验式的欣赏，强调的是欣赏者对音乐的沉浸式的理性思考和情感体验。我们反对纸上谈兵式的批评，比如经常听到有些人谈到郎朗的表演说他的肢体动作太夸张，只能听，不能看。但其实比郎朗更张扬的表演艺术家多的是。比如，加拿大钢琴表演艺术家古尔德每次表演只坐自己的椅子，还有玩行为艺术的、不开灯表演的，数不胜数。音乐更多呈现的是音响的准确性，表演者的肢体动作并非欣赏者要观赏的重点。

除了比较聆听法，实践性的体验式欣赏方式还可以通过"找最爱"的方式进行展开。通过聆听音乐，找到最有感触、最喜欢的部分，有可能是一段旋律、一种音色，还有可能是节奏型，无论是多么少的一部分内容，你都要找，因为这是你为作品赋予自身本质力量的过程，证明你把作品变成了自身生命的一部分。包括不喜欢的作品，也可以尝试找出自己喜欢的部分。

还有一种参与的方法是"打入"音乐。可以通过写动机、编短曲，录制视频，或者给抽象的音乐作品配置动画、讲解等方式"打入"音乐内部，不一定多么专业，但求自得其乐。音乐是需要表现力的。如果欣赏者对表现力的要求太低，就会限制其对音乐的理解。作过诗的和没作过诗的人对诗歌的理解有着本质的区别。提高欣赏者的艺术表现力是摆在音乐教育工作者面前的难题。要解决这个难题人们的共识是进行假唱训练。西方音乐课、戏剧课常见的训练方法就是让学生选取一段音乐，对口型进行表演。通过对口型的假唱训练，设计表演动作，让学生的演唱变得有感染力，这种方式西方叫假唱，中国叫双簧。还有一些音乐游戏软件，如完美钢琴、古树旋律、节奏大师、劲舞团等，我们可以跟着音乐按不同的按键，或者踩踏不同的按钮。通过这些方式来参与音乐、玩音乐，这实际就是实践性的欣赏方式，它可以深入到我们的行为方式和日常生活中，变成我们的一种生活态度。

实践性欣赏音乐是最为深入的一种欣赏方式，不仅在欣赏西方音乐作品时有效，欣赏中国传统音乐时依然是有效的，但西方音乐精妙的形式和复杂的音乐创作手法，使得我们更需要这种方式才能把握其精妙的美。

第三节　音乐美育的实现途径

音乐美育主要依赖于音乐自身的美，而音乐之美是我们贯彻以美育人目标的手段和路径。不同国家、不同民族、不同地域的音乐作品具有相同的构成要素和美的特质。音乐之美首先在于形式美，其次在于社会赋予的相关情感性的内容美，最后音乐之美还在于欣赏者脱离作品自身心中获得人生感悟的超越美。作为大学生要提高音乐鉴赏能力，培养有"音乐感的耳朵"，需要了解一定的乐理知识和音乐常识，借助于音乐欣赏的三个阶段，方能欣赏音乐之美。

一、聆听音响之感性美

我们在欣赏音乐之时，首先要用耳朵感知音乐的声音，这是音乐欣赏的第一个阶段，听觉的欣赏（即悦耳——感官愉悦阶段）。这一层次的欣赏主要满足于悦耳动听，是一种比较肤浅的欣赏。处于这一层次的欣赏一般是出于对音乐所产生的音响的兴趣，遇到"听不懂"的或认为"不好听"的乐曲就不去听。在这个层次上听音乐，可以不费脑子，不需思考。通过这样的欣赏，音乐把人带入了一个幻想的境界，而欣赏者对音乐作品本身并不需要有多么深入的理解。这种具有美感特征的官能欣赏，对许多人都会产生类似的感染力。因此，官能的欣赏层次在音乐欣赏中具有一定的作用和意义。

音乐的美首先表现为声波振动之美。音乐作品的感性材料我们称之为音响。音响的振动形成音乐美的构成要素。声音的物理属性是音响的基本要素，包括音强、音高、音色和时间四个要素。这四个要素天然就能够引发听觉的审美感受。

音强也称力度，由振动物体的幅度决定。幅度越大，强度越大，音量就越大。音量大，表现的事物就巨大，表现的情感也是一种蓄积的状态，比如圣桑的管弦乐《动物狂欢节》中用较大的力度表现大象体积的巨大，贝多芬的《第五（命运）交响曲》用较大的力度，表现"命运"在叩门的不屈精神。音量小，表现的事物与情感就与音量大时相反。音强的力度变化，能够表现相应的画面，抒发不同的情绪状态。

音高是由振动物体的频率决定的。频率是指振动物体一秒内振动的次数。振动的次数越多，频率越高。不同频率的音高有不同的审美感受。一般来说，高音给人一种欢快、明朗的感觉；中音给人一种宽广、温暖的感觉；低音给人一种悲伤、压抑的感受。歌唱中的女声因能够达到的最高声音频率的范围不同而分为女高、女中音。女高音是声乐演唱中最为抒情的声部；女中音音色比较稀少，总能营造一种温柔、低沉、委婉的音质，让听者感到温暖而治愈。如果说女高音是一只金字塔顶端的云雀，那么男低音则是金字塔的地基，拥有人声最低的音域，抒情男低音在歌剧中一般饰演正派角色，声音庄重、低沉、流畅而富于歌唱性，滑稽男低音在歌剧中一般是丑角，声音轻巧灵活、诙谐生动而富于激情。

音色是由声波的波形决定的，若波形是规则的，一般称之为乐音。构成音乐的音响大多是乐音，乐音来自不同的材质、不同的演奏方法、不同的触键速度，以及不同的发声方法。不同材质的乐器有不同的音色。中华传统弹拨乐器中，古琴、古筝和琵琶音色有着独有的韵味。古琴有七根弦，音色空灵、古朴、优雅；琵琶有四弦，也有五弦，音色正如白居易在《琵琶行》中形容的"大珠小珠落玉盘"一样，有一种珠圆玉润的颗粒感；古筝是以音响效果命名的乐器，汉代刘熙《释名》中写道："筝，施弦高急，筝筝然也"。"筝"是一种拟声词，一弹就发出"铮铮"的声音，发声高亢，其音质是线性的，有一种流水汤汤的韵律感。不同的演奏方法也会带来不同的音色。古琴的三种音色，就是来自用不同弹奏技法：泛音，在徽位上弹奏，代表天的声音，优雅、飘逸、空灵，仿若天籁，清亮而又圆润，富有力度而又内含悠扬之韵，极富穿透力；散音，弹奏空弦的声音，代表地的声音，浑厚、低沉、古朴，仿若地籁；按音，是弹奏者左手按弦，右手揉弦，注重技巧，营造一种余音绕梁的境界，代表人创造的声音。

没有固定音高，振动波形呈不规则变化，这样的声音我们称之为噪音。传统乐论认为音乐的声音都是和谐悦耳的，因而没有噪音。但实际上音响中有相当一部分声音属于噪音。有些乐器振动的波形是不规则的，是一种噪音。比如鼓乐等打击乐器就属于波形不规则的噪音，它最早应用于军队仪仗队，没有用来伴奏，听上去虽然不是那么和谐悦耳，但有一种振奋精神、鼓舞人心的力量，后来逐渐运用于大型歌舞伴奏。有些演奏方法也会产生噪音。比如琵琶曲《十面埋伏》在表现杀戮的时候，琵琶演奏的速度很快，弹奏出来的声音尖细、刺耳、喧嚣，就是一种噪音。传统琵琶曲《十面埋伏》又名《淮阴平楚》。描绘了公元前202年楚汉战争垓下决战的情景，全曲一共三部分，十三个段落，其中高潮部分是第二部分第八节"九里山大战"，描绘两军激战的生死搏杀场面。高超的演奏技法营造出一种激烈的音流，刺耳喧嚣，让欣赏者有一种捂住耳朵的冲动，这种声音是一种噪音，但却独具美感，表现了战争的激烈和残酷，表达了作者反对战争的心愿。

还有一些独特的发声方法。美声讲究声音的圆润、饱满和穿透力，是一种乐音。但有些民族唱法或者是戏曲的唱腔，喜欢唱得沙哑、破音，营造出一种独有的韵味。比如秦腔等地方戏曲。

综合运用音高、音强、音色和时间这四个基本要素，就形成了音乐的表现手段，它是不同国家、不同民族、不同地域人们创造的各种不同的音乐形式。这些音乐形式的表现手段主要有节奏、节拍、旋律、调式、和声、曲式和配器。

节奏、节拍是音高、音强和时间的综合体，它们构成了音乐作品的骨骼。节奏是不同音高在时间中的律动，节拍是不同音高、音强在时间中的有序律动。音乐是时间艺术，在时间的延绵中，节奏、节拍成为了音乐作品的支柱。如果没有节奏音乐就会成为一潭死水、一摊烂泥。长短不同的音按照一定规律组织起来就是节奏。节奏可以独立存在，本身就有极强的表现力和美感。比如各地的锣鼓、非洲的舞蹈、踢踏舞等乐舞主要就是运用了节奏、节拍的表现形式。安塞腰鼓是陕北的汉族民俗舞蹈，表演可由几人或上千人一同进行，磅礴的气势、精湛的表现力令人陶醉，被称为天下第一鼓。

音乐一般用较短、急促的节奏表现欢快、热烈的氛围，如安塞腰鼓等节庆日表演的锣鼓、舞龙舞狮等乐舞；用宽广、舒缓的节奏表现闲适的心情和田园风光，如贝多芬《第六（田园）交响曲》第二乐章。实验证明，当节奏的律动超过人的心跳频率（每分钟60—80次）时，就会让人感到紧张或者兴奋；当乐音律动小于这个频率时，人就会感到放松、低落甚至消沉。

爱尔兰踢踏舞剧《大河之舞》是集舞蹈、音乐、歌剧于一体的盛宴，被称为世界上最具震撼力的舞蹈和最富感染力的音乐。该剧以爱尔兰民族特色的踢踏舞为主轴，融合热情奔放的西班牙弗拉明戈舞，汲取古典芭蕾和现代舞蹈的精髓，堪称舞蹈史上的鸿篇巨制和绝世佳作。其音乐主要运用的手段就是节奏、节拍。有力多变的节奏从舞者脚下踏出，舞步与音乐融合得天衣无缝，每个人的舞鞋都是特制的乐器。

除了节奏、节拍，音乐的表现手段还有旋律。旋律是音乐的主要表现手段，被称为音乐的灵魂。大多数人记住音乐就是记住其中的一段旋律，甚至被音乐中的旋律所感动而铭记一生。旋律是在时间的横轴上下波动的线条，有方向，有形状和相对的完整性，俗称乐句，传递着不同的情绪类型。当我们听完一首乐曲，脑中回响的、嘴里哼唱的就是这些给人留下深刻印象的旋律。旋律之所以能给人留下很深的印象，是因为旋律都有明确的主题，主题是音乐作品呈现给欣赏者的第一句明确的"话"，有着强烈的情感内容，或欢快、或忧郁、或愤怒、或坚强，音乐的其余乐段根据主题展开，塑造出不同的感人肺腑的音乐形象。比如贝多芬《第五（命运）交响曲》第一乐章以很强的力度奏响，用紧凑的、类似三连音的节奏，同音重复组成旋律，不仅构成第一乐章的主题，而且贯穿作品四个乐章的始终，引发欣赏者产生"命运在叩门"的联想，表现了作者坚定的意志和与命运抗争的精神。不同时代的音乐作品都有其独有的旋律、生动的主题，感动着一代一代的人们，陪伴着人们，宣泄着人们的喜怒哀乐，慰藉着人们的心灵。

调式是在音乐实践中形成的，能够给音乐附着不同的风格色彩。几乎所有的旋律都围绕着一个中心音建立起来，也结束于这个音，这个中心音称为主音，主音和其他音组成一个群体，这个音群由3—7个音组成，它们构成音列，成为一个较为稳定的结构单位。不同国度创作的音乐有着不同的文化背景，因而形成了这个国家独有的调式体系。在我们的生活中欣赏到的音乐作品大多是西方大小调体系和中国五声调式体系。调式决定了音乐的风格和色彩。大小调给欣赏者带来不同的审美感受。一般来说，大调是开朗的，具有明亮、辉煌的色彩，表现人们心情舒畅、兴奋时候的豪情壮志。广为流传的意大利歌曲《我的太阳》，是一首典型的G和声大调歌曲，赞美辉煌灿烂的太阳、暴风雨后灿烂的阳光，由世界三大男高音之一的帕瓦罗蒂演唱，宽广的气息、浑厚高亢的高音展现出一派热情奔放、爽朗豪放的风格特色。而小调是忧郁的，具有黯淡、低沉、优柔的色彩，抒发缠绵悱恻、痛苦挣扎的情绪情感。小调恰如温柔细语，极具缠绵悱恻，适合孤单、伤心的人聆听，具有治愈心灵、抚慰创伤的功效。现代流行歌曲大多采用小调，就是这个原因。《莫斯科郊外的晚上》第一、三、四乐句用小调，讲述了一个青年想要和心爱的姑娘表白，又难为情的缠绵悱恻的心情。

五声调式是中国汉族民歌独有的一种音阶排列方式，成为我国传统音乐标志性的特点。五声音阶宫、商、角、徵、羽，对应的简谱记法为：1 2 3 5 6，这五个音可以成为主音，组成一个调式，每种调式有着不同的色彩，能够传递不同的情感。我国有着历史悠久的文化，各族民歌有着不同的调式，其中五声调式运用最广，影响最大。五声调式创作源自中国金木水火土的哲学思想，认为音乐来自大自然，五行对应五音，不同的调式对应人的五脏，能够用五声达到治疗心理疾病的目的。五声调式源自中国文化，具有中国人的审美品位，又能代表中国人温柔敦厚的气质特点。《茉莉花》是一首传唱度很高的汉族民歌，曲谱最早出现在清代，经过几百年的传承，全国形成几十种不同旋律和风格的版本。普契尼的歌剧《图兰朵》就嵌入了《茉莉花》的旋律，为其打上了一抹神秘的东方色彩，传播到全世界。江苏民歌《茉莉花》，风格典雅、温婉含蓄，属于传统五声徵调式（图6-4），赞美了洁白芬芳、自然朴实的茉莉花，表达了对纯洁爱情的向往之情。

图6-4　徵调式音阶说明图

二、情感共振之体验美

当欣赏者调动联想、想象等多种心理要素去体验音乐作品的情感内容之时，音乐欣赏就进入到第二个阶段：感情的欣赏（即悦心——心灵愉悦阶段）。在这个层次或阶段中，欣赏者对音乐作品渗入了主观的分析和理解，音乐作品所表现的思想与欣赏者感情产生共鸣，音乐可以激发欣赏者的喜怒哀乐，可以使欣赏者根据自己的生活体验去想象和幻想，通过音乐欣赏，欣赏者可以感受到许多难以言喻的东西，可以产生丰富的联想，从而在音乐中获得优美的享受。欣赏者对音乐所表达的内容，努力地去感受和联想，逐步获得一定的理解。这一层次的欣赏是大多数音乐欣赏者通过实践都能够达到的。

音乐是在时间的流动过程中，诉诸听觉通过有组织的音响传递特定的精神内涵、表达人们的情感的一门艺术。音乐艺术不能像小说、绘画等艺术一样，能够运用人物形象、故事情节、社会环境等手段去细致深刻地再现现实生活，它属于表现艺术，擅长表现人类一切细腻生动的情感。这种情感是艺术家对社会生活体验后的情感，也能够间接反应社会生活，这是音乐表现生活的特殊性。比如贝多芬《第六（田园）交响曲》第二乐章，通过模仿大自然的溪流声、鸟叫声，来反映大自然的美景，表现到达田园后愉悦的心情。

音乐本体有两个基本构成要素，一个是音乐的形式，即"音响"，诉诸人们的听觉，表现为一种"声"；一个是音乐的内容，即情感，通过情感体验，带给欣赏者一种触及心灵的深刻感动。音乐的声音（人声、乐器的声音）材料不具有形状、色彩的可视性，具有抒情性，能够以声传情，能够迅速、直接地激发人们的情绪情感。

关于音乐表现哪些情感这个问题，早在 2 000 年前的《礼记·乐记》就总结了音乐表现喜、怒、哀、乐、敬、爱等六类情感。关于音乐如何表现情感这个问题，格式塔心理学运用同构原则，揭示了乐音运动和感情运动两者在时间维度上具有惊人一致的相似属性。

比如喜悦是心情舒畅、兴奋时的一种心理活动。音乐用明亮的音色、欢快的节奏、跳跃向上的旋律线条就能够展现喜悦的情感。比如门德尔松的《婚礼进行曲》、莫扎特的《费加罗婚礼》，以及《春节序曲》等作品表现的是一种喜悦的情感类型。1955 年李焕之创作的《春节序曲》管弦乐，是在毛主席《在延安文艺座谈会上的讲话》精神的鼓舞下，有感于延安党政军民联谊会亲如一家的氛围，展现了当年革命根据地同歌共舞、热闹欢腾的场面。乐曲运用热烈、快速的节奏，明朗雄健的音色，不同强弱力度的对比，形成对答，此起彼伏，展现了载歌载舞、锣鼓齐鸣的情景，营造了欢快喜庆、喜气洋洋的氛围。

愤怒是一种运动十分剧烈心理活动，具有突然迸发、向外扩张的趋势和极强的破坏力。当音乐作品中的音响使用相似的结构，比如较大的力度、飞速运行的音流、喧嚣的和声，就能表现愤怒的情感，激发我们心中的愤怒之情。音乐作品《恨似高山仇似海》、

《十面埋伏》、莫扎特歌剧《魔笛》中夜后咏叹调等，表现的就是一种"怒"的情感类型。其中《恨似高山仇似海》是歌剧《白毛女》中最经典、最出彩的唱段。演唱上它结合了咏叹调和传统戏曲及民族唱法，大量运用"润腔"的唱法，通过剧中主人公喜儿对自己悲惨遭遇的哭诉，将喜儿内心爆发的对仇人强烈的憎恨之情展现得淋漓尽致，让我们了解到旧社会对人的摧残和把"人"逼成"鬼"的罪恶，这样就激发了我们对旧社会的控诉，珍惜当下来之不易的幸福生活。

悲哀是一种心情低落、消沉、压抑的心理活动，具有向下的运动趋向，速度缓慢。音乐用较慢的节奏，下行的音流等手法就能表现悲哀的情感。《二泉映月》《江河水》《如歌的行板》《流浪者之歌》等音乐作品的情感表达就属于悲哀这一类。其中二胡名曲《江河水》是一首悲与愤交织在一起的乐曲。第一句速度缓慢，旋律波状起伏，情绪凄凉；第二句以十度向上的跳进，极强冲击力，表达愤怒的情感；第三句节奏顿挫，音调从高音下行，表现了泣不成声的悲痛，哀婉动人的旋律令人心碎。

快乐是一种心情高度兴奋、心跳加速的心理活动，具有运行速度快、跳跃向上的运动趋势。音乐用明朗的音色、跳跃向上的音调、快速运行的节奏就能表现"乐"这种情感。快乐和喜悦这两种情感运动形态有些相似，但喜悦更加内敛，快乐更加外向和情绪化。音乐作品中钢琴曲《牧童短笛》、久石让《Summer》、流行歌曲《阳光彩虹小白马》抒发的情感属于"乐"这一类。《牧童短笛》是贺绿汀1934年创作的我国第一首成熟的中国风格钢琴曲。作曲家将五声调式融于钢琴曲中，加入大量跳音，旋律欢快，采用民间舞蹈的节奏，表现了牧童和牛嬉戏玩耍的情景。

音乐虽然不擅长再现现实生活，但音乐所传递的情感都来自现实生活。音乐专注于表现情感，这是由音乐是时间艺术、诉诸人们的听觉等特性决定的。音乐表现的是从生活中体验到的情感，人们欣赏音乐又能从音乐中感受到不同的情感，通过情感化的欣赏方式来唤起人们对生活的热爱。在音乐欣赏过程中，逻辑思维让位于感情体验，居于次要地位，感性因素多于理性因素。音乐对于欣赏者的感染是直接的，是一种心灵与心灵的对话，不需要推理、思维等理性因素。

三、精神愉悦之超越美

当我们调动心理活动中的理解要素，辅以对作品创作背景的认识，展开对创作意图的解读，理解了作品的主题思想和艺术意蕴，从作品反观自身，提升了人生境界，这个时候就进入音乐欣赏的第三个阶段：理智的欣赏（悦神阶段）。欣赏者不仅对音乐作品所体现出来的音乐形象有较深刻的理解，而且对于作品的主题思想、作品的形式和风格甚至是作曲家的创作动机、表现手法都有较丰富的认识。可以说从整体上了解了音乐作品的结构和作品所要表达的丰富感情以及富有哲理性的思想内容。通过欣赏，使自己的精神获得极大的满足，达到一种新的思想境界。在这个层次中，一方面欣赏者深入到音乐之中，不仅对音乐的各种表现手法有较为敏锐的感受，而且对作品的形式、曲作者的创作意图和作品的思想内容有较为充分的理解；另一方面，欣赏者能超脱音乐，预感到音乐将要前进的方向和发展的层次。

我们一般说审美是无功利的，这个无功利指的是美的欣赏没有太多物质上的需求，但是从精神需求来讲，审美却是有功利目的的。这个功利性指的是精神上的慰藉是有所求的。以音乐审美为例，人们听音乐最终都会剥离音乐本体，反观人自身，借助音乐欣赏感悟人生，获得某种精神的支撑，达到一种超越的境界。人生苦短，分离是常态，就像一日三餐不能少一样，人的欲望从来都是处于一种暂时的满足状态，无法得到真正的满足。在音乐欣赏中，我们可以从世俗的欲望中剥离出来，获得一种精神的超越，超越生死，超越功名利禄困扰，超越凡俗，达到与大自然同一的境界。

中国文人的标杆、文人风范的代表——魏晋名士，他们行为不遵礼法、放荡不羁，却是最纯真的一代，留给后人一个个潇洒的背影，殊不知他们忍受着更多的苦难。鲁迅说："我们看晋人的画像或那时的文章，见他衣服宽大，不鞋而屐，以为他一定是很舒服，很飘逸的了，其实他心里都是很苦的。"① 音乐是他们超越现实苦难、得道的工具，在生命如草芥的乱世慰藉了他们的心灵。竹林七贤之首的嵇康在《四言赠兄秀才入军诗》之一中写道："目送归鸿，手挥五弦。俯仰自得，游心太玄。"正如嵇康所说，人在音乐中自由徜徉，心游万境，能够超越生命的脆弱，获得永生，达到与自然合二为一的理想境界。

音乐中的超越精神之一是超越凡俗。

在世间，生而为人，总有摆脱不掉的烦恼。有的人为情所困，有的人为利所扰。当人心情处于低谷之时，有人喝酒解忧。但酒水只会让人沉醉一时，无法根本解脱。音乐就不同了。音乐可以与心灵深处进行对话，通过精神层面的超越达到解忧的目标。

儒家提倡的雅乐虽然主要是为了培养君子温柔敦厚的道德品质，为封建教化服务，但雅乐客观上也可以平和心境，忘却世俗烦恼。道家提倡的音乐清新悦耳，涤荡心灵，开阔境界，闻之忘俗。《春江花月夜》原为我国传统琵琶曲，曲名《夕阳箫鼓》，后也成为古筝名曲。乐曲内容丰富，含有摇指、按音等多种技法，犹如一幅长卷山水画，具有诗情画意之美，描绘了江楼钟鼓、夕阳西下等大自然最美的画卷，优美抒情，婉转如歌，让人流连忘返，沉浸在大自然的美景中。《渔樵问答》是一首流传了几百年的古琴名曲，反映的是隐逸之士对渔樵生活的向往，希望摆脱俗尘凡事的羁绊。乐曲通过渔樵在青山绿水间自得其乐的情趣，表达出对追逐名利者的鄙弃。古琴曲《流水》用轮指等技法展现了高山流水的自然美景，用古琴特有的音色营造了一种天人合一的意境，让听众想象到了大块流动的水云空间，激发对大自然的无限向往之情，缔造一种清心凝神、超越世俗烦扰的艺术境界（图 6-5）。

---

① 鲁迅：《魏晋风度及文章与药及酒之关系》，载《鲁迅全集》（第三卷），人民文学出版社 2005 年版，第 530 页。

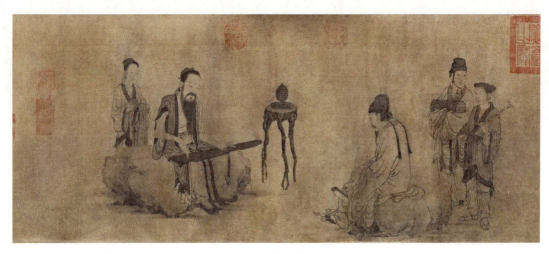

图6-5　伯牙鼓琴图

音乐中的超越精神之二是超越困厄。

人生在世，总会经历战争、灾难、挫折、病痛等折磨，音乐不描述这些令人痛苦的社会生活，但好的音乐作品总是能够通过乐音的律动传递着一股在困境中昂扬不屈的精神，抗争着命运的不公。《第五（命运）交响曲》写于贝多芬遭遇失聪打击之时，他却能紧紧扼住命运的咽喉，随后一部部传世经典《第六（田园）交响曲》《第七交响曲》《第八交响曲》和《第九交响曲》接连问世。《第五（命运）交响曲》第一乐章主部主题是不屈于命运的不公，通过激昂有力的旋律传递一种勇往直前、不屈不挠的人生态度，展示了惊心动魄的和命运抗争的场面，表达了贝多芬内心充满愤慨和向封建势力挑战的坚强意志。

音乐中的超越精神之三是超越生死。

生死是人生最难的超越。一般人都畏惧死亡，死亡是生命的一部分，每个人都会面临死亡，死亡是不可避免的，但我们可以选择如何度过这活着的时间，我们会更加感恩身边的人和事。音乐是治疗人们各种灰暗情绪的良药，舒缓我们经受病痛折磨、畏惧死亡阴影的过分压抑、紧张、焦虑的情绪，从而获得一种超越生死的力量和勇气。

电影《我不是药神》讲述了男主作为一个平凡人救助一群白血病人的故事。白血病是绝症，活着就是一种抗争。主题曲《只要平凡》，男低音用舒缓、低沉、略压抑的音色唱出"也许很远或是昨天，在这里或在对岸，长路辗转离合悲欢，人聚又人散，放过对错才知答案，活着的勇敢，没有神的光环，你我生而平凡"，写出了一个平凡人的遗憾和无奈，生而为人，怎会不得病，病痛是人生命的试金石，凡历经疼痛坎坷，方知珍惜生命中的拥有。

只有音乐是从心灵射向心灵的语言，音乐无须言语，直达人类内心深处，言说语言无法言说之物。音乐是语言终止的地方，音乐是人类共通的语言。欣赏音乐的听众不像电影、戏剧观众那样，不是以旁观者的身份对待剧中的人和事，而是把音乐中的情感当成自己的情感来体验，仿佛乐曲的情感转入到了自己的心中，达到与作品的情感共哀乐、同喜怒的境界。欣赏音乐是一件十分惬意的事情，只要你用心聆听音乐，为音乐表现出的精神所感动，那么音乐就实现了它的核心价值，即美育价值。

本章思考题与阅读书目

一、思考题

1. 什么是音乐美育？
2. 音乐美育与审美教育、音乐教育的关系如何？
3. 区别于其他艺术门类的艺术美育，音乐美育有什么样的独特性？
4. 大学生音乐鉴赏心理与大学音乐美育的关系如何？
5. 音乐美育在美育中的地位如何？
6. 如何欣赏中国传统音乐？
7. 如何欣赏西方传统音乐？
9. 大学生如何提高自身的音乐鉴赏能力？

二、阅读书目

1. 王次炤：《音乐鉴赏》，北京大学出版社 2021 年版。
2. 李泽厚：《美的历程》（修订插图本），天津社会科学院出版社 2001 年版。
3. 蒋菁、管建华、钱茸：《中国音乐文化大观》，北京大学出版社 2001 年版。
5. 管建华：《中国音乐审美的文化视野》，南京师范大学出版社 2013 年版。
6. 尹爱青：《音乐审美教育的人学研究》，东北师范大学出版社 2015 年版。

第七章
影视美育

　　影视美育是以影视艺术为传播媒介，通过对影视艺术作品的欣赏、创作或评论，提升当代大学生影视艺术作品的审美鉴赏能力与艺术修养，塑造丰富情感与正确的价值观，提升文化素养，深化历史认知，激发创新思维与想象力、培育媒介素养与批判性思维，提升社会责任感。它是美育教育特别是大学美育的重要内容与形式。了解影视美育，需要从影视艺术的审美特征开始。

第一节　影视艺术的审美特征

一、影视艺术审美的直觉性

　　本节的第一部分要学习的是影视艺术审美特征中最基础的部分，即影视艺术审美的直觉性。这是影视艺术作为艺术形态区别于其他艺术形态的审美特质，掌握了这一特质，才能够了解影视美育何以可能以及何以用之。

　　丹尼尔·贝尔认为："当代文化正在变成一种视觉文化，而不是一种印刷文化，这是千真万确的事实。"[①] 1895 年 12 月 28 日，当卢米埃尔兄弟在咖啡馆展示他们发明的放映机并播放自己拍摄的电影《工厂大门》时，他们没有预料到自己开辟了一个新的时代；无独有偶，1926 年，英国电子工程师约翰·贝尔德在英国皇家学会上为科学家们展示自己的发明成果时，也没有想到这一播放着最简单的黑白画面并能够听到声音的"匣子"在日后不仅能够变成彩色，而且走入了千家万户，成为人们每天茶余饭后的"日用品"。历经百余年的发展，电影和电视开启了视觉文化传播的时代，深刻地改变了人们的认知世界的方式，使我们的生活发生了天翻地覆的变化。

　　影视艺术是一种以电影或电视技术为手段，以影像与声音为媒介，运用艺术的审美思维把握和表现客观世界，通过塑造鲜明的屏幕形象，达到表情达意的艺术形态。影视

---

① 丹尼尔·贝尔：《资本主义文化矛盾》，赵一凡等译，生活·读书·新知三联书店 1989 年版，第 156 页。

艺术作为一种视听觉综合艺术,与借助语言文字表情达意的文学不同,它有着独特的艺术呈现方式。它以连续性的画面运动展现出与现实生活无异的真实场景,给人以逼真感受;同时又能以高超的技术手段为人们打造出虚幻的世界,满足人的视觉和听觉,从而最大程度上激发人们的想象力和创造性。正是由于这一独特的艺术呈现方式,使得影视艺术成为了20世纪以来最具大众性和影响力、受众参与最为广泛的艺术形式。电影和电视艺术在传播方式、受众对象以及传播环境方面存在着一定的差异性,但两者在基本属性和所使用的艺术语言等方面有着高度的相似性,其中,审美的直觉性即是两者的共同特征。

首先要解释一下什么是直觉。作为哲学与美学中的重要问题,古今中外都探索过这一概念。古希腊毕达哥拉斯学派最早探讨了直觉问题,他们认为,直觉就是脱离感觉的纯粹思维,其对象是世界的本原——数。柏拉图认为,直觉是直接知识的形式。亚里士多德则将直觉解释为一种理性归纳法。及至近代,西方哲学研究的重心转移到认识论,直觉便成为一个重要的哲学范畴,这一时期人们对直觉的看法,一般分为四种:一是把直觉推崇为最高的理性认识方法和认识能力,二是把直觉看作一种介于感性和理性之间的能动的认识形式和认识能力,三是把直觉看作普通的理性认识能力,四是把直觉看作感性认识能力。在美学家的眼中,审美直觉是创作和欣赏的根本方法与能力,其特点是直观性和直接性,关涉思维、行动、创造,以及自由与超越。

影视艺术的审美直觉性首先表现在影视艺术的创作创造了一种直觉美。影视艺术是以镜头为表现手段的视听觉艺术。最初出现的电影镜头以每秒钟24帧照片与画面进行呈现,达到动画效果。随着技术的进步,还出现了每秒24帧以上的高帧速率。研究表明,人眼的极限是每秒55帧,对于每秒24帧的画面频率极其适应,使人有身临其境的真实感。因而,即便电影技术上已经能够达到高帧速率,但近一个世纪以来,绝大多数电影的制作和放映频率仍然是每秒24帧。同时,摄影技术还能够以一种高超的技术展示人们用肉眼无法看到的事物发展的过程,例如鲜花绽放的过程、火箭发射的过程等等。科学技术的迅速发展使影视艺术影像能够越发完美、精确地展示现实物像给予人的视听感觉上的冲击力与一致性,活动画面与直观动态影像实实在在地创造出一种直觉美。

影视艺术的审美直觉性还体现在影视艺术鉴赏产生的情感共鸣是直觉性的。影视艺术与文学艺术不同,文学艺术所赋予人们的想象造成了"一千个读者就有一千个哈姆雷特",且由于审美主体有着不同的人生经历、知识结构以及鉴赏能力,在阅读与想象时带来的审美体验是有差异性的。然而,影视艺术却以客观实在的视听感知觉带来了情感的直觉性。以电影为例,电影院提供了封闭的、黑暗的观影环境,观众被一步步引向对银幕世界的关注与沉浸,并由此产生直觉的认同感。"黑暗使我们同现实的联系自动减弱,使我们丧失掉为进行恰当的判断和其他智力活动所必需的种种环境资料,它催眠我们的头脑。"① 在这种黑暗中，观众的自我意识被削弱，整个身心沉浸在影视构建的梦幻状态中，这时产生的情感几乎是直觉性的，也即未经理性思考的。

二、影视艺术审美的综合性

影视艺术与文学、戏剧、音乐、绘画等艺术形式均有不同。与文学相比，影视艺术塑造的形象更为直观，观众通过视觉获得感性认知，而文学作品则需要靠描述性语言辅以读者的想象力才能够使人获得生动印象；有人说：影视是搬上银幕和荧屏的戏剧。这一说法注定了影视与戏剧的不解之缘，与戏剧相比，影视打破了观众与舞台的距离，也改变了观众对戏剧的固定视角，同时可以更为直观地呈现出戏剧所无法真实展示的生活场景；而与静止的绘画以及摄影相比，一方面影视艺术与之有千丝万缕的联系，另一方面，影视艺术较之它们更具有表现上的综合性。因而，影视艺术是一门综合艺术，它综合了戏剧、文学、绘画、雕塑、音乐、建筑、摄影、舞蹈等艺术中的多种审美元素，并使这些审美元素互相融合，形成影视艺术独特的审美要素，使影视艺术呈现出再现与表现、技术与艺术、逼真与虚拟、时间与空间的统一与融合的特征。

影视艺术在审美形态上是时空与视听艺术的综合。乔托·卡努杜曾经指出，有两种传统的艺术种类即时间艺术（音乐、诗歌、舞蹈）和空间艺术（建筑、绘画、雕塑），前者是动态的，后者是静态的，两者间存在着巨大的鸿沟，而电影艺术则填补了二者之间的鸿沟，同时具备了时间与空间、动态与静态、节奏与造型等美学特征，卡努杜因此称电影为"第七艺术"。电影从戏剧艺术中汲取元素，如剧本、服装、表演、场面调度等。法国导演乔治·梅里爱的戏剧式电影几乎都是对戏剧舞台表演的直接搬演，为电影史开创了戏剧主义潮流，与卢米埃尔兄弟开创的纪实主义潮流共同形成了电影艺术的两大传统。影视艺术也包含着绘画、雕塑、摄影等造型艺术的元素，光影、色彩、构图等作为重要的言说方式，传达着影视艺术的审美意蕴。声音也是影视艺术重要的审美元素，无论是人声、音乐还是音响，无一不成为叙事与表情达意的必要手段。

影视艺术在审美形态上呈现出再现与表现、逼真与虚拟相融合的特征。人们常说影视是一门再现艺术，通常指的是影视艺术的镜头能够真实地记录和表现现实生活场景，最大限度地呈现真人、真事和情感，特别是电影艺术中的长镜头技术，能够"保持剧情空间的完整性和真实的时间流程"，让观众看到真实再现的生活原貌。电影艺术中还有一项技术叫作蒙太奇，主要是通过镜头、段落和场面的组接，叙述故事情节，表达思想情感。蒙太奇技术使得电影的叙事超越了再现功能而具备了更多的表现性。电影艺术中的这两种技术之争成为了流派之争，法国电影美学家安德烈·巴赞提出了长镜头理论，他倡导"纪实性"，提出电影要表现时间和空间的真实性。苏联的谢尔盖·爱森斯坦提出了

---

① 齐格弗里德·克拉考尔：《电影的本性——物质现实的复原》，邵牧君译，中国电影出版社1981年版，第201页。

蒙太奇理论，1925 年他还运用蒙太奇手法导演了影片《战舰波将金号》并获得成功，此后蒙太奇被广泛应用于电影艺术。影视艺术的再现与表现特征也呈现出逼真与虚拟的融合，一方面，长镜头更多地呈现了逼真性，而蒙太奇技术能够更好地表达一种主观视角与内心情感，也更适宜展示虚拟场景与故事。

三、影视艺术审美的技术性

影视艺术是伴随着科学技术的创新而产生的，这就注定了影视艺术与科学技术不可分割的密切联系。一方面，科学技术的发展为影视艺术的新思路、新手法与新样式带来了无限可能，另一方面，受众对于影视艺术的审美需求越来越高，也为科学技术的革新带来了新的契机与挑战。

影视艺术审美的技术性首先表现在影视艺术的生产方面。世界上最早的电影是黑白且无声的，卢米埃尔兄弟拍摄的《火车进站》仅有短短的一分钟左右。随着技术的不断革新，不仅出现了彩色电影、有声电影，而且从胶片拍摄进入到数码技术、数字技术。从拍摄和制作手段看，有 3D 电影和 4D 电影。从观影模式来看，有超大银幕电影、动感球幕电影和水幕电影、环幕电影。以 3D 电影技术为例，3D 历史的真正开始，始于 1838 年立体镜的发明。在 3D 摄影的黄金时代里，大卫·布鲁斯特、朱尔·迪博斯克等发明家先后发明了双镜头立体照相机、双目立体镜，米高梅摄影部于 20 世纪 40 年代开发了 Metroscopix 3D 技术，不断为立体影像的呈现作出贡献。在放映方面，3D 技术也在不断发展应用中，宽银幕的发展也在很大程度上促进了这一技术的发展。20 世纪 90 年代，数字化 3D 技术成为主流发展方向，著名导演詹姆斯·卡梅隆、斯皮尔伯格、杰弗瑞·卡森伯格等人都是数字电影的倡导者，在技术创新上进行了更多开拓与实践，使 3D 电影达到鼎盛期。回顾起来，从 1922 年世界上第一部 3D 电影《爱的力量》仅采用红绿立体电影模式起，再至 2009 年二十世纪福克斯电影公司出品《阿凡达》，从而开创 3D 电影的新纪元，再至数字技术与 3D 技术的不断深度融合，技术为整个电影行业乃至文化产业带来的巨大变化，足以证明这一特性在影视艺术审美发展中的重要地位。

影视艺术审美的技术性还体现在影视艺术的传播方面。为什么影视艺术的传播技术在审美中尤为重要？因为传播技术的变革与创新改变了受众的审美体验与审美习惯。如影视艺术特别是传统的电视节目制作通常采用线性编辑系统，这一编辑方式是按照时间顺序从头到尾进行编辑的，虽然因图像和声音的分开处理能够组合出较为完整的图像和视频信息，但也存在着修改困难的障碍。随着技术的进步，电视节目普遍更多开始采用非线性编辑，打破了时间连续的限制，可以利用各种配制的图形、图像支持软件，并进行任意组合，具有更好的灵活性。这一灵活性使电视画面更加具有动感，带给受众不一般的审美体验。当前，随着互联网技术特别是 5G 技术的发展，赋予了影视艺术独特的叙事逻辑、呈现方式与社交体验，为影视艺术传播带来发行放映和观影模式等多方面的创新变革。如 2020 年中央广播电视总台春晚采用 5G＋8K、AI、VR/AR、裸眼 3D 等最新科技元素，5G 技术助力实现 8K 超高清电视直播和 VR 多角度环绕景观浸润式直播，给观众带来一场美轮美奂的视听盛宴。[①] 同时 5G 技术的运用使影视艺术在增强受众的场景化、浸润式审美体验感方面更为强烈，同时也将使影视艺术的传播方式与渠道发生根本性的变革。

第二节　影视美育的内涵

在对影视艺术的审美特征有了充分的了解后，不难明白，影视美育立足于影视艺术的审美特征，通过影视艺术美的赏析，或影视艺术美的创作，培养与提升大学生的艺术素养；同时也通过影视艺术中蕴含的文化因素的浸染，帮助大学生树立正确的价值观与社会认知，进一步强化社会责任感。

一、影视美育概念的提出

随着影视艺术的发展，影视教育也开始发展起来。在我国，影视教育一般分为两种类型：一种是作为专业教育培养影视专门人才，另一种是作为公共艺术教育的内容及形式以提升大学生艺术素养，通常以课程或实践的形式出现。后者即是美育意义上的影视教育。因而，从一开始，我国高等教育中的影视教育即带有美育的意味。党的十八大以来，国家出台了一系列政策来保障和推动影视美育的发展，2013 年《中共中央关于全面深化改革若干重大问题的决定》中提出："改进美育教学，提高学生审美和人文素养。"美育成为国家教育发展的重要议程之一。2014 年 10 月，习近平总书记在文艺工作座谈会上发表重要讲话，要求电影、电视等各领域都要跟上时代发展、把握人民需求，以充沛的激情、生动的笔触、优美的旋律、感人的形象创作生产出人民喜闻乐见的优秀作品，让人民精神文化生活不断迈上新台阶。同时他指出，追求真善美是文艺的永恒价值。艺术的最高境界就是让人动心，让人们的灵魂经受洗礼，让人们发现自然的美、生活的美、心灵的美。我们要通过文艺作品传递真善美，传递向上向善的价值观，引导人们增强道德判断力和道德荣誉感，向往和追求讲道德、尊道德、守道德的生活。只要中华民族一代接着一代追求真善美的道德境界，我们的民族就永远健康向上、永远充满希望。这一要求实际上向我们明确地指出了影视艺术作为美育重要形式的宗旨与作用。

2015 年，《国务院办公厅关于全面加强和改进学校美育工作的意见》中明确指出，学校美育课程主要包括音乐、美术、舞蹈、戏曲、影视等，明确了影视艺术是美育的重要组成部分。2019 年《教育部关于切实加强新时代高等学校美育工作的意见》中将普及艺术教育、专业艺术教育以及艺术师范教育均纳入到美育范畴，支持高校设立并办好影视教育等相关专业，组织原创影视等作品的展示与推广，营造格调高雅、富有美感、充满

① 陈秀敏：《中央广播电视总台春晚：中华文化盛宴 全球文化现象》，《中国广播电视学刊》2020 年第 3 期。

朝气的校园文化等等。2020 年中共中央办公厅、国务院办公厅印发《关于全面加强和改进新时代学校美育工作的意见》，其中再次明确学校美育课程以艺术课程为主体，主要包括音乐、美术、书法、舞蹈、戏剧、戏曲、影视等课程，教育各阶段应根据对象特点完善课程设置。2022 年，教育部办公厅印发《高等学校公共艺术课程指导纲要》中指出，公共艺术课程是实施美育的主要途径，它主要分为美学和艺术史论类、艺术鉴赏和评论类、艺术体验和实践类三类课程，其中美学和艺术史论类可以开设影视等鉴赏和评论类课程，且课程设置要体现完整性、连贯性和系统性，要符合人才培养定位和要求。从以上政策文件中可以看出，影视艺术一直作为美育的重要内容与形式，在育人过程中发挥着重要作用。

二、影视美育的定义

影视美育，顾名思义，是采用影视艺术的方式实施美育，从而达成美育的目标。影视美育的内涵是随着我国美育政策实施的进程而不断丰富的。美育一词被引入中国，主要得益于蔡元培和王国维。蔡元培对美育的定义是：美育者，应用美学之理论于教育……以陶养感情为目的者也。① 在蔡元培看来，美育与智育相辅而行，其目标是"以图德育之完成者"。他明确地将影视作为社会美育的一种，认为影视可以作为很好的教育工作，对人们科技常识的普及、生活习惯的培养等方面给予很好的教育作用。同时，作为教育总长的蔡元培还推动了与电影相关的法律法规的设立，这些举措都为影视美育的开展以及影视美育的丰富内涵奠定了良好的基础。

随着我国改革开放的持续深入以及教育现代化的不断突破，影视美育的内涵亦在不断充实完善。关于影视美育，学界一般有两类观点，一类主要强调影视美育的审美内涵，另一类则认为影视美育拥有丰富多元的内涵。较为典型如赵荣生、陈仲庚指出，影视美育，即影视审美教育，它的基本任务是帮助学生树立正确的审美观点，提高审美能力，培养审美情趣，发展表现美和创造美的能力。它和其他类型的教育活动一样，属于人类社会最重要的传播活动之一。② 这一观点与 20 世纪八九十年代将美育侧重于理解为"审美教育"密切相关，具有典型的代表性。蔡贻象对这一相对狭隘的影视美育概念进行了批判，他认为，影视美育承接了传统美育的种种弊端，把素质理解为单纯的艺术技巧、客体的审美纯洁性和主体的审美能力……作为现代艺术，影视对大众的美感熏陶，除了艺术美外，还有非艺术的生态美熏陶，是在生态化情景下的美感吸收和消化，是强调社会学主题的现实美追求。影视"生态美"是指影视活动中呈现的生态主体与文化环境相互融洽中的整合美，是影视活动主体充沛的生命力与其文化环境互相协调产生的美……电子时代的影视美育应该是生活化、人性化、生态化相结合的。③ 这一观点拓展了影视美

① 蔡元培：《蔡元培谈教育》，辽宁人民出版社 2015 年版，第 107 页。
② 赵荣生、陈仲庚：《传播学视野中的高校影视美育》，《电影评介》2007 年第 3 期。
③ 蔡贻象：《电子时代的影视美育论》，《教育评论》2003 年第 3 期。

育的内涵，认为影视美育不应仅仅局限于审美教育，还应关涉如道德、社会等方面的效用。正如中共中央办公厅、国务院办公厅《关于全面加强和改进新时代学校美育工作的意见》中谈到的"美育是审美教育、情操教育、心灵教育，也是丰富想象力和培养创新意识的教育，能提高审美素养、陶冶情操、温润心灵、激发创新创造活力"，影视美育也应当具有如此丰富的内涵。

三、影视美育的作用

影视艺术作为一种视听觉综合艺术，既遵循着一般艺术的普遍运行规律，又蕴含着自身独有的特性和规律。因而，在其发挥其美育功能与作用时，影视艺术不仅展示出一般艺术形式所共有的美育功能，还在某些方面发挥出尤为独特的作用。

(一) 促进人的全面发展

影视艺术是建立在现代社会基础上的综合艺术，它是集文学、戏剧、绘画、雕塑等多种艺术精华之大成者，颇受人们的喜爱。作为普遍的大众化的审美教育方式，影视艺术教育是素质教育的重要内容，对人的情感、意志、谈吐、审美、气质等素养的涵养至关重要。自影视艺术诞生以来，学界和业界更多关注的是影视作品的艺术性与商业性，仍然欠缺从"人民性"视角普遍关注与发展的意识。实际上，影视艺术在培养人的审美感知能力、提升人的审美素养进而促进人的全面发展方面具有独特的功能。优秀的影视艺术作品不仅能给人带来一系列视觉与听觉上的文化盛宴，展现艺术的审美价值和美育责任担当，更能对观众的思想情感、品德情操产生感染、引导作用，唤起受众的强烈共鸣，为培养德智体美劳全面发展的社会主义建设者和接班人贡献力量。

习近平总书记曾在文艺工作座谈会上指出："社会主义文艺，从本质上讲，就是人民的文艺。"[①] 尽管文艺的表现形式、服务对象在不断拓展，但其出发点和落脚点永远都在人民。随着时代的发展和社会的全面进步，电影与电视作为大众传播媒介也积极介入和参与国家重大活动，渗透到人类社会生活的各个方面，包括经济、政治、文化、教育等诸多部门。一方面，影视剧拥有巨大的观众数量和具有强烈的艺术感染力而著称于世，作为一种覆盖面广、辐射性强的传播媒体，影视甚至已经成为现代人不可或缺的生活内容，另一方面，影视剧的空前普及，为人类提供了更加快捷、丰富、直观的影视行业资讯，也于无形之中提高了大众对于影视剧的认知，人们越来越将影视剧视为艺术品，对于影视剧的观看需求也不再局限于休闲娱乐，而是更加注重影视剧中蕴含的文化底蕴和精神内涵，文化底蕴深厚的影视剧更容易打动人心、令人信服。

当前我国已开启全面建设社会主义现代化国家新征程。要实现中国式现代化，首先要提升全民素质，促进人的全面发展。影视艺术作品能够丰富人的精神世界，充实人的精神生活，它通过影像和音效将想要表达的真、善、美潜移默化地注入观众的心灵和思

① 习近平:《在文艺工作座谈会上的讲话》,《人民日报》2014年10月16日。

想，比如近些年出现的《红海行动》《山海情》《长津湖》等一系列口碑票房双丰收的主旋律影视艺术作品，在曲折故事和紧张情节的背后也蕴含着正能量的价值导向，它将中国崛起的现实背景与日常生活中的真实英雄形象结合起来，观众不仅体会到了我国的军事实力取得了巨大的发展和进步，也充分感受到军人的责任担当和民族精神，滋养了爱国情怀。

影视艺术不仅是影迷的艺术，更是大众的艺术，"成风化人"的核心在于"人"，最终目标也是"人"。当代影视艺术创作理应肩负起时代的重任，发挥"辐射效应"，立足实际，旗帜鲜明地坚持符合科学发展观的"以人为本"的美学理想以确定自己的发展方位。优秀的影视艺术作品对于人的成长成才的影响是全方位全过程的，影视艺术在塑造人的精神世界和提升人的文明素养方面发挥着深刻的作用，欣赏经典影视艺术作品，也许不会给人带来世俗利益，但是教育主体和客体都会潜移默化地在影视艺术的教育涵养过程受到洗涤和熏陶感染，这种精神修炼润物细无声般地将大众带进了真善美的世界，也使得受众自身发展向着更高层次迈进。在影视艺术作品的创作中融入美的理念、用美的规律塑造健全人格，能够有效引导大众发现生活之美、教育之美、生命之美、社会之美，感受美的情愫，穿越美的天地，领略美的内涵。

文化化人，艺术养心，影视艺术反映人民，人民日常生活中蕴藏着丰富的艺术原料，只有坚持在人民的伟大实践和创造中进行影视艺术的创作，影视剧才能发挥其蕴藏的最大正能量。若影视工作者在进行艺术创作和批评时不以生活为基础，不以促进人的全面发展为目标，影视作品必然抽象空谈，人物必然苍白无力，因此文艺工作者在影视艺术创作时应积极承担社会美育责任，将人民作为影视创作的主体，把握影视创作的本质是促进人的全面发展和社会的全面进步，将人民群众对影视的评价作为最高标准，紧跟时代步伐，从人民群众的伟大实践中汲取影视创作的精神养料，不断进行生活和艺术的积累，以生动的笔触为人民抒写、为人民抒情、为人民抒怀，以期通过影视艺术熏陶滋养大众心灵，造就出心理结构完美、个性和谐、道德高尚的社会主义建设者和接班人。

（二）传播社会主义核心价值观

影视艺术作品作为文艺作品不可或缺的一部分，记载了中国革命、建设、改革时期的重要故事，再现了不同时代的社会历史文化的变迁，其所孕育的深厚的文化底蕴与价值理念是历久弥新的。经过长期的发展，影视艺术作品已成为我国社会主义核心价值观传播的重要载体，对大众的价值引导和信仰引领作用也越来越明显。习近平总书记就培育和践行社会主义核心价值观曾多次作出重要论述，并阐述了文艺与社会主义核心价值观的相互关联。他指出"文艺是给人以价值引导、精神引领、审美启迪的"[①]。影视艺术作品作为重要的思想价值观念的传播载体，更应该承担起其肩负的时代责任，结合现实深入挖掘影视文艺作品中蕴含的价值引导优势，确保文艺工作者在进行影视创作中始终

---

① 习近平：《在文艺工作座谈会上的讲话》，《人民日报》2014年10月15日。

坚持正确的价值取向，守初心、担使命，大力倡导和弘扬社会主义核心价值观，发挥好影视艺术作品的价值导向作用，把社会主义核心价值观贯穿影视艺术作品创作的全方位全过程之中，这亦是影视艺术作品实现其道德功用和美育功能的必然要求。

近年来，伴随着思想价值观念的多元化发展趋势，一方面，随着网络时代的到来，影视艺术以迅速而不可逆转的趋势向人们日常生活靠近，娱乐至死、物欲横流的社会大环境也逐渐失落了影视作品本身所向受众传达的价值观念，影视艺术创作领域出现了诸如"娱乐至上""快餐式影视艺术供给"的趋势，多元文化不断消解、冲击着中华民族共同体的主流价值认同以及情感基础。另一方面，由于低俗的影视艺术作品能刺激满足人的贪欲，导致文艺市场中的低俗艺术作品大行其道，最终造成作品浅薄浮夸，正向价值引导效果大打折扣。

培育和践行社会主义核心价值观理应成为影视行业的必然选择，社会主义核心价值观体现了社会主义制度在思想和精神层面质的规定性，优秀影视艺术作品具有特殊的时代背景和鲜明的审美观念，比如邱少云舍生取义的英雄精神，红色娘子军巾帼不让须眉的伟大女子形象，还有雷锋同志默默无闻无私奉献的先进品格……都是影视作品立足现实，结合社会主义核心价值观塑造的正能量的"人物形象"，故而影视艺术工作者应自觉承担职责使命，积极回应多元文化思潮与价值观带来的挑战，将中华优秀传统文化与社会主义核心价值观融入多元艺术创作，将作品中蕴含的娱乐性与思想性之间的张力控制在合理范围之内，凸显作品的审美属性和时代价值，引导全社会自觉树立和积极践行社会主义核心价值观。

向上向善是中华民族的优良传统，古往今来，那些被观众广泛接受和传颂的主旋律影视作品，无不因为其立足社会实际，贴近生活，传递向上向善的价值观，契合了大众的接受心理，这样的影视作品温润心灵、陶冶人生，其中塑造的经典人物形象也会感染受众，使人们为之动容动情动心，启迪人们发现生活之美、自然之美、心灵之美，继而产生强大的精神力量，主旋律影视剧集思想性与艺术性于一体，家国情怀、军政历史、生命价值等贴近观众的现实题材影视作品是主流意识形态和价值观宣传的重要途径，承担着倡导和践行社会主义核心价值观的历史使命，影响着观众的道德行为选择和价值观的树立，它的创作应立足中华优秀传统文化，阐述我国社会对主流价值观念的理解，弘扬主流价值观，只有把握了民族精神和时代精神，才能够创作出契合时代、讴歌民族精神的经典影视文艺作品，否则会大大影响作品主流价值引领作用的发挥。

（三）引领社会风尚

习近平总书记提出："希望大家坚守艺术理想，用高尚的文艺引领社会风尚。"① 文艺作为审美地把握世界的特殊方式，是时代的精神触角，是人类精神的结晶。影视艺术是一种大众文艺，具有独特的艺术特质与价值。在表现力上，影视艺术不但具有其他各种

---

① 习近平：《在中国文联十大、中国作协九大开幕式上的讲话》，《人民日报》2016年12月1日。

艺术的表征，而且可以运用蒙太奇的镜头组接技巧吸引观众的注意力，对观众的情绪与心理有重要影响，因而影视艺术自带能够超越其他艺术的表现手段，引领社会的审美风尚。影视作品在打开人们的眼界和思维的同时，还滋润着人们的内心情感，作品中的思想内容、道德选择、价值追求和审美取向潜移默化地影响着人们的思想和行为，引导着欣赏者向艺术作品规定的艺术境界运动。

影视艺术作品要打动人心、引领社会风尚应以内容为主、以品质为上，打造文艺精品。近年来，广大文艺工作者始终坚持以人民为中心的创作导向，充分发挥文艺的教育引导作用，植根现实生活、紧跟时代潮流、反映人民关切，努力挖掘重大的社会现实题材，精益求精、潜心创作，推出了一批讲述"中国故事"，以社会主义核心价值观为引领的电影、电视剧、微视频，现实主义风格的现实题材创作成为时代潮流，这一系列影视作品将独具中国特色的审美风格、充满家国情怀的故事内容予以影像化呈现，满足了人民群众多样化的文艺作品的需求，是新时代构建社会审美价值体系的重要催化剂。此外，影视艺术传播是人类传播活动的重要组成部分，也是引领社会风尚的重要途径，影视艺术传播的本质是以审美形式建构为载体，传播思想内容和意义的活动，在影视剧的传播阶段，要发挥影视艺术的交流属性，加强其与新媒体的结合，强化影视艺术的教育、审美和认识功能，实现文艺传播阵地引领社会风尚。

新时代呼唤主流影视艺术作品，在信息泛滥与审美异化的今天，文艺作品不只需要单纯的艺术性，还需要一定的思想性，因而在这些作品中，人性之美、人情之暖成为引发观众共鸣的基础，只有具有思想性的文艺，才能经受得住时间的考验，如播出时被一再催更并在 90 后、00 后中强势"圈粉"的电视剧《觉醒年代》；书写以岛为家、守岛卫国的电影《守岛人》；忆百年伟业、道英雄风骨、刻历史荣光的电视特别节目《闪亮的坐标》；展现了党团结带领中国人民不懈奋斗的辉煌历程的大型情景史诗《伟大征程》……赢得高口碑高关注度的电视剧《破冰行动》《扫黑风暴》，收获高票房高评价的电影《我和我的祖国》《长津湖》……一部部彰显民族伟力和时代精神、勇于回答"时代之问"的优秀作品，合力奏响时代强音，为历史留下长久的思考。再如建党百年之际的出品的《山海情》在国内掀起了新一轮的收视热潮，该剧厚重而又真实，以扶贫为主题展现了基层干部和普通百姓勇于奉献、甘于奋斗的精神特质，以真实情感浸入观众的心灵，吸引不同年龄段的观众全情代入，得到了全频谱观众尤其是青年群体的喜爱，成为建党百年迈向新征程的一股强劲的影视艺术力量。《山海情》是一部弘扬时代主旋律的影视作品，创作团队注重加强该部剧的内容运营，坚持以质取胜、以诚动人、以情感人，从乡土出发，以家国情怀为核心命题，通过戏剧性手段成功完成了对于艰苦奋斗、拼搏总有回报的令人信服的满足，以朴实的精神质感从侧面展现了党领导人民踔厉奋发、艰苦奋斗的精神，深刻展现了属于 20 世纪 90 年代农民的生活百态，剧中人物"李水花"凭借其吃苦耐劳、脚踏实地及追求独立的精神品格获得了观众的喜爱，正是有了无数"李水花"式的闽宁镇人民在脱贫攻坚中发扬艰苦奋斗精神，才有了闽宁镇今天全面脱贫致富的成就。

《山海情》这部影视作品也让我们进一步确信，优秀的影视作品不仅能够凝聚大众的审美共识，更能够凝聚大众的情感共识，培育时代新风新尚。

当前，在开放多元的社会发展潮流中，仍存在着艺术品位不高、审美趣味低俗、价值观念迷乱等种种消极现象，这对和谐文化建设和社会风尚塑造带来了消极负面影响。因而进入新时代，影视行业不能仅停滞于人们的感官的宣泄及娱乐的消遣，更要以人文精神救赎审美精神为目的，人民是创造最佳的审美价值的标尺，影视行业应积极承担社会美育责任，把人民作为艺术作品的评判者，通过积极向上的影视作品传达正确的价值观念和健康有益的审美趣味，充分满足人民群众日益增长的精神文化需求，以期为人们的精神家园拓展一片绿洲，打造良好的影视艺术生态圈，促进影视行业健康发展，引领社会审美风尚。

第三节　加强影视美育的路径

在国家相关政策的推动下，许多高校意识到影视美育的重要性，开设了影视鉴赏等相关课程，开展了"百部电影进课堂"等实践活动，在精品网络文化活动中也鼓励大学生进行创作实践，影视美育作为大学美育的重要组成部分，提升了当代大学生的视觉文化素养，帮助学生树立了正确的人生观、价值观，助力了大学美育"以美育德""以美启智""以美养心"目标的达成。当前，要加强影视美育，使其在德智体美劳全面发展的育人目标中发挥充分作用，就要将影视美育纳入社会美育的大格局，应从以下几个方面着手努力。

一、提高影视节目创作者的美育意识

在当下以视觉影像为主体的融媒体时代，影视艺术以其超越时空的宏大叙事展现出独特的艺术魅力，在弘扬历史文化、普及科学知识、促进文明交流等方面发挥重要作用。提升影视节目创作者的美育意识，一要充分发挥主观能动性，创造出文艺精品与文艺经典；二要满足人们的道德追求和审美诉求，深化作品与人民的血肉联系；三要以具体规范性规则的建立为目标和底线，决不能纯粹屈从于市场和利益。

（一）提升美育素养，倡导创作者化身"美学工匠"

影视节目创作者承担着立美育德的时代重任，其美学素养决定了影视美育的育人实效性。当下的影视美育存在的首要问题是，不少影视从业者仍坚持偏狭的"影视工具论"，以剧情低俗、逻辑断裂、三观恶俗的"大片"吞食市场份额，迎合观众恶搞、猎奇等低级趣味。其次，部分创作者并未接受过全面系统的影视专业教育，对影视艺术的认知存在片面性、主观性，尚未树立政治、经济、文化、教育一体的全局观和系统观，只追求影视作品的艺术性而忽略其教育性。最后，仍有创作者受西方功利主义和意识形态的影响，"以洋为尊"，盲目追随西方的文化热潮，在文化与意识形态的表达载体即影视

作品中，以不自觉不自信的心态影响读者和观众。

习近平总书记强调："精品之所以'精'，就在于其思想精深、艺术精湛、制作精良。"[1] 在中国美学"人本性"的传统影响下，影视节目创作者要回归"美"与"创作者"的本真，以工匠精神创作出影视精品。影视精品，即具备思想性、审美性、人民性和时代性的优秀影视作品，它蕴含的原创性、典范性和历史穿透性，包含着巨大的阐释空间。这样的影视精品会"反哺"人的审美能力，即提高观众的审美素养，提升影视美育的育人成效。优秀的影视作品既有娱乐消费的功能，又肩负着美育使命。这种使命不是带着政治性目的强硬地向观众灌输某种意识形态，而应采取柔性的表现手法，借用富有创造性的影视剧本和叙事手法，让观众在潜移默化中接受、认可。《钱学森》以高超的艺术手法充分展现了一位科学巨人崇高的共产主义信仰和爱国主义情怀、严谨求实的治学精神和淡泊名利的高尚节操，激起了观众的爱国心、强国志和报国行；《流浪地球》对科幻电影的创新，是站在人类命运共同体的立场上，也是建立在现实逻辑、科学逻辑和传统文化基础上的大胆而合理的想象，彰显了爱国主义、集体主义的伟大力量；是以人类共通的情感价值取向，向全球观众展现了中国精神和中国智慧。

（二）追求审美理想，坚守人民为本的创作导向

影视创作者要坚持"回归常识、回归本分、回归初心、回归理想"四个回归要求，通过影视作品中的典型人物、先进事迹、优秀案例潜移默化地对观众进行审美教育。影视节目创作者要坚持以人民为中心的创作导向，以社会主义核心价值观为引领，以传承中华优秀传统文化为宗旨，以社会的平凡人物为审美载体发扬中国精神，以提高观众的审美和人文素养为目标。

在泛娱乐化的当下，影视创作者仍应持有审美理想。审美理想和社会责任感的缺失，导致部分创作者过分重视作品表层的视听效果，创作对象和创作内容也往往脱离人民群众。新时代的影视创作者应该以美好生活中的社会人物为绘本，朴素真诚地表现审美载体以彰显强大的艺术魅力，从而体现出创作者崇高的审美理想。审美理想是隐藏在影视作品中的坚硬内核，于无声处支持着作品的结构，平衡着内部复杂的各种关系，并使作品从内到外辐射出美的力量。在影视作品逐渐走向商业化、娱乐化、产业化的过程中，影视创作者仍应持有审美理想。审美理想和口碑票房的追求虽然有冲突，但并非完全没有双赢的可能性。

古装武侠大片占据了每年国产电影票房收入的大部分，其中浓艳的色彩、完美的构图、热血激烈的打斗、波谲云诡的故事给观众带来了视听的极大享受，在被充分娱乐的感官之下，观众的精神完全没有得到相应的补偿和充实。从李安的《卧虎藏龙》《十面埋伏》《英雄》到张艺谋的《影》，这些武装大片无不受到观众的追捧。这些影视创作者以封建统治阶级为审美载体，在荧幕上表现权势和欲望的尔虞我诈的争斗。这荧幕背后，

---

[1] 习近平：《在文艺工作座谈会上的讲话》，《人民日报》2014年10月15日。

藏着的是创作者对宫闱秘事津津乐道的窥视欲望、对曾经的统治者强烈的艳羡心理，而封建统治者曾经的血腥和残暴则被简单地一笔带过，或被圆滑地粉饰掉，他们的爱恨情仇却被充分地、淋漓尽致地展现出来，但这些情感并不能真实地触动观众，使他们产生共鸣。而社会的大多数——普通平凡的底层大众，以及当下正在剧烈变动中的中国现实，在轰轰然前进的大时代，却被有意淹没和忽视了。诚然，从娱乐的角度看，中国历史源远流长，曾处于人类社会金字塔顶端的统治者们肯定有着更为跌宕的命运、更为传奇的人生，以这些人物为主人公的影视作品无疑能获得更多的关注和收益。在热衷于此种题材的创作者暗含的艳羡心态和不遗余力的赞美下，背离了审美理想和社会责任感。

社会责任感是审美理想的内在驱动力，与沉溺在江湖义气和深宫大院中的创作者构成了鲜明的对比。获得威尼斯金狮奖和柏林金熊奖的《三峡好人》《图雅的婚事》等影视作品以社会底层的平凡人物为焦点，创作者选取人物生命流程中的一个事件或者一个时间段，以此为标准切开一个平剖面，表现真实的人与时代的关系。底层平凡的小人物在时代洪流中浮沉，艰难而又顽强地生存着，展现出他们坚忍不拔的生命力。从这个平剖面中透视创作者的审美理想，既包含着对生命力的敬畏和赞美，也有对底层平凡人物的关怀和注视，在对于中国现实的忠诚记录中体现出创作者的社会责任感。

二、提升影视美育教师的美育素养

当前，大学影视美育主要是通过开设影视鉴赏课、组织观看红色电影等实践活动形式来实现，这些教学与实践活动的师资较为多元，其中一部分高校是艺术类教师担任授课教师，一部分由艺术专业的行政教工担任，或由外聘艺术类教师担任，没有统一教材，授课内容由教师选定。考核方面基本采取开卷考试或者考查等形式，授课教师一般根据学生出勤情况给予成绩，这一现状并不能很好地发挥影视美育的作用。因而，提升影视美育教师的美育素养势在必行。

(一) 树立美育理念，传授美育常识

美育家杜卫指出，美育教师应当明确所承担艺术课程的美育定位，也就是学校艺术课程的美育性质和特点，深刻理解艺术课程"提高学生审美和人文素养"的目标和"以美育人、以美化人、以美培元"的任务，并由此出发用心探索服务于美育目标和任务的课程教学方法。[①] 与影视专业课程不同的是，影视美育课程的对象是非艺术专业的大学生，因而影视美育教师在授课时，要改变将美育狭隘为艺术教育的观念，不能按照影视专业类学生的培养要求，而要更多注重审美趣味的培养以及能力的提升而非影视相关技能训练，掌握影视艺术的一般原理而非精深的理论，更多注重影视艺术的文化内涵而非

---

① 杜卫：《谈谈学校美育教师的基本能力和素养——兼及加强和改进师范艺术教育》，《美育学刊》2022 年第 2 期。

技术技巧。在教材的编写与选择方面，不能随意采用影视艺术专业教材，而应当针对非艺术类大学生的审美接受程度编写专用教材，根据非艺术类大学生的精神文化需求与培养目标选择恰当的教材。

（二）重视学生需求，激发情感教育

当代大学生成长于多元文化冲击的时代，往往个性十足，需求复杂。在传统的影视艺术教育中，教师常常会根据社会主流评价指标选择"经典"作品、经典理论进行赏析与讲解，这往往会背离当代大学生的诉求。当代美育教师应根据大学生的需求特点，选择契合青年人旨趣的影视作品类型，首先进行客观推介，在激发情感共鸣时，再对作品进行入情入理的分析，引导学生在感性赏析与理性评价中树立正确的认知与价值观。例如"穿越剧""宫斗剧"，在某种程度上迎合了青年人的猎奇心理，在青年人中形成流量和热议。这时如果美育教师按照主流价值观一味对之加以批判，可能会引起青年大学生的反感，教学效果因此而适得其反。此时应理性引导大学生从艺术表现手法、人物形象塑造、故事情节设计、美学意蕴、文化内涵、历史价值等美育视角进行综合分析，使主观直觉情感自然转化为客观理性思维，并在这一转化发展过程中使大学生建立起高雅的审美情趣与正确的社会价值观。

（三）提升人文素养，涵养文化自信

习近平总书记强调，"要全面加强和改进学校美育，坚持以美育人、以文化人，提高学生的审美和人文素养。"在影视美育中提升学生的人文素养，就需要美育教师充分运用好马克思主义美学理论，为大学生选择展示世界优秀文化、人类美好情感、积极上进价值观的作品，在对这些作品进行赏析讲解时，引导大学生不仅要从技术与艺术审美的视角，更要从历史与人文的视角进行剖析。例如当沉浸在美国大片跌宕起伏的故事情节、血肉丰满的人物形象、令人惊艳的影视技术之中时，教师应引导大学生注意辨析承载鲜明意识形态的影视语言，防止"普世价值"外衣下的话语霸权与文化侵略，增强大学生对外来文化的选择能力。同时也要注重引导当代大学生对影视作品中中华优秀文化的正确认知，可以通过作品赏析的形式加深对中华优秀传统文化的理解，也可以通过带着学生自编自导微电影等形式，在创作剧本、切磋表演、技术制作的过程中体味中华优秀文化的感染力，进一步涵养文化自信。

三、提升大学生受众审美能力

德国文艺理论家、美学家汉斯·罗伯特·姚斯指出，作品的教育功能和娱乐功能要在读者阅读中实现，而实现过程即是作品获得生命力和最后完成的过程。[①] 这一理念强调了读者（即受众）在审美活动中的主动作用以及对创作者的推动，因而，想要实现影视美育的目标，就必须注重提升大学生受众的审美能力。

---

① H·R·姚斯、R·C·霍拉勃：《接受美学与接受理论》，周宁、金元浦译，辽宁人民出版社 1987 年版，第 44 页。

（一）提高受众美学底蕴，深化影视美育影响力

影视作品天然带有的大众性、直观性、趣味性，相比于文字更具备解读的多样性、开放性，更易让观众接受。影视精品以自然美、社会美和人生美等在内的多元艺术形象显现的直观性，身临其境的逼真性和代入感，视听冲击力和奇幻感，以及或纪实、或玄幻、或穿越地对现实生活作直接再现或曲折表达等更加契合受众的审美兴趣和审美需求。

从接受美学的角度解读，观众在观影时的自觉意识会大大削弱，将自己沉浸在影像世界里，创作者的思维方式和价值观都能对观众产生潜移默化的影响，从而帮助受众提升美学涵养，重新建构自我主体意识。审美接受的最高境界是共鸣和感悟，一部优秀的影视作品一定要有精神和灵魂，在展现创作者的编导能力和制作技巧的同时，更要具备使观众内心产生同频共振的感染力。德国哲学家黑格尔强调，"艺术的要义一般就在于意义与形象的联系和密切吻合"①。优秀的影视作品之所以能够跨越时空的桎梏流传至今，不仅是因为它本身的艺术价值，更重要的在于创作者倾注其中的思想情感以及透射出来的气魄与格局。2022年北京冬奥会开幕式上的倒计时和《冰雪五环》节目深受观众喜爱，既展现了科技与艺术完美结合的意境之美，也体现出中国崇尚圆满、完美的传统精神。24节气倒计时、各国开幕式入场按汉字笔画顺序、晶莹剔透的奥运五环、中国结造型的小雪花在会场飘洒，以上元素充分展现了中国式的浪漫唯美，既满足了观众的审美需求，提升了审美品位，也极大地增强了文化自信。

审美素质的提升与超越，就是审美发展。影视美育需要依据受众的审美认知特点和规律，注重阶段性和差异性，有针对性地"因材施教"，以深化影视美育效果。影视美育是培养想象力和创造力的教育，所注重的是人的审美的能动性和创造性。第一，要在大中小教育体系中调整课程设置，确立影视美育的必要性和重要性，开设必修的影视美育课程。比如在必修课上普及电影史的相关知识，使学生意识到科技对于影视的促进作用。第二，要开设影视精品和影视经典的鉴赏公开课，在全社会拓展影视美育的广度和深度。利用经典影视作品在文化、艺术和审美趣味等多个层面的特性，为受众建构一个情意性、愉悦性和互动性的审美场景，并最大限度地调动观众的观影、互动和反馈的积极性，提升他们的审美理想。在影视美育实践中，可以利用微博、微信公众号等形式进行观影交流，提升观众的美术素养。

（二）构建融媒体新平台，促进影视美育全民化普及

当前，影视美育以融媒体为平台，积极探索全域化、全民化的育人模式。优秀的影视作品，要兼具人本性、艺术性和伦理性。影视创作者培养响应时代发展的需求，推进影视美育在更深层次与国家制度、意识形态、民族文化、社会现实等加强关联，站在"大国""大爱""大我"的立场上探美、寻善、求真，以高质量的影视作品给予受众正确

---

① 黑格尔：《美学》第2卷，朱光潜译，商务印书馆1996年版，第10页。

的价值方向引导。

推进影视美育内容全域化。影视作品是意识形态的视听载体，具有较强的政治属性，其以具体可感的内容见证了时代发展、历史变迁，传达了人文价值、时代精神和民族风貌，促进了文化认同、思想共鸣和主流价值观的形成。《建国大业》《我和我的祖国》《万里归途》等电影描述了主人公们崇高的家国情怀，强有力地提升了观众的爱国热情和民族自豪感，《人民的名义》《山海情》等现实主义题材作品展现了个人选择之于家国命运的影响，引发观众对反腐倡廉、脱贫攻坚等民生问题的重点关注与深度思考。而《渴望》《中国母亲》等影视作品的成功更多依赖的就是人们对道德范式、道德标准的追求心态和激赏心理。这正体现了在观众的价值标准中，道德诉求是先于审美诉求的，他们往往用道德的刀来斫杀艺术的完美追求，这无疑会影响创作者的审美趋向，偏重寻求观众的道德认同而忽视艺术上的追求，这也是影视美育的另一重困境。

每个人都是荧幕故事的主角。纪录片《航拍中国》通过空中俯瞰的视角，全景呈现气势恢宏的中国大地之美；《舌尖上的中国》将中国各地美食与人物故事紧密融合，以真人、真事、真情暖心、暖胃；《战狼》《长津湖》等电影，以科幻之美、声色之美、情感之美、故事之美唤醒了观众的审美追求，以真实立体的荧幕形象展现了大国精神和人文关怀，坚定了文化自信，提升了影视美育的效能，也赢得了票房和口碑的双丰收。影视美育要积极利用融媒体的传播优势，通过举办电影节、微电影比赛等方式，让观众与经典影视作品交流对话，促进影视作品跨地区、跨领域共享与交流，广泛利用乡村振兴、非遗传承、红色经典、产业转型等人民关注的热点和焦点，构建开放式的影视育人模式，打造影视美育新生态，在深化文化内涵、创新文化形式、提升审美能力等方面激发影视美育发展的动力和活力。

四、运用好新媒体开展影视美育

新媒体是利用数字技术，通过计算机网络、无线通信网、卫星等渠道，以及电脑、手机、数字电视机等终端，向用户提供信息和服务的传播形态。新媒体影视美育指的是以社交软件、短视频软件等载体实施的影视美育教育，它的出现为大学美育带来了契机与挑战。一方面，新媒体的跨时空性、即时性、海量化、交互性为大学美育带来了更大的便利与良好的效果，但另一方面，新媒体的这些特点也夹杂着美育信息泛滥、美育内容芜杂低端且缺乏针对性等弊端，给大学美育带来了挑战。

(一) 新媒体影视美育的广泛普及性

新媒体（New Media）一词源于美国 CBS（美国哥伦比亚广播电视网）技术研究所所长戈尔德马克写于 1967 年的一份商品开发计划；其后在美国传播政策总统特别委员会主席罗斯托向尼克松总统提交的报告书中，多处使用了"New Media"一词。自那以后，新媒体一词开始在美国流行并扩展至全世界。尽管学界与业界对新媒体的概念未能做出统一而确切的定义，但其作为一种崭新的传播形态，主要是利用数字技术，通过互联网向受众提供信息与服务的核心理念已成共识。互联网与数字技术的应用遍布各行各业与各领域，由此也导致新媒体载体的宽泛性，网络电视、博客、数字杂志、门户网站、搜索引擎、虚拟社区、各种手机软件，都被列入新媒体行列，造成了新媒体的无孔不入。这一特点自然为美育的广泛普及提供了便利。

有数据显示，在我国，每 100 名中国居民拥有 114 部在用手机，超过了世界平均水平。手机与互联网的普遍使用使新媒体得到了迅猛发展，以"美育"为主题词在微信中搜索，可以检索出上百个带有"美育"字样的公众号，在这些公众号中，有些是学校等事业单位的公众号，如"华中大美育"便是华中科技大学艺术教育中心的公众号，提供的是学校举办的各类美育讲座与活动、开展一些常识性的美育知识普及。更多的公众号是艺术培训机构创设的，如"电影美育"由上海佳灏商务咨询有限公司运营，倡导"将电影作为一种美学教育和跨界学习工具，融入家庭和学校的素质教育"。由个人创建的美育公众号也是主流之一，如"戴亚楠家庭美育"，截止到 2024 年底，该公众号已经举办过17 期美育导师工作坊，发布了 120 篇美育手记，提供"艺术思维亲子课"等美育课程，撰写《生命合伙人——美育从妈妈开始》等美育书籍，成为社会美育、家庭美育公众号中较为成熟的案例。这些公众号普遍的特征是图文并茂，有些还附有视频，具有较强的视觉冲击力，对受众颇具有吸引力。抖音平台也是最为活跃的新媒体代表，有资料显示，2022 年抖音用户即已超过了 8 亿人，日常活跃用户超过了 7 亿。在抖音中搜索关键词为"美育"的视频，从"什么是美育"的基本概念解读到"美育到底有什么用"，再到"户外美育课该怎么开""美育课堂教什么"等等，包含了上千条短视频，自然还不包括文学艺术作品的赏析等。因而，新媒体的出现与广泛运用使受众接受美育的门槛降低，为影视美育的普及提供了更多的契机。

（二）新媒体影视美育的审美颠覆性

新媒体技术促成了短视频等新的影视剧形式的诞生，人工智能技术使影视艺术从创作到制作、发行、放映等各个环节都得到了显著的提升和优化，同时也带来了影视美育中审美习惯、观影体验、审美旨趣等方面的巨大变化。例如著名影星成龙的电影《传说》即利用人工智能技术还原出 27 岁的青年成龙，这项技术给电影带来的优势是动作戏的精彩和场景的恢宏震撼，使人领略到"技术美感"的无穷魅力，但人工智能技术虽然能够精确复刻人物的外貌，却很难表现和展示演员微妙的情感表达与面部表情的细微变化，在无形中削弱了影视艺术的直观性与情感的浸染性。因而在运用新媒体开展影视美育时，一定要充分重视新技术平台和新技术手段带来的审美与美感的差异性，要注重引导大学生透过技术看文化，充分发挥影视艺术作为情感艺术的优势，在美的浸染与启迪中涵养道德情操、温润心灵、激发创新活力，自觉成长为德智体美劳全面发展的时代新人。

本章思考题与阅读书目

一、思考题

1. 影视艺术具有哪些审美特征？

2. 影视美育的内涵是什么？

3. 加强高校影视美育的路径有哪些？

4. AI 技术在影视美育中的利弊是什么？

二、阅读书目

1. 齐格弗里德·克拉考尔：《电影的本性——物质现实的复原》，邵牧君译，中国电影出版社 1981 年版。

2. 安德烈·巴赞：《电影是什么?》，崔君衍译，中国电影出版社 1987 年版。

3. 弗雷德里克·詹姆逊：《文化转向》，胡亚敏译，中国社会科学出版社 2000 年版。

4. 王志敏：《电影美学分析原理》，中国电影出版社 1993 年版。

5. 迈克·费瑟斯通：《消费文化与后现代主义》，刘精明译，译林出版社 2000 年版。

6. 彭吉象：《影视美学》，北京大学出版社 2019 年版。

第八章
文学美育

第一节　文学的出现与发展

文学遗产是人类宝贵的精神财富。研究文学及其发展规律，对于让人们更深切地享受这些精神财富，并使之发扬光大，有着积极的意义。西方文学有荷马史诗、希腊悲剧、莎士比亚戏剧、巴尔扎克和狄更斯的小说等，中国文学有《诗经》、楚辞、唐诗、宋词、元曲、明清小说等。那么，到底什么是文学？

文学是文学家以情感为中心的心灵，由基于感性而又不滞于感性的领悟方式对自然与社会进行体验，创构出物我交融的审美意象，并以口头语言或书面语言的形式进行传达的一种艺术形式，构成作者与读者交流的文化形态，从而体现主体的审美理想和创造意识。文学作品包含诗歌、散文、小说和戏剧文学四类。

一、文学的出现

文学是最早随着人类出现而出现的艺术。文学首先起源于歌谣，与当时的生产力水平相适应，是现实生活的投影。沈约在《宋书·谢灵运传论》中说："虽虞夏以前，遗文不睹，禀气怀灵，理无或异。然则歌咏所兴，宜自生民始也。"[1] 这里的"生民"是一个含混的概念，但若把人理解为有语言、有情感、能创造的动物，那么，歌咏的兴起与语言、情感和人的创造能力的起源和发展确实是相伴而生的。

文学的起源与语言的起源是同步的，语言的起源便是文学元素的起源。刘师培在《论文杂记》中说："上古之时，先有语言，后有文字。有声音，然后有点画；有谣谚，然后有诗歌。谣谚二体，皆为韵语。'谣'训'徒歌'，歌者永言之谓也。'谚'训'传言'，言者直言之谓也。盖古人作诗，循天籁之自然，有音无字，故起源亦甚古。"[2] 张亮

---

① 沈约：《宋书》第六册，中华书局 1974 年版，第 1778 页。
② 刘师培：《中国中古文学史·论文杂记》，人民文学出版社 1998 年版，第 110 页。

采说:"音者,歌之所从出也。歌者,所以补言之不足也。太古之民,言语渐次发达,遂不知不觉而衍为声歌,以发抒其心意。"① 语言的起源对人类文化的起源特别是文学的起源,产生了重要影响。闻一多说:"想象原始人最初因感情的激荡而发出有如'啊''哦''唉'或'呜呼''噫嘻'一类的声音,那便是音乐的萌芽,也是孕而未化的语言⋯⋯这样界乎音乐与语言之间的一声'啊⋯⋯'便是歌的起源。"② 其实,准确地说,这只是文学的元素,还不能算是文学的起源。痛苦的呻吟,愤怒的吼叫,快乐的长啸,等等,都是丰富情感的传达,未必准确地表达了什么意义,却准确地表达了情感。歌谣是先民表现喜怒哀乐情感的主要形式。但只有到了实词表述和形容情感的时候,情感才会被表现得更为细腻和丰富,才能被称为歌谣或诗歌。而且,仅有情感的表达还不能算是文学,文学还要表达出趣味和思想,尽管这种思想在文学中是通过具体感性的形态加以表达的。所谓抒情言志,就包括作者的"意",即"思想"。这就要求用语言来进行思想的传达。

原始人有节律的声音,是生理和心理节奏的内在需要。舞蹈的节拍和诗歌的韵律都是为了适应这种需要而产生的。人们受生活环境中自然声响的规则的启发,又在劳作过程中,由于个体肌肉的张弛和集体动作的协调,会根据经验自发地发出有节律的呼声,这种呼声或单纯重复,或有规律地复合重复,于是逐步形成了符合生理节律的歌舞节奏。人们对节律的自发意识为文学的起源提供了形式基础,并且逐步由与生理相适应转向与情感的表达相适应,从而为文学表达出生理与心理合一的生命节律提供基础。我们今天所能见到的原始歌谣,虽然年代不一定可靠,但其韵律自然、节奏感强烈却是深得原始歌谣的真谛的。顺应这种节奏的表达,二言诗在原始社会里最早诞生了。杨公骥说:"在原始社会,生产过程的技术性质比较单纯,生产技术比较幼稚,从而劳动动作也比较简单,其节奏大多是一反一复。由于对一反一复动作的适应,所以在原始诗歌中最初出现的大多是二拍子节奏。这种二拍子诗,是诗的原始型,曾出现于各民族的原始文学中。我国的《诗经》中的诗大多袭用着二拍子节奏。"③ 张应斌也说:"二言诗是中国文学最初的诗体。"④ 由二言诗到二拍子节奏,并由此延伸到三言、五言、七言等诗,乃是二言节奏的二方连续、三方连续和四方连续而已。其中所体现的不仅是生理的节奏,而且是情感的节奏,使诗歌从语言中体现了音乐的精神。

早期有声无义的韵律虽然还不是歌谣,却是歌谣的艺术基础,它们有助于表达丰富的情感。后来,有意义的词一旦加上感叹的声音,就会表达出丰富的情感。而且由于感叹词的不同,所表达的情感也有所不同。如《候人歌》:"候人兮猗!"⑤(《吕氏春秋·音初篇》)在"候人"的后面加上"兮""猗"这样有节奏的呼声,便传达出了丰富的情感

① 张亮采:《中国风俗史》,东方出版社 1996 年版,第 5—6 页。
② 闻一多:《神话与诗·歌与诗》,载《闻一多全集》第 1 卷,开明书店 1948 年版,第 181 页。
③ 杨公骥:《中国文学》第 1 分册,吉林人民出版社 1980 年版,第 8—9 页。
④ 张应斌:《中国文学的起源》,广东人民出版社 2003 年版,第 111 页。
⑤ 许维遹:《吕氏春秋集释》上,中华书局 2009 年版,第 140 页。

和意义。直到今天，许多民歌还通过叹词来加强诗歌的节奏感，传达丰富的情感。依据同样的道理，有时候衬字也是为着句子能适应欣赏者的生理和心理节奏。

诗歌的产生，是由声音表情到表意的。对自然界的声音特别是禽兽发音的模仿，一是为了从模仿的过程中获得快感，二是为了以它们为表达材料，用以表情达意。而声音的节奏感和韵律感，即它的音乐性是语言的基本特征。这种音乐性使得诗歌在诸文学体裁中最早兴起和繁荣。所以刘经庵说："风谣是原始的文学的头胎儿。"① 同时，人们在发出声音的时候，先有情感的表现，然后才有意义的表现。而且在歌谣中，意义的表现要服从于情感的表现，情感的表现具有优先的地位。在最初的歌谣里，人们所传达的情感是非常丰富而朦胧的，而相比之下，意义则是具体而受局限的。原始的情歌以歌代言，便是当时的"美声"，传达出最美好的情意，给人以听觉的享受。因此，早期的文学是歌谣，给听者以审美的享受，它比张口直说有更多的情调。

原始的歌谣是在闲暇娱乐的时刻玩味现实生活中的场景与呼声而产生的。劳动和日常生活只是文学素材的源泉，宗教和政治只是文学发展的推动力，它们都不能说是文学的起源，更不是文学本身。只有游戏及其心态，才符合文学起源的质的规定性。书面描述等方式在文学的意义上只是为审美意义服务的。原始歌谣曾被用于协调劳作的动作、传播生产知识、记事和宗教的祭祀、祈祷等，但这只能算是对歌谣形式的运用。《淮南子·道应训》发挥《吕氏春秋·淫辞篇》中的话说："今夫举大木者，前呼'邪许'，后亦应之，此举重劝力之歌也。"② 这只能算是歌的运用，还不是文学的起源。当"举重劝力之歌"以游戏的方式出现在劳动过程中时，才具有文学的价值。吴地古老的《弹歌》："断竹，续竹；飞土，逐宍（肉）。"③（《吴越春秋·勾践阴谋外传》）其实是传授射猎知识的。传为伊耆氏所作的《蜡辞》："土反其宅，水归其壑，昆虫毋作，草木归其泽。"④（《礼记·郊特牲》）这是具有原始宗教意义的祝辞，要求万事如意。它们并不能说明文学起源于实用和宗教，而是实用和宗教在利用歌谣的形式。当歌谣从游戏和娱乐进入到意识形态的时候，它的功能就是多元和综合的了，而并非只是为审美服务。在"玄鸟生商"的传说中，简狄姐妹俩所唱的"燕燕于飞，燕燕于飞"还可以说是自然崇拜的诗歌。那些早期的歌谣甚至可以算是原始人的百科全书了。而文学的综合和多元的功能，作为对歌谣的运用，客观上推动了歌谣的艺术技巧的发展。这样做当然也更有利于实用和宗教功能的表达。这种运用推进了文学的发展，客观上可以看成文学在一定阶段的发展动力，却并不说明文学起源于实用和宗教。正是为着服务于综合的意识形态，文学在记叙和描写方面因需要而获得了提高。

就外国文学来说，古希腊神话是西方早期文化的渊源和百科全书。古代希腊人对整

---

① 刘经庵：《中国纯文学史纲》，东方出版社 1996 年版，第 4 页。
② 许维遹：《吕氏春秋集释》上，中华书局 2009 年版，第 493 页。
③ 赵晔：《吴越春秋》，中华书局 1985 年版，第 197 页。
④《礼记正义》，郑玄注，孔颖达等正义，载《十三经注疏》，中华书局 1980 年版，第 1454 页。

个世界的理解和期望、观念与信仰，以及他们所获得的各种自然知识，最早都保留在神话之中。神话是古代希腊文学、艺术和哲学的源头。古希腊史诗主要反映了神话时代之后的英雄传说，它们以世俗的社会生活为基础，又同神话故事交织在一起。古希腊悲剧则从神话的角度，把当时的社会生活折射在其中。古希腊文学的总的趋势，是不断向世俗发展，不断向理性发展，并且被理性的思考所取代。所谓"诗人与哲学家之争"，实际上是哲学家占了上风，又是哲学家在悲剧和史诗的基础上提出了文学理论，如柏拉图和亚里士多德的理论。这些理论处在古希腊文学从高峰走向衰弱的时期，总结了当时的文学实践，成了后世文学理论的可贵源头。

古希腊文学是在继承上古神话的基础上形成发展起来的。古希腊的神话主要包括神的故事和英雄传说两个部分。在后来的希腊文学中，这两个部分是相互渗透的。神的故事主要反映了被虚构的生活在奥林匹斯山上的神的谱系。神的起源和神谱的故事，不是一朝一夕形成的。它反映了原始人处于群婚和血缘婚时代的生活，故有母子或兄妹婚，也反映了当时"吃人"的余风，并且明显地体现出从母权社会向父权社会的过渡。后来的悲剧作品，有许多都反映了神的故事或人神混杂的故事。古罗马也有功能相近的神，只不过名称有所变化，可见古罗马神话对古希腊的继承。英雄传说是古代希腊人对于遥远的古代社会的祖先和部落中的杰出人物的歌颂性内容。其中许多传说与神的故事交相混合，有的英雄则是半神半人。如为民除害的赫拉克勒斯（他是宙斯与凡女所生的儿子）、为民造福的俄狄浦斯、取金羊毛的伊阿宋等。这些英雄传说逐渐形成了相对完整的故事系统。

古希腊文学中的瑰宝还有两部著名的史诗《伊利亚特》和《奥德赛》。这两部史诗相传是公元前9世纪—前8世纪的盲诗人荷马加工整理而成的。这实际上是用史诗的形式记录了神话传说和历史。它主要以民间流传多年的特洛伊战争为基础编成，反映了民众的集体智慧。其中人神相杂，神助人作战，体现了当时的社会生活形态，也细腻地刻画了具体的人物性格。这两部史诗场面宏大，结构完整，语言也凝练、精巧，具有高超的艺术水平，对后世的文学产生了重要的影响。古希腊文学更为成熟的形态是悲剧。悲剧在古希腊最早起源于对酒神狄俄尼索斯的祭祀表演和民间歌舞（酒神同时是酒的酿造和葡萄、树木以及农事的保护神，故这种仪式同时用以庆祝丰收）。悲剧一词在希腊文里是"山羊之歌"的意思，与祭祀时用山羊作牺牲有关。公元前5世纪前后，希腊悲剧最为兴盛，三大悲剧家就生活在这个时期。亚里士多德的《诗学》特别是其中的悲剧理论，正是以索福克勒斯的《俄狄浦斯王》为模板立论的，故亚里士多德称《俄狄浦斯王》为戏剧艺术的典范。而索福克勒斯的另一部著名悲剧《安提戈涅》则是黑格尔悲剧理论立论的重要依据。欧里庇得斯的悲剧观则反映了他对希腊晚期民主制弊端的体会，他对神持批判态度，而对许多现实问题如内战、民主制、婚姻、妇女等问题则给予关注。在希腊悲剧之后，雅典城邦发生危机之际，出现了希腊喜剧。流传下来的主要有阿里斯托芬的喜剧。喜剧大都取材于现实生活，对重大的政治问题发表意见，主要有政治讽刺剧和社会问题剧。但经常通过动物加以表现，具有寓言的特征。现存的主要有反战喜剧《阿卡奈人》、讽刺剧《妇女专政》和《蛙》等。其中《蛙》还表现了他对文艺教化功能的看法。阿里斯托芬的喜剧在艺术上为欧洲喜剧奠定了基础。

二、文学发展中的俗与雅

文学之雅俗，即典雅与通俗。典雅作品，是指其艺术成就很高，格调高雅，境界高远或蕴藉，体现了当时士大夫心态和趣味，语言也经过精心锤炼，没有一定的文化素养很难解读的作品。而通俗作品，则指体现一般平民趣味，语言明白晓畅的作品。当然也有介乎其间的雅俗共赏的作品。文学的总的趋势是由俗而雅。

文学起源于民间。最初是在闲暇时刻用来调节情绪，反映生活场景和即兴的号子与小曲。而抒发情怀、吸引异性的情歌，也体现了游戏的精神。随着文明制度的建立和发展，宫廷对民歌进行收集、整理，选优汰劣，这就是雅化的过程。通过最初的雅化，宫廷获得了民间歌谣的经典，并且形成创作的规范，又依照这些规范进行创作。这便是宫廷文学和文人作品的开始。由于雅化的作品更多地注重形式的规范，比起民间作品来又缺乏创造力和新鲜感，于是逐步僵化。而民间的那些不受约束、反映生活情趣和时代气息的作品再度兴起，文人们再度从通俗文学中汲取养分，予以雅化。现在留存下来的通俗文学作品，大都经过文人不同程度的润色、加工。

（一）诗词的俗与雅

在文学的历史长河中，许多体裁都是由通俗走向高雅的。早在两千多年前的中国周王朝，各诸侯国里的"刘三姐"们，在采茶采桑的田野里，在谈情说爱的城隅里，唱出了一首首悠扬动听的歌谣。这些歌谣凭借着王室派遣的采风官员的收集记录，而得以长期流传。这就是早期的通俗文学，雅俗共赏。经过一段时期之后，它们被奉为经典。马融、郑玄这样的雅士，也靠着为历史上村民们的小歌作笺注显达于当时与后世。刘勰为自己不能再为《诗经》一类的著作作出更为精当的注解而感到遗憾。后世的所谓"附庸风雅"，"风雅"已经指高雅了。

《诗经·国风》里的许多作品，是当时的恋歌和游戏的咏叹等，真实地表达了人们的欢乐和怨恨，朴实、率真、活泼，充满情趣。如《郑风·狡童》："彼狡童兮，不与我言兮。维子之故，使我不能餐兮。"这是一个少女抱怨她所钟情的少年的本色语言：那个小坏蛋，不和我说话哩；为了他，我饭都吃不下去。这类诗歌是标准的通俗文学，《毛序》说它刺忽"不能与贤人图事，权臣擅命也"，是后儒以教化观误读《诗经》的结果。倒是朱熹《诗集传序》"凡诗之所谓风者，多出于里巷歌谣之作，所谓男女相与咏歌，各言其情者也"说到了实处。

《诗经》中的《雅》《颂》，则是我们一般所说的雅文学。它们是由宫廷为着实际的用途而专门创作的作品。如《颂》诗主要是周王室的宗庙祭祀诗。《大雅》中的《生民》等篇，乃是周民族的创业史诗。《大雅》《小雅》的大部分诗篇，乃是士大夫对时政的讽喻。

由于它们是有一定文化修养的贵族作品，故显得典雅、庄重。不过，相比之下，对后代文学真正产生重要影响的，主要还是《国风》作品和一部分《小雅》作品，而且《雅》《颂》作品也大都受到了《国风》艺术形式的影响。到汉代将《诗经》尊奉为经典之后，则无论雅、俗，一律称为雅文学了。虽然我们不否认《国风》的作品是经过筛选的，而且还曾被作过一些润色，但它们基本上应该属于通俗文学则是事实。

汉代有专门从事创作的人及以此获得宫廷官职的作家存在。汉代的辞赋主要由楚辞演变而来，同时也受到了《诗经》中小赋的影响，由于这批专门的文人以文字为生，故在作品的篇章结构、语言等方面注意精心安排。后世文学铺陈华丽的"雕饰"风格即从汉代开始。汉代的辞赋对后代的散文影响较大，而汉代的乐府民歌则对诗歌，包括五言诗的形成产生了重要影响。可以说，比起雅文学的辞赋，更充分地体现时代艺术精神的，恰恰是寄托了作者理想而不体现统治阶级主导思想的汉乐府民歌，进而促进了诗歌的兴盛。这是雅俗文学变迁中的一条重要规律。汉乐府民歌发乎情性，不为作诗而作诗。作者们不在其位，不谋其政，创作无得失之患，唯表情达意而已。如《妇病行》："妇病连年累岁，传呼丈人前一言……"儒家要求"哀而不伤"，《妇病行》却哀而又伤，背离经典。这些民歌在叙事技巧和抒发人生感慨等方面，对魏晋文学及后世文学产生了重要影响。魏晋南北朝作品多文人之作，但多受汉代民歌的影响。尤其《文心雕龙·明诗》中所贬称的"五言流调"，在魏晋南北朝时期受民歌影响而日渐成熟。南朝梁简文帝萧纲在《劝医论》中明确提出："或雅或俗，皆须寓目。"

元稹、白居易的新乐府诗掀起了唐代通俗诗运动并且产生重要影响。白居易受儒家正统思想影响很深，但他关心民生疾苦，并力求通俗、平易，使老妪能解。以《新丰折臂翁》为例，老人年轻时为逃避强征兵役，将一臂捶折。"此臂折来六十年，一肢虽废一身全。至今风雨阴寒夜，直到天明痛不眠。痛不眠，终不悔，且喜老身今独在。不然当时泸水头，身死魂孤骨不收。应作云南望乡鬼，万人冢上哭呦呦。"在表述形式和语言风格上类似于《木兰辞》一类的民歌。白居易的诗因其通俗而获得了广泛的流传。

词起于民间，和起初的风诗一样是通俗作品。本土的词曲大约是继承汉乐府和民歌一路而来的。宋代王灼《碧鸡漫志》卷一："古歌变为古乐府，古乐府变为今曲子，其本一也。"明代王世贞《弇州山人词评》："词者，乐府之变也。"文人及宫廷仿作，有时妙肖民歌，有时则有意雅化了。如梁武帝萧衍的《采莲曲》："游戏五湖采莲归，发花田叶芳袭衣，为君艳歌世所希。世所希，有如玉，江南弄，采莲曲。"近乎白话，完全是民歌风格。又如《江南弄》中的一曲："众花杂色满上林，舒芳曜绿垂轻阴，连手躞蹀舞春心。舞春心，临岁腴，中人望，独踟蹰。"则已近乎宋代文人词了。沈约《六忆诗》其四："忆眠时，人眠独未眠。解罗不待劝，就枕更须牵。复恐傍人见，娇羞在烛前。"也是明白如话。徐釚《词苑丛谈》卷一《体制》称其"亦词之滥觞也"。一般说"词学肇自隋唐，盛于两宋"（杜文澜《憩园词话》卷一），是从一直延续到宋代的词牌源流上说的。杨荫浏《中国古代音乐史稿》认为唐宋词取之于民间曲子，这种民间曲子是对民歌进行选择、加工后定型下来的。这当然是不错的。现存的所有的词牌及词都经过文人们不同程度的加工、润色。

（二）戏曲、小说的俗与雅

戏曲与小说也是由俗而雅的。胡适说："一切新文学的来源都在民间。民间的小儿女，村夫农妇，痴男怨女，歌童舞妓，弹唱的，说书的，都是文学上的新形式与新风格的创造者。这是文学史的通例，古今中外都逃不出这条通例。"[①] 其实，当词日渐雅化的时候，新的通俗文体在民间就已经开始流行了。

学术界追溯戏曲的起源时向来都要谈到原始歌舞、角抵与参军戏。其实从文学的角度讲，这些都还没有叙事文学的价值，多是在宫廷为统治阶级消遣而做的滑稽类的表演。文学意义上的戏曲，可以追溯到北宋晚期兴起的北杂剧和南戏。杂剧之"杂"，表明它是一种综合性的表演艺术。其内容起初多沿袭"优孟衣冠"，讥评朝政和官僚弊端，劝谏皇帝和权贵，后来走向瓦舍勾栏这样的民间杂耍场，而其内容也改为民间传说。如宋代孟元老《东京梦华录》"中元节"条说："构肆乐人，自过七夕，便般《目连救母》杂剧，直至十五日止，观者增倍。"其内容连贯，可以延续八天，类似于今天的连续剧了。《目连救母》源于佛经故事，唐代已有民间说唱，并被撰成变文。到宋代演变成杂剧，说明杂剧也已经具有了文学价值。这个剧目在明清时代又有所变迁，有了不同的情节。当时的剧情大都源自民间传说。后来有所谓的"院本"或"官本"，是指官方的教坊所使用的、主要用于宫廷演出的剧本，但也大都是根据民间故事加工的，而且长期在民间流行。民间的杂剧作品也常常得益于落魄文人的加工，但它们基本上仍属于通俗作品。至于那些叙述文人轶事和艳事的作品，以历史故事为基础的作品，也大都反映了市民视角。

到了元代，由于统治阶层缺乏基本的文化素养，加之对汉人和南人实行区别待遇，文人失去了科举出仕的途径，落魄到市民阶层。地位决定心态，当他们把自己的智慧用于创作杂剧的时候，也就没有那种士大夫的超脱、高蹈的心境，而是反映了下层民众的情调和平民的价值取向。这些作品虽然对民间的作品在文字上作了加工，如高明的《琵琶记》注重音调的搭配，在形式上更为严密细致，但情节和语言依然是通俗的，属于通俗作品。至于《荆钗记》《刘知远白兔记》《拜月亭记》《杀狗记》四大南戏，则更为粗糙，只是情节上生动、精彩一些罢了。

元代杂剧繁荣的基础是其有广大的市场。随着城市经济的繁荣，市民阶层大量增加，需要相应的文化娱乐生活。杂剧家们可以以此在都市谋生。为着适应广大市民的口味，作品主要体现市民的人生价值取向。如关汉卿的《窦娥冤》和王实甫的《西厢记》等。前者取材于前人的故事，结合社会现实加以改造，因而具有很强的现实性。后者是由唐传奇《莺莺传》到金代董解元《西厢记诸宫调》演变、修改而来。这些作品的情调、语言都还是通俗的，但经过千锤百炼，非常精练，也更为严谨，成了雅俗共赏的作品。

---

① 胡适：《白话文学史》，东方出版社1996年版，第12页。

戏曲真正由俗而雅，是在明代。明代统治阶层明文规定戏曲要为政治和道德教化服务。皇亲国戚、达官贵人们也卷入戏曲活动中，把这作为附庸风雅的行为，还出现了开国皇帝朱元璋的儿子朱权所著的《太和正音谱》这样的专业研究著作。这就客观上使得戏曲的社会功能逐步接近于诗文。它既使得过去鄙视戏曲的观念得到了改变，又使得戏曲被纳入了正统文学的轨道。明代后期的汤显祖，其《牡丹亭》和《邯郸记》等，不但情节构思精巧，体现了士大夫阶层的情趣，而且文辞简洁、洗练，有诗文气质，是标准的雅文学了。

在戏曲逐步走向雅化的同时，小说在民间又逐渐兴盛，在明清时代出现了前所未有的高潮，并且逐步成为雅俗共赏的文体。小说作为文学文体，其起源远远早于戏曲，而它的成熟则又在戏曲之后。小说的成分早在上古时代的神话传说、先秦寓言等领域就已经开始萌芽，到汉代小说分为一家。《汉书·艺文志》说："小说家者流，盖出于稗官。街谈巷语，道听途说者之所造也。孔子曰：'虽小道，必有可观者焉，致远恐泥，是以君子弗为也。'然亦弗灭也。闾里小知者之所及，亦使缀而不忘，如或一言可采，此亦刍荛狂夫之议也。"稗官是一种小官，大约类似于春秋时代采集风诗的小官，专掌收集民间故事等，以便王室了解民情和提供娱乐之资。虽然"君子弗为"，但有助于了解民情，说明它源于民间，通俗易懂。尽管它与《诗经》中的风诗一样，经过了采集者的加工、整理或删改，当然也受到诸子中的寓言故事、史家史书中描写人物的笔法影响，不过从逻辑上讲，这种影响应该是相互的。比诸子和史书更早或同期的小说雏形，对诸子和史书的描述表现方法也是有一定的影响的。

魏晋时期，受佛教传入的故事和道教的神仙、怪异故事影响，出现了鲁迅称为"志怪""志人"的小说。这些小说有许多是对此前长期在民间流传的神话传说的一种记录，主要是为着述奇，让人赏心悦目。文人的小说创作，始于唐代的"传奇"。"传奇"在唐代主要指文人创作的文言小说。元末陶宗仪《南村辍耕录》中说："稗官废而传奇作，传奇作而戏曲继。"如果说六朝小说多为民间传说的加工的话，那么，"至唐人乃作意好奇，假小说以寄笔端"（胡应麟《少室山房笔丛》）。唐传奇在人情世态的反映、情节、结构和人物形象的塑造诸方面，均有意探索，取得了一定的成绩。加之唐代举子为着向主考官"行卷"，以显示自己的"史才"等，也有意创作传奇。这就明显地受到了史传的影响。如《任氏传》《柳毅传》等，连名称也是借助于史传的形式。这些作品是文人用文言创作的，显示了很高的艺术造诣，大大地提高了小说的地位，但它们仍属于通俗作品。其中所反映的依然是市民的趣味与价值尺度，如因果报应、轮回、妖魔神异等民间观念，许多带有神话色彩。像《莺莺传》这样的爱情小说，与正统的封建礼教也格格不入。到了唐代后期，传奇还出现了《昆仑奴》《虬髯客传》等武侠小说，《枕中记》《南柯太守传》等讽刺小说，加上前面的言情小说，后来出现的各类通俗小说题材在唐代传奇中几乎都有端倪。可以说中国近现代的通俗小说在题材上乃是唐代传奇的一次复演。

如果说唐传奇作为文言小说，与普通民众还有隔膜的话，那么，宋代的白话小说和小说话本则是地道的口语，通过书会才人和说话人的口头演说，不断根据听众的要求加以改造、加工，更加接近平民。这种转变固然与宋代商业的繁荣、城市的进一步兴起、市民阶层的大幅度增加有关，但更为重要的是，从宋代开始，悄悄地兴起了一场白话革命。从韩愈倡导的古文运动反对骈体文，到晚唐由于诗歌日益晦涩而词逐步繁荣，都是在趋于白话。在这种背景下，白话小说获得了繁荣，并得以大量传世。许多历代流传于民间的传奇故事，在不断变迁和改写后，在此时也得以书面化。过去印刷术的落后，使很多小说只能在民间口耳相传，不断得到修正，到此时为文人所整理和印行，具有一定的经典性。《三国志平话》《西游记平话》就是这样的代表。

元代主要继承了宋代小说的发展趋向。到元末明初，流传至今的经典章回小说《三国演义》和《水浒传》便已成熟定型。明代，吴承恩整理西游故事创作而成的《西游记》；冯梦龙收集整理宋元话本和民间传奇而成的《喻世明言》《警世通言》《醒世恒言》三种，即通常所说的"三言"；凌濛初通过类似的整理形成的《初刻拍案惊奇》《二刻拍案惊奇》等，都在艺术上有很高的成就。而其中所体现的伦理观念和思想方法多反映了市民意识。在文人创作方面，明代的《金瓶梅词话》，清代蒲松龄的《聊斋志异》，属于艺术成就很高、思想意识接近市民的作品。吴敬梓的《儒林外史》和曹雪芹的《红楼梦》与前者的情况有所不同。《儒林外史》通过夸张的手法，对社会弊端进行了深刻的剖析，抨击了科举制度对人性的扭曲和礼教的种种虚伪，构思精巧，对人物心理的描述尤为细致入微，对中国现代小说有重要影响。而《红楼梦》则体现了中国古典小说的最高成就。它是曹雪芹描述自己深切感受的呕心沥血之作。在人物形象塑造、情节安排和语言等方面，《红楼梦》均达到了极高的造诣，在世界文学史上都堪称精品。

真正重视小说、戏曲，使它们进入大雅之堂，是从由外来文学刺激起来的新文学运动时期开始的。新文学运动提倡白话文，以西方的文学理论与批评尺度为准则，给予了小说和戏曲充分的重视，并译介了大量的西方小说和戏剧。梁启超在《论小说与群治之关系》中甚至把小说视为"文学之最上乘也"。因此，雅俗文体的变迁是与学者雅俗观念的变迁连在一起的。

第二节　文学作品的审美特征

一、语言之美

文学是语言的艺术。作为固定的交流形态的文学，主要是指书面语言的艺术。没有语言，便无所谓文学。没有书面语言，就只有不成熟的文学。因此，研究文学，必须研究作为传达符号和作品肌肤的语言。从某种程度上说，语言本身就是一种艺术。萨丕尔《语言论》给语言以崇高的评价："语言是我们所知道的最庞大最广博的艺术，是世世代代无意识地创造出来的无名氏的作品，像山岳一样伟大。"语言的艺术性给文学带来了无穷的趣味。中国文学作为汉语所创构的对象，从汉字的形态、情趣到语言音律、修辞方式及言义关系等，都具有自身的特点。

（一）语言文字的形象性

文学起源于口头的歌谣，但真正得以传承下来，并且自觉地加以发展的，则是书面文学。作为成熟形态文学作品的有机载体，汉字对中国文学的形式和内容都产生了重要影响，给中国文学带来了独特的情调。日本学者青木正儿的《中国文学概说》从文字的"六书"出发。钱穆专门作过《中国民族之文字与文学》的讲演，谈到中国文字之于中国文学的影响。[①] 刘若愚在《中国诗学》一书中，也非常重视汉字在中国文学中的地位和作用。他尤其强调了汉字之中所包含的文化意义及由此所表现的意象，同时还包含着联想所创构的丰富境界。[②]

刘勰《文心雕龙·练字》说："心既托声于言，言亦寄形于字，讽诵则绩在宫商，临文则能归字形矣。"这说明文学通过语言来表达情感，而语言则是通过字形来表达的，字形又因其所表达的语音而体现出音律。因此，文学以文字之形达意，又体现了音乐性。鲁迅继承了刘勰和其他古代学者的看法，对此加以阐释。鲁迅说文字有三美："意美以感心，一也；音美以感耳，二也；形美以感目，三也。"[③] 语言文字的丰富内涵是文学作品能够表达深厚思想感情的基础。

早期的文字是由象形的符号发展而来的。汉字起源于象形，是无可争议的。汉字的四种造字方法，都不同程度地体现着"象"，"象"是汉字的重要基础。段玉裁根据《左传正义》，补出许慎《说文解字叙》"文者，物象之本"的说法。象形字如鱼、山作为对具体对象的形态模拟，会意字如以日出之处为"東"（东）、以日落草丛为"莫"（暮），都是优美的、富有诗意的。其他形声字、指事字，如母、雨、本、末等也都不同程度地带着"象"的特征，以简驭繁、以少总多，通过象征的手法表现意蕴，反映了艺术的思维方式。用字中也同样体现了以象表意的问题。假借字用具体的形态来表达观念。如"长"，以人的长头发形式表达，并引申为"生长""年长"之长。

汉字与图画有联系，高尔泰曾说："如果可以说一切西方艺术都可以归本为音乐的话，那么我们不妨说，一切中国绘画都可以归本为书法。书画同源说之起源于太古的象形文字，是毋庸赘述的了。"[④] 这里道出了一位兼通书画的文艺理论学者对象形文字与书画的关系的认识。但汉字又因具有符号性特征而成了文字。沈兼士在《从古器款识上推寻六书以前的文字画》一文中，认为在汉字的体系形成以前有个文字画的阶段。文字画没有确定的符号特征，当然还不是文字。唐兰也说："文字本于图画，最初的文字是可以

① 钱穆：《中国文学讲演集》，巴蜀书社 1987 年版，第 1—20 页。

② 见刘若愚《中国诗学》第一章"汉字的结构"、第三章"中文的听觉效果和诗律的基础"，长江文艺出版社 1991 年版，第 7—11、25—48 页。

③ 鲁迅：《汉文学史纲要》，载《鲁迅全集》第 9 卷，人民文学出版社 1981 年版，第 344 页。

④ 高尔泰：《论美》，甘肃人民出版社 1982 年版，第 303 页。

读出来的图画，但图画却不一定能读。"① 唐兰把从文字画到文字描述为一个渐进的过程。

汉字在形成过程中，确实很大程度地利用、借鉴了图画，运用了与画图类似的形象思维，并且从创造文字中得到了性情的愉悦。汉字在摹象、表意等方面体现了中国的绘画精神，比起字母来，更能直接地调动读者的意象体现能力。《诗经·伯兮》："其雨其雨，杲杲出日。""杲杲"两字正写出了日出树梢的情态。温庭筠《商山早行》用"鸡声茅店月，人迹板桥霜"十个物色的字，把冬日早行的羁旅之人及其背景描绘得惟妙惟肖。这些汉字本身就是一个个的画面，共同组成了一幅"冬日旅人早行图"。诗句在读者心中所唤起的整体的意境，与一幅同类题材的中国画，有异曲同工之妙。

清人陈澧《东塾读书记》云："文字者，所以为意与声之迹也。"文字不只是简单的模仿，不只是对对象物象的素描，而是心中对事物的一种反映，不但表现了人之所见（认识论意义），而且还表现了人之所感（审美的意义）。亚里士多德认为模仿是人的一种天性，"人对于模仿的作品总是感到快感"②。但汉字不只是一种简单的图形，还包括了对对象特征充满情意的表现。如母、马等字，分别对人的乳房和马足着意表现，体现了汉字的创造性。同时，它与声是相呼应的。在没有电话、录音机和电影、电视的古代，声音是不能脱离具体的时间和空间进行流传的。这就需要通过约定俗成的文字跨越时空进行传播。谢无量说："言语不能致远合契，乃立文字。"③ 这种文字具有感性事物的形象，而且具有独特的情意。从这一方面讲，汉字，首先是象形字在情调上继承了绘画的传统，所不同的是作为普遍有效的传达工具，又经过了符号化、固定化、规范化。汉字的创造固然出于符号交流的需要，但同时也起源于先民们的创造意识和艺术化的情调。朱谦之说："中国文字实在是人类语言中最能表白思想感情的一种最好工具。"④ 一般人把文字的演变历程描述为从象形到表意到表音，现存的拉丁字母、斯拉夫字母和阿拉伯字母等，也都确实是从表意演变而来的。汉字那如诗如画的特点，调动读者欣赏活动中形象思维的能力，召唤人们的想象力，从而在脑海中浮动着一幅幅画面，让人如同身临其境。

（二）语言文字的音律性

文学起源于歌谣，这已为绝大多数学者所认同。现存传说的最早诗歌《康衢》《击壤》等，撇开真伪问题不谈，也不可能是早于书面文字的歌谣，因为其中的书面化倾向已较明显。刘师培《论文杂记》中说："上古之时，先有语言，后有文字。有声音，然后有点画；有谣谚，然后有诗歌。谣谚二体，皆为韵语。'谣'训'徒歌'，歌者永言之谓也。'谚'训'传言'，言者直言之谓也。盖古人作诗，循天籁之自然，有音无字，故起源亦甚古。"⑤ 这种论断，不仅有文献的依据，从逻辑上讲也是合理的。从动物传达情绪

---

① 唐兰：《中国文字学》，开明书店 1949 年版，第 62 页。

② 亚里士多德、贺拉斯：《诗学·诗艺》，罗念生、杨周翰译，人民文学出版社 1962 年版，第 11 页。

③ 谢无量：《中国大文学史》，中州古籍出版社 1992 年版，第 9 页。

④ 朱谦之：《中国音乐文学史》，北京大学出版社 1989 年版，第 92 页。

⑤ 刘师培：《中国中古文学史·论文杂记》，人民文学出版社 1959 年版，第 110 页。

的声响到人传达情意的歌谣，应该处于表现一定的理性内容之先。鲁迅《汉文学史纲要》说："在昔原始之民，其居群中，盖惟以姿态声音，自达其情意而已。声音繁变，寝成言辞，言辞谐美，乃兆歌咏。"① 在人类没有固定的文字之前，先有口头文学；在没有传达复杂的观念之前，先有表达情感的韵语。它哼起来顺口，符合自然的节律，也符合人的口腔发音的规律。《诗经·周南·芣苢》，便是后来流传并且通过文字记载下来的歌谣。从诗本身看，它主要通过明快的节奏、杂沓往复的韵律，表达了采摘芣苢的少女的欢快之情，并无什么深刻的意蕴。这应该说是继承了古代歌谣内容简单、音调悠长的特点，也与诗、歌、舞一体的原始之乐是合拍的。

最初载于《孟子·离娄上》的《孺子歌》"沧浪之水清兮，可以濯我缨。沧浪之水浊兮，可以濯我足"乃是早期流行的儿歌，传达了生活场景及其心情。其实孩童自身未必有深刻的寓意与思想，而是歌谣中所表现的生活情景自身包含着深刻的生活哲理和思想。渐渐地，富有影响的曲调逐渐固定，可以旧瓶装新酒，重新填词。项羽的《垓下歌》、刘邦的《大风歌》都是即兴填词哼成的。

文学语言的音律在诗歌中表现得尤为明显。最早出现的诗论文献，就已谈到了声律问题。《尚书·尧典》："诗言志，歌永言，声依永，律和声，八音克谐，无相夺伦，神人以和。"早在春秋战国时期，人们就开始注重声律问题了。《乐记·乐象》："乐者，心之动也；声者，乐之象也；文采节奏，声之饰也。"文采的华美是与韵律密切相关的，节奏则体现在动静相成中。到齐梁间文人更是有意研究音律的自然规律，并且用以约束创作，注重它的效果。沈约《宋书·谢灵运传论》："夫五色相宣，八音协畅，由乎玄黄律吕，各适物宜。欲使宫羽相变，低昂互节，若前有浮声，则后须切响。一简之内，音韵尽殊；两句之中，轻重悉异。"齐梁年间对文学作品语言形式的贡献，乃在于受梵文启发并得以强化的文学作品的语言节奏，即将节奏划分为平、上、去、入四声，以及对双声叠韵的自觉意识（同样也受译经的强化）。音韵与声调的统一，才真正体现了语言音律的高度和谐。

中国古代的诗歌因与音乐相协，早有节奏之说，在语言声调上也有类似看法。汉语的四声的提出使音韵相近的文字被进一步区别开来。孙愐《唐韵序》中所谓"夫五音者，五行之响，八音之和，四声间迭在其中矣"也正说明五音与四声的相辅相成。与四声相关的还有语词的双声叠韵现象。双音节词中的双声叠韵词，如"参差""窈窕"，也增加了语言的音律之美。王国维认为，叠韵可以使文辞更悠扬婉转，双声可以使节奏更明快，让人读来朗朗上口。《人间词话》："余谓苟于词之荡漾处多用叠韵，促节处用双声，则其铿锵可诵，必有过于前人者。"而形容物态的叠字拟声，则兼有双声和叠韵的特征。《文心雕龙·物色》列举《诗经》中的叠字拟声："灼灼状桃花之鲜，依依尽杨柳之貌，杲杲为日出之容，瀌瀌拟雨雪之状，喈喈逐黄鸟之声，喓喓学草虫之韵。"状物之貌既贴切自

---

① 鲁迅：《鲁迅全集》第9卷，人民文学出版社1981年版，第343页。

然，读起来又清脆响亮，朗朗上口。

清代桐城派诸家对于文章声韵有了明确的自觉意识。刘大櫆认为："神气者，文之最精处也；音节者，文之稍粗处也；字句者，文之最粗处也；然论文而至于字句，则文之能事尽矣。盖音节者，神气之迹也；字句者，音节之矩也。神气不可见，于音节见之；音节无可准，以字句准之。"（《论文偶记》）刘大櫆把音节放在文章的整体中去把握，认为音节是文章内在神气的表现，并进一步通过字句形式加以物态化。这种音节的抑扬顿挫，贴切地传达出了作品之神，体现了作品的神气。在音节中，刘大櫆尤其强调节奏。"文章最要节奏，譬之管弦繁奏中，必有希声窈渺处。"读者在阅读作品时，可以通过对音节的体认感受，体会到作家表现在作品中的神气和音节。文章的内在神气通过音节来表现，而音节通过字句来表现。换句话说，字句之中体现着音节，音节之中又体现着文章的内在神气。音节在作者与读者的交流中起着重要作用。

文学作品中的音律，反映了人们的感性生命与宇宙大化的生命节律的统一，上古诗文正是根据主体的生命规律进行创造，从而对读者进行感发的。《文心雕龙·声律》就说："夫音律所始，本于人声者也。声含宫商，肇自血气，先王因之，以制乐歌。"音律包含在人声之中，人声中的音律特征本于人的血气，人的自然禀赋体现了自然的生命节律。朱光潜《诗论》继承了前人的看法，强调诗的音律与情感或情趣之间的关系："事理可以专从文字的意义上领会，情趣必从文字的声音上体验。诗的情趣是缠绵不尽，往而复返的，诗的音律也是如此。"[1]"情感有起伏，声音也随之有起伏；情感有往复回旋，声音也随之有往复回旋。"[2]

二、意象之美

（一）情景交融

人们生活在大千世界中，是自然外物在千百年间成就了我们审美的心灵。同时，人在本质上依然是自然的一个有机部分，体现着宇宙的生命节律。人的生命节律与自然节律是合拍的，是随着自然界的变化而变化的。人们的心态也是奠定在这种生理机制的基础上的。因此，人的身心会受到自然的感发，主观的情意也与物态有着异质同构的关系。这种状况，对于同时生活在特定的社会环境中的人来说，是共同的。人同此心，心同此理。感物动情、借景抒情的作家有着共同的身心基础。因此，情景交融的作品可以获得鉴赏者的认同，引起共鸣。

文学意象创构的基本特征，在于它是以有限的形式传达无限的意蕴。在审美的思维方式中，意象是物我双向交流的产物。刘勰《文心雕龙·物色》把它描述成："目既往还，心亦吐纳……情往似赠，兴来如答。"这当然主要指即景生情的意象创构方式，但意

---

[1] 朱光潜：《诗论》，载《朱光潜美学文集》第 2 卷，上海文艺出版社 1982 年版，第 98 页。
[2] 朱光潜：《诗论》，载《朱光潜美学文集》第 2 卷，上海文艺出版社 1982 年版，第 117 页。

象创构方式不限于此。在特定心态下，情景交融有时是借回忆不在目前的物象来实现的，是一种托物言情，或者是眼前的景致触发了作者对往事的追忆。

创构意象本身就是在畅神。从某种程度上来说，创作是作家的一种不得不然的冲动。人们总是在不断地向对象世界去拓展自我，在体认中不断地醒悟，不断地发现自己，当主体让对象从与自己的功利关系中摆脱出来，而又与独立自在的自我浑然一体时，主体便进入了审美境界。清代廖燕《李谦三〈十九秋诗〉题词》："万物在秋之中，而吾人又在万物之中，其殆将与秋俱变者欤？……借彼物理，抒我心胸，即秋而物在，即物而我之性情俱在。"人处在万物之中，与万物共同体现着造化的规律，像草木一样感受着节气的变化，共同地随着秋季的到来而发生变化。在这种前提下，由社会文化背景而生成的人的心理，因生理机制与万物的相同性，可以借物抒情，使万物和主体共同体现出自然之征，并借此贯通。这样，主体的文化心理便通过自然的生命节律而具有普遍的形式价值。

文学意象的创构过程，实际上是作家体物得神，又以主体之神合对象之神的过程。作家要体悟到对象的内在生命精神，必须对对象以神相会，"神会于物，因心而得"（王昌龄《诗格》），由对象之神感发主体之神，物我之神遂得以合一。作家做到了这一点，自然意广象圆，意象便能呼之欲出。在情景交融的过程中，主体固有的精神状态和感情色彩起着主导作用。欧阳修有过两首《啼鸟》诗，第一首写于1046年被贬为滁州知州时，托物言志，借啼鸟以表达自己的感情："我遭谗口身落此，每闻巧舌宜可憎。春到山城苦寂寞，把盏常恨无娉婷。花开鸟语辄自醉，醉与花鸟为交朋。花能嫣然顾我笑，鸟劝我饮非无情。"既恨巧舌之鸟，又喜鸟能陪伴自己度过失意寂寞的岁月，这就冲淡了自己由贬谪带来的苦闷与烦恼，同时又在旷达中体现出无奈的情怀，使情景浑然为一，而忧伤情感的主导作用在其中昭然若揭。第二首写于1057年主持礼部考试时，与第一首迥然不同，字里行间充满了志得意满的情怀："花间只惯迎黄屋，鸟语初惊见外人。千声百啭忽飞去，枝上自落红纷纷。画帘阴阴隔宫烛，禁漏杳杳深千门。可怜枕上五更听，不似滁州山里闻。"即使是怀念滁州的啼鸟之鸣，也透露出作者志得意满的心灵状态。宋代葛立方在《韵语阳秋》卷十六中对此评价说："盖心有中外枯菀之不同，则对境之际，悲喜随之尔。啼鸟之声，夫岂有二哉？"面对同一物象，出于不同的情感，会创构出不同的意象。朱光潜先生曾说："换一种情感就是换一种意象，换一种意象就是换一种境界。"① 当然，总体心境并不能囊括诗人一切瞬间的心境，即使是被贬抑的作者，也会在某一时刻获得些许慰藉与欢欣。许多后来让人们更感怀念的，常常是那些在逆境中宽慰自己的对象，而且愈是失意之时，愈感这些慰藉之珍贵。

物我交融是情意投入的一种状态，主体不仅要与物相契，而且还要身居物外，体悟和观照对象。对于意象来说，主体既是置身于内的创构者，又是出乎其外的旁观者，而

---

① 朱光潜：《谈美》，载《朱光潜美学文集》第1卷，上海文艺出版社1982年版，第509页。

不至于迷失其中。王夫之强调创作过程中的"有识之心"的主导作用。《姜斋诗话》说："人情之游也无涯，而各以其情遇，斯所贵于有诗。"吴乔《围炉诗话》卷一："夫诗以情为主，景为宾。景物无自生，惟情所化，情哀则景哀，情乐则景乐。"绚丽的自然山水与诗人相遇，既是诗人的大幸，也是山水的大幸。多少名山大川，因诗人脍炙人口的诗篇流传千古，名扬天下；多少转瞬即逝的景致，借诗人的性情而获得永恒。黄宗羲《景州诗集序》曰："诗人萃天地之清气，以月露风云花鸟为其性情，其景与意不可分也。月露风云花鸟之在天地间，俄顷灭没，而诗人能结之不散。常人未尝不有月露风云花鸟之咏，非其性情，极雕绘而不能亲也。"把诗人看成天地之精英，荟萃天地清气，以自然花鸟与性情合一，使得月露风云花鸟这种顷刻散灭的现象借助意象而得以传达，获得了永恒的意义，经过诗人情怀的陶钧，获得了常人所不能达的可亲可近的价值。江山借诗人所创构的意象而得以名垂千古，诗人的灵秀之心、浩瀚之气也通过江山的激发而得以传达。因此，山水意象的创构，实在是诗人和江山共同的幸事。

（二）意与象合

作者之"意"是意象的核心。在意象中，即便是物象，也是作者眼中之象，是打上了作者主观情意烙印之象。作者受外物感发时，是由意主导和统率，并制约意象而生成的。杜牧《答庄充书》："凡为文以意为主，气为辅，以辞彩章句为之兵卫。……苟意不先立，止以文彩辞句绕前捧后，是言愈多而理愈乱，如入阛阓，纷纷然莫知其谁，暮散而已。是以意全胜者，辞愈朴而文愈高；意不胜者，辞愈华而文愈鄙。是意能遣辞，辞不能成意。大抵为文之旨如此。"杜牧强调立意，反对齐梁文风中意不能胜、徒重辞采的弊病。宋代吕本中《童蒙诗训》引黄庭坚语，要求"先立大意"。沈德潜《说诗晬语》论诗："意得象先，纵笔所到，遂擅古今之奇。"清人赵翼《瓯北诗话》也有"意在笔先，力透纸背"之语。

意也不是散漫无序的，必须经过深思熟虑，精心加工，创出新意。故古人屡屡言创意、造意、炼意。胡仔《苕溪渔隐丛话》引《后湖集》评王维诗"行到水穷处，坐看云起时"时说："此诗造意之妙，至与造物相表里。"意象的创构，主体起着主导作用。这主要由两种方式来实现：一是兴，直接感发；一是悟，深切体验。

一方面，作者胸中虽有主"意"，但久不得出，须由偶然感发，兴会成篇。杨万里《春晚往永和》："郊行聊着眼，兴到漫成诗。"杨万里在《答建康府大军库监门徐达书》中说："我初无意于作是诗，而是物是事适然触乎我，我之意亦适然感乎是物是事，触先焉，感随焉，而是诗出焉。我何与哉？天也？"这里的"天"指的是自然之道。张戒在《岁寒堂诗话》中称杜甫作诗，胸中平素久有蓄积，经由眼前景致触发，率然成诗，如天工造物："子美之志，其素所蓄积如此，而目前之景，适与意会，偶然发于声诗，六义中所谓兴也。兴则触景而得。"谢榛《四溟诗话》卷二："诗有天机，待时而发，触物而成，虽幽寻苦索，不易得也。"王士祯在评价唐人五言绝句"朝过青山头，暮歇青山曲。青山不见人，猿声听相续"（程石耰）和他自己的"微雨过青山，漠漠寒烟织。不见秣陵城，坐爱秋江色"等诗时说："皆一时仁兴之言，知味外味者当自得之。"

文学意象创构中的意与象合，不是意象的叠加，也不是理智上的组合，而是由感兴自然为一的。王夫之《古诗评选》卷四刘桢《赠五官中郎将》评语："景语之合，以词相合者下，以意相次者较胜；即目即事，本自为类，正不必蝉连，而吟咏之下，自知一时一事有于此者，斯天然之妙也。"吴雷发《说诗菅蒯》："大块中景物何限，会心之际，偶尔触目成吟，自有灵机异趣。"有时候，兴能移人性情，触发作者自己意识不到的心灵深处的秘密。清代张庚说："当其凝神注想，流盼运腕，初不意如是而忽然如是是也。"（张庚《浦山论画》）所谓兴，是指情感受到感发的状态。《二南密旨》："兴者，情也。谓外感于物，内动于情，情不可遏，故曰兴。"叶燮《原诗·内篇下》："原夫创始作者之人，其兴会所至，每无意而出之，即为可法可则。如《三百篇》中，里巷歌谣、思妇劳人之吟咏居其半。彼其人非素所诵读讲肆推求而为此也，又非有所研精极思、腐毫辍翰而始得也；情偶至而感，有所感而鸣，斯以为风人之旨。"

另一方面，文学意象的创构源自主体深切的领悟。在悟的过程中，主体体现了丰富而深刻的修养和敏捷的思维能力。意象的创构强调景在目前，而意在言外。欧阳修《六一诗话》引梅尧臣语："必能状难写之景，如在目前；含不尽之意，见于言外，然后为至矣。"梅尧臣还举诗为证："若温庭筠'鸡声茅店月，人迹板桥霜'，贾岛'怪禽啼旷野，落日恐行人'，则道路辛苦，羁愁旅思，岂不见于言外乎？"温庭筠《商山早行》中的这两句诗，用了十个名词，将羁旅之人的艰辛绘声绘色地传达了出来。贾岛《暮过山村》把孤单的行人放在荒凉凄寂的旷野中，故怪鸟的啼声更加令人不寒而栗。作者在特定环境中的感受尽在不言中。司马光《温公续诗话》："古人为诗，贵于意在言外，使人思而得之。"思而得之，婉转、曲折，让人感到饶有兴味，让读者从体悟中获得会心的欣悦。他在解释杜甫《春望》诗时说："'山河在'，明无余物矣；'草木深'，明无人矣；花鸟，平时可娱之物，见之而泣，闻之而悲，则时可知矣。"诗中以"城春"对"国破"，工巧纯熟，意在字表之外。

三、叙事之美

文学的叙事之美，通常体现在小说、戏剧等叙事类文学作品中，这类作品通过引人入胜的故事情节来刻画人物、记录事件和传达思想感情。小说、戏剧文学往往以严密的结构、跌宕的情节和充满想象力的虚拟世界观见长，其叙事之美尤其体现在情节结构的吸引力和逼真情境的构建等方面。

（一）叙事的结构

首先来看小说结构。结构是中国古代小说的灵魂，小说家们要通过想象和虚构，把众多人事组织起来，使之成为人有往来、事有承启、上下缀合、左右关联的艺术整体，必须经过严密的结构整合。刘勰在《文心雕龙·附会》中将结构的功能概括为："总文理，统首尾，定与夺，合涯际，弥纶一篇，使杂而不越者也。"古代的小说评论家们也把结构作为评价一部小说优劣的重要标准。张竹坡曾用形象的语言把小说家创作小说比作盖房子，关键要使框架柱梁接合得浑然一体。毛氏父子在评点《三国演义》时也明确指出："凡若此者，皆天造地设，以成全篇之结构者也。"金圣叹虽未用"结构"一词，但在《水浒传·序三》中也认为小说之妙在于"字有字法，句有句法，章有章法，部有部法"。尽管在具体的提法和描述上稍具差异，但都出奇一致地表现出对小说结构的重视。历代小说家们也依据说书实践和小说创作的需要，不断探寻小说结构形式和结构方法，完成了小说结构由简单粗放到复杂严密、由整齐划一到纷繁多变的转变。

中国古代小说结构的基本形式主要有单线式、链条式、网络式等。单线式又称单线顺序式，是指作者围绕一条主线索，按照故事的发生、发展、高潮、结局来组织篇章结构，力求完整地叙述故事的前因后果，给人线索清晰、脉络分明的印象。作为古代长篇小说开端的《五代史平话》就采用了单线式结构。以某一个或某几个朝代的兴废存续为线索，以若干人物为主角，依附于这一线索展开活动。单线式结构的不足之处在于，由于只围绕一条线索展开情节，难以反映出宏大的历史画面，在一些历史演义小说中，有时过于注重事件的发展，会导致"见事不见人"的后果。链条式结构是指把作品中的社会生活内容视为一串链条，一链套着一链往前流动，结构成整部长篇小说。小说没有贯穿全书的主要行动角色，每一回集中于一个或数个主要人物，并牵引出一些次要人物。每个故事自成单元，主要角色在完成自己的故事后，又把接力棒传给下一个故事的主要角色。孔另境在《中国小说史料》中描述这种结构特征时说："每一人演述完竣即递入他人，全书以此蝉联而下。"[1] 如《官场现形记》中，由赵温中举引出典史，典史引出何藩台，何藩台引出巡抚大人，巡抚大人引出陶子尧……这样一路下去，各个自成单元的故事都有其相对的独立性，但它们齐心协力地承载着主题，在不知不觉中转换空间，合成一个有机的全局。网络式结构是由多条线索交叉发展的一种结构形式，通过许多琐碎的日常生活画面来表现人物的性格及小说的主体。这种结构采用精巧清晰、线条细密的方式组织材料，通过对一个家庭的书写，将触角伸及社会生活的各个方面、各个角落，展现广阔的光怪陆离的社会背景。《红楼梦》把一个封建大家族的矛盾，包括主仆之间、嫡庶之间、派系之间、奴仆之间、正统者与叛逆者之间，以及大观园与外部社会之间的种种矛盾，都交结在一起，构成一个巨大而严密的网络。蒋和森曾说《红楼梦》"几乎没有什么可以单独抽取出来而不损害周围脉络的情节故事"[2]。这种网络式的结构，将诸多关系交织在一起，更接近现实生活的本来面目。网络式结构可以把人情小说中生活的复杂性和整体性完完全全展示在我们面前，体现出集中、稳定、精密的特点。

中国古代小说要吸引听众或读者的兴趣，就必然要在生动有趣上下功夫。罗烨在《醉翁谈录》中对小说的布局手法作了精辟的概括："讲论处不滞搭，不絮烦；敷演处有

---

① 孔另境：《中国小说史料》，上海古籍出版社 1982 年版，第 236 页。
② 蒋和森：《〈红楼梦〉的艺术特色和成就（上）》，《红楼梦研究集刊》第一辑，上海古籍出版社 1979 年版，第 136 页。

规模，有收拾；冷淡处提掇得有家数；热闹处敷演得越久长。"讲论处需点到为止，敷演处才放开。冷淡处要重简练，惜墨如金，让观众在惊涛骇浪似的情节波澜前后得到间歇的享受；热闹处是情节发展的高潮，也是人物性格命运转折和升华的关键，应该山穷水尽，然而却又峰回路转，柳暗花明。中国古代小说家对这些表现方法运用得十分娴熟，使得小说的情节布局能做到疏密相间，浓淡相宜，张弛有度，跌宕有致。具体主要有以下几种基本方法：一是草蛇灰线法。"草蛇"是在草丛中爬行的蛇，时隐时现，"灰线"则是灰漏地上而成的断断续续的线，在小说中具体表现为反复使用同一词语，多次交代某一特定事物或特定人物，可以形成一条若有若无的线索，贯穿于情节之中，推动或暗示情节的发展。二是弄引獭尾法。"弄引"就是在高潮之前先设一个引子，安排一个小波浪，继而引出高潮，使得读者兴味迭起，高潮不至有突兀之感。獭尾法则是在高潮之后拖一条尾巴，使情节发展余波荡漾，而不至于在高潮之后有戛然而止的索然无味感。三是回环三叠法。在特定的时空范围内，将内容相同或相近的情节回环往复三次，每一次称为一叠。每叠回环，虽然人物相同，情节相似，但在内容的表达、形象的刻画和细节的处理上，新的一次回环都比上一次回环更生动、更丰富、更完美。这种结构方法的运用，能够加深对典型情节的渲染和典型人物的塑造，在古代小说中被广泛应用。如《红楼梦》中的"刘姥姥三进荣国府"、《三国演义》中的"三顾茅庐""诸葛亮三气周瑜"等，不胜枚举。四是虚实相间法。小说创作自然离不开艺术的虚构，虚构要建立在现实世界的基础上。小说无论如何也不可能穷尽生活的全部内容，所以在写法上，高明的小说家们都懂得虚实相间。

戏曲是一门集文学、音乐、舞蹈等多种要素于一身的综合艺术，它源源不断的生命力来自舞台实践和观众的欣赏。作为剧本文学的戏曲，表演非第一要素，然而戏曲本身属性所带来的音乐性和舞台演出性深入地影响着剧本文学的结构。中国戏曲结构的文体形态包括场次安排、角色行当及叙事格局这三个方面。首先是场次安排。场次安排是指不论何种戏曲样式，都基本都采用出、折、场为结构单元，并且由若干个结构单元组成一个有机的整体。其次是角色行当。角色行当是戏曲采用代言体叙事，区别于其他叙事文体的结构特征。从唐代的参军戏中最简单的参军与苍鹘角色分配发展到明清时生旦净丑全备的行当格局，中国戏曲的角色行当制发展成熟完备，各行当分工明确，秩序井然。最后是叙事格局。叙事格局是指因为戏曲舞台演出的特性给戏曲文本打上的叙事格局程式化的烙印，也就是李渔所说"传奇格局，有一定而不可移者"（《闲情偶寄·词曲部·格局第六》）。李渔将其概括为家门（开场）、冲场、出脚色、小收煞、大收煞五个部分。但是作为古典戏曲的叙事结构的程式化只有其中三种：开场、冲场、收场。中国古代戏曲样式纷繁，每个剧种都有独特的结构形态。上述三个戏曲结构的文体形态则包含了中国古典戏曲共同的结构形态。它使中国古典戏曲呈现出规范的文体结构、严格精致的行当分配及流线式叙事等诸多不同于其他民族戏曲样式的结构特点，从根本上反映出古代中国人的审美精神和欣赏习惯。

中国古代戏曲的文本结构主要有单线型、双线型和变异型等。单线型结构是指剧作者构思简单故事情节，采用单线的叙事线索的戏曲结构形式。戏曲叙事一般采用顺时叙事，很少有倒叙。这类戏曲结构表现为情节简单精练，主要人物不多，线索单一。采用单线型结构的主要是以元杂剧为主的早期戏曲。元杂剧篇幅短小，情节简单集中，而且音乐上采用"一人主唱"的方式，使得叙事人物局限于一人，也使得叙事线索呈单线化方向发展。需要指出的是，"一人主唱"的"一人"不是指某个角色，而是指一个演员。双线型结构是指剧作者构思比较复杂的故事情节，采用两条并行的叙事线索按照事情发展的顺序交错表现的戏曲结构形式。这类戏曲结构叙事内容阔大，人物较多，两条线索同时进行，而且在两条线索的交错中串联起主要的人物活动。采用双线型结构的多是南戏和传奇。长篇的叙事和日益扩大的戏曲的表现内容使得双线型结构应运而生。变异型结构是指剧作者突破双线结构，在点线式结构的基础上采用的新的结构方式。这类结构形态为数不多，大多出现在传奇后期，依然采用顺时叙述，一般有以下两类：一是叙事线索呈现复杂的放射性结构。采用这类结构的多是爱情题材，表现为一生多旦或者一丑多旦等，一般是以男主角追逐几位女性为内容的爱情故事，代表作有李渔的《奈何天》等。二是叙事线索的淡化。采用这类结构的多是一些充满剧作者主体精神表达的抒情剧作，在这类剧作中，点线式结构的线被极大程度地淡化，而点（重点场次）被极大地强化，比如徐渭的《四声猿》。四部剧作之间相对独立，剧情简单，有的仅仅表现为一个场面，占主要地位的不是剧情的完整，而是寄托作家主体精神的人物感情的抒发和表达。总之，古代戏曲的三种文本形态结构虽然呈现出各自不同的风貌，但是三者统一于点线式结构特征之中，并且存在着相互吸收、不断突破的发展趋势。

中国古代戏曲如中国山水画一般，写意性极强，在简易狭小的舞台空间里，上天入地，瞬间百年，无所不包。戏曲结构的方法与创作者的灵感相关联，但大致说来，有以下几种主要的结构方法。第一是"首尾贯穿"，主要强调戏曲整体结构的有机统一性。戏曲结构是一个首尾贯穿的有机整体，结构的每一个部分相互呼应，浑然一体。在布局谋篇之时，要考虑到戏曲结构每一部分的连贯性。在一个整体的情节框架内，不论长短，有开场便有收场，线性的结构脉络牵连不断，相互交织，角色设置相互照应，上、下场开放收束自如。第二是"照应埋伏"，要求戏曲结构的每部分相互勾连，结构紧凑。紧密的线索让戏曲结构的每一部分都能发挥最大的作用，结构中即使一个小小的玉镯或是一条小小的丝帕等小道具的设置，都可以帮助作者加强人物之间的联系，表现人物的内心世界。同时，紧密的结构特征让戏曲的每一个部分，甚至每一个细节都充满了意味，"即于情事截然绝不相关之处，亦有连环细笋伏于其中，看到后来方知其妙"（李渔《闲情偶寄·词曲部·词采第二》）。第三是"一线到底"，要求戏曲结构线性的叙事线索集中，"止为一线到底，并无旁见侧出之情"（李渔《闲情偶寄·词曲部·结构第一》）。线性的叙事线索与紧凑的结构布局相配合，也与戏曲文本能舞台演出的潜在要求相一致。李渔要求剧作者"以'头绪忌繁'四字刻刻关心，则思路不分，文情专一"，在集中的戏曲结构内，情节安排"始终无二事，贯串只一人"。第四是"一人一事"，不仅要求单元结构内的集中，还要求单元结构之间的集中。李渔在《闲情偶寄·立主脑》一节中重点阐发了一人一事的结构原则，并且借《琵琶记》和《西厢记》两部剧作阐发了自己的观点，即要求戏曲结构应该集中于剧中的主要人物的主要事迹，而又以事件为重。这种结构原则使得戏曲的生命力更加旺盛，由于日益扩大的传奇的叙事长度，剧本的内容增加，完整的戏曲演出时间拉长，戏曲的舞台表现受到了限制，"一人一事"的结构方法不仅能使得结构趋于紧凑，而且在舞台演出时能突出重点段落。这也是清代中期以后折子戏能流行的一个重要原因。上述几种结构方法不是孤立的，而是相互联系的。它们都趋向于结构的完整与紧凑。在实际的戏曲结构的创作中，作者往往围绕自己的主观意图，选择若干合适的结构方法进行创作。当情节内容与戏曲文体的独特属性带来的结构要求相碰撞时，戏曲结构便呈现出多种多样的面貌。这是戏曲结构得以稳定规范的原因，也是戏曲结构能够得到不断突破发展的动力。

总而言之，结构是文学作品赖以存在的基础。刘勰在《文心雕龙·章句》中说："夫人之立言，因字而生句，积句而成章，积章而成篇。"说明结构在文学中表现出的重要作用。炼字造句，积句成篇，谋篇布局，都需要结构的整合才能得以成形。袁宏道在《柳浪馆本紫钗记总评》中说："元之大家，必胸中先具一大结构，玲玲珑珑，变变化化，然后下笔，方得一出变幻一出，令观者不可端倪，乃为作手。"历代评论家们也无不把结构的优劣作为作品好坏的决定性标准。结构灵动多变，在严谨的基础上，使作品婉转曲折，既增加了形式的美感，也有利于表达更为丰富深广的内容和细腻幽微的情感，成就了作品的精彩绝伦，也大大提升了作品的艺术价值。

（二）逼真的情境

中国古代叙事作品之美，除了体现在叙事结构上，还体现在所建构的情境上。叙事作品的情境，不是毫无现实依据的编造，而是建立在一定的现实基础上的。叙事作品的情境之美，在于以现实为基础而进行艺术提炼、加工所达到的逼真效果。需要注意的是，逼真的情境并不是完全再现生活中的情景，若一味完全再现，那便只是乏味的记录，称不上文学作品。

中国古代文学作品在模拟描绘现实事物的时候，总是有所偏倚，避实就虚地呈现出冰山一角，令人产生无限的想象空间。叙事作品需要对现实中的场景进行艺术提炼，并采用虚实相生的方式来进一步创构，由此才能使读者产生身临其境的审美感受，所创造的情境才会更加具有真实感。换言之，逼真不是一味模仿，而是有所创造，中国古代叙事作品则是在虚实结合的结构中创造逼真的情境。为大家所熟悉的则是在诗词等抒情性文体中，对感情的表达通常通过对自然物象的描绘进行，"不以虚为虚，而以实为虚，化景物为情思，从首至尾，自然如行云流水"（范晞文《对床夜语》卷二引《四虚序》）。这种结构方式使得作品含蓄蕴藉，意味悠长。中国古代文学作品在叙述事件的过程中，以似断未断的结构牵连来创造故事发生的情况，以此抓住读者的注意力，使其产生无穷的猜疑和悬念。谢肇淛《五杂俎》中说："凡为小说及杂剧戏文，须是虚实相半，方为游戏三昧之笔。亦要情景造极而止，不必问其有无也。"小说创作中的"草蛇灰线"之法与戏曲创作中的"照应埋伏"之法俱是创造此逼真情境的最好注脚。中国古代文学作品在组织情节时，虚实参半，虚中有实，实中有虚，使得格局变幻莫测，产生似真亦幻的审美感受。李渔总结为："传奇所用之事，或古或今，有虚有实，随人拈取。"（《闲情偶寄·词曲部·结构第一》）随意拈取的情节放入虚实参半的结构格局中，令观者莫识其来，又有相当程度的熟悉感，更重要的是可以根据需要灵活处理各类题材。在戏曲中不易表现的战争场面可以采用虚实相生的结构方式做淡化处理，其魅力非但不减，反而还给观众和读者留下了充分的想象空间。

162

因此，文学作品以虚实结合的方式来建构的情境才显得逼真、空灵、通透，意蕴深远。金圣叹在《水浒传·序一》中说"纸上无字、无句、无局、无思"而能让读者眼底"宿宿有思，摇摇有局，铿铿有句，烨烨有字"。清代中叶金丰的《〈说岳全传〉序》也认为："从来创说者不宜尽出于虚，而亦不必尽由于实。苟事事皆虚则过于诞妄，而无以服考古之心；事事皆实则失于平庸，而无以动一时之听……实者虚之，虚者实之，娓娓乎有令人听之而忘倦矣。"虚实相生对于古代文学所塑造的情境的影响由此可见一斑。可以说，以虚实结合的方式来建构逼真的情境，会促使文学作品空灵婉曲，于虚中见涵，单纯中见复杂，给人留下无尽遐思。李渔《闲情偶寄·词曲部·结构第一》在谈到"审虚实"时说："实者，就事敷陈，不假造作，有根有据之谓也；虚者，空中楼阁，随意构成，无影无形之谓也。"文学作品结构的虚实相生体现为结构组织避实就虚的偏倚、结构线索似断未断的牵连和结构格局似真亦幻的变幻。虚实相生不仅是中国传统美学思想中极为重要的部分，也是中国古代文学作品建构情境的基本方式。

第三节　文学美育是一种化育

美育是一种潜移默化的"化育"，而不是一种强制性的"教育"，是通过怡情养性的途径，使主体在感化中，经过审美，深入"人心"，从而陶冶精神境界，完善自我的人格。美育对于人性情的陶冶、情感的净化都不是一朝一夕可以完成的，而是如春风化雨般逐渐沁入人的心灵，是一个潜移默化的过程。通过不断熏陶和浸染，审美主体可能不会有立竿见影的改变，但却会在不知不觉中受到影响，发生微小的变化，渐渐形成一种心理结构，持久地影响着精神生活。

孔子曾用风作比喻，说："草上之风，必偃。"[1] 风并不着意表现什么，却能让万物感受得到，春风一吹，百草偃伏，百花盛开，美育正是以这种感性的方式，来陶冶人的精神，转移人的气质。美育之于人，像大自然的和风细雨之于禾苗，以"润物细无声"的

---

[1] 杨伯峻：《论语译注》，中华书局1980年版，第129页。

方式对人进行熏陶感染，使人的心灵得到净化。王夫之在《尚书引义·太甲二》中说："性者，生也，日生而日成之也。""目日生视，耳日生听，心日生思。"① 人性的本质是生，日日更新，日生日成，说明个人的成长是随着时光的推移而日渐生成。这给我们的启示便是，美育对人的造就，不是一朝一夕的，而是长期影响的结果。美育的终极目的是培养自由全面发展的人，具备敏锐的审美能力、良好的审美趣味、健康的人生态度、完善的心理结构、丰富的个性魅力的人，具有自由的超越精神和炽热的理想追求的人，这就注定美育是一个长期实施和发展的活动，并且其目的体现和实现在美育的全过程中，其过程本身就是目的。

一、情感的化育

审美对象以其感性特征，通过丰富的形象，以情感为中介，悦耳悦目，并打动人的心灵，从而激发共鸣，达到提升人的精神境界、丰富人的心灵的目的。美育的过程就是通过审美对象的感性形态对人进行感化的过程。因此，审美享受的过程就是美育的过程，而不是在审美活动之外利用审美对象进行的教育。在现实中，真、善、美常常是融合在一起的，是互相促进、互为推动的。美育在积极地推动着认知和道德的发展和实施，但它本身有着感化心灵、陶冶心灵的更高目标。

各种具有审美价值的对象在对人们进行感化时，首先展现在人们眼前的是具有吸引力的感性对象。孔子说："吾未见好德如好色者也。"② 其中的"色"，正是指感性形态对人的吸引力，而其中的"德"则是一种理性对人的约束。喜欢美的容貌与悦耳的声音是人的本性，美育便是从顺应人的这一本性开始的，它首先以美的形象吸引人。荀子曾经把审美活动视为调节身心的手段，与善相辅相成，而其前提则首先在于养目养耳，满足感性要求。"雕琢、刻镂、黼黻、文章，所以养目也；钟鼓、管磬、琴瑟、竽笙，所以养耳也。"③ 在养目养耳的基础上，美育的目的在于通过感性形态悦情悦意。因此，美育是在满足人的感性需要和前提下感化人，通过满足人们的感官的需要给人以心灵的快适，从而使人成为完整意义上的人。

美育领域广阔，多种多样，丰富生动，随时随地都可以实施美育。我国近代美育理论家蔡元培先生说："名山大川，人人得而游览；夕阳明月，人人得而赏玩；公园的造像，美术馆的图画，人人得而畅观。"④ 这自然世界是美育的主要方式之一，也是美育的理想目标之一。高山大海使人心胸壮阔，小桥细水使人低徊不已，长河落日使人昂然兴起，飘风骤雨令人痛快淋漓。在自然中，我们放弃无聊的名缰利锁，超越世俗社会的限制，在或宁静优美，或雄奇阔大的自然世界中任性率真，怡然而乐。这一直是中国人追

---

① 王夫之：《尚书引义》卷三，载《船山全书》第 2 册，岳麓书社 2011 年版，第 809 页。

② 杨伯峻：《论语译注》，中华书局 1980 年版，第 93 页。

③ 王先谦：《荀子集解》，中华书局 1988 年版，第 347 页。

④ 蔡元培：《美育与人生》，载《蔡元培全集》第六卷，中华书局 1984 年版，第 158 页。

求的生活理想。人们对审美境界的不断追求，使得美育的对象更加宽广，美育也不再局限于狭窄的一隅，天地万物都可以进入审美的视野。

把文学视为作家感物动情的产物，是中国古老的文学观念的传统。《礼记·乐记》："凡音之起，由人心生也。人心之动，物使之然也。感于物而动，故形于声。""乐者，音之所由生也，其本在人心之感于物也。""凡音者，生人心者也。情动于中，故形于声，声成文，谓之音。"所有这些，都在强调音乐由情感受外物的感动而产生。在上古时代，诗乐不分，谈乐的作品同时指诗。后来学者的论述也深受其影响。陆机《文赋》："遵四时以叹逝，瞻万物而思纷。悲落叶于劲秋，喜柔条于芳春。"谈及四时景致对人的情感的影响。外在的物景常常感发作者的情意，形成情景交融的意象，这便是文学的潜质。每个人都可能对世界充满情意，每个人都可能在心中涌动着一首诗，一首深情的诗，一般读者与作家的差异在于，作家更具深情，更具敏感，更具表达的天赋与技巧，而一般读者虽具有深情，甚或有一定的敏感，但在程度上不及作家，或是缺乏表达的天赋与技巧，于是借助于符合自己审美理想的文本获得共鸣，在心中进行再创造。古代的优秀诗篇、散文以及小说、戏曲，其价值正在于以情动人，而其心理基础则是每个人均能感物动情，当代的流行歌曲之所以能让众多的歌迷陶醉，也同样是因为以情动人。无论是"春眠不觉晓"这样引人浮想联翩的诗篇，还是《红楼梦》中宝黛爱情的纠葛，都是感人情思、扣人心弦的。

在文学作品中，情感是通过饱含深情的文字加以物化的。文字是作家表达情意的工具，但不只是工具，它更是作者的有机肌肤，是剥脱不掉的作品的感性层面。在某种程度上说，它甚至还胜过肌肤。没有文字，文学作品便不能称之为文学作品。作品的骨气血肉，都是由文字而获得体现的。文学作品正是通过富有节律的文字把作家的内在意趣和情怀抑扬顿挫地表达了出来。如果作滞实的理解，许多富有情调的作品也许会显得索然无味。刘勰《文心雕龙·神思》："物沿耳目，而辞令管其枢机。"强调辞令在作品构思中的重要性。

文学作品的美育价值诉诸感性，不需要进行直接的推理，不需要作深刻的理解，因而具有广泛的普遍性价值。明代的徐渭在《南词叙录》里说："夫曲本取于感发人心，歌之使奴、童、妇、女皆喻，乃为得体。"① 乃是在强调作品的感性特征对人心感发的一面，这种感性特征无疑具有普遍有效性。蔡元培在《以美育代宗教说》一文中写道："纯粹之美育，所以陶养吾人之感情，使有高尚纯洁之习惯，而使人我之见、利己损人之思念，以渐消沮者也。盖以美为普遍性，决无人我差别之见能参入其中。"②

文学作品中的感性形象正是情感的载体。作家产生强烈的喜、怒、哀、乐情感时，常宣之于歌诗等艺术形式。所谓"动诸琴瑟，形诸音声，而能使人为之哀乐"③，琴动而

① 李复波、熊澄宇：《南词叙录注释》，中国戏剧出版社 1989 年版，第 49 页。
② 高平叔：《蔡元培全集》第三卷，中华书局 1984 年版，第 33 页。
③ 何宁：《淮南子集释》，中华书局 1998 年版，第 619 页。

音声发，这种作为感性形象的"音声"就包含着哀乐、悲喜之情。这种诉诸感性对于接受主体来说，是通过情感的途径让人感动，达到怡情悦性的效果。感性、生动的审美对象作用于人的感官，感发着人的情感。"情以物迁，辞以情发"①，被引发的情感涤荡着人的心灵，使情感得以升华。梁启超曾说："用情感来激发人，好像磁力吸铁一般，有多大分量的磁，便引多大分量的铁，丝毫容不得躲闪。"② 强调感性物象通过情感的途径对人的吸引力。

很多艺术作品对人所进行的感化，由动之以情激发人的至诚之心，从而使其中所蕴含的"道"能够深入人心。对情感的化育意味着人的感受能力的丰富，用直观、个性的形式来把握审美对象，从中折射出某些价值观，蕴含着对人生和人性的感悟和体会，为人们开拓了一片感性的天地，以利于人的全面发展。中国人很早就强调文学是感物动情的产物。古代文论传统有"言志"和"缘情"两派，两者并不矛盾，因为情、志常常是不分的。从《尚书·虞书·舜典》开始有"诗言志"看，"言志"说大抵是春秋以前流传下来的观念。后来《荀子·儒效》的"诗言是其志也"、《诗大序》的"诗者，志之所之也"都因袭了这种看法。"志"在这里实际上指一种心理状态，包括愿望和抱负，也包括情调。美育的过程便是使人的感情得到表现和升华的过程，而艺术作品正是通过感性意象表现作者的情感的。文学美育的过程是作家受到大千世界感性物态的感动，又通过文学作品去感动欣赏者。作家必先自己受到感动，然后才能感动别人。欣赏者在欣赏过程中，则通过感性意象与作者产生了情感上的共鸣。欣赏者所受到的感化，正是在这共鸣中产生的。

说起情感的化育，不得不提及古希腊哲学家亚里士多德的"净化"理论。他认为，观看悲剧能净化人的心灵。在亚里士多德的悲剧理论中，用"净化"一词说明通过产生怜悯和恐惧的情绪而最终使人的心境恢复平静，即通过情绪的放纵和宣泄（缓和）最终到达宁静。这实际上起到了一种疏导作用。比如有人心情很压抑，得不到疏通，情绪很低沉，这时就需要强刺激，需要参加狂欢节，狂歌劲舞，以求得疏通，使整个身心获得平衡，最终获得平静。正如人们感冒出了一身汗就可以恢复健康一样。柏拉图认为史诗和悲剧的罪状是满足了人们的自然倾向，拿别人的灾祸来滋养自己的感伤癖和哀怜癖。而亚里士多德则肯定了人的自然倾向，认为悲剧是"借引起怜悯与恐惧来使这种情感得到净化"，把怜悯和恐惧看成实现"净化"的手段和途径。意大利文艺复兴时期的文学批评家卡斯特尔维屈罗曾经在《亚里士多德〈诗学〉诠释》中这样阐释"净化"："产生这种快感的场合是：当看到别人不公正地陷入逆境因而感到不快的时候，我们同时也认识到自己是善良的，因为我们厌恶不公正的事。我们天生都爱自己，这种认识自然引起很大的快感。与此同时，我们还可以得到另一种相当强烈的快感，这就是看到别人遭受不合

---

① 范文澜：《文心雕龙注》，人民文学出版社 1958 年版，第 693 页。
② 梁启超：《中国韵文里头所表现的情感》，载《饮冰室合集》第 4 册，中华书局 1989 年版，第 71 页。

理的苦难，认识到这种苦难可能降到我们或者我们一样的人的头上，我们默默然，不知不觉就明白了世途艰难和人事无常的道理。"① 相比之下，卡斯特尔维屈罗所认识的"净化"，是在继承亚里士多德观点的基础上，比亚里士多德更进了一步，强调净化还可以起到使人潜移默化地认识人生的作用。这种"净化"其实不限于悲剧。悲剧的特殊之处在于通过引起怜悯和恐惧来达到净化。亚里士多德在《政治学》卷八《论音乐教育》中曾谈到音乐的净化作用："某些人特别容易受到某种情绪的影响，他们也可以在不同程度上受到音乐的激动，受到净化，因而心里感到一种轻松舒畅的快感。因此，具有净化作用的歌曲可以产生一种无害的快感。"② 亚里士多德的"净化"说，主要强调艺术通过对人们情感的激发，使人的身心得到荡涤。

古典主义剧作家高乃依还对亚里士多德的"净化说"进行了阐释和补充。对于"净化说"，高乃依认为亚里士多德所举的例子《俄狄浦斯王》不太明晰，而且也不能说明过失问题，俄狄浦斯杀父乃是出于不知情的自卫。在《论悲剧》中，高乃依说："我看不出他要我们净化什么激情，也看不出我们根据他的榜样可以改正自己的什么缺点。"从戏剧的社会功能着眼，高乃依认为："我们看见与我们相似的人们遭受厄运的怜悯，引起我们自己遭受同样厄运的恐惧，这种恐惧引起我们避免厄运的愿望；这种愿望促使我们从心里净化、节制、改正，甚至根除那在我们面前把我们怜悯的人物投入这一厄运的激情。""为了避免后果起见，才非消除起因不可。"③ 对于亚里士多德提出的怜悯与恐惧的问题，他认为不必要求同时产生怜悯与恐惧这两种感情，二者之一就能起到净化作用。

二、德行的化育

"育"，本于毓，像母产子状，生的意思。《周易·渐卦》："妇孕不育，凶。"④ 引为养之使长。《诗经·大雅·生民》："载生载育，时维后稷。"⑤ 这主要指形体上的育，后来才引申为精神上的"使之作善"，如《周易·蒙卦》"君子以果行育德"⑥。因此，这时的"育"，不仅指育其身，而且指育其德。《孟子·告子下》有"尊贤育才，以彰有德"⑦，其"育才"乃指智育。因此，在中国传统思想中，育便有两方面的意义。一是它的本义的引申，指育其身，尤指使人体格强壮，健康成长。这是今天所说的广义的体育。二是它的引申义，指育其心。包括今天的德、智、美三育，使之智力发达、思想健康、情操高尚。这种把自然与社会贯通起来的对育的看法，本身就是审美的思维方式在语言中的表现。

① 古典主义理论译丛编辑委员会：《古典文艺理论译丛》第 6 册，人民文学出版社 1963 年版，第 23 页。
② 亚里士多德：《政治学》，朱光潜译，载《西方文论选》上卷，上海译文出版社 1979 年版，第 96 页。
③ 高建平、丁国旗：《西方文论经典（第二卷）从文艺复兴到启蒙运动》，安徽文艺出版社 2014 年版，第 317—319 页。
④ 黄寿祺、张善文：《周易译注》，中华书局 2001 年版，第 440 页。
⑤ 程俊英：《诗经译注》，上海古籍出版社 2004 年版，第 436 页。
⑥ 黄寿祺、张善文：《周易译注》，中华书局 2001 年版，第 51 页。
⑦ 杨伯峻：《孟子译注》，中华书局 1960 年版，第 287 页。

中国古代以乐感化人的德行的传统，最早可以追溯到传说中的舜的时代。《尚书·舜典》云："夔，命汝典乐，教胄子，直而温，宽而栗，刚而无虐，简而无傲。诗言志，歌永言，声依永，律和声。八音克谐，无相夺伦，神人以和。"[1] 此时的诗、歌、舞蹈、音律等各种艺术交融在一起，还没有分开，"乐"是诗、歌、舞的统称，开始成为自觉的审美化育的主要形式。西周时期，礼乐已经成为当时学校教育的一部分，是六艺之首。朱熹在《诗集传序》中对此作了这样的描述："昔周盛时，上自郊庙朝廷而下达于乡党闾巷，其言粹然无不出于正者。圣人固已协之声律，而用之乡人，用之邦国，以化天下。"[2] 他认为周代统治者已经重视诗、乐的教化作用，意在保持民风淳朴，国家安泰。先秦儒家强调审美活动的两种和谐：一为天人关系的和谐，一为人际关系的和谐。《乐记》把天地的阴阳化生视为宇宙间最大的乐。"天地诉合，阴阳相得，煦姁覆育万物"[3]，乃说天以气化育（煦）万物，地以形覆育（姁）万物。由此推及音乐对人的感化，也与天地（包括阳光、水分和养料）覆育万物一样，使之生机勃勃，健康成长。这种以情动人的音乐感化作用便是美育。

诗乐对德性的感化并不是直接的道德说教，而是对思想感情润物细无声的陶冶过程。朱熹在解释孔子的"成于乐"时说乐教的作用在于消融渣滓。《朱子语类》卷三十五："渣滓是他勉强用力，不出于自然，而不安于为之之意，闻乐则可以融化了。"[4] 《朱子语类》卷四十五："渣滓是私意人欲，天地同体处如义理之精英。渣滓是私意人欲之未消者。人与天地本一体，只缘渣滓未去，所以有间隔。若无渣滓，便与天地同体。"[5] 人因私意人欲、违背自然规律的念头等渣滓而使生存状态欠佳，于是可以通过美育泄导人情，消融渣滓，实现天人和人际间的和谐，以此提升人格，完善人生。这种说法，类似于亚里士多德关于悲剧效果的"净化"思想。

美育是顺应人的本性而进行的感化，《淮南子·泰族训》中说"夫物有以自然，而后人事有治也。故良匠不能斫金，巧冶不能铄木，金之势不可斫，而木之性不可铄也。埏埴而为器，窬木而为舟，铄铁而为刃，铸金而为钟，因其可也。"[6] 审美化育对人的塑造也同样如此。儒家美育的目的就是中和，"故乐行而伦清，耳目聪明，血气和平，移风易俗，天下皆宁"[7]。这正是儒家所追求的艺术感化的效果，正是因人的本性而进行疏导的

---

[1] 《尚书正义》卷三，孔安国传、孔颖达疏，载李学勤主编：《十三经注疏》，北京大学出版社1999年版，第79页。

[2] 朱熹：《诗集传》，朱杰人等主编：《朱子全书》第1册，上海古籍出版社、安徽教育出版社2002年版，第350页。

[3] 《礼记正义》卷三十八，郑玄注，孔颖达疏，李学勤主编：《十三经注疏》，北京大学出版社1999年版，第1117页。

[4] 朱熹：《朱子语类》二，朱杰人等主编：《朱子全书》第15册，上海古籍出版社、安徽教育出版社2002年版，第1300页。

[5] 朱熹：《朱子语类》二，朱杰人等主编：《朱子全书》第15册，上海古籍出版社、安徽教育出版社2002年版，第1587页。

[6] 何宁：《淮南子集释》，中华书局1998年版，第1386页。

[7] 《礼记正义》卷三十八，郑玄注，孔颖达疏，李学勤主编：《十三经注疏》，北京大学出版社1999年版，第1110页。

结果。建安时期，徐幹首次提到了"美育"一词："美育群材，其犹人之于艺乎？"① 这里的美育和今天所说的美育概念虽不尽相同，而且美育是一个偏正词组，但它基本上还是指用礼乐为主的先王之教来培养文质兼备的君子。美育和德行的化育不可分割。魏晋时期是人性觉醒、个性发展的时代，审美也开始摆脱礼法的束缚，发现了山水之美，欣赏人的个性之美，美育也因此拓展了疆界，有了自己的范围，而不再只是教化的一部分。这时的人们纵情山水，开阔了胸襟，体味到"畅神"的愉悦；发掘了自己的深情，对朋友、亲人都满怀深情，所谓"情之所钟，正在我辈"②，深化了对人生宇宙的认识。

古罗马哲学家贺拉斯"寓教于乐"的美学思想，则是文学具有德行化育作用的理论概括。贺拉斯是西方较早提出诗歌"寓教于乐"的思想的学者，这是柏拉图教化思想和亚里士多德净化思想的综合。"诗人的愿望应该是给人益处和乐趣，他写的东西应该给人以快感，同时对生活有帮助。""寓教于乐，既劝谕读者，又使他喜爱，才能符合众望。"③贺拉斯继承传统的观点，强调文艺在社会生活中的教化作用。在《上奥古斯都书》中，贺拉斯说："诗人不会作战、耕耘，但能效劳社稷，尽他绵薄的力量，达到伟大的目的。诗人使牙牙学语的小孩知耻识礼，教他们听到粗鄙的话则掉首掩耳；诗人能谆谆善诱，使人心默化潜移，矫正粗暴的行为，排除愤怒和妒忌；诗人能歌功颂德，立模范以教后世，给悲观失望的心灵带来无限慰藉。若不是诗神或诗人授予恋慕之思，窈窕淑女又怎能了解君子的情意？"④ 强调诗歌给人潜移默化的教育作用。而从罗马的哲学基础看，斯多葛学派的克己制欲的人生价值观和伊壁鸠鲁学派所奉行的快乐主义原则，也分别在哲学价值观上有所体现。贺拉斯的寓教于乐思想，兼取两家之长。贺拉斯说："诗人的愿望应该是给人益处和乐趣，他写的东西应该给人以快感，同时对生活有帮助。"⑤ 他在具体阐释诗歌在希腊时期的作用时说："举世闻名的荷马和提尔泰俄斯的诗歌激发了人们的雄心奔赴战场。神的旨意是通过诗歌传达的；诗歌也指示了生活的道路；（诗人也通过）诗歌求得帝王的恩宠；最后，在整天的劳动结束后，诗歌给人们带来欢乐。"⑥ 他还把形式的和谐与作品内在的吸引力区别开来强调，认为前者是"美"，而后者则被称为"魅力"："一首诗仅仅具有美是不够的，还必须有魅力，必须能按作者愿望左右读者的心灵。"⑦

使人们向往和实践善行，是仁学中最高的知识，也是人生的最高目标。哲学、历史和诗一样，都是有关人生的学问，因而最有资格与诗相比较的莫过于哲学和历史。诗人在教诲方面胜过历史学家，在感染力方面胜过哲学家。在哲学的层面上，德行是个知行

① 扬雄、徐幹：《法言·中论》，中华书局 1985 年版，第 12 页。
② 房玄龄等：《晋书》第 4 册，中华书局 1974 年版，第 1237 页。
③ 亚里士多德、贺拉斯：《诗学·诗艺》，罗念生、杨周翰译，人民文学出版社 1962 年版，第 155 页。
④ 章安祺编订：《缪灵珠美学译文集》第 1 卷，中国人民大学出版社 1998 年版，第 67—68 页。
⑤ 亚里士多德、贺拉斯：《诗学·诗艺》，罗念生、杨周翰译，人民文学出版社 1962 年版，第 155 页。
⑥ 亚里士多德、贺拉斯：《诗学·诗艺》，罗念生、杨周翰译，人民文学出版社 1962 年版，第 158 页。
⑦ 亚里士多德、贺拉斯：《诗学·诗艺》，罗念生、杨周翰译，人民文学出版社 1962 年版，第 142 页。

统一的问题，知并不等于行，知了也未必行，更何况知也需要有欲望的推动。哲学家以抽象的论证和教条去教导别人，所施及的对象只能是已经受过高等教育的人。相比之下，诗歌明白易懂，在适应范围上则更为广泛。它不但指出道路，而且给了这条道路一个可爱的远景，从而引人进入这道路。也就是说，诗人使人愿意知，而且感动人们去实行自己所知道的。同时，形象比概念更容易被人接受，更具有感染力，因而写理想，写应该如此的、有普遍性的东西，比写事实，写偶然的、个别的东西，更有鼓舞力，更能起到深广的作用。

三、化育无止境

从《乐记》开始并逐渐发扬光大的一个重要思想，是认为乐和其他艺术一样，具有潜移默化的感化特征。《毛诗序》强调"风以动之"[1]，认为作品对人的感化像是风的吹动那样，触动人的心灵，强调了艺术感动的潜移默化特征。董仲舒认为："乐者，所以变民风，化民俗也；其变民也易，其化人也著。故声发于和而本于情，接于肌肤，臧（藏）于骨髓。"[2] 他们认识到乐对于人心的作用，从而成立乐府，观察民风民俗，用乐府诗歌来感化人心，达到移风易俗、维护统治的作用。

审美化育的方式是多种多样的，适应着审美主体的多种需要。《淮南子·原道训》："所谓乐者，岂必处京台、章华，游云梦、沙丘，耳听《九韶》、《六莹》，口味煎熬芬芳，驰骋夷道，钓射鹔鹴之谓乐乎？吾所谓乐者，人得其得者也。"[3] 审美主体所追求的境界不是单一的规定性的，而是在此之前已经有了独特的准备和见解，真正的愉悦在于获得了他想要的快乐。

主体在审美活动中能有自觉的追求。明代张琦说："人，情种也。"[4] 审美对象中所包含的情感容易感动人，人们也乐意被感动；而审美对象的感性形态也以其优美、壮丽等特征给主体以享受。这种享受之中包含着享受者积极的追求和能动的创造。这种积极的追求和能动的创造本身，就是美育的基本内涵。因而，审美主体对审美对象的追寻、对审美化育的要求，是以积极能动的态度出现的。

审美是在人与物的自由关系中形成的，主体在参与审美活动的整个过程中，充分体现了自己的能动性，每一次审美活动的完成，都给主体以全新的感受，而这种全新的感受既使主体陶冶了自己，又让主体满足了创造欲。因而，同一种审美对象在不同的主体面前，会激发不同的感悟，最终呈现出全新的意象，让主体获得满足和熏陶。

人对美的追求是无止境的，美育在人对美的追求中不断开拓出新的境界。这种开拓

---

① 《毛诗正义》，毛亨传，郑玄笺，孔颖达疏，李学勤主编：《十三经注疏》，北京大学出版社 1999 年版，第 6 页。

② 班固：《汉书》，中华书局 2012 年版，第 2174 页。

③ 何宁：《淮南子集释》，中华书局 1998 年版，第 66—68 页。

④ 张琦：《衡曲尘谭》，中国戏曲研究院编：《中国古典戏曲论著集成》第 4 册，中国戏剧出版社 1959 年版，第 273 页。

可以是审美主体不满足于既有的审美对象，不断主动开辟新的审美对象，也可以是主体对始终存在的对象的能动的创造性的体验。小桥流水、高山激流和嶙峋怪石等，在主体达到更高的自由境界之后，其被遮蔽的美育潜能便被能动地开发出来。这样，人们便在美育过程中体悟到世界和人生的真谛，得到了纯粹的快乐，个性随之得到解放，由此进入到自由王国。

审美境界是人生的至高境界。美育的途径，是主体成就自我的必然途径。美育可以使人们摆脱外在功利和内在欲望的本源，恢复真诚和本色，体味到真正的自由。美育实际上包括了满足人们本能冲动的需要、情感的要求和对自然限制的超越。因此，美育具有对人的终极关怀的功能，所以蔡元培先生提出了"以美育代宗教"说。宗教也是诉诸人的心灵，追求完满与解脱，但主要是减少人们现实的痛苦，鼓励他们对来世充满希望。而美育则是受审美对象感发，拓展人的精神境界，完善人的个性，追寻现世的幸福，而不是虚无缥缈的来生。

第四节　文学美育的实现途径

中国上古的美育意识从自发到自觉，在诗、歌、舞一体的"乐"中表现得尤为明显。到西周时代的庠序之教，已经将礼、乐并列纳入。当然，那时的"乐"对人的感化远远不限于学校对孩童的启蒙，而是对全社会朝野上下、男女老少的全面感化。因此，当时"乐"的美育作用不只是在教育之中。《乐记》中就已经开始强调美育潜移默化的感染功能，到王夫之又继承上古以降的"习与性成"思想，强调日积月累的长期感化。

一、怡情养性

美育是通过审美"怡情养性"，对人的精神领域进行一种调节，从而达到心理的平衡、人格的完善，这使得美育与德育和智育这两种教育有相当的差异。美育的方式是建立在主体的自觉自愿、潜移默化的基础上的，当美育与智育、德育相结合时，三者是相互促进的，而三者在功能、方式和途径等方面，又是截然不同的。

人在现实生活中对审美感化的追求，从上古的巫术礼仪时代就开始了。起初，人们将诗、歌、舞一体的乐视为一种巫术，认为它可以和天地，成万物，疏河道。如《吕氏春秋·古乐》载，朱襄氏治天下时，阳气冗积，而以乐生阴气，促进果实生长。陶唐氏治世，阴气滞伏，水道壅塞，而以舞来宣导。[1] 在中国古人看来，人的身心的泄导，与自然万物的护育是息息相通的。《乐记·乐施》有："乐者，所以象德也。"[2] 象德，即表现出天地化育万物的那种特征（《管子·心术》："化育万物谓之德。"[3]）。这里用万物规律

---

[1] 许维遹：《吕氏春秋集释》，中华书局 2009 年版，第 118、119 页。
[2] 《礼记正义》卷三十八，郑玄注，孔颖达疏，李学勤主编：《十三经注疏》，北京大学出版社 1999 年版，第 1103 页。
[3] 黎翔凤：《管子校注》，中华书局 2004 年版，第 759 页。

来比方，说明乐对人的感化近似于在春夏之季使万物得以萌动生长的那种自然大化广济博施而不言的"仁"（《乐记·乐礼》："春作夏长，仁也。"①），实指音乐所具有的那种成就人格的感化行为。

从心理上讲，美育乃是养性的一种方式。《吕氏春秋·本生》说："物也者，所以养性也。"② 养性是让人的感性生命顺任自然地得到发展。"圣人之于声色滋味也，利于性则取之，害于性则舍之，此全性之道也。"③ 美育正是通过感性的方式对人的本性进行维护和滋养。"故圣人之制万物也，以全其天也。天全则神和矣，目明矣，耳聪矣，鼻臭矣，口敏矣，三百六十节皆通利矣。"④ 全天，即养性，保全人的天然本性。《吕氏春秋·重己》还认为，音乐便具有这种养性的化育功能。"其为声色音乐也，足以安性自娱而已矣。"⑤《淮南子·原道训》则以"得其所得"来解释乐的养性功能："吾所谓乐者，人得其得者也。"⑥ 后来嵇康在其《养生论》中，就论述了可以用艺术和审美来陶养人的精神，从而"无为自得，体妙心玄"⑦。这里的"自得"即《淮南子》的"得其得"。嵇康把音乐视为养生的重要手段，其中既有对人的生理的调节，类似于《乐记·乐象》的"耳目聪明，血气和平"⑧，又有对人的本性的陶冶，即所谓"修性以保神，安心以全身"⑨，不溺于忧乐之情，而以心灵之和为目的。

《汉书·翼奉传》提出："诗之为学，性情而已。"杜甫《赠王二十四侍御契四十韵》也有："由来意气合，直取性情真。"其中性是指人的本性、人的生理功能，是人在产生喜、怒、哀、乐之情时的心境；而情则指在外物感发、社会文化熏陶下的人的喜怒哀乐。人的本性有受外物感动的天赋和要求。如《乐记》称："人生而静，天之性也；感于物而动，性之欲也。"朱熹《乐记动静说》称："性之欲，即所谓情也。"朱熹《朱子语类》卷五："性是未动，情是已动，心包得已动未动。盖心之未动则为性，已动则为情，所谓心统性情也。"后来的陈淳在《北溪字义》中也有类似的看法。杨慎《性情说》把性比作水，情比作水波，颇为恰当。

与道德规范的要求不同，美育对人的感化往往顺应主体的情志。在人与人之间的关系上，《乐记》认为"礼以道其志，乐以和其声"⑩，指礼用以引导人的意志，乐则使人的情性得以调和，并且可以"合生气之和，道五常之行，使之阳而不散，阴而不密，刚气

① 《礼记正义》卷三十七，郑玄注，孔颖达疏，李学勤主编：《十三经注疏》，北京大学出版社1999年版，第1093页。

② 许维遹：《吕氏春秋集释》，中华书局2009年版，第13页。

③ 同上书，第15页。

④ 同上书，第15—16页。

⑤ 同上书，第24页。

⑥ 何宁：《淮南子集释》，中华书局1998年版，第68页。

⑦ 戴明扬：《嵇康集校注》，人民文学出版社1962年版，第157页。

⑧ 《礼记正义》卷三十八，郑玄注，孔颖达疏，李学勤主编：《十三经注疏》，北京大学出版社1999年版，第1110页。

⑨ 戴明扬：《嵇康集校注》，人民文学出版社1962年版，第146页。

⑩ 《礼记正义》卷三十七，郑玄注，孔颖达疏，李学勤主编：《十三经注疏》，北京大学出版社1999年版，第1076页。

不怒，柔气不慑，四畅交于中而发作于外"①。不同气质的人能够相互调和，异文合爱，形成一种相反相成的和睦状态。在人伦关系上，《乐记·乐象》认为"乐行而伦清"②。又《乐记·乐化》："乐在宗庙之中，君臣上下同听之，则莫不和敬；在族长乡里之中，长幼同听之，则莫不和顺；在闺门之内，父子兄弟同听之，则莫不和亲。"③ 即音乐通过其感人作用，可以使人敬国君，顺长辈，爱父兄。这就使人相亲相爱。《乐记·乐化》说："致乐以治心，则易、直、子、谅之心油然生矣。"④ 就是说，通过音乐动于内，由内心感化和提升人们的心灵境界，人们的心情就会变得平易、正直、慈爱和善于体谅。从音乐对人的感化的效果上说，"暴民不作，诸侯宾服，兵革不试，五刑不用，百姓无患，天子不怒，如此，则乐达矣"⑤。音乐的功能，就是要让社会风气变得清明，让人们遵纪守法，人民无后顾之忧，国家不发生战争，国王不专横，最终使人们"欣喜欢爱"。

美育对性情的养育体现以道制欲的原则。人的感性欲望本来是自然的、无节制的，一味地放纵，让人沉湎于其中，会影响人的生理健康，也会违反社会的道德规范，不能体现出和谐的原则。美育要用适应人的感性要求和欲望的方式去感化人，就要采取《乐记·乐象》所提出的以道制欲的方式。所谓道，是指感性生命和精神生命的原则。美育就是指通过生命的原则去驾驭人的感性欲望，从而实现对人的感化。"君子乐得其道，小人乐得其欲。以道制欲，则乐而不乱；以欲忘道，则惑而不乐。"⑥ 而那些一味迎合人的感官欲望的乐，则违背自然之道。《乐记·乐言》："是故其声哀而不庄，乐而不安，慢易以犯节，流湎以忘本。广则容奸，狭则思欲，感条畅之气而灭平和之德，是以君子贱之也。"⑦ 君子看不起的，正是那种沉溺于悲哀之中而不庄重，沉溺于欢娱之中而不得安宁，散漫多变而不谐和于节奏，流连于缠绵之中而不能重新振奋起来，舒缓的曲调包容着邪恶，急促的声音挑逗着欲念的"乐"。用逆气湮灭了平和的德性，这种艺术，就会让人误入歧途。优秀的艺术对人的造就，应该是让人回归正道，让人获得正常的好恶之心，而不仅仅是满足人的感性欲望。《乐记·乐本》："是故先王之制礼乐也，非以极口腹耳目之欲也，将以教民平好恶而反人道之正也。"⑧

因此，以道制欲是通过人情之常的途径对人进行造就的准则。"故人不能无乐，乐不能无形。形而不为道，不能无乱。先王耻其乱，故制《雅》《颂》之声以道之，使其声足

---

① 《礼记正义》卷三十八，郑玄注，孔颖达疏，李学勤主编：《十三经注疏》，北京大学出版社 1999 年版，第 1105 页。

② 同上书，第 1110 页。

③ 《礼记正义》卷三十九，郑玄注，孔颖达疏，李学勤主编：《十三经注疏》，北京大学出版社 1999 年版，第 1145 页。

④ 同上书，第 1139 页。

⑤ 《礼记正义》卷三十七，郑玄注，孔颖达疏，李学勤主编：《十三经注疏》，北京大学出版社 1999 年版，第 1086、1087 页。

⑥ 《礼记正义》卷三十八，郑玄注，孔颖达疏，李学勤主编：《十三经注疏》，北京大学出版社 1999 年版，第 1111 页。

⑦ 同上书，第 1108 页。

⑧ 《礼记正义》卷三十七，郑玄注，孔颖达疏，李学勤主编：《十三经注疏》，北京大学出版社 1999 年版，第 1081 页。

乐而不流，使其文足论而不息，使其曲直、繁瘠、廉肉、节奏，足以感动人之善心而已矣，不使放心邪气得接焉。是先王立乐之方也。"① 对人心发生潜移默化影响的乐之乱会引起人心之乱，所以先王制定雅、颂等乐的范本来规范它们，使得社会上的乐不再散漫、放纵，乐章的结构一气相贯，其抑扬顿挫的曲调的韵律和节奏，足以感动人积极向上，以正压邪。这就是先王立乐的原则，也是美育的原则。它与《尚书·舜典》"直而温，宽而栗，刚而无虐，简而无傲"② 的精神，以及孔子的"乐而不淫，哀而不伤"③ 的中和原则是一脉相承的。西方的席勒在《审美教育书简》中，认为美育可以纠正人的两个极端，即粗野的极端和懈怠乖戾的极端④，这与以道制欲也有一定的相似之处。

文学美育则要求读者在鉴赏时主动将自己以往的体验与作品内容联系起来，与作者感情产生共鸣，以此达到怡情养性的效果。阅读散文可知，这些文学作品均是作者对生活的细腻感悟，只有将此与自己以往的体验联系起来，才能有更深的体会。阅读描写景物的散文，会惊喜地发现作者对景物的描写如此之细腻，实际上，描写景物不是目的，抒发情感才是。读者在欣赏作品时，能在再现景物场景之时，领悟到作者抒发之情。如在阅读朱自清的《荷塘月色》《桨声灯影里的秦淮河》等散文时，我们的确会为月下荷塘美景、灯影下的秦淮河所吸引，同时也为作者对自然景物的精确观察所感动，但又不止于此，我们亦通过联想、想象体会散文中所构成的细密、幽远的意境，体会作者当时的情感状态。除了写景散文，哲理性的散文也会对读者产生美育作用。例如著名散文家梁遇春的散文集《春醪集》和《泪与笑》，极富人生哲理，作者用笔随意而坦诚，但在如此絮语的笔调中，却能表明其睿智的思辨能力。阅读如此作品，能激发我们对人生意义的思考，体味人生百味，从而达到美育的效果。

二、化性起伪

美育对人的造就，不是一朝一夕的，而是长期影响的结果。人的精神领域包括知、情、意三个方面，对人的精神的熏陶、感化和塑造，也应分别侧重于理智角度、情感角度和意志角度。人在初生未开蒙之时，其教育受主、客观制约，包括主体秉性对外界影响的选择性和客体的特征等。主观上，一个人的气质、秉性，会导致一个人对外来影响有一定的选择性。有人更倾向于接受知的教育，有人更倾向于接受情的感化，若过分偏向或摒弃某种影响，均不利于成长。而客观上，教育和感化也是要健全的。一个长期没有受到或缺乏道德教育的人，是不能严格遵守道德规范的。同样，长期缺乏美的熏陶的人，其情感领域就很难丰富起来。同时，不健全的教育和影响，也容易使人产生一种挑

---

① 《礼记正义》卷三十九，郑玄注，孔颖达疏，李学勤主编：《十三经注疏》，北京大学出版社1999年版，第1143、1144页。

② 《尚书正义》卷三，孔安国传，孔颖达疏，李学勤主编：《十三经注疏》，北京大学出版社1999年版，第79页。

③ 杨伯峻：《论语译注》，中华书局1980年版，第30页。

④ 席勒：《审美教育书简》，冯至、范大灿译，北京大学出版社1985年版，第50—54页。

剔性的接受，在脑中形成特定的"兴奋灶"，造成受教上的"偏食症"。纵观中国教育史，先秦以降，童子受教，必课以诗书礼仪。"多识于鸟兽草木之名"①，是为知教。礼仪的教化属于德育，而诗乐的感化则属于美育。

与德育带有强制性的外在影响相比，美育的方式，是动于内，从内心、从人的情感的角度去打动人。《乐记·乐论》："乐由中出，礼自外作。"② 乐是发自人的内心的，故打动人也是从人的内心出发的。而礼是外在的规定，故对人的要求也是外在的。《乐记·乐化》："乐也者，动于内者也。礼也者，动于外者也。"③ 即乐从内在的角度去感动人，礼则从外在的角度去影响人。在阐释乐化的途径时，《乐记》还认为乐是积极地"施"，通过动情的角度去感化人的。正因为是从内感动人的，故"其感人深，其移风易俗"④。礼则从外在形态去对人们进行道德规范，通过理智的约束，是一种制止的方法。乐化和礼教的区别便由此可见。《乐记·乐本》说："礼节民心，乐和民声。"⑤ 礼侧重于对人心灵活动的节制，乐侧重于对人的情感要求的调和。美育与德育的方式，既迥然不同，又相辅相成，共同作用，使内和外顺，从而完成"乐动情，礼晓理"的任务。这样，人们的修养就会达到理想境界了。故云："致礼乐之道，举而错之，天下无难矣。"⑥ 乐化作为一种美育方式，礼教作为一种伦理教育方式，两者是偏于情与偏于理的关系。"乐也者，情之不可变者也；礼也者，理之不可易者也。"⑦

王阳明主张以儿童喜闻乐见的方式，使之耳濡目染，渐渐潜移默化，就像大自然培养花木一样，日积月累地成长。这种潜移默化不仅仅是指美育的日积月累，还表明处在自然社会环境中的人都有被感化的潜能。他说："今教童子，必使其趋向鼓舞，中心喜悦，则其进自不能已。譬之时雨春风，沾被卉木，莫不萌动发越，自然日长月化。"⑧ 孔子说："天何言哉？四时行焉，百物生焉，天何言哉？"⑨ 大自然虽然不言不语，却默默滋润着万物的生长，美育之于人，像大自然的和风细雨之于禾苗，以"润物细无声"的方式对人进行熏陶感染，使人的心灵得到净化。

王夫之则在继承前人观点的基础上强调日常生活对人的感化和习惯对人的日积月累的作用，这对于美育的长期感化和影响无疑是有启发的。《尚书·太甲上》有"兹乃不义，习与性成"，王夫之对此加以发挥，强调习与性成的逐渐感化作用。他在《尚书引

---

① 杨伯峻：《论语译注》，中华书局1980年版，第185页。

② 《礼记正义》卷三十七，郑玄注，孔颖达疏，李学勤主编：《十三经注疏》，北京大学出版社1999年版，第1086页。

③ 《礼记正义》卷三十九，郑玄注，孔颖达疏，李学勤主编：《十三经注疏》，北京大学出版社1999年版，第1141页。

④ 《礼记正义》卷三十八，郑玄注，孔颖达疏，李学勤主编：《十三经注疏》，北京大学出版社1999年版，第1103页。

⑤ 《礼记正义》卷三十七，郑玄注，孔颖达疏，李学勤主编：《十三经注疏》，北京大学出版社1999年版，第1085页。

⑥ 《礼记正义》卷三十九，郑玄注，孔颖达疏，李学勤主编：《十三经注疏》，北京大学出版社1999年版，第1141页。

⑦ 《礼记正义》卷三十八，郑玄注，孔颖达疏，李学勤主编：《十三经注疏》，北京大学出版社1999年版，第1116页。

⑧ 王阳明：《传习录中》，载《王阳明全集》，上海古籍出版社1992年版，第87—88页。

⑨ 杨伯峻：《论语译注》，中华书局1980年版，第188页。

义·太甲二》中说："性者，生也，日生而日成之也。""目日生视，耳日生听，心日生思。"[1] 人性的本质是生，日日更新，日生日成，说明个人的成长是随着时光的推移而日渐生成。

《荀子·性恶》提出"化性起伪"的观点，用来解释人性和文化的生成，这也体现了美育的实现。性是人生来就有的自然本质及其功能，伪则指在自然本质基础上发展起来的精神形态和能力。在荀子那里，人性本恶，生而好利、疾恶（患于恶）、纵欲，需要后天文明的熏陶、感化，于是产生了礼义、法度和艺术等。故圣人便以诗、书、礼、乐等化性，对人进行塑造。它如同"陶人埏埴而为器""工人斫木而成器"[2] 一样，使人具有崇高的精神境界，这就是"伪"。故荀子说："化性而起伪"，"无伪则性不能自美"。[3] 而更广泛意义上的美育，还包括周围环境对人的影响。《荀子·儒效》："注错习俗，所以化性也。""故人知谨注错，慎习俗，大积靡，则为君子矣。"[4] 注错指举止行为，习俗指久习成俗，积靡即积累。长期的积累和练习，使得人的本恶的兽性变成了人性。这些后天的影响无疑体现了美育的作用。

刘勰在《文心雕龙·乐府》中说："夫乐本心术，故响浃肌髓，先王慎焉，务塞淫滥。敷训胄子，必歌九德，故能情感七始，化动八风。"[5] 诗乐之所以能感动天地，风化八方，就在于它具有深入肌体、动人心灵的力量。各种艺术作品所表现的情感世界是异常丰富广阔的，能给欣赏者带来不同的情感体验，征服欣赏者，感化欣赏者，具有强大的"陶铸性情"的作用。美育以情感的方式陶冶人的性情，从而改造人性自身的弱点，使其健康发展。

正是这样，美育通过正声感人，"反情以和其志"，即顺着人的本性使之正常发展。只有这种和乐对人的身心产生积极的影响，才能进而对整个社会产生积极的影响，"故乐行而伦清，耳目聪明，血气和平，移风易俗，天下皆宁"（《乐记·乐象》）。这正是儒家所追求的艺术感化的效果，正是因人的本性而利导的结果。《淮南子·泰族训》中有一段比方，正可说明美育当顺任人的本性而进行感化的原理："夫物有以自然，而后人事有治也。故良匠不能斫金，巧冶不能铄木，金之势不可斫，而木之性不可铄也。埏埴而为器，窬木而为舟，铄铁而为刃，铸金而为钟，因其可也。"[6]

审美活动本身就在陶冶着主体的性情，审美的过程就是主体心灵受到感化的过程。这在作为审美活动过程的艺术创作和鉴赏活动中尤其如此。艺术的创作活动，也对创作者的精神起到了一种解放作用，使其在精神上获得了自由与充实，最终成就了自己艺术

---

① 王夫之：《尚书引义》卷三，《船山全书》第 2 册，岳麓书社 2011 年版，第 809 页。
② 王先谦：《荀子集解》，中华书局 1988 年版，第 437 页。
③ 同上书，第 438、366 页。
④ 同上书，第 144 页。
⑤ 范文澜：《文心雕龙注》，人民文学出版社 1958 年版，第 101 页。
⑥ 何宁：《淮南子集释》，中华书局 1998 年版，第 1386 页。

化的人生。艺术鉴赏同样如此。鉴赏的过程，在一定程度上就是自我观照的过程。或平息忧患，或宣泄愤懑，或寄寓恬淡的情趣，或享受快乐的人生，进而使人格得以升华。这，就是美育。它对人的感化常常是潜移默化的，是建立在自觉自愿的基础上的。这就与一般的教育方式有明显的不同。

中国著名的文学家鲁迅先生，之所以弃医从文，正是因为他相信文学的美育力量。他的小说、杂文等作品始终关注人、人性、思想、文化，他试图通过文字揭露人与社会中存在的问题，引起疗救的注意。人们阅读他的文章，能激发对自身处境和社会状况的反思。鲁迅说："我自己也知道，在中国，我的笔要算较为尖刻的，说话有时也不留情面。但我又知道人们怎样地用了公理正义的美名，正人君子的徽号，温良敦厚的假脸，流言公论的武器，吞吐曲折的文字，行私利己，使无刀无笔的弱者不得喘息。倘使我没有这笔，也就是被欺侮到赴诉无门的一个；我觉悟了，所以要常用。"① 正如钱理群先生所言："鲁迅在他的杂文中所达到的难以置信的批判广度，以及为人（包括形形色色、林林总总的奴役他人者，被他人奴役者）所难以接受的批判的深刻性与尖锐性，正是根源于他的'立人'的理想与彼岸关怀。看不到鲁迅杂文里的批判背后的理想，否定中的肯定，也同样难以真正理解鲁迅杂文的否定性特质。"② 在特殊的时代，鲁迅通过犀利、直逼人之心灵的文字，促使人觉醒，但正如前文所言，美育对人的造就不是一朝一夕的，而是潜移默化的，文学美育仍任重道远。

三、游艺尽性

美育的目的，乃在于让人精神上获得解放，进入一种顺应自然，与天地同体的和谐境界。孔子在回答子路如何成就最高的人生境界时说："若臧武仲之知，公绰之不欲，卞庄子之勇，冉求之艺，文之以礼乐，亦可以为成人矣。"③ 即在智慧、节欲、勇敢、多才多艺的基础上，以礼乐塑造自身的文采，便可以成就最高的人生境界。其礼之教、乐之化，以不同的方式，通过不同途径，对人生进行造就。

孔子将"乐"的感化放到对人的全面造就的背景下，让人在诗、歌、舞的感性享受中得到熏陶，且在个体的感性欲求得到满足的同时还要符合社会文化心理。这就是当时人对美育的提倡，朱光潜先生说："诗与乐原来是一回事，一切艺术精神原来也都与诗乐相通。孔子提倡诗乐，犹如近代人提倡美育。"④ 孔子将礼、乐并重，将乐的感化放在人的最高境界造就的位置上，与礼相辅相成。他提出"兴于诗，立于礼，成于乐"⑤，"兴于诗"主要指感发情意，启迪智慧，"立于礼"主要指通过道德规范约束来立身，而"成于

---

① 鲁迅：《我还不能"带住"》，载《鲁迅全集》第 3 卷，人民文学出版社 1981 年版，第 244 页。

② 钱理群等：《中国现代文学三十年》，北京大学出版社 1998 年版，第 325 页。

③ 杨伯峻：《论语译注》，中华书局 1980 年版，第 149 页。

④ 朱光潜：《朱光潜全集》第 9 卷，安徽教育出版社 1993 年版，第 144 页。

⑤ 杨伯峻：《论语译注》，中华书局 1980 年版，第 81 页。

乐"则把"乐"提高到至高无上的地位。所谓"知之者不如好之者，好之者不如乐之者"①，"知之"属于认识的范畴，"好之"属于意志的范畴，而"乐之"则是超越了个体的认知层面与个体官能欲望和功利之上的审美范畴。正是通过"乐之"的范畴，主体成就了审美的最高境界。孔子所谓的修身原则是"志于道，据于德，依于仁，游于艺"②，"志于道"，乃求知探道；"据于德，依于仁"，则主要指道德约束；而"游于艺"乃指徜徉在艺术的享受和共鸣中获得快乐。审美的感化正是与志道、据德和依仁一起，共同成就了人生境界，成就了人的那种"乐以忘忧"的忘怀得失、与道一体的审美境界。

儒家还倡导"尽性"，成就与天地相参的人格。《中庸》曾说："唯天下至诚，为能尽其性；能尽其性，则能尽人之性；能尽人之性，则能尽物之性；能尽物之性，则可以赞天地之化育；可以赞天地之化育，则可以与天地参矣。"③ 美育的目的正在于通过尽性而完善人格。例如，苏轼一生历经坎坷，但他并没有因此颓废、放弃自我。他沉迷于文字、绘画与书法之游戏活动，与绘画和书法相比，文字的表现更为直接，通过阅读苏轼的诗词可知，尽管苏轼在生活中遭遇各种挫折，但他却能利用诗词将之以娱乐消遣的方式表达出来。最为人所熟知的应该是苏轼的《定风波》："三月七日，沙湖道中遇雨。雨具先去，同行皆狼狈，余独不觉。已而遂晴，故作此词。莫听穿林打叶声，何妨吟啸且徐行。竹杖芒鞋轻胜马，谁怕？一蓑烟雨任平生。料峭春风吹酒醒，微冷，山头斜照却相迎。回首向来萧瑟处，归去，也无风雨也无晴。"他能如此乐观、平静地对待生活的不幸，这不得不说是其"游艺尽性"的结果。苏轼所进行的"游艺"活动，对其个人的心态产生了十分重要的影响。换言之，游艺活动对他产生了反向促进作用——精神得以解放，人格得以完善，获得了审美的最高境界。实际上，其他人类文明的艺术创作实践也是"游艺尽性"的美育表现。德国著名的作家、思想家歌德，早年遭受了身体上的病痛、政治上的不顺，加上对科学研究与文学创作的热爱，他摆脱了富贵的宫廷生活，去意大利游历，潜心研究古希腊古罗马雕塑和文艺复兴时期的绘画，这促使其思想发生转变。歌德尤其强调现实生活对艺术创作的重要作用，正是因为他自己"生活过，恋爱过，痛苦过"，所以才能写出在国际上引起反响的《少年维特之烦恼》。书中主人公维特的性格反映了包括歌德本人在内的那个时代的年轻人成长的痛苦与烦恼，而借助通信与日记的表达方式，歌德本人的情感也得以抒发，这种直抒胸臆的方式具有很强的感染力，文学的美育作用也由此生发。

美育能让人从中获得充分的自由，这不仅表现在主体对于美育的陶冶是心甘情愿的，而且表现在主体接受美育时能够表现出能动的创造性。一切审美活动都激发了主体在有

---

① 杨伯峻：《论语译注》，中华书局1980年版，第61页。

② 同上书，第67页。

③ 朱熹：《四书章句集注》，朱杰人等主编：《朱子全书》第6册，上海古籍出版社、安徽教育出版社2002年版，第50页。

限的范围内作能动的创造，从独特的体验中获得自得之趣。在美育过程中，主体不仅为外物和艺术所感动，同时也在这种感动中发挥能动性和创造性。与一般教育相比，审美主体不只是被动地受到感发的，而是有着能动性与创造性，自觉参与其中的。而美育就是一种感动生发，感发主体通过创造性想象对对象作动情的领悟，在审美活动中，审美主体拨动每一根心弦，在被感化的过程中调动起积极的创造性，激励着欣赏者满足自身独创性的需要。

本章思考题与阅读书目

一、思考题

1. 文学作品的美体现在哪些地方？

2. 如何理解文学美育是一种化育？

3. 文学作品的意象在美育中的作用是什么？

4. 借助哪些经典文学作品可以促成文学美育的实现？

二、阅读书目

1. 范文澜：《文心雕龙注》，人民文学出版社 1958 年版。

2. 亚里士多德、贺拉斯：《诗学·诗艺》，罗念生、杨周翰译，人民文学出版社 1962 年版。

3. 钱穆：《中国文学讲演集》，巴蜀书社 1987 年版。

4. 朱光潜：《诗论》，生活·读书·新知三联书店 2012 年版。

第九章
书法美育

第一节　什么是书法

书，是指书写；而法，是指方法。因此，书法的字面意思就是指书写的方法。但要深入理解书法这一概念的内涵，我们不妨先了解"书"的含义。《古汉语大词典》"书"字的义项有七种，其中"书写；记载"以及"字体"两种含义与我们今天所说的"书法"关联性最强。① 《现代汉语词典》"书"字的义项也有"写字；记录；书写"和"字体"等。② 可见，书法一词可以理解为书写不同字体的方法。但《古汉语大词典》没有收录"书法"这一词条，《现代汉语词典》收录了"书法"一词，并将其解释为"文字的书写艺术，特指用毛笔写汉字的艺术"③。因此，在现代语境中，书法就是指用毛笔书写汉字的艺术，而将硬笔书写汉字称为"硬笔书法"，这种解释已成为书法学术界的共识，我们这里所讲的书法不包括硬笔书法。

中国汉字在历史长河中形成了篆、隶、楷、草、行五种字体，不同历史时期的不同书家，相继留下了不同字体、不同风格的书迹或书法作品，加上汉代以来历代先贤留下的大量书法论著，使得书法不仅成为我国传统文化艺术的典型代表，而且还形成了有别于其他艺术的审美理论体系。尤其是"书法学"于 2011 年成为高等学校本科特设专业（130405T），"美术与书法"于 2022 年成为研究生教育专业学科类别，极大地推动了中国书法的高等教育与学术研究，书法的内涵也在历史进程中变得愈发丰厚。

一、书法的文化属性

中国书法伴随汉字的字体演变和书法艺术的风格流传而发展，自殷商时期的甲骨文

---

① 《古汉语大词典》，上海辞书出版社 2000 年版，第 117 页。
② 中国社会科学院语言研究所词典编辑室：《现代汉语词典》（第 7 版），商务印书馆 2016 年版，第 1209 页。
③ 中国社会科学院语言研究所词典编辑室：《现代汉语词典》（第 7 版），商务印书馆 2016 年版，第 1209 页。

算起，书法发展已经历了三千多年。在这漫长的发展过程中，形成了中国书法特有的文化属性。

（一）书写器具的文化积淀

保留古代书迹的载体有甲骨片、青铜器皿、碑刻摩崖、木竹简牍、绢帛、纸张等各种材料，故而保留在不同载体上的书迹有甲骨文、金文、简帛书以及碑刻铭文等各种称谓，这些书迹既有铸刻的铭文，又有直接书写的墨迹或朱迹。汉代造纸术的发明与推广，使得用毛笔在纸上书写逐渐成为人们记录日常、书写文案和誊写典籍的主要方式。《论语》有言："工欲善其事，必先利其器。"因此，无论是写本时代人们对书写墨迹的精湛要求，还是自汉代起对书法艺术的自觉追求，都促使制作精良的笔、墨、纸、砚成了历代读书人必备书写器具，人们甚至还将其称为"文房四宝"，这些书写器具承载着悠久的文化积淀。

我国制作毛笔的历史悠久，从考古发掘资料可知，早在新石器时代的仰韶文化时期就已经有笔书字迹，商代的甲骨片、陶器和玉器上也有用笔书写的朱迹或墨迹。由此可见，毛笔制作远远早于秦代蒙恬造笔的传说。毛笔分为笔杆和笔头，笔杆一般为木或竹所制，而笔头根据兔毫、羊毫、鸡毫或狼毫等动物毛质的软硬情况可分为柔毫、硬毫和兼毫，根据锋颖长短又可分为长锋、中锋和短锋。经过多道工序精心制作而成的毛笔，具有"尖、圆、齐、健"四大特点，这四个特点被誉为毛笔"四德"。"尖"指毛笔锋毫聚拢后笔锋尖锐，便于书写时通过笔锋运转写出精细点画；"圆"指笔头饱满圆润呈圆锥状，便于书写时四面发力，八面出锋；"齐"指笔头润开挤扁后锋颖整齐，便于中锋用笔而避免偏锋之类的劣质笔画；"健"指笔毛有弹性，便于笔锋在书写过程中随着提按顿挫等用笔动作快速铺开和聚拢。由于毛笔的笔肚能蓄墨，而笔锋能写出各种变化的点画线条，故汉代蔡邕称："惟笔软则奇怪生焉。"[1] 由此可知，软硬适度而"四德"齐备的毛笔才真正将汉字书写演变为书法艺术。我国毛笔制作技艺也于2009年被列入第二批国家级非物质文化遗产名录，非遗项目编号为Ⅷ-200。

我国制墨历史可上溯到新石器时代，正式的墨出现在西周时期，而相传制墨名家有三国时期魏国的韦诞、南唐的李廷珪、明代的罗小华以及清代的曹素功和胡开文等。[2] 古代的墨为固体墨块，如今人们也可使用方便的液体墨汁。墨是用油或者树枝烧出的烟末调入皮胶、麝香、冰片等多种药材制作而成，根据烟末种类可分为油烟墨、松烟墨、油松墨等不同品种，品质优良的墨具有"质细、胶轻、色黑、声清"等特点。由于制墨的材料配方讲究且制作工序复杂，最具代表性的徽墨制作技艺于2006年被列入首批国家级非物质文化遗产名录，非遗项目编号为Ⅷ-73。

我国造纸工艺也是历史悠久，在西汉时期就已经有了纸，而东汉蔡伦对造纸工艺

---

[1] 蔡邕：《九势》，载《历代书法论文选》，上海书画出版社1979年版，第6页。
[2] 启功：《书法概论》，北京师范大学出版社1986年版，第31页。

进行改进，造出了更为轻便实用的纸，纸的发明极大地推进了文化传播和书法艺术的发展。现在书法多用纸质柔软且吸水性强的宣纸或者元书纸、毛边纸之类的软纸。宣纸因产自安徽宣城（今安徽泾县）地区而得名，相传质量上乘且保存得当的宣纸历经千年不坏，故有"纸中之王"的美誉。宣纸根据吸水性能可分为生宣、熟宣和半熟宣，书法家选择不同性能的宣纸创作时可达到不同的艺术效果。宣纸传统制作技艺选材讲究且制作工序独特，因此，其制作技艺在 2006 年被列入我国首批国家级非物质文化遗产名录，非遗项目编号为 Ⅷ-65；2009 年被联合国教科文组织列入人类非物质文化遗产代表作名录。

砚是注水研墨的工具，书写时用于铺笔和舔墨。我国制砚历史悠久，砚在秦汉时期就已普遍使用。砚的种类繁多，根据制作材料可分为石砚、砖砚、陶砚、瓷砚、玉砚，以及铜、铁、银等金属砚，唐以后以石砚最为著名。好的石砚石质坚硬细润，发墨较快且贮水不干，其中安徽歙州的歙砚、广东端州的端砚、甘肃岷县的洮砚以及河南洛阳的澄泥砚被列为中国四大名砚。随着墨汁的广泛使用，除书画家个人喜好或特殊情况外，以砚研墨相对较少，但优良石材与精湛雕工的完美结合，砚在当代散发出实用之上的艺术美感。由于歙砚、端砚和金星砚制作历史悠久且工艺独特，三者的制作技艺皆于 2006 年被列入首批国家级非物质文化遗产名录，非遗项目编号分别为 Ⅷ-74、Ⅷ-75 与 Ⅷ-76。洮砚制作技艺也于 2008 年被列入第二批国家级非物质文化遗产名录，非遗项目编号为 Ⅷ-133。

除笔、墨、纸、砚这文房四宝外，笔洗、笔架、笔帘、镇纸、印章与印泥等，也是书法艺术不可缺少的器具。良好的书法器具不仅能为创作书法佳作提供物质支撑，也能增添书法家愉悦的创作心情。诚如欧阳修《试笔》中所言："苏子美尝言：明窗净几，笔砚纸墨，皆极精良，亦自是人生一乐。"[1] 当然，对于书法初学者而言，书法器具以实用为主，但应该对书法器具尤其是笔、墨、纸、砚"文房四宝"的选择、使用、保养与制作工艺等非物质文化遗产有一定了解。

（二）书写内容的文化品格

任何一件书法作品都是由书写的文本内容与艺术表现两个方面组成的，书法家寓含在作品中的理想心志和情感倾诉都要结合其书写文本得以实现，因此，书法作品的书写内容彰显了不同历史时期的文体状况与文化品格。

我国历史上流传下来的书迹，诸如甲骨片上镌刻的殷商卜辞、青铜器皿上铸刻的周代铭文、秦汉简牍书迹、历代碑刻铭文与书法家创作的书法作品，其书写内容都是可以识读且具有史学或文学价值的文本，很多经典书法作品的书写内容还是家喻户晓的优秀诗文。

---

[1] 欧阳修：《试笔·学书为乐》，载《历代书法论文选》，上海书画出版社 1979 年版，第 307 页。

被誉为"天下第一行书"的《兰亭集序》(图9-1)相传为东晋大书法家王羲之撰文并书写,此文是一篇文辞优美且富含哲理的散文,被清代吴楚材、吴调侯收录编入《古文观止》。文章开篇所言永和九年即公元353年,而文中所言"修禊"是源于周代的古老习俗,即农历三月上旬"巳日"到水边嬉游以除不祥,魏以后始将"修禊"之日固定为农历三月三日。《兰亭集序》一文中"崇山峻岭,茂林修竹""清流激湍,映带左右""天朗气清,惠风和畅"等文辞非常优美;而"夫人之相与,俯仰一世。或取诸怀抱,悟言一室之内;或因寄所托,放浪形骸之外。虽趣舍万殊,静躁不同,当其欣于所遇,暂得于己,快然自足,不知老之将至"这些句子写出了人生哲理;至于"固知一死生为虚诞,齐彭殇为妄作。后之视今,亦犹今之视昔"等句子更是写出了宇宙时空的历史观与哲学观。

被誉为"天下第二行书"的《祭侄文稿》(图9-2)是唐代大书法家颜真卿追叙从兄颜杲卿、从侄颜季明父子一门抵抗安禄山叛乱而取义成仁之事,稿中"贼臣不救,孤城围逼;父陷子死,巢倾卵覆。天不悔祸,谁为荼毒。念尔遭残,百身何赎"等句子宣泄了颜真卿极度悲愤的心情。他书写此稿时不计笔墨工拙,作字行文与情绪起伏高度融合,史诗般地记录了内心的国仇家恨。

被誉为"天下第三行书"的《黄州寒食诗帖》(图9-3)是苏轼因"乌台诗案"被贬黄州第三年寒食节作的两首五言诗,作品中"何殊病少年,病起头已白"以及"空庖煮寒菜,破灶烧湿苇。那知是寒食,但见乌衔纸。君门深九重,坟墓在万里。也拟哭途穷,死灰吹不起"等诗句充分体现了苏轼被贬黄州三年中苍凉惆怅的孤独人生之感。

类似《兰亭集序》《祭侄文稿》《黄州寒食诗帖》这样经典的书法文本不是个案,而是书法作品中文化品格的普遍现象。陆柬之书写陆机的《文赋》,柳公权书写王羲之等人的《兰亭诗》,苏轼书写王勃的《滕王阁序》与欧阳修的《醉翁亭记》,赵孟𫖯书写苏轼的《赤壁赋》与《后赤壁赋》,张照书写范仲淹的《岳阳楼记》,等等,历代书法大家书写先贤们留下的优秀诗文,既实现了书法艺术与优美文辞的完美结合,更能借这些优秀诗文的书写寄托内心理想。而黄庭坚自书《松风阁诗》,米芾自书《苕溪诗》,唐寅自书《落花诗》,文徵明自书《游西山诗》,以及清代诸多书家书写自撰联,更是在书法作品中彰显了书家本人的卓越诗才。更值得一提的是,古代书法家信手而书的日常手札流露出文人特有的书卷气,而书画家的题画诗文更是独具文化品格。我们可从王冕《墨梅图》款识的"不要人夸好颜色,只留清气满乾坤"领略其高洁清雅,从徐渭《墨葡萄》款识的"笔底明珠无处卖,闲抛闲掷野藤中"感叹其孤独落魄,从郑燮《竹石图》款识的"千磨万击还坚劲,任尔东西南北风"叹赏其坚定意志。这些题画诗文不仅仅体现了诗书画的完美融合,更在字里行间流露出书画家的理想心志、情感倾诉与人文精神。

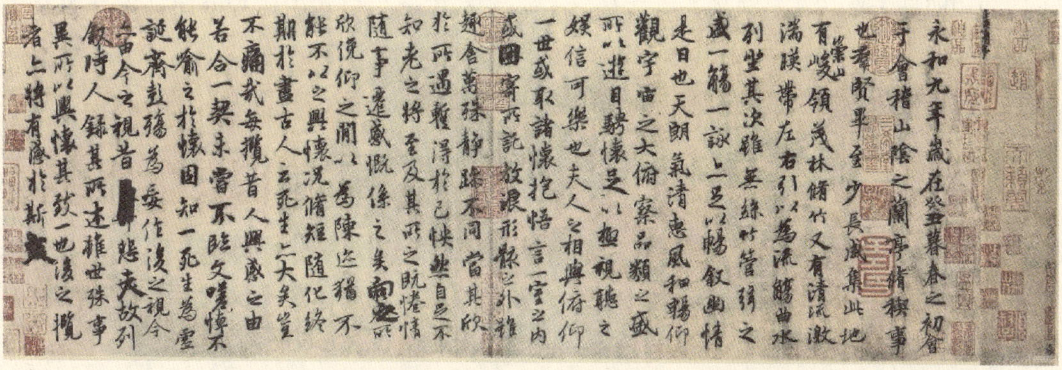

图 9-1　《兰亭集序》（唐冯承素摹本，纸本，现藏故宫博物院）

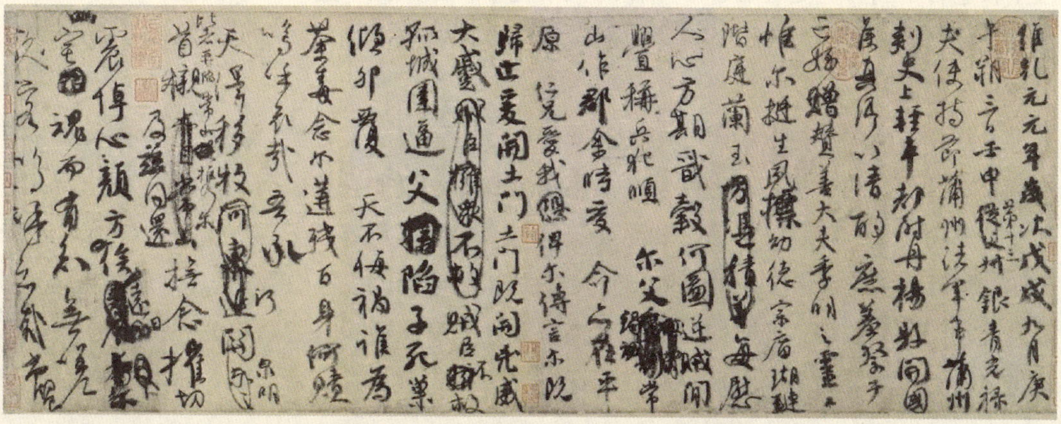

图 9-2　颜真卿《祭侄文稿》（纸本，现藏台北"故宫博物院"）

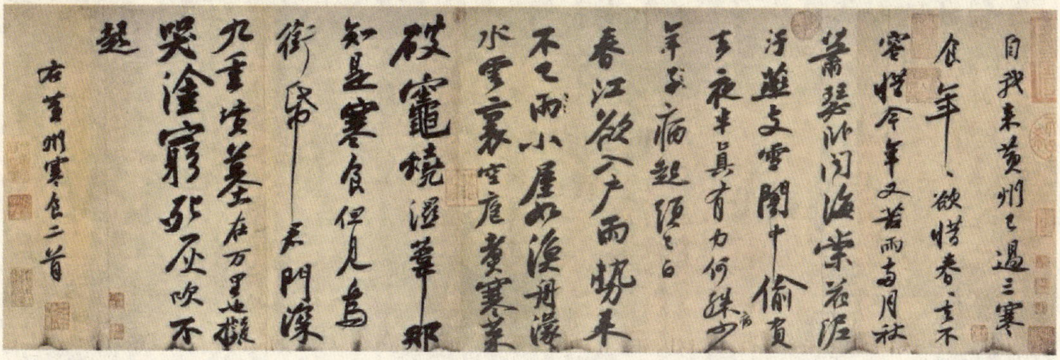

图 9-3　苏轼《黄州寒食诗帖》（纸本，现藏台北"故宫博物院"）

（三）书法应用的文化价值

自古以来，书法在记事铭功、题匾书联、美化环境等诸多方面具有独特的应用价值，不同功用的书法作品在书写内容、字体选择、艺术风格与形式表达等方面都体现出特定的文化价值。

殷商甲骨片上镌刻的文字是当时以甲骨祈问鬼神的占辞、卜辞、验辞等内容，故甲骨文体现了殷商王朝神秘的占卜文化；周代钟鼎盘尊等青铜器皿上铸刻的铭文主要记载当时王室的丰功伟绩与器物制作原委，排列有序的金文体现了秩序井然的周礼文化；歌功颂德的秦刻石不仅展示了"书同文"的小篆式样，还通过结构对称与秩序谨严的小篆展示出秦代中央集权的高度统一思想；风格多样的汉代碑刻体现了汉代尤其是东汉树碑立传的时代风尚，将碑刻文化推上历史巅峰，为隋唐及宋元明清的碑刻树立了文化标杆；魏晋南北朝至隋唐以后的墓志书法，不仅推动了墓志铭文体的发展，丰富了历代墓葬文化，也为当今考古学和历史学研究提供了最为真实的一手资料；而秦汉至魏晋的简牍书法不仅包含了当时官吏阶层日常工作的文书记录，也涵盖了这一时期典籍图书版本与法律条文的真实流传，为我们了解当时的政治制度、经济文化与社会发展提供了真实可靠的历史文献。

悬挂在宫廷建筑与古代园林中的匾额楹联，更是书法文化展示的一道亮丽风景。宫殿庙宇、亭台楼阁以及私家宅院悬挂的书法匾额，不仅能直接表明该建筑物身份，还能通过"彝伦攸叙"（图9-4）"太和元气""无上清凉""隐谷归云"等书写内容体现出该建筑物的社会地位和人文地理环境，使人从中体会到建筑物主人的处世思想与理想志趣。而悬挂在门口的楹联，其词性与平仄之工整对仗、简练而深邃之高雅文辞更是形成了用词考究而韵律华美的中国楹联文化。因此，无论是走进古代宫廷庙宇，还是游览古典园

图9-4　徽州宝纶阁"彝伦攸叙"匾额（明董其昌书）

林与古代书院，都能见到令人拍手叫绝的精彩楹联。即便是日常生活中常见的婚丧寿宴和新春佳节，也会遵照当地风俗习惯采用不同颜色纸张书写婚联、挽联、寿联、春联等不同功用和不同内容的对联，展示出浓郁的民间生活文化。

随着现代社会的发展，书法应用同样成为都市生活不可或缺的城市文化，在艺术馆、展览馆及酒店宾馆等公共场所，或者各级会议室、办公室甚至自家书房、住宅等处的墙壁上，都随处可见书法作品。悬挂书法作品，其书写内容、尺寸规格和装裱样式都会根据不同场合要求而精心选择，使法艺术美化应用与室内外环境装饰相协调，充分继承和发展我国以书法美化环境的优秀传统。至于书写日常信札和题写扇面，不仅让书法成为传播文化的途径，且手札和扇面本身也成为特有的文化表达形式；而书刻在货币、兵器、古琴、瓷器、陶器、玻璃、灯具或镇纸、笔洗等日用品或文房雅玩器物上的应用，进一步说明书法的广泛应用是我国流传已久的文化传统，直到今天还彰显出特有的文化价值。

二、书法的艺术属性

从前文对书法概念的解释可知，书法是用毛笔书写汉字的艺术。书法之所以被认定为艺术，书法学之所以被列入艺术门类学科，其根本原因就是书法在书写技能和表现形式两个方面都具有独特的艺术审美价值。

（一）书法技能的艺术表达

中国书法在漫长的汉字字体演变和书写风格传承中形成了其独特的技法体系。就执笔方法而言，根据不同书写姿势可采用不同执笔方法。坐姿一般采用五指执笔法，遵循指实、掌虚、腕平、掌竖的执笔要领，通过擫、押、钩、格、抵不同用力方式灵活自由地发挥五个手指的执笔作用，便于书写字形较小而笔致精到的作品；而站姿一般采用提斗执笔法，这种执笔方法便于五指聚力悬着肘腕书写字形较大的作品。在具体书写时，无论是起笔、行笔还是收笔，都有比较系统的运笔技法。起笔有藏锋起笔和露锋起笔，行笔可分为中锋用笔和侧锋用笔，收笔也有回锋和出锋等不同方式。更重要的是，书写者会根据不同字体和不同点画要求，遵照其对书法风格的追求和书写习惯，灵活应用提、按、顿、挫、转、折等不同笔法动作，并结合其特有的行笔速度与书写节奏变化，最终形成独具特色的点画线条形态。

执笔和用笔是书法家创作书法时表现其艺术特色最为重要的技法语言，无论是笔法动作应用的娴熟度与精准度还是控制运笔的力度与速度，都能充分展示书写者的技法水平和艺术表达能力，但书写不同字体的用笔方式存在较大差异。虽然篆书都采用中锋用笔，但大篆线条相比小篆更为苍老古朴，字形态态也比小篆变化更多，因此，书写大篆时的笔端发力往往强于小篆书写，书写过程中笔法变化也更为丰富，在保持中锋用笔的同时可融入裹锋绞转笔法；而书写小篆大多采用相对单一的中锋用笔，行笔过程中笔端发力也比较均匀一致，便于写出粗细一致且结构严谨的小篆字形。当然，清代书家在书写小篆时常常增加书写意味更浓的提按动作，使小篆线条有了一定的粗细变化，形成有别于铁线篆的清代篆书。书写隶书要保持中锋用笔，同时书写者还会根据隶书蚕头雁尾的波磔笔画特征增加笔法变化，书写速度也有别于篆书的匀速行笔方式，会根据隶书的风格差异适当加入速度变化，以便表现出更为丰富的点画线条。楷书有晋楷、魏碑、唐楷等不同类型，而唐楷书写技法最为完善，其笔画变化也最为丰富，书写唐楷时，提、按、顿、挫、转、折、钩等用笔动作都会充分展示出来。比较而言，书写篆书、隶书和楷书相对安稳平静，但书写行草书的行笔速度变化多端，笔力大小和线条粗细变化也更为丰富，主要缘于行草书作品的字形大小变化多样，上下字有气势连贯，左右行有呼应穿插，整件作品字形结构与章法布局在粗细长短、正欹虚实等各种变化中追求和谐统一。这就要求书写者对用笔速度与力度有非常精准的控制能力，只有这样，才能写出无声乐章的节奏韵律之美，呈现出或气势磅礴、或清秀典雅、或空灵虚淡的无色图画之美。

书写技能是书法艺术创作过程的表现手法，也是书法艺术风格的主要形成条件，而书法作品最终呈现出来的结果则是丰富多样的艺术形式。

（二）书法作品的艺术形式

书法家采用篆、隶、楷、草、行等不同字体书写各类文辞优美的诗文而创作出不同风格的作品，无论是篆隶的质朴与高古、行草的灵动与飘逸，还是楷书的端庄与严谨，书法家都会通过其独特笔法表现出不同书体不同样式的艺术作品形式，而作品中的点画组合、构字造型、章法布局以及书法家书写作品时用笔的轻重缓急、字形的正欹大小、笔势的曲直纵横与墨色的浓淡湿枯等无穷变化都会呈现出中国书法艺术独特的形式美感。可见，书法作品的艺术形式其实是由不同字体、不同风格和不同作品样式等多种因素综合影响而形成的，主要表现为书法艺术语言的组合形式和书法作品形制两个方面。

书法艺术语言的组合形式是指遵照不同字体的艺术特征运用点画形态与组合、字形结构、章法布局与笔墨变化等手段呈现出来的作品图像样式。书法作品的字体不同，其点画类型与形态也存在很大差异。例如，篆书作品的笔画只有直线和曲线两种形态，没有楷书的点、撇、捺、钩、折、提等笔画类型，而小篆形态是横平竖直且端正严谨，线条粗细匀称，结构左右对称，笔画排列间距均衡；隶书则在直线和曲线的基础上增加点、撇、捺等笔画，这些笔画不仅存在一定的粗细变化，还呈现出蚕头雁尾的装饰性笔画形态；楷书笔画类型丰富，结构严谨，形态端庄。最值得我们注意的是，历代流传下来的篆、隶、楷作品，上下字之间没有牵丝连接，左右行之间虽有一定的呼应关系，但一般都留出适度行距，形成字字独立、行列分明却整体协调的章法样式。行草书作品的笔画形态和字形字势变化丰富，尤其是草书，更注重上下字之间的气韵流通与气势连贯，章法布局不是字与字的组合，而是字组与字组的组合形式，是行与行的穿插呼应，且行列的中轴线会时常随着字形笔势的变化而左右摆动，墨色也往往呈现出明显的枯湿浓淡变化，整件作品的字形姿态、线条形状与章法布局呈现出大小、长短、正欹、疏密、虚实等各种矛盾对立，而最终却让变化丰富的形式组合形成浑然一体的完美作品。

书法作品形制是指作品呈现出来的形状款式，常见的书法形制有中堂、条幅、横披、扇面、对联、条屏、斗方、册页、书札、长卷，等等。不仅扇面、册页、书札、长卷等书法形制的出现与写本时代的文化传播和日常应用关系密切，其他书法形制的形成最初也离不开日常应用。中堂一般指悬挂在住宅或庭院大堂正中的作品，作品宽度与高度比例大多为一比二，且中堂两边往往配有对联。条幅指长条形的书法作品，作品高度大于宽度数倍，条幅书法可以单独悬挂，如果采用规格相同的多件条幅书写作品，可以组成条屏书法。扇面最初指书写在实用的折扇或团扇上的书法作品，由于折扇和团扇书法作品款式具有很高的艺术审美价值，扇面就逐渐演变为书法作品的特定形制，且扇面书法在章法布局方面也独具特色。对联书法最初也是以实用为主，主要挂在住宅正厅或大门两边，后来逐渐形成了以脱离实用为目的的书法形制。对联书法不仅要求书写内容符合对联文体与格律要求，而且上下联的书法字体和艺术风格必须统一，左右对仗的书法款式特征可谓别具一格。斗方是指采用正方形纸张书写的作品，这种书法形制古代比较少见，而在当今城市住宅的家居应用中比较常见。

综上所述，作为书写汉字的艺术，书法在书写器具、书写内容与作品应用等方面都呈现出深厚的文化底蕴，并在艺术语言的表达形式和作品款式的形制类型等方面呈现出独特艺术魅力，因此，如何理解书法蕴含的文化属性与艺术特征成为书法美育极为重要的内容。

第二节　书法美育的特性与功能

由于书法艺术与书法学科有别于其他艺术，因此，书法美育具有其他艺术美育无法取代的特性与功能，我们需要从文化视角、艺术视角和哲学视角综合理解书法美育具有的特性和功能，才能更为有效地实施书法美育。

一、书法美育的特性

（一）从文化视角理解书法意蕴

书法意蕴是指书法具有的内在含义。拥有文化和艺术双重属性的书法，其内在含义需要通过书写内容的选取和艺术形式的表达两个方面呈现，因此，从文化视角理解的书法意蕴主要指书法作品在字体选择、书写文本及书写秩序等方面体现出来的文化内涵。

我国著名书法教育家欧阳中石先生在《书法与中国文化》一书中提出："书写要有书写的'内容'。'内容'则有思想认识的问题，也有表达成文字形式的问题。且不谈认识如何，只谈表达的文字形式，这是一个文化水平问题。任何人、任何事情都离不开当时特定的社会环境，特定的社会环境都对他提出了特定的要求。书写的内容、文字形式都应满足这个特定的要求。"[1] 由此可见，任何书法作品的文本内容都具有特定的文化含义，

---

[1] 欧阳中石等：《书法与中国文化》，人民出版社 2000 年版，序第 6 页。

通过释读书写内容能了解书法作品和作者的年代、书写文本的撰写者身份以及书法作品的最初用途等多种文化信息。前文说过，甲骨文书刻内容体现的殷商占卜文化、金文体现的周礼文化以及简牍书法体现的秦汉制度文化等，都是当时社会经济、制度管理与文化状况的真实反映，即便书法从汉代起在实用基础上逐渐演变成艺术，书法作品的文化内涵也依旧丰富而深厚。例如，两周时期的青铜器皿不仅充分体现了当时的青铜冶炼和铸造技术，不同功用的器物形制、铸刻文字与书法风格还体现了周代社会等级、王朝兴衰与文化发展状况。被陕西宝鸡青铜器博物院誉为"镇馆之宝"的西周早期青铜器何尊，其铭文中有"宅兹中国"一语，这"中国"二字的出现，就印证了我国具有厚重而悠久的历史文化。

湖南祁阳"浯溪碑林"的《大唐中兴颂》（图9-5）是唐代元结撰文、颜真卿书写的摩崖石刻书法，这件作品蕴含了极为丰富的文化价值：一是《大唐中兴颂》文章作于唐上元二年（761年），而刻于唐大历六年（771年）夏六月，从文章撰写到书法摹刻之间跨越了十年；二是元结撰写此文意义深远，历经六年之久的"安史之乱"在上元二年（761年）基本结束，经历过战乱离苦的元结真切感受到"地辟天开，蠲除妖灾，瑞庆大来"的喜悦，乘兴写了这篇千古颂文；三是文章之宏大与书法之雄壮完美统一，元结所撰颂文宏伟开阔，而颜真卿所书正楷雄壮大气，二者风格高度融合，赓续了"歌颂大业，刻之金石"的文化传统；四是书法作品的书写顺序多因以右为尊的文化传统而采用右行直

图9-5　《大唐中兴颂》（拓本，原石刻于湖南祁阳浯溪碑林）

书，但《大唐中兴颂》的书刻顺序是左行直书，不同于右行直书的常见书法样式，个中原因成为书法史研究的一桩悬案，至今没有学者给出公认的学术解释；五是《大唐中兴颂》作为"浯溪碑林"最耀眼的文化景观，是当今实施书法美育和进行研学考察路径中不可多得的历史文化资源，在新时代书法美育的艺术体验和情感教育等方面具有独特的现实意义。

至于中国特有的匾额书法，无论是古代悬挂在官府衙门、教育场馆、宗教寺庙、住宅祠堂还是悬挂在风景园林与市井商贸等处不同功用的书法匾额，题写作者与书写内容、形制大小与材料使用、雕刻工艺与装饰图案等诸多方面都能体现其独特文化内涵。例如目前保存数量最多的清代匾额书法，根据其书写内容就可以分为砥砺士气与激扬忠烈、劝善化俗与弘扬正气、笼络人心与特示褒奖、标榜文治与附庸风雅等多种社会功能。如果是皇帝御赐匾额，匾额书法还体现了被赐者的身份地位，御赐匾额的整个流程也非常复杂，包括请匾、拟词、书写和用宝、制匾、悬挂和谢恩等五个步骤，每个步骤都有特定的文化内涵。[①] 至于自书诗文的书法作品，其书写内容直接反映了书法家当时的创作原委、情感状态与志趣理想，其书法意蕴更值得我们从文化视角加以理解，这样才能真正明白书法家采用何种字体、应用哪种形制、体现什么意图等深层次的书法文化内涵。

（二）从艺术视角领略书法美感

书法美感是指人们对书法艺术的审美感知与体验。尽管常见的纸质书法作品呈现出来的艺术形式是平面的，也是静止的，但书法其实是时间与空间交错而成的艺术。从时间属性而言，书法家在创作任何一件书法作品时，从第一个字第一个笔画开始动笔书写直到最后落款收笔都必须在一个不可逆向的时间段中完成，这是书法艺术的时序性特征；从空间属性而言，书法家在二维平面的纸上书写作品，其行笔过程有横向和纵向的各种变速运动，但书法家更注重书写时笔锋墨色在宣纸晕染中产生的线条厚度感和深度感，具有厚度感和深度感的点画线条构建出来的纸质书法作品不仅仅是具有长度和宽度的二维平面艺术，还是具有深度和厚度的三维艺术。可见，书法艺术的魅力所在就是在不能重复的时间序列中瞬间表现出书写者的精湛技能和审美理念，我们只有站在艺术视角才能感受到书法作品中的书写节奏与运笔变化，进而对书法艺术产生深层次的审美体验。

书法美感离不开书法作品的点画线质、构字造型与章法布局等形式语言的具体呈现。当我们欣赏理性冷静的铁线篆时，会被粗细匀称线条所构建的字形和章法深深吸引，每一根如同铁线的线条看似纤细而实则韧性强劲且内含力度，铁线篆的字形结构也呈现出独特的对称美与等距美，大小一致的字形在行列规整的章法布局中呈现出严谨、肃穆、端庄与整齐之美。而当我们欣赏感性奔放的行草书时，又会被作品中变化万千的字形姿态之美深深折服。就草书而言，王羲之小草的风流蕴藉，孙过庭小草的温文尔雅，张旭、怀素狂草的纵横开阖，黄庭坚大草的理性空灵，王铎草书的奔腾跌宕，傅山草书的肆意

---

① 苏显双：《匾额书法文化研究》，上海三联书店 2024 年版，第 244—246 页。

缠绕，给我们带来不同性情与境界的美感体验；而李邕行书的稳重，颜真卿行书的雄强，杨凝式行书的清朗，苏轼行书的豁达，米芾行书的率性，赵孟頫行书的圆熟，文徵明行书的精雅，董其昌行书的疏淡，让我们的赏美之心在这些经典佳作的气韵流通中得到陶冶与抚慰。这些技法精绝而韵律和谐的行草书，展示给我们的不仅仅是多姿多美的形态，更是书法家创作时的意态与情致。正如宋代书法家姜夔所言："余尝历观古之名书，无不点画振动，如见其挥运之时。"①

书法艺术的美感生成一方面取决于书法作品的不同形质，另一方面取决于观赏者的审美感知。当我们看到点画粗率、线条粗犷、字形庞大、字距和行距紧凑的书法作品时，很容易产生古拙、质朴、雄强、大气、浑厚、茂密等方面的美感；而当我们观看点画精巧、线条提炼、字形较小、字距和行距宽舒的书法作品时，很容易产生清秀、灵动、别致、文雅、疏朗、简练、空旷、淡远等方面的美感。这些美感源自书法家内心的审美追求与思想境界，同时也需要观赏者具备书法艺术的审美认知和审美经验，只有这样，观赏者才可以从书法作品的形式语言中体味到书法创作者传递出来的艺术之美，观赏者的审美感知与美感体验就能够通过书法作品这一媒介和书法创作者的美学境界产生感应，形成美感共鸣。因此，立足艺术视角理解书法艺术语言的表达方式和内在含义，才能真正领会书法艺术的独特美感，以此为基础才能切实可行地实施书法美育。

（三）从哲学视角思辨书法本质

书法不是简单层面的汉字书写，书法艺术的本质是书法家借助书写有意义的文字内容表达其审美志趣、理想追求、情感倾诉、品格胸次和人生境界，因此，立足于哲学视角，才能更为清晰地思辨书法本质，以便真正领会艺术之上的书法精神与境界维度。

蔡邕在《九势》一文中明确提出："夫书肇于自然，自然既立，阴阳生焉；阴阳既生，形势出矣。"② 可见，在蔡邕看来，中国书法的哲学根源是"肇于自然"。那书法的"自然""阴阳""形势"三者究竟是什么关系呢？《周易序》云："易有太极，是生两仪。太极者，道也；两仪者，阴阳也。"③ 《周易序》认为阴阳是太极的两仪，而太极就是道，所以阴阳源自"道"；而蔡邕《九势》认为自然既立而阴阳生焉，可见阴阳生于自然。结合《周易序》和《九势》的观点可知，"道"即自然，蔡邕提出"书肇于自然"其实就是指书法的哲学根源是"道"。所以，书法从根源到形势就形成了"自然（道）——阴阳（两仪）——形势（书作）"这样一条逻辑路径。《周易序》有言："万物之生，负阴而抱阳，莫不有太极，莫不有两仪，絪缊交感，变化不穷，形一受其生，神一发其智，情伪出焉，万绪起焉。"④ 既然书法源于"道"，那书法艺术中就蕴含着阴阳互生的哲学原理，而阴阳互生的哲学原理又通过具体笔画、形势、力度等诸多因素体现在书法作品的万千

---

① 姜夔：《续书谱》，载《历代书法论文选》，上海书画出版社 1979 年版，第 394 页。
② 蔡邕：《九势》，载《历代书法论文选》，上海书画出版社 1979 年版，第 6 页。
③ 朱熹：《周易本义》，中国书店 1985 年版，第 1 页。
④ 朱熹：《周易本义》，中国书店 1985 年版，第 1 页。

情态中，而书法的不同情态如同《周易序》所言，"情伪出焉，万绪起焉"。

我们知道，中国书法是极其抽象的艺术，笔法的应用与组合丰富多样，点画线条的形态变化神秘莫测。尽管如此，极其抽象的点画线条终究会在纸张、绢帛、石木等不同器物上留下有形的痕迹，形成不同字体不同形态的书法作品，让无法触及的书法之"道"通过具体的书写技能转变为可以识读的书法之"器"。《周易》卷三《系辞·上传》云："形而上者谓之道，形而下者谓之器。"[①]《老子》开篇即言："道可道，非常道。"孔子亦发出"朝闻道，夕死可矣"的感慨。可见，"道"是形而上的，是不可言明的，但又是历代哲人穷其一生所追求和思索的真谛。书法如同世间万物，以可识可辨之器承载着无迹无形之道，不同字体不同风格的书法作品则是可观、可赏、可识之"器"的具体呈现形式，而构成书法之"器"的笔画线条、体态形势和书写时的力度速度等节奏变化都遵循着负阴抱阳的阴阳互生之道。

其实，书法艺术的阴阳互生遵循着中庸之道。何谓中庸？北宋程颐认为："不偏之谓中，不易之谓庸。中者，天下之正道；庸者，天下之定理。"[②]我们细品历代经典书法名作，就可以领悟到书法作品中笔画的长短、线条的粗细、体形的宽窄、姿态的欹正以及笔锋运转的藏露、运笔速度的快慢与力度大小，甚至包括墨色的干湿浓淡与空间的组合变化都体现着"中庸"之道。由此可见，"尊德性而道问学，致广大而尽精微，极高明而道中庸"[③]不仅仅是圣人君子追求的人生哲学和处世之道，也是书法家穷其一生探究和遵循的艺术之道。书法家所有的审美志趣、理想追求、情感倾诉、品格胸次和人生境界都融入阴阳互生的中庸之道，呈现出"不激不厉，而风规自远"[④]的艺术效果，达到天人合一的最高艺术境界。

二、书法美育的功能

对于美育的概念和内涵，学界有不同的学术观点，但不用质疑的是，"美育在利用各种美的内容对学生进行教育时，既要培养学生的审美能力和美感心理，也要使学生在认识美、欣赏美、热爱美和创造美的同时，达到净化心灵、提高道德品质、增进知识技能、开发智力和培养能力、促进学生全面发展的目的"[⑤]。就书法美育而言，其功能是在培养受教育者书法审美能力的同时，进一步陶冶其艺术情感，并提高其品德修养。

（一）培养受教育者的书法审美能力

书法具有其独特的艺术语言，如何理解艺术语言的表达方式与内涵，如何鉴别艺术

---

① 朱熹：《周易本义》，中国书店 1985 年版，第 63 页。
② 朱熹：《四书章句集注》，中华书局 2018 年版，第 17 页。
③ 朱熹：《四书章句集注》，中华书局 2018 年版，第 17 页。
④ 孙过庭：《书谱》，载《历代书法论文选》，上海书画出版社 1979 年版，第 129 页。
⑤ 郭成、赵伶俐等：《大美育效应——美育对学生素质全面发展影响的实证》，北京师范大学出版社 2017 年版，第 6 页。

造诣的高低，如何区分书法艺术的风格差异，这些问题都涉及书法审美能力的培养，于是，培养受教育者的书法审美能力成为书法美育最基本的功能。

我国历代书法都在不断继承传统的基础上得以发展，因此，每个历史时期的书法家在学习前人经典力作的基础上自觉融合时代审美倾向，最终形成了各个历史时期的书法风尚。清代冯班在比较晋、唐、宋三代书家关于书法结字的差异时提出："晋人用理，唐人用法，宋人用意。"① 冯班提出用理、用法、用意分别是晋、唐、宋三代书家处理字形结构的不同要点，这其实也可认为是对晋、唐、宋三代书法风格的差异性比较。清代梁巘在《评书帖》中对冯班的观点作了改进，将晋、唐、宋及元、明时期的书法整体风尚概括为："晋尚韵，唐尚法，宋尚意，元、明尚态。"② 晋、唐、宋、元、明等不同时代书法都有各自的整体风格特征，比较而言，魏晋书家作品格高韵胜，唐代书家注重楷法且点画结字严谨，宋代书家崇尚"我书意造"和"意足我自足"的书写状态，而元明书家追求作品中字形字势的姿态变化。当代书法美学家金学智在继承梁巘这一观点的基础上对我国历代书法风格作了进一步完善，提出"商周尚象、秦汉尚势、晋代尚韵、南北朝尚神、唐代尚法、宋代尚意、元明尚态、清代尚质"的书法美学观点。金学智认为，商周时代书法形象奇古，并含神秘、威重、粗犷、醇拙、瑰丽、野而不文等于一体；秦汉时期书法体势飞动，并含雄放、秀逸、骏发以及沉厚、劲健等于一体；东晋书法，气韵绝俗，风度翩翩，它是那样萧散、简远、超逸、恬淡、平和、自然、蕴藉……然而又不乏力度；南北朝书法不拘形迹，不拘一格，神态浑朴奇逸，兴趣丰厚酣足；唐代吸取了历代重视书法的传统，又予以增广、发展，推向高峰；宋书尚意，它意气风发，笔势纵横，含天真、沉酣、流丽、瑰变、欹侧、放逸、超迈、夸张种种于一体；元明书法尚态，它姿态妍媚，又含流丽、秀婉、风韵、圆逸、甜俗、温雅、蕴藉、纤巧、柔弱等于一体；清代书家复兴篆、隶，扬弃帖学而崇尚碑学，群体书风表现为醇古、劲质、朴茂。③ 概括总结历代书法艺术风格特征对我们实施书法美育具有一定的理论指导作用，掌握和了解不同时代书法艺术的整体风格差异不仅有利于我们理解不同历史时期的书法审美倾向，也有利于提升我们的书法审美能力。

对我国历代书法艺术风格的整体把握是提升书法审美能力的基础。面对古代经典书法作品或现当代优秀书法作品时，我们既要站在不同时代审美风尚的基础上理解其艺术风格特征，更要能够从作品的技法形式层面和境界格调层面区分作品的高低优劣。从技法层面而言，点画精到、线条提炼、字形姿态多变而章法和谐统一的作品，其技法水平肯定高于点画粗鲁、线条浑浊、字形字势单一而章法混乱的作品，因此，历代书法家穷其一生提高书法技能，以便创作出体现时代审美风尚的经典力作。需要说明的是，书法艺术的核心不是技法，而是书法家的艺术思想与审美境界。书写技法只是表现书法家艺

① 冯班：《钝吟书要》，载《历代书法论文选》，上海书画出版社1979年版，第549页。
② 梁巘：《评书帖》，载《历代书法论文选》，上海书画出版社1979年版，第575页。
③ 金学智：《中国书法美学》，江苏文艺出版社1994年版，第507—564页。

术思想与审美境界的工具和手段，技法越完善，其表现力越强，越能将书法的核心内容表现得淋漓尽致，但书法作品优劣不是完全由书法技能决定的，书法美感在很大程度上取决于书法作品的境界与格调。

明白了书法技能与境界格调对书法美的作用，就不难理解为什么要通过系列书法鉴赏和书法实践课程实施书法美育，让受教育者理解和区分书写技能的优劣，鉴别作品中蕴含的境界格调高低，最终树立正确的书法审美观。

（二）陶冶受教育者的书法艺术情感

书法美育的功能不仅仅在于培养受教育者的审美能力，让受教育者通过观看优秀书法作品满足其视觉美感需求，更重要的是通过书法美育，让受教育者领略书法艺术作品的情感倾诉而悸动其心，在书法艺术作品的精神引领下得到情感陶冶，最终达到抚慰灵魂的美育效果。

包括书法在内的所有优秀艺术作品其实是真、善、美的高度融合。书法美育之所以能培养受教育者的审美能力，就是因为书法具有独特的艺术美感，而书法美育能让受教育者得到情感陶冶的根源在于书法艺术真实地体现了书法家的自我本真。书法家真实的"人"以其独特的艺术语言融在作品之中，完美地实现了"作品即人"的哲学理念，作品中的形式语言、审美境界、哲学思想都是书法家本人的艺术理想、现实生活与哲学思辨的真实体现，更是书法家艺术情感的真切倾诉。唐代韩愈在《送高闲上人序》中阐述了情感表达对书法创作具有至关重要的作用，他在文中认为，擅长草书的唐代僧人高闲把死与生看作一回事，内心不受外界影响，这种"其为心，必泊然无所起；其于世，必淡然无所嗜"的处世心态，导致高闲书法中缺少真挚的情感；而同时代的草书大家张旭则不同，他情感丰富，"喜怒窘穷，忧悲、愉佚、怨恨、思慕、酣醉、无聊、不平，有动于心，必于草书焉发之"。① 正是因为张旭"可喜可愕，一寓于书"，所以他的草书如同鬼神般变动无常而不可视其端倪，其人也声名垂于后世。如果将张旭和高闲草书的线条比作他们内心情感的"心电图"，可以想见，张旭草书中的"心电图"因情感丰富而跌宕起伏，而高闲草书中的"心电图"则因情感淡泊而平缓无波。

虽然书法作品寓含着书法家创作时的情感，但书法家在书法作品中的情感表达是比较隐蔽的，而且必须借助书写文本内容并通过特定书法语言传递其内心情感。孙过庭《书谱》有言："凛之以风神，温之以妍润，鼓之以枯劲，和之以闲雅。故可达其情性，形其哀乐。"② 可见，书法家的艺术手法多种多样：既能以凛冽手法立风神，也能以温婉手法添妍润；既能以鼓荡手法助枯劲，也能以和融手法舒闲雅。书法家要真正做到艺术表达与情感倾诉实现完美结合，就必须在情绪的牵引下恰当应用不同艺术手法，最终创作出"达其情性，形其哀乐"的绝世佳作。需要说明的是，书法作品中的艺术情感不是

---

① 韩愈：《送高闲上人序》，载《历代书法论文选》，上海书画出版社1979年版，第292页。
② 孙过庭：《书谱》，载《历代书法论文选》，上海书画出版社1979年版，第126页。

一味地悲愤或惆怅，也有高昂激情与闲适惬意，当书法家内心的真情实感在精湛艺术中自然流露出来，就会形成血肉丰盈的灵感之作。王羲之《丧乱帖》中的无奈，颜真卿《祭侄文稿》中的悲愤，苏轼《黄州寒食诗帖》中的凄苦，杨凝式《韭花帖》（图9-6）中的惬意……都是凝聚在历代经典书法佳作中的真情实感，是书法佳作中永不消逝的真气与灵魂。

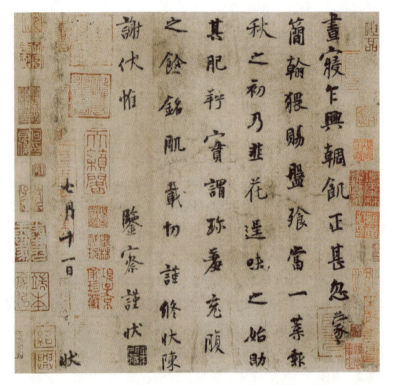

图9-6　杨凝式《韭花帖》（罗振玉藏本，曾为宋代内府藏品，现去向不明）

正是因为书法佳作凝聚着书法家创作时的真情实感，当我们实施书法美育时，可以结合作品的创作背景、书写内容和艺术表现等诸多因素，引导受教育者在观赏作品时体验书法家内心的喜怒哀乐，通过以情动情的美育手段，让受教育者感受艺术情感的真切倾诉，进而唤醒其内心的情感触动，引发受教育者与书法作品的情感共鸣，最终让受教育者在领会书法艺术之美和情感之真的基础上得到品德修养的综合提高，实现真、善、美有机融合的书法美育效果。

（三）提高受教育者的书法品德修养

中共中央办公厅、国务院办公厅颁发的《关于全面加强和改进新时代学校美育工作的意见》中指出："美育是审美教育、情操教育、心灵教育，也是丰富想象力和培养创新意识的教育，能提升审美素养、陶冶情操、温润心灵、激发创新创造活力。"作为学科美育的重要组成部分，书法美育也应遵照美育指导思想，在培养受教育者审美能力的同时，实现陶冶情感和提高品德修养的美育功能。

我国历代书法经典力作不仅具有艺术之美和情感之真，还融合了书法之善，是真、善、美有机融合的集中体现，而以善明德是古代修德的重要方式和书法家以艺弘道的历史使命。古代汉字的"善"同"譱"，许慎《说文解字》载："譱，吉也。从誩从羊。此与义、美同意。"① 可见，善的本义指善良和美好，且特指人的言行和品德符合道德规范，所以，我国古代重要蒙学读物《三字经》以"人之初，性本善"开篇。德主要指思想品德和道德修养，我国自古就非常重视品德修养的提升，且我国哲学层面的"善"与"德"关系极为紧密。《论语·述而第七》有言："德之不修，学之不讲，闻义不能徙，不善不能改，是吾忧也。"② 可见，孔子将修德、讲学、徙义与改不善相提并论。而《帛书老子甲本》载："善者善之，不善者亦善之，德善也。"③ 由此可知德善是人的根本。将修德置于最高层面的教育思想最早体现在《大学》一书中，其开篇即言："大学之道，在明明德，在亲民，在止于至善。"④《大学》中"明德"之德属于中国哲学范畴，朱熹在《四书章句集注》中这样注解："明德者，人之所得乎天，而虚灵不昧，以具众理而应万事者也。但为气禀所拘，人欲所蔽，则有时而昏；然其本体之明，则有未尝息者。故学者当因其所发而遂明之，以复其初也。"⑤ 在朱熹看来，每个人的德原本是虚灵不昧的，但人的德也会因为气禀所拘和人欲所蔽而昏然，大人之学就是让原本明德之人恢复其固有之明。

明明德不仅是大学之道，也是历代书法家以艺弘道、以艺立德的重要途径，他们倡导德艺双修，甚至认为修德高于修艺。唐代著名书法家徐浩在其《论书》中提出："德成而上，艺成而下，则殷鉴不远，何学书为？"⑥ 显然，徐浩认为德比艺更为重要。清代朱和羹在《临池心解》中更是明确书家以立品为第一的观点，他提出："书学不过一技耳，然立品是第一关头。品高者，一点一画，自有清刚雅正之气；品下者，虽激昂顿挫，俨然可观，而纵横刚暴，未免流露楮外。故以道德、事功、文章、风节著者，代不乏人，论世者，慕其人，益重其书，书人遂并不朽于千古。"⑦ 立品就是注重个人的品德修养，以品德高尚著称于世。时至今日，习近平总书记更是对新时代文艺家明确提出了"为时代画像、为时代立传、为时代明德"⑧ 的历史使命。王阳明心学四诀云："无善无恶心之体，有善有恶意之动，知善知恶是良知，为善去恶是格物。"⑨ 书法作品之善源自书法家内心之善，书法艺术之善不仅是书法家的良知，也是书法家的社会责任和时代使命，更是书法家弘扬正气的艺术风尚和道德风向标。

---

① 许慎：《说文解字》卷三，中华书局 1963 年版，第 58 页。

② 程树德：《论语集释》，中华书局 2018 年版，第 567 页。

③ 高明：《帛书老子校注》，中华书局 2018 年版，第 443 页。

④ 朱熹：《四书章句集注》，中华书局 2018 年版，第 3 页。

⑤ 朱熹：《四书章句集注》，中华书局 2018 年版，第 3 页。

⑥ 徐浩：《论书》，载《历代书法论文选》，上海书画出版社 1979 年版，第 276 页。

⑦ 朱和羹：《临池心解》，载《历代书法论文选》，上海书画出版社 1979 年版，第 740—741 页。

⑧《习近平谈治国理政》第三卷，外文出版社 2020 年版，第 323 页。

⑨ 黄宗羲：《明儒学案》卷五十八，文渊阁四库全书本。

书法美育就是通过以美育人、以美化人、以美培元的美育手段，在书法美育的具体实施中充分发挥培养审美能力、陶冶艺术情感以及提高品德修养的美育功能，最终实现立德树人的育人根本，为培养德智体美劳全面发展的社会主义建设者和接班人贡献出书法美育的时代价值。

第三节　书法美育的内容

书法美育是学校美育和艺术美育的重要组成部分，主要依托系统的书法课程培养和提升学生发现书法之美、认识书法之美、体验书法之美和实践书法之美的综合能力。[①] 因此，对书法美的认知、实践和应用相应成为书法美育的核心内容，书法美育的具体实施也应围绕这些内容开展。

一、书法美的认知

书法艺术之美的呈现方式是多维度的，不仅仅体现在点画线条、字形结构和章法布局等艺术形式层面，还体现在意趣情态和气质神采等精神层面。

（一）形式层面：书法美的物质载体

书法艺术之美的形式层面既包括点画线条、字形结构、章法布局等艺术语言形式，也包括作品的材质与形制，甚至还可以包括装裱样式与展示效果等方面，这些能直观感受的"形"是体现书法美的物质存在形式，也是书法意趣情态与气质神采等精神层面的依附"载体"。

点画线条是书法艺术最为基本的元素，也是决定书法艺术水准高低的重要因素，良好的点画线条不仅为书法之美的"形"提供了最初步的基础，其本身也是书法形态美感的重要内容。南朝书家王僧虔在《笔意赞》中用"纤微向背，毫发死生"[②] 来形容点画线条的重要性，而点画线条的线质是由笔法来决定的。笔法不仅仅是指中锋、侧锋等笔锋的变化运用，还包括运笔时的速度、力度、弧度等方面的变化与节奏组合。不同笔法的巧妙运用能够产生丰富多样的点画线条形质，这就是自古以来所有的书法家都非常重视笔法的根源所在。能否精准把控笔力是决定点画线条好坏的重要因素，诚如《笔阵图》所言："善笔力者多骨，不善笔力者多肉；多骨微肉者谓之筋书，多肉微骨者谓之墨猪；多力丰筋者圣，无力无筋者病。"[③] 由此可知，呈现出多力丰筋的高水平点画线条，最为重要的是善于把控笔力。李世民在《论书》中也提出："今吾临古人之书，殊不学其形势，惟在求其骨力，而形势自生耳。"[④] 在李世民看来，书法以笔力为关键，只要点画线

---

① 向彬：《在公共艺术三类课程中践行书法美育》，《美术报》2022 年 12 月 10 日第 2 版。

② 王僧虔：《笔意赞》，载《历代书法论文选》，上海书画出版社 1979 年版，第 62 页。

③ 卫铄：《笔阵图》（传），载《历代书法论文选》，上海书画出版社 1979 年版，第 22 页。

④ 李世民：《论书》，载《历代书法论文选》，上海书画出版社 1979 年版，第 120 页。

条骨力丰盈，作品的字形姿态就随之而生。但笔力不是书写时的简单蛮力，也不是一味露骨的外力，而是隐含在点画线条之中的内在力，表达这种力量不仅要"尽一身之力而送之"，更要善于把握运笔时笔力的藏露关系与大小变化，笔力的"度"把握得恰到好处，才可以达到王僧虔所言"骨丰肉润，入妙通灵"的线质审美标准。

在良好的点画线条的基础上如何构建具有艺术美感的字形结构是书法艺术创作的重要问题，单个字的形态之美在篆书、隶书、楷书甚至行书作品中尤其重要。应用不同字体创作的作品，对其字形审美的标准是不尽相同的。同样属于篆书，小篆的结构一般以字形端庄、左右对称、笔画间距协调等特征为美，相比而言，金文则以字形多变为美；同样是楷书，唐楷追求字形结构的端正严谨之美，而魏碑注重字形结构的奇趣变化；隶书结构力求平稳中形态多变；行书字形更是体态多方而字字呈现出不同形态；至于草书，小草和章草还注重单个字的形态结构，但大草就完全打破了单个字的形态禁锢，似乎越过了单个字形的结构而直接用点画线条构建通篇章法之美。整体而言，在统一协调中求变化，在变化中求和谐统一，既是字形结构的处理原则，也是书法字形的艺术魅力所在。

章法是书法形式层面的最终审美对象，无论是点画还是单个字形，都是章法的构成元素，所以孙过庭在《书谱》中提出："一点成一字之规，一字乃终篇之准。"[1] 章法一般是指作品中字与字、字组与字组、行与行之间的组合关系，这些关系处理好了，整件作品的美感就大大提升了。当然，不同字体的章法，其谋篇布局原则及审美标准也不尽相同。就篆书、隶书和楷书的章法而言，字与字之间主要靠笔势、体势的微妙变化来协调，字形的大小变化远不及行、草书，行距也相对比较统一，于是这些字体的章法往往字距均等而行列分明；行、草书因更注重书写的任情恣性，字组成了行的重要组成单位，且行与行的间距在同一件作品中也呈现出疏密甚至穿插变化，所以行、草书的行轴线左右敧侧，形成有行无列甚至无行无列的章法形式。从书法的艺术审美层面而言，不同的章法在很大程度上体现出不同书法的风格特征与美感。同样是楷书，欧阳询楷书的字距和行距相对疏朗，而颜真卿晚年的成熟楷书，其字距和行距比较紧密，于是，欧体楷书的章法是疏朗有致，而颜体楷书的章法呈现出茂密浑然之美；同样是行草，董其昌行草的章法大多行距较大，体现疏淡简远之美，而徐渭的行草往往行列不分，通篇浑然一体，形成漫天飞雪式的美感。即便是同一书家，在不同作品中的章法处理方式也存在很大差异，杨凝式行书《韭花帖》的章法非常疏朗，而草书《夏热帖》的章法呈茂盛之美。

无论是点画线条、字形结构还是章法形式，之所以呈现出千姿百态及不同美感的"形"，除字体不同外，很大程度上是书家创作时的意趣情态所致，更是书家审美追求与艺术境界的体现。

(二) 意态层面：书法美的意趣情态

相传王羲之所作《题卫夫人〈笔阵图〉后》有这样几句话："夫欲书者，先干研墨，

---

[1] 孙过庭：《书谱》，载《历代书法论文选》，上海书画出版社1979年版，第130页。

凝神静思，预想字形大小、偃仰、平直、振动，令筋脉相连，意在笔前，然后作字。"①
尽管该文献不一定出自王羲之，但这段文字颇耐人寻味，可以肯定，"意在笔前"的观点
对于书法创作和书法审美都很有价值。

《古汉语大词典》将"意"这个字的意义大致分为四种：其一指意思，意味；其二指
心愿，意向；其三指人或事物流露的情态；其四指猜想，意料。词典还专门对"意在笔
先"作了解释："谓写字、绘画、作诗文先构思成熟，然后下笔。"② 顺着这层意思来理
解，"意在笔先"之"意"是指创作下笔前经过深思熟虑的理性构思。其实，《古汉语大
词典》中"意"的第三种含义"指人或事物流露的情态"与书法的"意"最为接近，指
书法家在作品中流露出来的创作情态，这种情态既包含了下笔前的理性构思，也包含了
创作时的兴致灵感。毕竟书法史上的经典作品并非都是深思熟虑后的理性产物，很多作
品是书法家一时兴致所致。但无论是理性的构思，还是一时兴致的灵感与激情，都是书
法家内心的意趣情态，是书法创作时的情绪"心电图"。

对于书法创作而言，下笔前的理性构思和一时兴致的灵感激发都非常重要。理性构
思之"意"往往更注重作品创作前对整体章法的安排布局，所谓"胸有成竹"就是这样。
理性构思后创作出来的作品往往谋篇布局非常完整，无论是字形的大小、体态与笔势的
变化，还是字组的组合、行与行的疏密处理，甚至包括墨色的干湿枯涩等变化，都有一
个相对成熟的通篇构思，这种为创作而创作的方式，不仅被我国古代很多书家所应用，
更是被当今书家视为创作的法宝。这种创作意识是值得肯定的，但这不是书法创作的唯
一模式，也不是书法创作的最佳状态。书法创作的最佳方式是书法家一时兴起的灵感与
情绪喷发，这种抑制不住的创作激情最能体现书家的真性情，也最能体现书家的创作水
准。元代陈绎曾在《翰林要诀》第十一《变法》中专门论及"情"，文中写道："喜怒哀
乐，各有分数。喜即气和而字舒，怒则气粗而字险，哀即气郁而字敛，乐则气平而字丽。
情有重轻，则字之敛舒险丽亦有浅深，变化无穷。"③ 陈绎曾明确指出，不同情绪状态下
写出的书法作品，其审美特征是有差异的，同样的道理，不同书法作品也体现出书家书
写时的不同情绪。唐代孙过庭在《书谱》中认为王羲之"写《乐毅》则情多怫郁，书
《画赞》则意涉瑰奇，《黄庭经》则怡怿虚无，《太师箴》又纵横争折。暨乎兰亭兴集，思
逸神超；私门诫誓，情拘志惨"④。认真分析王羲之这些作品的书写内容与艺术特征，的
确可以从中揣摩出书家当时的情绪状态。

前文提及颜真卿《祭侄文稿》具有悲愤之情，这是因为颜真卿在书写这篇祭文时，
心中只有一腔悲愤和无限沉痛，他那时没有心思去构想作品的字形、行列、章法、墨色

---

① 王羲之：《题卫夫人〈笔阵图〉后》（传），载《历代书法论文选》，上海书画出版社1979年版，第26页。
② 《古汉语大词典》，上海辞书出版社2000年版，第2497—2498页。
③ 陈绎曾：《翰林要诀》，载《历代书法论文选》，上海书画出版社1979年版，第490页。
④ 孙过庭：《书谱》，载《历代书法论文选》，上海书画出版社1979年版，第128页。

等问题，作品中的任意涂抹、字形欹侧、行轴摆动、墨色干涩、行笔奔驰等艺术效果都是内心情绪的自然流露，这种"无意于佳乃佳"的创作模式才是书法艺术的最高境界，是书法家内心真实性情的完整告白。其实，《兰亭集序》《黄州寒食诗帖》《韭花帖》等古代很多经典作品都是在一时兴起的情形下诞生的。所以，苏轼提出："我书意造本无法，点画信手烦推求。"① 米芾有诗句云："意足我自足，放笔一戏空。"② 结合苏轼的《黄州寒食诗帖》《东武帖》《渡海帖》以及米芾的《清和帖》《戎薛帖》《值雨帖》《珊瑚帖》等作品，其信手书写所产生的艺术美感，无不体现了书家当时情绪的自然流露，这样的书法作品真正达到了"同自然之妙有，非力运之能成"③ 的艺术境界。

书家内心情态通过笔端流露时不仅产生点画字形的"形态之美"，作品中也流露出书家审美境界的"气质之美"，这种"气质之美"就是书法艺术的风神所在，理解书法的气质神采也是书法美感认知的最高层次。

（三）气质层面：书法美的气质神采

苏轼尝言："书必有神、气、骨、肉、血，五者阙一，不为成书也。"④ 苏轼所言书法中的"神""气"都是精神层面的，清代周星莲在《临池管见》中也提出："字有筋骨、血脉、皮肉、神韵、脂泽、气息，数者缺一不可。"⑤ 其观点与苏轼所言极为类似。"气"本身的含义非常多，其中有两种含义与书法审美范畴的"气"最有关联，其一指"人的精神状态"，其二指"习气或气质"。我们认为，书法的"气"就是书家在其书法作品中体现出来的精神气质，是书法艺术审美中至关重要的范畴。清代刘熙载更是将"气"作为书法优劣的评价标准，他提出"士气为上"的观点。他在《艺概·书概》中说："凡论书气，以士气为上。若妇气、兵气、村气、市气、匠气、腐气、伧气、俳气、江湖气、门客气、酒肉气、蔬笋气，皆士之弃也。"⑥ 书法士气是指士人书法作品的风格。"士人"在我国古代是一个特殊的人群，他们不仅是学养深厚的读书人，而且有相对独立的处世思想，秉持"穷则独善其身，达则兼济天下"的儒家之风，他们笔下所流露的书风具有独特的清高文雅之气，这是他们心境的自然流露，而这种清高文雅之气正是古代书法所标榜的士气。正如清代汪沄所言："胸有书卷者，作字大都不喜俗韵。"⑦ 既然古代书家都标榜书法的清高文雅之气，自然就引发人们思考如何才能使书法作品具有这种士气，并且得出了一个很好的结论，那就是提高自己的学养，通过提高学养来提高书法的境界。所以，倪后瞻在《倪氏杂著笔法》中提出："学字既成，先养其心无俗气。"⑧ 按照倪后瞻

① 苏轼：《石苍舒醉墨堂》，载《苏东坡全集》，中国书店1986年版，第54页。
② 米芾：《书史》，载《中国书画全书》第一册，上海书画出版社1993年版，第973页。
③ 孙过庭：《书谱》，载《历代书法论文选》，上海书画出版社1979年版，第125页。
④ 苏轼：《论书》，载《历代书法论文选》，上海书画出版社1979年版，第313页。
⑤ 周星莲：《临池管见》，载《历代书法论文选》，上海书画出版社1979年版，第725页。
⑥ 刘熙载：《艺概》，载《历代书法论文选》，上海书画出版社1979年版，第713页。
⑦ 汪沄：《书法管见》，载《明清书法论文选》，上海书店出版社1994年版，第773页。
⑧ 倪后瞻：《倪氏杂著笔法》，载《明清书法论文选》，上海书店出版社1994年版，第428页。

的观点推断，要使书法作品无俗气，则要使心中无俗气，要使心中无俗气，则要养其心。

王僧虔在《笔意赞》中提出："书之妙道，神彩为上，形质次之，兼之者方可绍于古人。"① 这里的"神彩"就是我们通常所说的"神采"之意。"神采"可以理解为书法艺术的"精神层面"，这是书家综合素养和审美境界在作品中体现出来的气质精神；而王僧虔所言"形质"可以理解为书法作品的"物质层面"，用今天的书法术语来说，"形质"就是书法形式层面的点画线质、字形结构和章法布局等形态特征，当然还可以包括作品中的墨色变化、纸质特征、装裱形式等所有物质层面的内容。王僧虔提出"神彩为上"，就是认为书法作品最重要的是要体现书法家的精神气质。书法"神采"是书家人生阅历、学识修养、精神品格、审美情趣与境界格局的综合体现，这是书家的内在气质，需要书家用一生的时间慢慢形成。当然，"神采"和"形质"在书法艺术中是相辅相成的，离开"形质"空谈"神采"，"神采"就成了没有"躯壳"的"灵魂"，不落实处且不着边际；不追求"神采"只注重"形质"，书法就成了技法的堆砌与卖弄，成了没有"灵魂"的"躯壳"，这样的书法只是形而下的艺之"术"，与形而上的艺之"道"相差甚远。所以，王僧虔提出"兼之者方可绍于古人"。

黄庭坚在《论书》中这样评判书法："学书须要胸中有道义，又广之以圣哲之学，书乃可贵。若其灵府无程，政使笔墨不减元常、逸少，只是俗人耳。"② 道义是人生品格，圣哲之学是学养与学识。在黄庭坚看来，学书之人不仅要胸中有道义，同时还要广读圣哲之学，这样的书家才有精神品格和广博之学，也只有这种书家写出的作品才有可贵之处。可见，黄庭坚所认可的书法，不是一味追求笔墨技法，而是更注重书法中的精神内涵与品格境界。书法中的"道义"与"圣哲之学"其实就是书法中的"气格"。

由此可见，从气质层面认知书法美的气质神采，是对书法之美最高维度的审美感知，也是对书法创作者学识素养、精神品格与人生境界的综合美学考量。

二、书法美的实践

就书法美育而言，单靠理论认知来提升书法审美能力是远远不够的，还要通过书写实践真实感受和体验书法之美，并在正确审美观的导向下创作出具有艺术美感的书法作品，以理论和实践相结合的途径实施书法美育。

（一）在书写实践中体验书法艺术的多样美感

书法的书写实践是一个既有法度又有意趣的美妙过程。所谓书写实践的法度，是指包括一般写字层面和书法艺术层面在内的书写，都要掌握一定的书写方法，主要包括执笔方法、运笔方法以及构字造型与章法布局等技术层面的方法。只有掌握了正确的书写方法，才能写出具有一定艺术美感的书法作品；也只有在书写实践中真切认识到书法技

---

① 王僧虔：《笔意赞》，载《历代书法论文选》，上海书画出版社 1979 年版，第 62 页。
② 黄庭坚：《论书》，载《历代书法论文选》，上海书画出版社 1979 年版，第 355 页。

法的难度和高度，才能真正理解书法作品中点画线条的技术含量，领略作品中点画形态、构字造型和章法布局的艺术魅力。

在正确方法指导下进行书写实践所能体验到的艺术美感是多样化的，主要包括节奏有序的韵律美、简约深奥的墨色美、构字谋篇的形式美、适意忘情的精神美。

书法是时空交错的艺术，一般而言，创作任何一件作品都在一个不可逆向的书写时序中完成。书写任何一个点画和构建任何一个字形都离不开具体的运笔过程，而在起笔、行笔和收笔的书写过程中，提、按、转、折、顿、挫等各种运笔动作在不同力度和不同速度的变化中形成轻重缓急的节奏韵律，当书写实践者相对熟练地掌握了用笔技巧，就能不同程度地感受到书写过程中的韵律之美。书写过程中寓含的节奏韵律之美诚如刘正成所言："确实能从书法作品的线条中得到运动的美感、力量的美感、节奏与旋律的美感，尤其是前后有向的时序追寻，能深深感受艺术的节奏关系，更重要的是，这种节奏能暗示和'复原'艺术创作者的心理过程，及其创作者挥运之际的种种魅力所在。"[1] 书法作品线条中的运动之美、力量之美、节奏与韵律之美等挥运之际的种种魅力只有通过书写实践才能得到真切体会。

通过书法实践体验到的第二种艺术美感是简约而深奥的墨色之美。书法墨色虽然也存在一定程度的干枯浓淡等变化，但相比国画而言，其墨色变化不如纯水墨国画丰富。然而，变化不够丰富的书法墨色中却蕴含着简约而深奥的美感，这种美感不仅仅体现在干枯浓淡的墨色外相变化中，更体现在墨色单一中蕴含着气脉流通与无限生机。真正意义上的书法创作，每一个笔画必须一次性完成，这样才能写出墨色鲜活且气韵生动的作品，而一旦在书写过程中反复填墨或者补笔，写出的线条就会僵硬呆滞，其墨色也会死板而毫无生趣。因此，通过书写实践感受墨色在宣纸上的晕染效果，领略笔墨变化中的气韵流通，是书法艺术的另一种美感体验。

每个书写实践者驾驭笔墨的能力不同，对点画字形的美感认知也存在差异，即便书写同一个内容，不同书写者也会写出不同形状和姿态的字形，这些字形不仅是书写者创作书法形态美的具体体现，更是他们在适意忘情的书写过程中体验精神享受的外在形式结果。当书写者选取寄托着内心美好愿望的经典文辞，在心无旁骛的状态中应用正确方法写出各具意趣情态的书法作品时，他们既可以体味书写过程中的节奏韵律与墨色晕染，又能在书写过程中流露自己的真实心性与情绪，这样就能让自己进入一个享受美的时空世界，沉浸在书法艺术的美感体验中，所有的身心压力与焦虑都会在无比舒畅的美感沉浸中悄然消逝。

（二）在临摹经典法书中领略古代书法的艺术精神

临摹历代经典法书是学习中国书法的入门捷径，也是提升书法水平的不二法门，更是领略古代书法艺术精神的重要方式。通过临摹古代经典法书，可以掌握古代书家的用

---

[1] 刘正成：《书法艺术概论》，商务印书馆 2014 年版，第 20—21 页。

笔诀窍，借鉴其构字造型和章法布局的处理方法而提高自己的书写水平。更重要的是，在临摹学习过程中，能结合临摹范本的书写内容体会书家创作时的用笔速度与力度，感受其内心的情绪变化，在揣摩其整体书写状态中领略古代书法的艺术精神。

书法艺术精神一方面体现在书写的文本内容中，另一方面体现在书写的意态情绪中。书写文本中体现的艺术精神是显性的，无论是积极向上的进取精神还是忧国忧民的家国情怀，无论是独善其身的隐士精神还是兼济天下的达者情怀，无论是不入俗世的高洁品格还是力挽狂澜的砥柱精神，通过书写内容释读都能理解和感受其中的人文精神。但书法意态情绪中寓含的艺术精神则比较隐晦，书法家必须借助特定运笔方式才能恰当体现其内在的艺术精神，因此，笔法不仅是书法技能的核心，更是表现书家艺术精神的工具和手段。如何在行笔过程中根据线质和笔势的需要进行笔锋变化，如何在行笔过程中精准发力，如何把控行笔速度形成特有的书写节奏，如何通过造势和借势等方式制造书写过程中的矛盾，如何在不露痕迹中巧妙地处理自己营造的各种矛盾……诸如此类的书写技能问题，都需要通过特定笔法解决。尽管古代每位书法大家在长期的书法实践中都形成了个人独特的笔法，但当时没有影像技术记录书家书写作品的用笔过程，我们也就无法直接了解他们的用笔方法，只能通过临摹其传世作品参悟古代书法大家的笔法，以此破解其书法创作的奥秘，并从中领略其艺术精神。

明代倪后瞻在《倪氏杂著笔法》中提出："张长史'折钗股'，颜太师'屋漏痕'，王右军'锥画沙、印印泥'，怀素'飞鸟出林，惊蛇入草'，索靖'银钩虿尾'，可以悟入是真笔法也。"[1] "折钗股""屋漏痕""锥画沙、印印泥""飞鸟出林，惊蛇入草""银钩虿尾"都是古代书家从自然万物中领悟出来的笔法要领，如何理解这些笔法要领，倪后瞻提出"以悟而入"的方法。可见，无论是掌握古代书家的笔法，还是领略其艺术精神，都必须通过书写实践的真实感受才能真正领悟。北宋书法家蔡襄曾言："书法惟风韵难及。虞书多粗糙，晋人书，虽非名家亦自奕奕，有一种风流蕴藉之气。缘当时人物，以清简相尚，虚旷为怀，修容发语，以韵相胜，落华散藻，自然可观。可以精神解领，不可以言语求觅也。"[2] 风韵就是指艺术精神，这是书法中最难达到的。蔡襄认为，书法作品的风韵"可以精神解领，不可以言语求觅"。晋人之书之所以具有风流蕴藉之气，缘于晋人"以清简相尚，虚旷为怀"，所以晋人"修容发语，以韵相胜，落华散藻，自然可观"。南朝袁昂在《古今书评》中评价王羲之书法"如谢家子弟，纵复不端正者，爽爽有一种风气"[3]。由此可见，晋代谢家子弟书家，哪怕不是书法名家，其书法作品中也神采奕奕。至于刘熙载在《艺概》中提出"书，如也。如其学，如其才，如其志，总之曰如其人而已"[4] 这种书如其人的观点，更是充分说明书法的艺术精神其实就是书家本人的精

① 倪后瞻：《倪氏杂著笔法》，载《明清书法论文选》，上海书店出版社 1994 年版，第 429 页。
② 蔡襄：《论书》，载《历代书法论文选续编》，上海书画出版社 1993 年版，第 51 页。
③ 袁昂：《古今书评》，载《历代书法论文选》，上海书画出版社 1979 年版，第 73 页。
④ 刘熙载：《艺概》，载《历代书法论文选》，上海书画出版社 1979 年版，第 715 页。

神风采。

从书法美育的立场来看，无论是倪后瞻所言"以悟而入"领悟书家笔法，还是蔡襄所言"精神解领"领略书法风韵，光靠理论认知是远远不够的，必须通过临摹学习的方式感受和理解古代书家书写时的力度变化与节奏韵律，以近似原作的书写节拍模拟其书写过程，形成与古代书法作品同频共振的效应，才能真正进入古代书家创作时的情感世界，领略其艺术精神。

（三）在书法创作中呈现书法美的艺术形态

书法创作是书写者在其创作理念和书写意愿引导下，选定书写内容，并根据需要采用某种字体结合其独特书写技能创作出具有一定艺术风格的完整作品。严格意义而言，任何一件书法艺术作品都融入了书写者特定的艺术语言和创作理念，这种独特创新的书法艺术作品具有唯一性，书写者无法重复书写出两件完全相同的作品，其他人也不能复制出完全一样的作品。也就是说，即便以相同内容进行书法创作，不同书家采用不同字体和不同书家采用相同字体，或者同一书家采用不同字体和同一书家采用相同字体，都会创作出不同美感的艺术形态。例如，被誉为"天下第一行书"的王羲之《兰亭集序》，相传原作已陪葬昭陵，所以，书法界将最接近王羲之原作的冯承素摹本当作《兰亭集序》原创艺术形态。欧阳询、虞世南、褚遂良、赵孟頫、文徵明等历代书法大家留下了临摹或书写《兰亭集序》的作品，虽然书写内容相同，但无论是临摹还是创作，这些书法家书写的《兰亭集序》都与王羲之原创之作在艺术形态方面存在较大差异。由此可知，无论是专业书法家，还是具有一定书写水平的书法爱好者，创作的书法作品都具有各自的艺术形态特征，而这些形态不一的书法作品都是书写者内心追求书法艺术之美的外在体现。

书法艺术之美看似很具体，实则非常抽象，我们无法以唯一具体的书法艺术形态表现某种特定的书法之美。也就是说，对于相同或类似的书法美感，可以呈现出风格接近但形态多样的书法作品。康有为在《广艺舟双楫》中将魏碑和南碑体现出来的美感概括为十美："一曰魄力雄强，二曰气象浑穆，三曰笔法跳越，四曰点画峻厚，五曰意态奇逸，六曰精神飞动，七曰兴趣酣足，八曰骨法洞达，九曰结构天成，十曰血肉丰美。"[1]需要肯定的是，康有为对魏碑和南碑体现出来的书法美概括得非常全面，但当我们看到描绘魏碑和南碑十美的魄力雄强、气象浑穆、笔法跳越、点画峻厚、意态奇逸等字面时，不同人的脑海里呈现出来的艺术形态是有很大差异的。如果我们进一步思考描绘十美的风格词汇，就会发现所谓的十美不是魏碑和南碑独有的。比如，魄力雄强的确是魏碑最典型的美感，但无论是汉代隶书《西狭颂》还是明末清初王铎的大字行草书，甚至包括清末吴昌硕所书石鼓文，都具有魄力雄强之美，可见魄力雄强之美并非魏碑和南碑所独有。再如笔法跳越，相比楷法成熟的唐楷而言，魏碑的确寓含着笔法跳越之美，但魏碑

---

[1]　康有为：《广艺舟双楫》，载《历代书法论文选》，上海书画出版社 1979 年版，第 826 页。

的笔法跳越程度远远不及行草书，如果要书法家创作一件体现笔法跳越之美的书法作品，估计绝大多数会写出不同形态的行草书作品，而很少有人以魏碑表现笔法跳越之美。至于结构天成之美，魏碑的字形结构不像唐楷那样法度严谨，康有为认为魏碑中因势成形的字形结构如同天成，非人工所能企及。但书法本来就是人为的，真正优秀的书法经典作品，其字形结构虽是人为书写，却可以体现出天成之美。比如王羲之《二谢帖》、王献之《鸭头丸帖》等手札，颜真卿《祭侄文稿》《争座位帖》等作品以及宋元明清诸多书家信手而书的手札小品，这些作品中的字形都在很大程度上体现出结构天成之美。体现书法之美的艺术形态不是固定的，也不是雷同的，这为书写者留下了广阔的创作空间。

通过书法美育激发受教育者的创作激情，培养其创新意识，将内心感受到的书法之美通过创作手段呈现出具体的艺术形态，应用创新创作方式完成书法艺术美的书写实践，以书法美育特有的方式和手段培养受教育者的创造性思维，促进其创新性发展，为培养我国创新型人才贡献书法美育的智慧与力量，这才是新时代书法美育最为重要的价值所在。

三、书法美的应用

就书法美育而言，书法美的认知主要是指受教育者能从形、意、气三个层面感受和理解不同风格的书法艺术美感；而书法美的实践是指受教育者在正确的书法审美观念指导下具备了临摹与创作能力，能创作出具有一定美感的书法作品。受教育者在书法美的认知与实践两个方面有了一定提升，就为书法美的应用提供了条件。不同风格的书法美会体现在不同的具体作品形态中，而书法作品包含他创与原创两大类，书法美的应用也可相应分为两个层面：其一，通过对书法美的认知，能够很好地将他创书法艺术应用到设计领域、公共空间或日常生活中；其二，将具有艺术美感的原创书法作品恰当地应用到相应领域，应用好坏不仅取决于受教育者的书法审美能力，更取决于受教育者的书法实践水平。根据书法作品的用途，我们可以从以下三个方面理解书法美的应用。

(一)应用书法之美改善校园环境

大学校园不仅是大学生学习和生活的重要场所，也是大学生发挥才艺的重要平台。大学校园环境的营造若能得到全校师生共同参与，且大学相关部门能合理采纳师生们美化校园的良性建议，不仅能更好地改善校园环境，也能为大学美育提供很好的应用空间，书法美育也就相应地为改善校园环境尽到了应有的责任。

当前，随着我国美育的大力推广，应用书法艺术营造学校美育环境正逐步得到重视，但目前国内大学诸多建筑物名称，甚至包括校内文化墙和文化石上题字，主要采用电脑字体而非书法作品，不仅如此，大学内的图书馆、学生宿舍、食堂等各类公共场馆室内的很多标语标识也多采用电脑字体，广泛使用非书法字体制作标识标牌，没有给建筑物增添任何艺术价值，更达不到环境育人的美育效果。因此，如何在大学校园推进书法艺术应用，以书法作品营造艺术氛围具有广大的发展空间。概括而言，书法在大学校园环境的应用场所主要包括三大领域：其一为大学校名与各院系研究所名称、图书馆及体育馆等馆名、综合楼与教学楼等校内各种建筑物名称，其二为承载校训、校风的文化墙以及校内景点文化石等名人名言书刻作品，其三为校内公共建筑物的室内书法装饰。

大学校名是学校最重要的标志，新中国成立以来的很多大学校名采用开国领袖毛泽东主席的题字或集字，也有不少大学校名是集古代书家或历史名人手迹，无论采用哪种形式，大学校名都是集经典性、文化性、艺术性于一体的，而且大学校名一旦采用就很少更改。但大学各个学院或研究机构的名称、校内综合楼和教学楼以及各类场馆的名称，不仅可以邀请领导人或者书法家题写，还可以邀请相关领域中擅长书法的顶级专家学者或最具代表性的校友题写。

北京师范大学校名（图 9-7）是毛泽东主席于 1950 年题写的，而各学院教学主楼的名称绝大多数是北京师范大学教授、著名书法家启功题写的。启功的书法清秀典雅，极具文人风骨，他的题字既可提升学院教学楼和各大场馆的文化品位，又可增添学校建筑物的艺术氛围，尤其是启功题写的"学为人师，行为世范"（图 9-8）铸刻在校内最显眼的位置，这件经典书法题字不仅为北京师范大学注入了灵魂，也为全国所有师范大学树立了标杆。

对于广大师生而言，应用书法之美改善校园环境，并不是让广大师生亲自为学校标志性建筑题写名称，也不是将他们书写的校训刻在学校文化墙或者文化石上，而是让他们利用对书法美的认知给校内书法题字提出合理化建议。比如：教学楼适合采用什么风格的书法题写名称？图书馆馆名采用哪种字体更与建筑物风格相协调？图书馆内的书法作品风格是否适合营造安静的读书环境？校园文化石的书法艺术水平如何？校园标识标牌的字体是否具有书法美感？如何利用书法特长营造具有艺术美感的宿舍？诸如此类的问题，每一个受过书法美育的学生都可以积极参与，大学校园环境也将在广大师生的共同参与下彰显出书法美的魅力，而美好校园反过来又将成为环境育人的重要途径。

（二）应用书法之美提升生活品质

书法与我们的日常生活是紧密相关的，酒店客房、办公场所、家居厅室都可以根据室内装修风格选取适当的书法作品增添文化艺术氛围，餐茶用具与灯饰玻璃也可以采用书法作为装饰图案，小到书籍装帧、烟酒茶品牌与标志设计，大到碑林与摩崖石刻等书法景观打造，书法美的应用不仅能美化我们的日常生活与公共空间环境，还能丰富日常生活的艺术情调，为我们的精神需要提供书法美的享受。

无论是酒店客房、办公场所还是家居厅室，应用书法作品时要根据室内场地的功能需要选择书法的书写内容与艺术风格。例如，如果以书法艺术作品装饰会议室，因为会议室是重要的公共场所，书写内容就要选用积极向上的诗词佳作或者体现时代精神的经典语录，书法风格也要体现出端庄阔达、恢宏大度与沉雄古雅的艺术美感。如果以书法艺术作品装饰酒店客房，也要充分考量书法作品的书写内容、作品样式、尺幅大小、装裱方式和书写风格，让入住客人在感受书法艺术之美的同时体验客房的温馨，在甜蜜睡梦中消除外出旅行的不适与疲劳。对于我们的日常生活而言，以书法艺术作品装饰家居

图 9-7　毛泽东题北京师范大学校名（北京师范大学珠海校区校门）

图 9-8　启功书北京师范大学校训（原石现立于北京师范大学）

是直接提升生活品质的重要途径。我们在日常家居中应用书法之美，不仅要根据客厅、餐厅、茶室和书房的功用选择恰当的书写内容，更要注重书法风格与家庭氛围相协调。挂在客厅的书法作品，书写内容要体现家庭的主体精神，书法艺术风格要在追求端庄大气的同时不失高雅格调；挂在书房的书法作品，书写内容要体现主人的文化品位和进取精神，书法风格要在静穆清雅中彰显出书卷气；挂在茶室的书法作品，书写内容一般选择比较轻松闲适的诗文，书法风格也要很好地融入茶室氛围，成为茶室一道靓丽的艺术风景。此外，家庭用的餐具和茶器，如果有机会与陶瓷大师一起精心设计具有个性的私人定制餐茶用具，应用自己擅长的书法艺术在上面书写个人喜爱的内容，每天使用这些具有艺术美感的餐茶器具，就可让自己在享受美食佳茗的过程中感受书法美的魅力，让自己的心沉浸在书法美的陶醉中。

　　如果自己题写个人著作书名或专用的茶品牌，将自己的书法艺术定格为书籍题签或茶品牌标志，或者将自己的书法作品设计为家用灯具、玻璃或墙纸等各类装饰材料的图案，更能让书法艺术进入千家万户的日常生活中，增添日用品的艺术美感。如果将书法艺术应用到户外广告、公交和地铁站的标识标牌，那么选用的书法作品在体现艺术美感的同时也要注重其实用性，使用的书法字体要避免难以识读的草书和篆书。如果有机会参与旅游景点开发，将书法艺术融入旅游景观设计时，不仅要注重书写内容与景点的融合，更要注重书法风格与自然景观或名胜古迹的整体美感相协调。

　　结合上述各种案例可知，当我们应用书法之美提升生活品质时，要遵循几个应用原则：其一，应用书法美的同时注重书法的实用性，体现书法字体和书写内容的可读性；其二，书法的书写内容、艺术风格与应用场所相协调，增添应用场所的艺术氛围；其三，根据个人审美品位和喜好恰当应用书法艺术之美，随时感受书法美的熏陶；其四，将书法美的应用与城市发展相结合，让书法艺术美感融入都市生活，体现时代审美风尚。

（三）应用书法之美彰显时代精神

　　在我国书法发展历史进程中，不同时期的书法家创作了大量具有极高艺术价值和体现时代审美风尚的精品力作，这些作品不仅是书法美育教学过程中提高学生审美能力和书写实践能力的重要范本，也是书法美育创新教育的重要基石。无论是书法审美和实践能力的提升还是应用书法之美服务于广大社会，书法美育必须以传承经典书法为基础并积极融合时代精神。

　　每个时代的文艺精神不尽相同，而"富强、民主、文明、和谐，自由、平等、公正、法治，爱国、敬业、诚信、友善"是社会主义核心价值观，这个时代的文艺发展和美育实施必须弘扬社会主义核心价值观。2014年，习近平总书记《在北京大学师生座谈会上的讲话》中具体解析了社会主义核心价值观，他指出："富强、民主、文明、和谐，自由、平等、公正、法治，爱国、敬业、诚信、友善，传承着中国优秀传统文化的基因，寄托着近代以来中国人民上下求索、历经千辛万苦确立的理想和信念，也承载着我们每个人的美好愿景。"① 而 2020 年习近平总书记《在教育文化卫生体育领域专家代表座谈会上的讲话》更是明确了美育的社会责任、创新精神和实践能力，他在讲话中提出，在"十四五"时期，"在加快推进教育现代化的新征程中培养担当民族复兴大任的时代新人。……加强和改进学校体育美育，广泛开展劳动教育，发展素质教育，推进教育公平，促进学生德智体美劳全面发展，培养学生爱国情怀、社会责任感、创新精神、实践能力"②。从习近平总书记的讲话中可知，艺术美育不仅要培养受教育者的审美能力，还要培养其艺术实践能力，以便创造出具有审美价值的艺术作品，更重要的是培养受教育者融入时代灵魂的创新精神，书法美育同样要应用书法之美彰显社会主义新时代的精神风貌。

书法在现代社会被广泛应用，从店铺商号到日常用品的品牌题写，从楼台亭阁的匾额楹联到影视歌舞的片头书法，从广告海报到数字游戏的字体应用，无不在书法艺术的应用中彰显着独特美感，体现着时代气息与社会精神。例如，我国首款 3A 游戏《黑神话：悟空》不仅在中国古代文学、古典建筑与古代石刻等方面充分展示中国文化的博大精深与强大魅力，而且在应用中国书法方面体现了创作者对书法艺术风格和文化内涵的深度理解。"如意金箍棒"上的小篆笔力沉稳而线条舒展，字形端庄而体态修长；"紫云山""虎先锋""毒敌大王""赤尻马猴"等楷书极具唐人楷法，点画精到而结构严谨；"天地两世零落""山海半生漂泊"等行书体现出宋代苏轼"我书意造"和米芾"意足我自足"的情态意趣，实现了文字内容与尚意书风的有机结合；"通关"二字出自苏轼书法而略作改动，使游戏玩家的"通关"心态在东坡笔下的阔达书风中得到完美释放；而"攀龙门"楷书极具北碑雄强之势，"若仙庵"隶书秉承东汉浑厚之风；"通关"篆刻更是匠心独具，在彰显细朱文篆刻艺术的同时体现出钤印为证的实用价值。"悟空"二字不知出自当代何人之手，但畅快用笔和外张力量构建的"悟空"书法形态与石猴出身且不拘礼法的齐天大圣非常吻合，如果"悟空"二字取自书法名家之手，反而会减少率真无邪的猢狲气质，也将淡化游戏主题应有的视觉冲击力。可见，游戏《黑神话：悟空》的书法应用既体现了传统书法之美，又展示出现代艺术风貌，为我们当前如何应用书法之美彰显时代精神提供了诸多启示。

作为学校美育和艺术美育的重要组成部分，书法美育具有自身特性和功能。书法艺术以书写汉字为载体，而汉字是记录和传播中国文化的符号，书法的书写内容、书法器具与书法应用等方面都体现出深厚的文化底蕴；而书法的艺术表现和作品形制也独具特色。因此，我们应从文化视角、艺术视角和哲学视角综合理解书法美育具有的特性和功能，只有这样，才能在书法美育的实施过程中更为有效地提升受教育者认识书法之美、实践书法之美和应用书法之美的综合能力，并在此基础上增强受教育者的创新创造意识，

① 《习近平谈治国理政》第一卷，外文出版社 2018 年版，第 169 页。
② 习近平：《在教育文化卫生体育领域专家代表座谈会上的讲话》，《人民日报》2020 年 9 月 23 日。

陶冶其艺术情感，提高其品德修养，使其成为德智体美劳全面发展的高素质人才。

本章思考题与阅读书目

一、思考题

1. 书法作为书写汉字的艺术，如何理解其文化属性和艺术属性？

2. 书法美育具备哪些特性？

3. 书法美育具有哪些功能？

4. 如何从书法美的认知、实践和应用三个方面理解书法美育的内容？

二、阅读书目

1. 陈振濂：《书法美育》，上海书画出版社 2020 年版。

2. 李元博：《书法美学解析》，陕西人民出版社 2017 年版。

3. 刘正成：《书法艺术概论》，商务印书馆 2014 年版。

第十章
绘画美育

绘画是造型艺术中的重要一支，是人们的审美感知力得到培育和提升的重要媒介。它在平面的载体上通过精心组织的色彩、线条和形式来表达特定的主题内容与思想感情。绘画艺术对于美感的培养、艺术鉴赏力的提高以及审美判断和审美感悟能力的形成是不可替代的重要媒介。这并不仅仅针对艺术感知力较高的专业人群而言，即使对于艺术的"门外汉"和对于绘画的过程了解甚少的人，同样也能起到审美提升的作用。观众在感受画面精美的形式及其所营造的特定情境时，在观赏画面的笔触与形象时，自然会忘记现实生活中的束缚与功利，而沉醉在画笔营造的艺术世界，以实现对情感的陶冶和对现实的超越。

第一节　绘画的出现及其特点

绘画是人们喜闻乐见的艺术样式。早在远古时代，人们就在岩石、地面和墙壁上绘画，将生活中的相关事物描绘下来；也在自己的身体上彩绘，绘制他们认为最重要的图形和纹样，增加自身的力量，这些手段就构成了绘画起源时期的样貌。在这一时期，人们对于在不同的平面上刻画事物的渴望，对于各种工具、颜料和画面载体的掌握，促成了不同类型的绘画的出现。在这个过程中，绘画者和绘画工具对象相互作用，人们一边仔细观察所要描绘的对象，包括作为狩猎对象的不同动物，一边在石头、植物、岩壁之间提升自己的绘画技能，越来越丰富的对于自然美的感受，也就通过越来越成熟的技法加以实现，于是艺术和美感就这样自然而然地产生出来，也给我们留下了大量精美的岩画、壁画、地画等最早的一批艺术作品。

一、绘画的出现

一般来说，人们将绘画的产生时间上溯到旧石器时代晚期。这一时期人们仍然使用打制的石器，过着狩猎和采集的生活，但这样茹毛饮血、岩居穴处的生活并没有限制他们的想象力和创造力，他们利用空余的时间，绘制精美文身，制作服饰，刻制人形的雕像，其中一部分具有天赋的人在崖壁或岩穴中绘制出动物形象、渔猎场景或其他对他们来说意义非凡的事物。这些绘制行为所在的时期可以称为绘画出现的原初阶段，一般认为早在旧石器时代，人们就已经充分掌握了绘画的技巧，并把绘画及画作背后的力量当作装饰、求福、祭祷、避灾等多种活动的一部分。

　　欧洲发现了距今一万五千年前后的旧石器时代的人类生活遗址以及令人吃惊的绘画作品，比如西班牙的阿尔塔米拉洞窟和法国的拉斯科洞窟壁画等。也许当时人们并不会将之称为艺术，但毫无疑问，岩洞里精美的绘画长廊在当时人心中也一定占据着类似后世"圣殿"的地位。西班牙的阿尔塔米拉洞窟的岩画主要位于长 18 米、宽 9 米的侧洞的窟顶，洞顶为拱形，高 1.15—2.65 米，是一条令人惊叹的彩绘长廊。壁画的主要内容是各种动物，比如长毛象、驯鹿、野牛、野马和野山羊等，它们被鲜艳的色彩描绘出来，有的在奔跑，有的在挣扎，有的看起来是自然状态下静立的样子。不管是什么样子的动物，它们都富有生命力，画家仿佛是一边看着它们的各种动态，一边用奔放的线条快速地将它们勾勒在岩壁上，使它们成为某种仪式活动的重要背景。没有人知道画家具体的目的是什么，以及他是如何在艰苦的生存环境和简陋的绘画条件下，掌握并表现出如此精湛的绘画技巧的，但一点可以肯定，这些作品即使放在现代社会，也是优秀无双的艺术精品。有一个侧面的证据可以证明这一点，这批壁画于 1879 年首次由西班牙考古学家马塞利诺·桑图奥拉（Marcelino Sanz de Sautuola，1831—1888）发现，并于 1880 年发表，当时人们并不相信这么精美的画作是由远古人类所创作。直至发现者去世多年后的 1902 年，新考古鉴定方法的出现，才最终让人们相信这是距今 3 万—1 万年前的史前人类所绘制的作品。画作中尤其以《受伤的野牛》（图 10-1）这幅作品最为人所称道。一头野牛躺在地上，脊背高高耸起，四肢蜷缩成一团，似乎是因为疼痛，又似乎是在积蓄力量，牛的眼睛大睁，双角向前，双耳向上，尾巴向上甩动，对自己的受伤表现出不

图 10-1　《受伤的野牛》（摹本）西班牙阿尔塔米拉洞窟岩画①

———————

① 图片来自陈兆复、邢琏：《外国岩画发现史》，上海人民出版社 1993 年版，第 38 页。

愿意相信的样子。画者对于牛的刻画线条不多，但生动逼真，从牛背到牛身，形成了一个稳定的三角形，简练而又准确地将野牛突然受伤倒地时不甘心的情态表现出来。这些壁画大部分都是在表现各种动物——当时人们狩猎活动中仔细观察、反复接触和打交道的对象，画者就是在日常生活中充分利用了敏锐的视觉、听觉、想象等多种感知，感受到动物们的动作、习性和心理状态，才能将它们表现得如此生动。

阿尔塔米拉洞窟的岩画被称为"史前的西斯廷天顶画"，可见人们对这批壁画的喜爱和赞赏。即使是原始时期，画者也一样使用了绘画的基本技法，运用劲健有力的线描，鲜艳的色彩，以及明暗对比、提炼概括的手法，并且能够利用岩壁本身的特点，来突出所绘形象的真实性，营造栩栩如生的效果，这也是绘画最本质的追求——在二维平面上实现对三维现实物体的视觉再现。画者能够将岩石上的线刻与彩绘相结合，从而表现牛角的坚硬，会用细致的描绘与沉着的施色来表现牛的皮毛的质感，并能够利用岩壁的自然凹凸起伏来表现动物的躯干和肢体。因此我们可以说，今天的基本的绘画技巧，史前人类已经完全掌握并且能熟练运用，将这些岩画称为艺术，将史前的不知名画者称为艺术家是完全恰如其分的。

绝大部分早期绘画并不是独幅的绘画作品，也不一定绘制在平整的平面上，最为常见的是作为器物表面的装饰，与器物、服饰、旗帜、建筑等相结合，这类装饰性的绘画既使器物得以美化，也使器物能借助绘画语言来刻画形象、表达特定内涵。这一类绘画中，我国新石器时代仰韶文化彩陶上的绘画是杰出代表。陶器是史前时代人们的日常生活中最重要的器物之一，它们在日常生活中承担盛放食物、炊煮、饮水等功能，是人们进入定居生活后不可或缺的生活用器。如果仅仅是满足器物的实用功能，那么陶器只需要结实耐用、牢固方便就好了，但事实上，在黄河中上游的仰韶文化遗址发掘到的彩陶完全超出了实用的范畴，陶器上有精心布置的绘画，鱼纹、蛙纹、蛇纹、鹿纹、漩涡纹、人面纹这些纹样的出现，既点缀了陶器，使它们变得生机盎然，也使得后人能够一窥当时使用这些陶器的先民的生活状态和思想观念。比如出土于河南汝州阎村的鹳鱼石斧图彩陶缸（图 10-2），缸外壁的彩绘图样为我们提供了一幅先民时代的"渔乐图"。陶缸是用含砂的红陶土烧成，高度为 47 厘米，口径为 32.7 厘米，底径为 19.5 厘米，缸口大缸底小，如果没有附加的图案，陶缸应该被看成一个结实的大容量的实用器物。不过陶工显然要通过这件器物记录一个事件，他的描绘赋予了这个陶缸不同的

图 10-2　鹳鱼石斧图彩陶缸①

———

① 图片来自中国国家博物馆网站。

意义。他在缸的外壁上绘制了一只鹳鸟，鸟身的高度几乎占满了整个器物，仿佛是一只实际大小的鹳鸟侧身而立，鸟嘴里衔着一条竖立的鱼。按常理来说，鸟衔鱼应当衔着鱼肚子，顺着鱼头的方向将鱼吞下，此处陶工却把鱼从头到尾竖立着画出来，显然是特地要将鱼的全貌表现出来。与鸟一同画在缸壁的还有一把带有长木柄的石斧，木柄上有点线、编织纹刻画的标识，木柄与鹳鸟同高。陶缸的体量较大，与之相应，这幅缸壁绘画也显得古朴而有气势，可以被看作最早的面积较大的花鸟题材的陶画。

脱离实用器物，绘在单独载体上的独幅绘画在我国大约要到汉晋时代才出现。根据史籍记载，汉代宫廷中已经有管理画工的官员，称为"画室署长"，担任这一官职的通常为宦官，手下有"黄门画者"。历史上流传较广的画家毛延寿就是汉元帝时期的一个宫廷画工。一个久为流传的故事是，汉元帝的后宫有很多宫人，画工将她们的样子画成画呈给汉元帝，汉元帝从中挑出部分加以宠幸。宫女们为了得到被宠幸的机会，会去贿赂毛延寿，但只有王昭君不肯这么做。后来北方的匈奴来提和亲，汉元帝就从宫人肖像中选择王昭君作为公主和亲。结果出行那天，汉元帝才发现昭君的容貌为后宫第一，并因此追查毛延寿。这则故事有后来人演绎的成分，但是其中汉代宫廷中有专职管理画工的人，是确实存在的。尤其是汉明帝雅好丹青，专门设了画室，召集天下有技艺之人，并将经史当中有劝诫意义的内容让宫中的画工画出来，进行彰显宣示，从而达到"恶以诫世，善以示后"的目的。在宫廷之外，汉代也有民间画家，以及史书所记的善画之人，如张衡、蔡邕等人。到了魏晋时期，一大批画家涌现出来，如卫协、陆探微、顾恺之等，部分作品有摹本流传至今，我国卷轴画的历史也从此展开了。

二、绘画的特点

绘画是在二维平面上用线条、色彩、块面等要素来模拟或再现现实物象和三维空间，从而引发观看者对某种景象的想象和体验的一种艺术样式，是造型艺术的一种。与其他能带来审美愉悦的艺术样式相比，绘画具有独特的审美特征：比起雕塑、建筑等其他造型艺术来说，它主要以点线面和色彩形成形象，对人们的平面想象能力要求更高；比起小说、诗歌这类语言艺术来说，绘画出现更早，并且能更为直观地让人看到对某一形象的刻画。一幅好的绘画作品可以让人们长久地驻足观赏，获得愉快的视觉感受。

（一）以线条和色彩为构形手段

线条是绘画用来勾勒轮廓，形成形象的主要手段。简单来说，有直线、曲线、折线，还有粗线、细线以及长线、短线等不同区分方式，在不同的画法和用笔的情况下，会形成不同的效果，总体上，都是服务于造型，也就是用线条来构成特定的形象，表达特定的思想情感。在各画种中，我国古代绘画中的白描手法是典型的用线条来勾勒事物的轮廓，从而达到刻画物象形态目的的画法。唐代画家吴道子是白描大师，据说他所画的《八十七神仙卷》，就是用毛笔勾勒了扶桑大帝等 87 位神仙在天上列队向前行进的场面，画面人物众多，相互紧挨着前行，但每人的面貌动态和装扮行头各不相同，画家刻画细致入微，各自呼应，线条飞动，给人以"吴带当风"之感。虽然画面没有设色，也没有交代人物所在的环境空间，但这却使得观者的视线更单纯地集中在线条的造型能力之上，让人不得不佩服画家用线张弛有度、繁而不乱的能力。西方绘画中的素描也是以线造型见长的画种。通过线条的刻画和组合，来再现事物的基本形体特征，将物象再现在画面上。通过线条的节奏和韵律，物体的轮廓、体积、比例、透视等关系能够精确地再现出来，使观众感受到空间中的物象存在，线条是勾勒物体的边界，表现物体的内在结构和体积感，同时刻画事物情趣特征的良好手段。德国著名画家丢勒用精微的素描方法表现过一只蹲伏的兔子，他用细小而重叠的线条将兔子身上细短繁密的毛以及兔子柔和温顺的性格表现了出来，兔子的情态跃然纸上，堪称精微素描的代表。

色彩是绘画又一个重要的形式要素。人类很早就学会了从矿石和植物中提炼鲜艳的色彩，来给绘画上色。史前人类经常会用赤铁矿矿石磨成的粉，在身上绘制各类红色的图像，他们认为红色象征血液和生命，能赋予人们力量。对于色彩的爱好延续到陶器制作过程中，人们选择不同颜色的黏土，将它们加以淘洗、揉捏和盘筑，加工成不同形状，加以烧造，形成红陶、灰陶或黄陶。在不同的底色上，陶工会用相应的颜色加以彩绘，如红陶画黑色花纹、灰陶配红色花纹等。比如上文提到的鹳鱼石斧图彩陶缸，在红陶上用白色来描绘鸟、鱼和石斧，显得十分醒目，同时又用黑色勾勒鱼、石斧以及鹳鸟的眼睛的轮廓，显示出对这些对象的强调。画面黑白分明，形象突出，色彩在其中起到相当重要的作用。

（二）有引人想象的直观形象

绘画作品主要是在平面上绘制出物象的轮廓，涂上色彩，从而引发观看者对于现实生活中真实事物的联想，产生审美感受。对于引发具体的联想来说，越是刻画得生动的形象，越能引起观者的共鸣，因此绘画作品画得"像不像"一度是衡量作品成功与否的重要标准。在艺术史上传为佳话的是古希腊两位画家比试谁画的作品更为逼真的故事。宙克西斯的画一向以让人信以为真见长，甚至会有愚弄人的效果。据说他在画布上画了一个坐在凳子上手持葡萄的人的肖像，结果他画的葡萄实在太逼真了，当他将画放在外面时，许多鸟儿都争着飞来啄画上的葡萄，这幅画也因此受到希腊民众的追捧。于是宙克西斯自信地认为他的作品是无可匹敌的，信心满满地邀请另一位希腊画家法哈修斯来和他比试。但到了比赛的时候，法哈修斯的作品却被一个帘子盖着，迟迟没有掀开，宙克西斯不耐烦地要求对方掀起帘子露出作品来，结果法哈修斯却说他的作品就是这块帘子，宙克西斯没有看出来是画的，说明他画得十分逼真。能骗过鸟儿的作品怎么会比得上能骗过画家的作品呢？比赛的胜负一下子就区分了出来。这个故事告诉我们，古代希腊人是多么重视画面所画的形象，要求这些形象必须能真切地再现现实生活，甚至要达到以假乱真的程度。

当然，随着绘画技术和绘画史的发展，到了现当代艺术的阶段，在写实与逼真的要求之外，出现了形式美、抽象美等新的追求，画作中的形象也有了具体形象和抽象形象等多种类别。在部分现当代绘画作品中，已经找不到具体形象了，这类作品用抽象的符号引导观者欣赏作品线条、色彩等本身的形式美感，用反其道而行之的方式引导观者思考绘画在现实生活中的意义。

第二节　中国画之美

中国画是一个具有悠久历史的画种，其中最主要的样式是用毛笔蘸墨或中国画颜料在宣纸或绢帛上绘成，画成后多以卷轴或册页的形式进行装裱。国画在古代称为"绘事"或"图画"，近现代西方油画传入以后，则一般将我国古代的画在宣纸或绢帛上的画称为中国画或国画，将国画中注重笔墨趣味、有时只用黑白两色的作品称为水墨画。

一、笔墨之美

笔墨既是中国画创作的基本媒介和材料，同时也蕴含着中国画在形式上追求的趣味，能不能使用笔墨，在使用笔墨时能否表现出良好的师承和素养，是评判中国画画得好坏的一个重要标准。古代画学对于笔墨的分析与强调出现于魏晋南北朝时期，略晚于汉晋时期卷轴画的出现。历史上第一篇系统的绘画品评著作是南朝齐梁时期谢赫的《古画品录》，在品评皇家藏画之前，提出评画"六法"，对于用笔的要求是"骨法用笔"，也就是用笔应当劲健有力，如同人体的骨骼。五代时的荆浩是位山水画家，他在总结自己创作经验的著作《笔法记》中，也对笔墨的技法进行了分析。他说用笔"虽依法则，运转变通，不质不形，如飞如动"，就是用笔应当根据物体的形状来构形，要有灵活变化，既能够刻画出事物的形体，又具有接连飞动的气势；用墨则"高低晕淡，品物浅深，文采自然，似非因笔"，也就是说用墨应当有深浅的变化，用来表现事物的颜色的浓淡，纹样和色彩都会表现得自然而然，而不只是简单地填色。一个成功的画家，用笔和用墨应当兼而有之，并且能根据画面的需要，游刃有余地使用。

从具体的作品来看，不同风格的画作有不同的笔墨趣味，相对自由的水墨写意画与相对精细的工笔青绿画在笔墨效果上就完全不同；而同为水墨山水画，院体画家的笔墨与文人画家的笔墨也相差很大。这也说明了笔墨是中国画作品的典型形式特征，如同俗语所说的"千人千面"，不同的作品用不同的笔墨展示了各自的独特面貌。

北宋画家王希孟的长幅青绿山水画《千里江山图》描绘了波澜壮阔的千里河山的场景，画面的长度达到了 11.9 米，高度也有 51.5 厘米，比一般的卷轴画的尺幅要大。如此大场面的山水画作，各个景物都经过画家的精心布局。画面以起伏的山峦和浩瀚的江河为描绘的主线，同时岸边的村庄寺观、茅庵草舍、禽鸟动物，水上的桥梁楼亭，水中的舟船都有主次地分布在水面及两侧，此外，丰富的人的活动也都一一刻画下来，如捕鱼、行船、赶路、游玩等，虽然人小如豆，但他们都得到了精微的体现，其动态——跃然画上。为了表现石头的体积感，画家采用了斧劈皴与披麻皴相结合的皴法，线条刚健有力，而石青、石绿及赭色的应用，使得石头具有真实的质感，让人感受到江边天然的巨石，经历了一次次江水的冲刷后那鲜亮夺目的色彩。

元代画家黄公望的《富春山居图》也是一幅表现江水的长卷，但却有着不同的笔墨趣味。画家几乎纯用水墨，虽然没有设色，却依靠墨色的浓淡表现出富春江初秋时深浅盈密的草木和山峦起伏的美景。画家擅长使用长披麻皴，往往中锋用笔，或中侧锋并用，画出长的线条如披散的长麻，以体现土山的纹理。起笔较重而运笔轻快，长的线条相互有交错，又有条理，看起来轻快疏离，但实际上线与线交错重叠塑造了整个山的质感，看似漫不经心，却十分紧实有力。黄公望以中锋落笔，有时连勾带皴，行笔一气呵成，用湿笔长皴，再用渴笔干擦。虚实干湿结合，皴笔活泼而不板滞，在自然而然中开出一片生机，从容自然地将富春江畔的山峦圆浑繁茂、清润秀美的特色刻画出来。画家还展现出对于线条和皴擦的高超技巧，他在充分观察富春山水的基础上，将用笔与线条的魅力和变化发挥出来。长披麻用中锋淡墨顺势而下，婉转交错形成土山，而灵活的短线则活泼地在适当地方刻画草木细节，画家心手合一，炉火纯青，在手腕指间把笔墨的表现力曲尽其能地一一诉诸笔端。《富春山居图》既是对富春江的再现与描绘，更是画家志向和性情的体现，通过苍劲清空的笔墨，画家表现了高洁的志趣。

二、气韵之美

谢赫在《古画品录》中提出的评画"六法"中第一法就是"气韵生动"，或者说，"气韵，生动是也"，也就是追求所画事物的生气凝聚，形象在画面上能够给人一种生动的感受。谢赫生活在南朝齐梁时期，他所说的气韵主要是针对人物画要能够刻画人物的整体的精神面貌，使人物在画面上如真人一般有神采，达到神气俱足的状态。唐代绘画理论家张彦远将气韵的实现归结到画家构思和用笔的能力上面，他在《历代名画记·论画六法》中说"骨气形似皆本于立意而归乎用笔"。五代时期，山水画家将气韵的标准进一步拓展到山水画创作中，荆浩在《笔法记》中将"气"和"韵"作为两个标准分别提出："气者，心随笔运，取象不惑。韵者，隐迹立形，备仪不俗。"就是说具备气韵特质的山水画作品，应当用笔飞动，下笔自如，同时有深厚不俗的神韵。宋代的郭若虚则把气韵与画家的人品联系起来，他在《图画见闻志》中说："人品既已高矣，气韵不得不高；气韵既已高矣，生动不得不至。"气韵不再指画面的生动和传神，而是画家的精神面貌、人品个性的折射。应该说，中国画中的气韵考察的是艺术作品能否给人以从外到内全方位的审美体验，需要画面的外在形式、内在意蕴以及画家修为多方面要素的统一。

气韵是中国画品评中的一个重要因素，通常可以理解为画作的用笔设色、形象塑造以及神采韵味都饱满流畅，达到了令人手不释卷、如沐春风的效果。气韵的产生需要多方面的条件，能够创作或欣赏作品的气韵对于画画的人和看画的人来说，都是精神上的愉悦和提升。首先，气韵来自画家对事物的观察和体验。"气"在中国古代思想中具有多重含义，可以指天地自然运化之气，是一种客观的规律性的存在；也可以指事物的精神面貌和气质，是生命意识之气。有鉴于此，画家在面对所要描绘的对象时，应当聚气凝神，全神贯注于事物的特征，把握对象的外在面貌和内在气质，调动自身的情感体验，如同刘勰在《文心雕龙》中所说的"登山则情满于山，观海则意溢于海"。其次，气韵还来自画家表现事物的手法和能力。画家对于人物、动物、山水各类对象的感悟与诗人可能相同，但在创作时，则要使用与诗歌不同的技法和手段。中国画的气韵必须通过画家的用笔、用墨、设色、布局等诸多方法体现出来，其中对于用笔的掌握，就需要经年累月的积淀和体悟，才能为不同的对象找到不同的表达方式，比如古代山水画对于不同的山石质地就对应有不同的笔墨皴法，不同画家在使用同一皴法时也会表现出不一样的个性。再次，气韵的产生还离不开看画的人对于画面的理解，也就是说，看画的人要能读懂画中的手法和内涵，这一点也是不可或缺的。张彦远在《历代名画记》中称赞吴道子的画"意在笔先，画尽意在"，前半句主要是靠画家的酝酿和构思完成的，而后半句则离不开观者的情感共鸣。不同的画家有不同风格和特点，吴道子长于疏体绘画，用笔简练，长于白描，画面上并没有丰富的色彩和背景表现，这些留白的内容就只能依靠观者的想象力去填补，在充分地调动体验与想象能力之后，观者才有可能与画家共情，体会到画家从构思开始时就已经有的匠心和深意。与音乐欣赏中所说的听音知心，听曲知情一样，观者在欣赏画作时也要能达到看画懂意，看字如面的效果。

要想评判画面的气韵高下，看画的人要对画中所画的对象和题材较为熟悉。如果是肖像画，熟悉所画对象的人，更容易判断画面是否达到了气韵生动的效果。举一个画史上有记载的例子，唐朝时大将郭子仪的女婿赵纵请周昉和韩干一起为他画像，两人画完之后，都十分肖似，众人觉得都画得很好，一时无法分出胜负。最终大家请出了赵纵的夫人来判断，赵夫人看了一眼，就说出了结果，她说韩干画出了赵纵的状貌，但周昉却在画出状貌的同时，将赵纵的神气情性也表现了出来。虽然两个人画得都很像，但周昉所画更胜一筹。如果是花鸟画，那么对所画植物和动物有长期观察的人，会更容易看出画作的气韵高低。据史料记载，宋徽宗对画院画家所画花卉的优劣评价，往往超出画家们的认知。比如他对宫中官员精选出来的用来装饰龙德宫殿壁和屏风的花鸟画都不满意，唯一看中的一幅斜枝月季花，众人却又看不出特别所在。直到后来徽宗才说出了究竟，原来月季花在不同季节的晨昏，其花色、花蕊和叶片的状态都是有明显差别的，这幅画准确地画出了春天正午时月季的气色、湿度和饱满程度，说明画家勾稿时能一气呵成，着色时又能一毫不差地再现月季的本来面目。宋徽宗对于花卉的欣赏，是对画者绘画能力的欣赏，更是对他用画作精妙再现自然的态度的欣赏。如果是非实景的山水画或对古代历史场景的想象性描绘，画面的气韵则更多取决于观者对于类似题材的观察经验，一幅气韵生动的画，就如同一幅酣畅淋漓的书法作品，能自然而然地将画中对象的神采与神韵再现出来。

三、诗画意境之美

中国画与西方绘画相比，一个明显的特殊之处在于国画与诗歌在内涵与形式上都有密切的结合，在画面上题写相应的题跋，并加盖一枚或多枚印章，是国画中习以为常的程序，到了后期甚至成为必不可少的程序。绘画与书法、篆刻有机结合，从而表现出特有的诗画意境，集中体现了中国画的特色和传统。

绘画与诗歌、书法的结合一方面体现在画面形式上，题跋的书写形式作为画面的有机组成部分，起到了完整画面构图、补充画面意象和增加画面美感的作用。画上题跋的传统在宋代开始出现，元代开始增多，到明清时期则蔚为大观，成为中国画尤其是文人画的一个特色。与职业画家相比，文人画家具有更为丰富的文学素养，更为敏锐的人生感悟，他们长于作诗写字，这就形成了文人画将诗和画在形式和内涵两个层面相互结合的契机。

题跋对于中国画来说并不是可有可无的附加物，很多作品中的题跋都是整幅画作的点睛之笔。文人画中常见墨竹题材，墨竹是用毛笔直接画成竹节、竹枝、竹叶，通常是一气呵成之作。由于竹子的高矮粗细形态变化并不大，墨竹往往会和石头、兰草等其他对象组合成竹石图或兰竹图，从而形成构图上的变化。但要想使一幅墨竹图表达出独特的个性和特有的情感，莫过于在疏竹之间或石头之上，用有特色的书体题上独特的题跋。清代扬州画派画家郑板桥一生画过很多墨竹图，善于在墨竹图上用独创的"六分半书体"题诗。他的字总体上接近于隶书书体，但还有一小部分来源于画竹叶的笔法或其他书体。隶书一般被称为"八分书"，郑板桥就将自己的书体称为"六分半书"，意味着还有一部分是自己的创造。郑板桥的六分半书一般左低右高，笔画有波磔之势，各个字俯仰错落，如同乱石铺街，看似杂乱，但又自有章法所在。在自己的墨竹图上题诗，也是郑板桥画竹的一大特色。在不同时间不同场合下所画的墨竹图寄托了不同的体悟和情感，比如他在一幅竹石图上所题的一首五言诗："一节复一节，千枝攒万叶。我自不开花，免撩蜂与蝶。"节奏明快地为竹发声，写出了竹子枝叶繁多，节节长高，却保持翠绿不开花、不招蜂引蝶的高洁品性，与画面上所绘的竹枝竹叶相互呼应，诗与画相得益彰。而他于潍县任县令时在官衙中画的墨竹，所题的诗则是另一种面貌："衙斋卧听萧萧竹，疑是民间疾苦声。些小吾曹州县吏，一枝一叶总关情。"这首题画诗流传之广，已经超过了墨竹图本身。画家从竹枝竹叶的风声中听到的不是文人常见的闲情逸致或高洁品质，作为潍县的父母官，他听到的是百姓一家一户竹间清风一般萧瑟的疾苦之声。这首题画诗是对画面内容的延伸和扩展，使这幅墨竹图产生了为民请命的使命，画面的内涵也因诗的存在而变得深沉厚重，诗成了画面的点睛之笔。

山水画是表达诗画意境的一个良好题材，有时虽未直接在画面上题跋，画面的诗意也能借画作的笔触、布局和氛围营造甚至是画作的题目体现出来。画与诗的结合，"诗中有画，画中有诗"的典范是唐代的诗人、画家王维。他晚年在辋川隐居，就创作了以辋川为题的组诗和组画，成了后世诗与画相配的典范。王维写的辋川诗中有《华子冈》《竹里馆》《柳浪》《鹿柴》《辛夷坞》等共 20 首，这些诗为读者描绘出了世外桃源般的富有诗情画意的一个乡间别业。举一首大家熟知的《辛夷坞》："木末芙蓉花，山中发红萼。涧户寂无人，纷纷开且落。"这首诗用极为平淡的手法写景，山中幽静无人，在山涧中芙蓉花自开自落，几乎没有人注意到，即使没有人注意，花开花落还是表现了自然静谧无言的美。当然，作者王维还是注意到了山中的美景和与世无争的美好。他用平和而富有意蕴的诗句和古朴淡然的绘画，精妙地刻画这一切，留下辋川诗和辋川图给后人在不同时空反复品味。他画的辋川图，是对群山环抱的辋川别业的再现，既绘出了别业相应的地形，又表现了树木茂盛、桥梁舟船、庭院亭榭的山间别业的景致。更重要的是，这幅现在只能看到摹本的作品，用古朴的线条、淡雅的设色，将别业与世无争、淡泊高远又怡人自足的气息表现了出来。画中屋舍俨然、山色清明、水波不兴的静谧景象和简淡深远的诗意令人不得不掩卷感叹。

从五代开始，画家提倡为山水传神。荆浩在谈山水画笔法的《笔法记》中提出"思"与"景"的重要，他说："思者，删拨大要，凝想形物；景者，制度时因，搜妙创真。"[1]构思时要以充分观察山水为前提，才能充分想象和提炼山中最符合诗境的景致，同时还要考虑到山中的时节不同，找到体现山水最真最妙的趣味的那一面。宋代画院画家郭熙继续发挥对山水的观察和体悟，他在《林泉高致》中说山有"可行可望，可游可居"者，人们应当与山水为友，从近处、远处以及各个角度去观察体验山水的神韵。他还提出四季山水有着不同的景致，"春山淡冶而如笑，夏山苍翠而如滴，秋山明净而如妆，冬山惨淡而如睡"，他将山水比作美人，用充满情感的笔触来描绘不同时节的山水，正如不同状态的美人，给人不一样的感受。

第三节　西方绘画之美

西方绘画起源于石器时代的岩画，到古代埃及、希腊的壁画和其他绘画，已经非常成熟，重视画作对于真实场景的再现和描绘。油画是西方绘画的代表性样式，中世纪的画家用一种叫作"坦培拉"的蛋彩画技法绘制架上绘画，文艺复兴初期出现了使用油性材料的油画作品，并逐步在材料、技法和题材等方面不断发展，成为西方绘画的主流。油画被用来表现神话题材、宗教题材和多种世俗题材。画家利用对材料特性的掌握、解剖学和透视学知识的完善，再现事物的手段和技法更加成熟，不断追求精确地再现事物，使观看者产生身临其境的感受。

一、写实之美

西方绘画的写实手法是一种忠于客观事物及其环境的表现方法，将对象的外形轮廓、

---

① 荆浩：《笔法记》，王伯敏标点注译，人民美术出版社 2016 年版，第 4 页。

内在结构、明暗调子等以一定的比例再现在画面上，并以此作为画家的追求目标，以及判断一幅画成功与否的标准。

在技法上，写实主义绘画与自然科学的发展有着深厚的渊源。自文艺复兴以来，艺术家开始进一步追求如何科学地再现视觉世界。阿尔贝蒂的《论绘画》对作为视学基础的几何学、光学和透视原理进行了分析，他的分析使用了欧几里得的几何学和中世纪光学的经验性定律。而文艺复兴盛期的达·芬奇则进一步投身实践，把画家的科学知识和绘画技法发挥到了一个令人难以企及的高度。他本人兴趣广泛，研究过医学、解剖学、军事武器、工程机械、生物学等，给后人留下的手稿中有大量精准描绘人体结构、飞行器或动植物形象的草图。他留下的论画著述对于环境色对物体色彩的影响、色彩的表现方式等都有精妙的说明。他揭示出自然界中空气透视的存在，指出山不是只有固有色，因为距离和大气对光线的反射，远山会呈现出悦目的蓝色。他致力于用科学的视觉来观察和再现事物，强调观察、实验和理性的演绎，将绘画的写实主义建立在数学、光学等多种学科知识的基础之上。在达·芬奇看来，绘画无愧于自由艺术的称号，它与数学关系密切，可以看成一门科学。达·芬奇的解剖学手稿是生物几何学的典范。他的著名素描稿《维特鲁威人》，在一个圆形和一个正方形中，表现了一个理想男子的人体轮廓、肌肉和结构，也将维特鲁威所说的人体的均衡的比例原理直接地再现了出来。人体比例可以作为万物的尺度，文艺复兴正是这样一个将科学与艺术相结合的时期。

这也使得西方绘画在很长一段时间内都推崇科学主义，后来的印象派画家强调要再现自然光线下的事物本貌，到现代主义绘画产生时，塞尚仍然强调要用圆柱体、球体和圆锥体来描绘对象，这说明绘画创作还是站在光学和几何学的立场上。20世纪60年代在美国兴起的照相写实主义，就是借助摄影技术来达到精准写实程度的绘画思潮。虽然这一流派以其能如同相机再现一般的精湛技术而获得许多观众的认可，但它却不被看作是一个前卫流派，因为它的目标是精确到毫发不差地再现现实事物，而这是画家古典时期以来的理想。当然，有所不同的是，照相写实主义是以生活中的照片为来源进行创作的，其创作题材并不是宏大的神话、宗教或历史故事，而是日常生活中的场景写照。比如画家所画的自画像，远看十分像作者的巨幅照片，走得很近才能看到局部的因绘制而产生的细节。照相写实主义能够为大众所广泛接受，也是由于它继承了利用技术来写实的科学主义传统。

在精神追求上，写实主义绘画与批判性记录世界的现实主义精神有着密切的关系。西方绘画发展到19世纪中期，在宗教、历史、神话题材和上层社会的写照以外，开始出现描绘画家所见到的普通人的日常生活，尤其是底层民众生活的创作思潮。这也是由于工业的发展促成经济快速腾飞和人们生活方式改变，人们对于古典绘画的审美风格产生了革新的愿望。画自己所看到的，而不是画虚构和想象的，并对现实世界进行批判，成为画家采用写实主义方法创作时的社会责任感，因此这一批画家被称为现实主义画家，其中引领性的人物就是法国画家库尔贝。

库尔贝只画他所见到的东西，他提倡如实描绘，如所见的那般描绘，拒绝画虚构的内容，不画背生双翼的天使，因为他没有见过长翅膀的人。库尔贝是彻底的现实主义者，开创了法国现实主义画派，是对 19 世纪欧洲绘画题材的一个大的扭转。他的著名作品《筛麦的妇女》表现了跪在地上背对着观者，高扬双臂筛着麦子的劳动女性。虽然看不到女子的面部，但她黄色的衣领和鲜艳的红色衣裙、手中褐色的筛子、地上白色的垫布、金色的麦子，以及她浑圆的脖颈、结实的手臂和略略后仰的身体都表现了她在劳动中的投入与沉浸，她周围的人和事物平凡而简陋，麦包袋子、粗陶碗、旧木柜、旧篮子、斑驳的墙面、一个斜靠在墙边无精打采地捡麦粒的年轻女孩、一个翻开柜门向内找什么的小男孩，在画面的旁侧与她形成了鲜明的对比。库尔贝精心设计了画面的场景，他用完全忠于现实的手法，巧妙地塑造出了一个平民女性的极致的劳动美，她高举双臂的背影仿佛是一个女神，周围的人和物都是她的陪衬。这幅作品也标志着画家开始找到现实主义的创作路径，以富有革命性的姿态扭转学院派绘画固定的题材手法和审美风尚。库尔贝开创的法国现实主义画派提倡反映底层人民的真实生活，而不是浪漫的想象和虚构。与他同时期的米勒也有同样题材的作品，如描绘三位拾穗农妇的《拾穗者》，描绘田间劳作夫妇的《晚钟》等。我国 20 世纪留学法国的徐悲鸿等一批画家深受法国现实主义的影响，在我国现代油画史上也创作了大量现实主义的作品。

二、光色之美

阿尔贝蒂在《论绘画》中就强调了光与色的重要性，也就是绘画中明暗关系的处理，他十分推崇色彩的丰富性，认为正是这一点加深了绘画的美感和趣味。好的作品应当表现出同一色彩在物体的不同部分的不同深浅效果，丰富的色彩层次会使画面变得更为优雅。暗色与亮色之间形成组合与对比，比只有一种色彩更能彰显各自的魅力。对于西方绘画来说，光线是十分重要的元素，它可以使同一对象的不同部位对同一色彩有不同的表现。达·芬奇则进一步从科学实验的角度来研究绘画中的明暗关系。他概括出自然界光线照射与传播形成阴影的规律，以此来分析绘画中的光影。他分析出照射在物体上的光线可以分为普遍光、特殊光、反射光和透射光。普遍存在的大气的光是普遍光；在门、窗、洞等有限口径出来的光是特殊光；反射光和透射光则依据光线是否穿过物体表面进行区分。[①] 画家应当辨别不同特征的光源产生的不同阴影效果，再现精妙的光影关系，避免用简单生硬的边缘线来刻画物体。他提出了明暗对照法，强调用细微的明暗对照关系来造型，他觉得光影的良好运用能充分展现事物的立体感，且其造型能力不亚于线条。达·芬奇还提到画人物时可以在人物面部形成光线的对比，从而通过光线的变化来塑造

---

① 达·芬奇：《达·芬奇论绘画》，戴勉编译，广西师范大学出版社 2003 年版，第 80 页。

丰满的人物形象，比如让人物坐在黑的屋子的门口，人物面部一半偏暗，一半偏亮，人物的特征就会在这两种光影语言中变得丰富起来。这一技法在达·芬奇的《岩间圣母》《施洗者圣约翰》中都有所体现，后来在卡拉瓦乔、伦勃朗、维米尔等人的作品中达到了顶峰。

达·芬奇的《岩间圣母》是他为米兰的一间教堂所作的祭坛画。这幅画是明暗对照法的集中体现，画中科学地运用了光的原理。画家巧妙地运用罩染色，将之与底色的暖色调混合，形成一种柔和的效果，让人感觉到在光线照射下空气的存在，每个人物都被这样的空气包围着，人物的面部和受光的一面也因此从暗褐色的背景中突显出来，成为画面的焦点，吸引住观者的目光。岩洞深处是黑暗的，从洞穴深处到圣母子等人的位置，有从暗到明的自然的序列过渡，人物身体背光的地方也隐在暗处，但是由于画面有明暗渐进形成的对照，距离远近不同物体的轮廓也有虚实的不同，这又被称为空气透视法。采用了这一方法后，人物和环境透出了逼真的效果和高度的真实感，同时又营造出亲切感人的氛围，这一技法是达·芬奇对西方绘画的巨大贡献。

16世纪末17世纪初的意大利画家卡拉瓦乔也是运用光线和明暗对照法的大师。他继承了达·芬奇开创的技法，并进一步强化了光线的对比，根据画面的需要，他简化背景，增强局部的光线，从而将主体人物和主体事件突出地表现出来。他塑造光线的方法被称为"酒窖用光法"，即将人物放在像酒窖一样的环境中，让光线如聚光灯一般打在主体的人和物上，而次要的事物则放置在深色的黑暗背景中。强烈的大光比和强反差的明暗对比，既突出了主体人物，又使画面形成一种紧迫的戏剧效果。

卡拉瓦乔善于组织光线，运用光线的指向性和明暗对比来塑造人物的个性，他以精确的观察、自然主义的描绘、平民化的题材和戏剧性的表现被称为意大利现实主义画派的代表。他尤其会使用侧光，侧光更富戏剧性，强烈而直接的对比，给画面罩上了一种凝重、神圣的氛围，甚至是一种崇高的美感。

以他的著名作品《圣马太蒙召》（图10-3）为例，作品描绘的是圣经故事。马太作为替政府收税的税吏，遭到人们的憎恨，他也意识到了自己的卑贱。耶稣要在被唾弃的人中挑选一个作为自己的门徒，他决定挑选马太。他走进税吏的办公室，对马太说：跟我来。画面就表现了这一瞬间，卡拉瓦乔设计一束光线从画面右上侧射入，在昏暗的税吏办公室的墙壁上切分出了对角线式的明暗两半。光线照进来的画面右侧，耶稣侧立在最右端，用手指着马太召唤他。他坚毅的侧脸的一部分和前伸的右手被亮光照着，给人一种神秘的神圣感。而顺着他的手所指，画面左侧的简陋的桌前，坐着的5个人动作各异，马太用手回指自己，露出疑惑和不确定的神情，其他人有的好奇地向外注视，有的还自顾自地低着头数钱。这一道巧妙的光线分出了神圣与世俗，将面对福音召唤时的众生百态刻画得极富戏剧感。

图 10-3　卡拉瓦乔《圣马太蒙召》（1599—1600 年，布面油画）①

① 图片来自高原：《世界著名美术大师作品鉴赏·卡拉瓦乔》，浙江摄影出版社 2015 年版，第 54 页。

17 世纪的荷兰画家伦勃朗善于利用光线和色彩来表现人物的精神状态。他绘制的大多数人物肖像，只将人物的脸部和手部表现在亮处，用厚涂法表现人物凝重的面部，同时用多层的涂绘表现深邃的暗部，用光线形成对人物性格的刻画，体现画面的空间感。他创作于 1642 年的《夜巡》，现藏于阿姆斯特丹国立博物馆。此画是阿姆斯特丹民兵连的集体肖像，但不是一字排开的群像，而是设计成打算巡逻时，队伍在街头自由分布的场景，人物的分布作了巧妙的布置。正在下达命令的队长和副官位于画面的中心，他们两个和一个误入队伍的小女孩位于画面的亮处。队员们有的手拿长枪，有的击鼓，有的挥旗，有的互相对话，分布在暗色调的中景或后景中，不少人的身体被遮挡，隐缩在深色画面背景中。人物虽多，画面却不显杂乱，伦勃朗又用透明的油彩反复敷涂，使画面既明暗对比强烈，又形成了层次分明的柔光效果。

正如达·芬奇从自然界的客观规律中寻找色彩的准确依据一样，19 世纪末的印象派画家进而强调观察和表现自然界的真实的光和色，捕捉转瞬即变的自然光下的色彩效果，而不是古典主义的固有色，他们促成了欧洲绘画史形成近代物理学基础上的色彩观。

三、情节叙事之美

西方绘画的题材自古希腊古罗马以来，就有高度的写实性，注重表现神话故事、战争题材、历史题材和社会生活等，到中世纪基督教兴盛以后，宗教题材又成为教堂图像重要的表现对象。这一注重表现历史事件和故事情节的绘画传统成为西方绘画的重要特点。富于象征、语图互文和具有情节叙事之美，是西方绘画的重要特征，看画的人如果能提前了解西方绘画的故事背景，就会对画家的匠心和画面的内涵有更深的认识。

首先，自古希腊以来，古代神话、史诗、戏剧故事就是西方绘画重要的表现对象。比如绘制在希腊陶瓶底盘上的《狄俄尼索斯航海》，就表现了希腊神话中酒神狄俄尼索斯在返回希腊途中遭遇海盗，他便用魔法让桅杆长出葡萄藤，让海盗变成海豚的故事。《阿喀琉斯与埃阿斯掷骰子》则描绘了特洛伊战争中，阿喀琉斯带着战船去往特洛伊的路上，因为海上突然下起暴雨无法前行，他就趁着停船的时候，同埃阿斯一起玩骰子的场景。西班牙画家格列柯同样画过特洛伊城的祭司拉奥孔因提前警告特洛伊人小心希腊人的木马计，而惹怒了希腊的保护神雅典娜，父子三人被巨蛇缠绕致死的故事。这幅创作于 1610 年的油画作品《拉奥孔》与著名的希腊雕像《拉奥孔》相比，在表现手法上更为自由，格列柯不再遵循古典艺术"高贵的单纯，静穆的伟大"的风格，大胆采用变形的手法，以突出题材的悲剧性。他将城市作为抬高的地平线上的远景，一匹金黄色的马向着城的方向走去，暗示木马屠城即将到来。而近景的拉奥孔倒在巨蛇的缠绕之下，斜躺的身体后，是他的一个似乎已经死去的儿子蜷曲的身体，另一个儿子站在他的脚边，双臂上举将巨蛇扯成一个圆环，拉长的身体体现了力量和健美，也暗示了悲剧的命运。画家设计了两个站在画面右侧冷漠旁观的人，可能是希腊保护神的使者。画面用色沉郁，气氛悲怆，用精妙的构图和丰富的想象力表现了这个古老的题材。

法国浪漫主义画家德拉克罗瓦也在 1862 年，以古希腊欧里庇得斯的悲剧《美狄亚》为题材，创作过一幅著名的表现美狄亚杀子场面的油画作品《愤怒的美狄亚》，这幅画现收藏在法国的里尔美术博物馆。这一悲剧故事同样源于古希腊神话。伊阿宋为了夺回自己的国家，必须要去极东之国科尔喀斯，并取到这个国家的宝贝——金羊毛。他带领船队来到科尔喀斯，并设法取得了该国公主美狄亚的芳心。美狄亚会巫术，为了帮助伊阿宋取得金羊毛复国，她不惜背叛了自己的父亲，并杀害了自己的兄长。她跟随伊阿宋回去后，生了两个儿子，但却由于国内政权更迭未能复国。伊阿宋为了求得利益，决定背叛美狄亚，迎娶科任托斯国的公主。为了复仇，美狄亚用有毒的婚袍害死了公主，并杀害了自己的两个孩子，让伊阿宋既不能成亲，也失去了自己的孩子。画面选择的正是美狄亚举起刀的那一瞬间，画家将这一场景的发生设计在一个山洞中，光线从画面侧后方的洞口照进来，美狄亚一边举刀，一边回头向洞外看去，她的眼睛在暗处，在黑暗中表现出复杂的思想，而她脸部的其他部分、她挟裹两个孩子抓着刺刀的手臂、右臂下挣扎的孩子的面容和身体以及右手抓着的另一个孩子的臀部以下都在强光照射下，明与暗的对比，肉体与刀锋的对比，下手之前的停顿回首刻画了她犹豫复杂的心理和涌动的愤怒、悲痛、仇恨的激烈情绪。这一画面以精巧的构图和饱满的人体结构，将美狄亚的复仇心理、妇女的不幸遭遇和紧张的故事情节刻画得入木三分。

其次，宗教题材及圣经故事也是西方绘画中占很大比例的表现题材，在教堂装饰中起到关键作用的壁画、祭坛画、天顶画等都分布着大量圣经故事画，画家也围绕此类题材创作了大量的架上绘画作品。卡拉瓦乔绘于 1609—1610 年的《手提歌利亚头的大卫》就是这样一件作品。大卫和歌利亚都是《圣经》中的人物。大卫住在以色列的伯利恒，是家中八个孩子中最小的一个，他从小就跟哥哥在野外牧羊，并且练就了用投石器击退野兽的本领。不久，非利士人发动了与以色列人的战争，大卫的哥哥们都去了前线。大卫前来军营探望哥哥，听说军营中无人能战胜叫阵的巨人歌利亚，就主动请缨应战。大卫尚是个少年，他趁歌利亚轻敌之际，用投石器准确地击中了歌利亚的前额，又在他倒地之时，身手敏捷地拔出其腰间的长刀，割下了歌利亚的人头，于是以色列人取得了战争的胜利。这幅油画运用卡拉瓦乔式的光线造型法，将大卫割下歌利亚人头的这一场景表现得极具个人特色。他将画面简化到只有一手持利刃、一手提着歌利亚人头的大卫的大部分人物形象，其他部分全部隐没在黑暗的背景当中，光线的强对比使得画面的主要人物形象仿佛置身于舞台上，也使得观者的视线集中在大卫的神情和歌利亚的头颅上，突出表现了故事的核心情节，也强化了画作的情感倾向。据说画中大卫的形象是以卡拉瓦乔本人年轻时的形象为原型的，大卫在杀了歌利亚后，并没有流露出喜悦之情，他衣衫的褶皱显得优雅精致，持刀的手也十分稳重，他的肌肤泛着柔和的光，处于亮处的半张脸部有低垂的眼睑和紧闭的嘴唇，他似乎是忧郁和感伤地看着歌利亚；而提在手中的歌利亚的人头，双眼直视地面，嘴巴张开，面目肿胀，据说其容貌是以卡拉瓦乔当时的样子为原型的。画家借助圣经故事表达自己对杀戮和死亡的思考以及对生命的反思，将常见的圣经故事表现出了极致的戏剧感和肃穆的悲剧性。

第四节　画以育人

一、以画面美景打动人

俗话说风景如画，也就是说特别美的风景如同优美的画面一样，言下之意就是画卷会比自然的风景更为迷人，绘画艺术可以通过特定的媒材和手段再现和提炼现实生活中的景致，用绘画的艺术样式将风景固定下来，从而打动人们的感官，形成对画中美人美景、美事美物的长久的审美感受。面对壮丽山河和美丽景致，人们会说感受到了"诗情画意"，这四个字也表明了画作和诗作一样，能够对美景进行提炼加工，并且将它表现在笔下。与自然实景不一样的是，笔下的美景可以不限时空不限场合地任人欣赏，从而长期地保留愉悦的审美体验。

我国南朝宋画家宗炳就提到，他年少时曾经遍访名山大川，眷恋庐衡，契阔荆巫，但老之将至的时候，身体和精力不允许他再长途跋涉，只能将所去过的地方图之于室，挂之于壁，澄怀观道，卧以游之。也就是说，山水画的作用在于可以让看画的人不必每次都去往山水实景之中，而是以笔墨来模拟山水的样态，将其呈现在观者的面前，并能使看画的人心中澄明，了无杂念，与自然山水合一，达到心灵平和、情感酣畅的审美佳境。

我国唐宋时期的山水画一般被看作游观山水，即对山水进行充分游历观赏，手摹心识，回去后在画卷上精心经营，以一定的构图法、用笔法、设色法，画成图卷，并促使画面形成生动的气韵。如宋代郭熙的《早春图》运用蟹爪枝和卷云皴的技法，配以精妙的墨法来表现早春时节山间略带湿润的气氛；范宽的《溪山行旅图》则以巨峰式的构图、沉郁的积墨法和细密的雨点皴，来再现北方关中一带雄浑的山势。

到了元代，随着书画用笔的相通和文人画家群体的成熟，出现了抒情山水画，与宋代山水画不同的是，画家不再强调谨严的画法，而是更为注重主观情感和特定思想的抒发，提出了"书画本来同""不假丹青笔，何以写远愁"等一系列口号，使得山水画成为文人士大夫寄山水之情于画、寄个性于画的良好载体。赵孟頫就是这时期的代表性画家，他推崇师古创新，他的《鹊华秋色图》将青绿色引入水墨山水画中，平远的视线，淡雅的构图，诗意化的田园风光，形成了淡雅清旷的意境。赵孟頫的画风影响了后元四家及明清的文人山水画的抒情性的创作风格。

西方绘画中风景画总体上来说出现得比较晚，到了 17 世纪的荷兰才开始成为一个重要的画种。到了 19 世纪，风景画进入巅峰时期，印象派画家莫奈、毕沙罗、西斯莱等，继承了法国现实主义画家库尔贝开创的"画自己所见"的传统，开始大量地进行室外写生，捕捉真实光线下斑斓的色彩和色彩冷暖作用下的景象。莫奈的《日出·印象》是使印象派得名的代表性画作。他开创性地用粗放的笔触和斑驳的色彩再现了勒阿弗尔港的清晨。当时水面上有着薄薄的雾气，太阳刚刚升起，日影和朝霞倒映在水面上，给蓝绿色的水面投下了一抹红色。由于薄雾的原因，远处的工厂和水面上的小船都如同剪影，同时各类景物都在水面上投下了模糊而荡漾的倒影。画面的多种色彩给了水面多样的光与色，真实地再现了画家对于港口早晨的印象，成为印象派的经典之作。莫奈善于使用"色彩分割法"，即运用细小的笔触，让各种色彩密集地排列，而不进行调和，从而保持色彩的亮度，再现事物的原本样貌。他不遗余力地表现不同时节不同光线下的同一景物，他画了30余幅《干草垛》，30余幅《鲁昂大教堂》。他创作于晚年的《睡莲》系列，其鸿篇巨制堪比一首宏伟的交响乐曲，这组画作高近2米，总长度达到91米，蓝色、紫色、绿色、黄色、白色等色彩以及水草、柳枝、睡莲、云朵、池塘等景物呈现了一种不断交织和浮现的无边无际的梦幻般的斑斓景致。

梵高作为印象派之后的画家，同样擅长用热情的色彩表现心中的风景。他的作品《麦田》《蒙马特风景》《阿尔的红色葡萄园》《盛开的桃花》《星月夜》《收获景象》（图10-4）等都是表现风景的佳作。他画了大量的麦田系列的作品，正如他自己所说，当他在画一片麦田时，他希望人们感觉到麦子正走向它们的成熟和绽放。画家将自己丰沛的情感表达在画面浓烈的色彩和粗犷的笔触中，麦田波浪起伏，像一片金黄的海，在远处蓝紫色的天空的映衬下，呈现出成熟而热烈的动人景象。

二、以画中情感陶冶人

绘画作品不仅要通过画笔记录生活中的美事美景，更要通过画笔刻画生活中令人动容的人物和事件，画面中扣人心弦的人物形象及其人格力量会触动观者的情感，从而对人们的内心形成净化的效果，润物细无声地陶冶人们的情操。

我国古代文人很早就开始提倡用山水画来愉悦性情，魏晋以来，玄学的盛行加强了士族名流隐逸山林、寄情山水的风气，山水田园诗和山水画也成了雅好自然的文人不可或缺的心灵寄托。唐代张彦远在《历代名画记》中评论南朝画家王微时，说："图画者，所以鉴戒贤愚，怡悦性情。"指明绘画除去用来辨明贤者和愚者，起到道德教化的作用以外，还有着审美愉悦的功能，王微的山水画就达到了这个目的。他还接着指出要想在画中达到怡情悦性的目的，应当如同宗炳和王微这样的画家，做到"穷玄妙于意表""合神变乎天机"，与画中的大自然融为一体，感受其中的玄妙与天机。宋代郭熙在《林泉高致·山水训》中同样强调了这一观点，指出山水画能够使囿于俗务的士大夫"不下堂筵，坐穷泉壑"，在不离开日常生活事务的同时，又可以置身于大自然，感受猿声鸟啼和山光水色。不过，郭熙也同时说明，要想感受到山水画中的妙意，必须要去除轻慢之心、俗心杂念，澄明清净之时，才能领略到画中的清雅之境。

明代画家董其昌认为山水画寄托了天地自然之间的大道，懂得欣赏山水画的人通常寿命也会较长。绘画中的大道，就体现在"宇宙在乎手者，眼前无非生机"，看山水画的

图 10-4　梵高《收获景象》（1888 年，阿姆斯特丹，梵高美术馆）①

---

① 图片来自 Vincent van Gogh 网站。

人，看到满眼的宇宙生机，自然不会为生活中的小事所牵役，而能颐养心境，以画为乐。董其昌的入室弟子程正揆一生酷爱山水画，罢官后更是游历山水之间。他创作了大量山水手卷，多达五百多幅图，都归之于《江山卧游图》的标题之下。他在其中一幅的题跋中，表达在京师为官之时之所以要进行书画创作，是因为居住在京师的人，像"蚕之处茧"，又有"三苦"，即无山水可玩，无书画可购，无收藏家可借，他只好创作《江山卧游图》，以解除精神上对山水林泉的渴望。他的画置于案头，常为好事者持之而去，他便得"笔耕不辍"，用他的话讲，就是"六合虽遐，一览可尽，风景如故，心目依然"①。

绘画对于观者情操的陶冶是观者与画中对象所蕴含的情感形成共鸣，从而借助画面达到净化心灵、涤荡心胸的作用。除去表现大自然的山水绘画以外，还可以刻画那些具有隽永的人格魅力的人物形象，使观看者为画中人所折服，从而获得情感的共鸣和思想的净化。

法国巴比松画派的画家米勒，擅长用现实主义手法表现中底层的劳动人民，注意观察和刻画他们在日复一日的生活中承受辛劳又坚忍不拔的品格。他的《拾穗者》描绘了三个拾穗的农妇的背影，两个正弯腰拾穗，一个刚捡完麦穗正略略直起腰来。这三位戴着红、蓝、黄色头巾的农妇，观者甚至看不清她们的面容，她们处在已经收割过的金色麦田里，远处的田地和村庄泛着田园牧歌般黄色紫色的柔光，她们谦卑无怨地、一次次地俯身捡拾麦穗的动作被米勒加以定格，成为底层劳动者的丰碑。《晚钟》则表现了一对农民夫妇在夕阳中祷告的剪影。他们在田里劳作了一天，身旁的小推车上有装着土豆的麻袋，脚边的篮筐中有半篮土豆，这些就是他们一天的劳动所获。远处的教堂响起了钟声，他们连忙放下手中的活计，低头握掌祈祷起来。画面背后地平线上的霞光将地面的草屑照得晶亮，但夫妇二人的面容却隐现在暮色中，他们佝偻疲惫的身影立在大地上，谦恭虔诚，淳朴坚贞。

英国拉斐尔前派的画家米莱斯创作于1856年的作品《盲女》（图10-5），描绘了一对雨后坐在田埂上的乞丐姐妹，妹妹依偎在姐姐怀里，仰头向天，正在给盲姐姐

图10-5 米莱斯《盲女》伯明翰艺术博物馆

讲述天上出现的奇妙的彩虹，姐姐膝上放着一架手风琴，她微微仰着脸，想象着天上彩虹的模样。盲女孩有深棕色的头发和深棕色的披巾，还有棕色阔摆的衣裙，她背后的田野一片葱绿，蓝色的天空出现两道彩虹。盲女孩的身体在画面的前景的中心，阳光照射在她双目紧闭的脸上，让她有了一种圣洁之感。米莱斯优美的光与色，将平凡而穷苦的乞丐姐妹刻画得如此崇高而感人，让看画的人如同受到了精神的洗礼，为世界上的纯净和善良而感动。

三、以画中理想提升人

绘画是用特定的媒材和工具在二维的载体上塑造三维空间世界的艺术样式，欣赏绘画时需要充分调动想象力，将自己代入虚构的画面形象当中，感受画面上所描绘的场景和氛围。很多画作不仅表现现实生活中的事物，同时还会表现想象中的理想世界，无论是画家，还是看画的人，都要将自己对生活的各类理想化的想象融入画中。借助一幅幅精美的画卷，人们进一步确立了对理想世界的向往，从而不断获得勇气和力量，战胜现实生活中的困难和阻碍，直达心中的理想之境。

朱光潜先生提出，亚里士多德指出诗人模仿事物，可以按照事物本来的样子去模仿，也可以按照事物应当有的样子去模仿，后者一般叫作理想主义，也可以说是浪漫主义。[①]相比于其他的意识形态来说，艺术是表达人们的幻想或理想的最适合的途径，人们可以在科幻小说、诗歌、戏剧和绘画中描绘想象中的星球，找到想象中的理想国和桃花源。艺术作品里刻画的理想图景，打破了现实生活的平淡，弥补了现实生活的不足，也使得人们对理想世界的向往在艺术中得到实现。

文艺复兴早期，佛罗伦萨画派画家波提切利就为美第奇家族绘制了一幅经典的作品《春》，用优美的人物形象和精致的画面细节再现了想象中的爱神维纳斯的花园。作品的题材来自古代神话故事，而画面的布局、人物和场景的安排则得益于波提切利惊人的想象力。画面以橘树林为背景，近景的中心是女神维纳斯，她站在满是花叶的地上，右手上举，侧头似有所思，她的上方有正在蒙眼射箭的小爱神丘比特，箭所指的方向是爱神右侧的美惠三女神，她们穿着柔纱的衣袍翩翩起舞，曼妙的身姿和静逸的神情应当是画家刻画的理想美的化身。美惠三女神的右侧是神使墨丘利，他正在用神杖抵住云层，以防它破坏这一春景。维纳斯的左边是花朵缀满衣服的春神，她正从衣裙中将花朵抛撒向大地。她的身后是花神和鼓着腮帮子的风神，一起将鲜花和春天吹向人间。这个春天到来的场景既热闹又唯美，画家用细腻的线条、优雅的色彩、唯美的造型，将人物安排得错落有致，各有各的风姿，又相互对照呼应，画面上繁花似锦，众神身姿绰约，充满恬淡美好的诗意，令人不由得向往春天，向往这一迷人的理想花园。

我国明代画家仇英的《桃源仙境图》和蓝瑛的《白云红树图》都是绢本设色的立轴

---

① 朱光潜：《谈美·谈美书简》，江苏人民出版社 2019 年版，第 181 页。

青绿山水，也都刻画了理想中的山水胜境。《桃源仙境图》中远山云雾缭绕，近山则楼阁重重，山石呈花青、草绿或赭色，山间几位着白衣的隐逸之士对坐玄谈，两个童子着深衣往来石间桥上，幽雅如仙境。《白云红树图》用没骨法画山石，染以鲜艳的青、绿色，又以红色和浅色染树木，再以白粉染云。画面用色明丽清新，一派绚烂生机，不似人间所有，应是蓝瑛想象出的理想山水。

除去想象性的题材以外，即使是写实性的画作，其中也会有理想化的成分。著名的宋代风俗画——张择端的《清明上河图》，用 5 米多的长卷，记录了北宋都城汴梁的市井生活和繁华风貌，画卷的高度只有 24.8 厘米，但还是刻画了几百个人物、60 多匹牲畜、20 余艘船只、30 多栋屋宇、20 余辆车轿和 100 余棵树木。人物或赶集买卖，或饮酒聚谈，或推舟拉车，或乘轿骑马，服饰、动作、神情各不相同，栩栩如生；桥梁船只、买卖活计、各色招牌都生动逼真，细致入微。不过，张择端笔下的汴梁城一方面是根据他对都城生活的观察，进行的写实性记录，另一方面还可以看成是他对理想的都市生活的想象性描绘。如一些学者所指出的，画中的各色人等都显得整洁而满足，流露出安逸的神态，画中整个汴梁城都找不到困苦或流离失所的人，画家可能出于呈现给帝王的需要，而将细节的人物写实与部分的场景想象进行重组，从而把理想中的国泰民安、百姓富足、和睦安详的生活景象表现了出来。艺术家借助画笔勾勒富足安康的都城场景，绘出"理想之城"，表达人们对美好生活的向往，体现了绘画艺术能提升人们对于现实生活图景的感受，引领人们进入超凡脱俗的审美境界。

本章思考题与阅读书目

一、思考题

1. 绘画作品的主要特点有哪些？
2. 如何理解中国画的诗画意境之美？
3. 如何理解西方绘画的光色之美？
4. 怎样在绘画中提升自我的情感和理想？

二、阅读书目

1. 王伯敏：《中国绘画史》，文化艺术出版社 2009 年版。
2. 巫鸿：《中国绘画：远古至唐》，上海人民出版社 2022 年版。
3. 巫鸿：《中国绘画：五代至南宋》，上海人民出版社 2023 年版。
4. 高居翰：《图说中国绘画史》，李渝译，生活·读书·新知三联书店 2014 年版。
5. 贡布里希：《艺术的故事》，范景中译，广西美术出版社 2008 年版。

第十一章
设计美育

在当代社会，设计不仅仅是一种技术活动，更是一种文化现象，它深刻影响着人们的生活方式和审美观念。设计美育，作为审美教育的一个重要分支，旨在通过优秀的设计作品来感染和培育大学生的欣赏水平，提高大学生的审美能力，促进其素质的提升和人格的完善。

第一节　何谓设计和设计美的本质

一、何谓设计

设计是一种创造性的活动，它涉及对形式、功能和美学的综合考量。从广义而言，人类的一切创造性活动和造物活动都可以被称为"设计"①。从狭义而言，设计就是构想和解决生活中的实用艺术问题。它以人为本，通过系统化的方法去满足市场消费者的需求，进而实现功能价值和审美价值的丰富再现。为讲清楚"设计"的本义，我们从"设计"一词的词源说起。首先，"设计"（design）是个外来词，早在古希腊时期就有一个对应的词为"Tekhné"，该词包含艺术和技术两大层面，涉及的内容很广，有音乐、绘画、雕塑、手工艺、农业、医疗和烹饪等。因此，在欧洲人眼里，"设计"这个词就是艺术和技术之和，艺术涵盖了审美特性，技术则包含了功能特性，两者不可分离，相互依存。从词源的相似性源头看，"design"也源于拉丁语"designare"，后来演变成意大利语"desegno"，再演变为法语"dessein"，最后才演变为英语"design"。"design"一词本身由"de"和"sign"组成，"de"这个前缀包含描述、发展、展示和实施之意，而"sign"这个后缀则包含符号、目标、方向和有效的意思，两者结合起来有动词和名词之分，动词有设计、计划、安排等，名词有布置、图样、方案、模型、意图、目的等。因此，"设计"的含义是通过特定的行为，向着某种目标去发展而形成的有目的、有计划、有创意

---

① 尹定邦：《设计学概论》，湖南科学技术出版社 2009 年版。

的实现成果过程。设计不仅是一种技术性的活动，更是一种创造性的活动，同时也是一种实现独创性、艺术性的创作活动。

中国人从古至今对设计的理解都具有自己的独到之处，《现代汉语词典》中"设计"的定义是："在正式做某项工作之前，根据一定的目的要求，预先制定方法、图样等；设计的方案或规划的蓝图等。"[1] 但事实上，设计在中国文化中的含义非常丰富，作为动词和作为名词的用法不同，早在春秋时期就有诸子探讨设计与装饰的问题。孔子提出"文质彬彬，文质兼备"的设计思想，荀子主张"雕琢刻镂，黼黻文章，所以养目也"。其一，说明设计需要兼顾品质和外观；其二，说明设计图案既服务于产品，又服务于人的精神，有设计图案的物品总能带给人美的、舒适的感官享受和情感体验。

中国现代设计奠基人之一的王受之对设计概念进行了这样的解释：什么是设计不容易准确界定。因为"设计"这个术语包括的范围太大，涵盖规划、工程、技术、产品造型等多个领域，要找到一个大家都认同的统一的界定标准实在非常不容易。国外设计理论界对"设计"比较一致的解释是："给一个事物、一个系统制定演绎基础的计划过程就是设计。"但如果一定要作个简单概括，那"设计"就是"计划"，是一个系统创造事物的"基础奠定"方案，设计特别关注设计对象的"美"和"功能"两个方面。作为一种思维过程和一定形式、图式的创作过程，设计强调广泛性和创造性，涵盖了从设想与计划到具体实施的整个过程。

总之，设计存在于各行各业，不同类型设计包含着不同类型的文化，不同领域设计，其形式和内涵具有不同意义和价值，但其本质的美感呈现具有异曲同工之妙。设计应用于日常生活、商业活动、工业制造，同时，设计过程必然伴随着人的艺术审美和艺术意志的创造全过程。

二、设计美的本质

设计美不仅仅是视觉上的感官享受，更是对使用功能和文化价值的深刻理解。设计美是一个多感官的体验过程，包括视觉、触觉、听觉甚至情感的参与。设计师通过色彩、形状、线条和材料等元素创造出既实用又美观的作品，引发观者的审美体验。因此，我们可以从两个方面来探讨设计美的本质：一是设计美的感知和认知理解，二是设计美的本质内容、形式、功能、规律和理想实现的理解。

（一）设计美的感知

设计美的感知是一个多层次、多维度的体验。人对美感的感知产生于创造性行为及其所呈现出的形式美特征，这些特征使人产生生理和心理的愉悦快感。换句话说，设计之美在于人的全部感官中。关于设计美的讨论，不同学者对设计美有不同的观点和认知。西方学者把设计美看成是一种意象的生成过程，认为艺术设计师在产品设计、视觉传达

---

[1] 中国社会科学院语言研究所词典编辑室：《现代汉语词典》（第7版），商务印书馆2016年版，第1153页。

等的构思中呈现有理性和情感的审美创造活动。正如德国哲学家康德所说："审美意象是一种想象力所形成的形象显现。它从属于某一概念，但由于想象力的自由运用，它又丰富多样……而情感再次使认识能力生动活泼起来。"① 设计师的创造冲动，不仅表现在明晰意象和目标的显意识层次上，而且隐含在他们的深层次的潜意识中。美国心理学家西尔瓦诺·阿瑞提（Silvano Arieti）在《创造的秘密》一书中，阐述了创造的深层心理，特别是创造的原发过程。该过程是由无意识心理状态构成的，形成一种"内觉"的心理活动。而"内觉"并非只是反映人的本能欲望，还包括由高层次的认知因素回流混合在一起而构成的心理成分。②

这种心理成分或心理活动有四种趋向：一是向语词或图形符号转变而获得可传达性，二是转变为一种更确定的情感，三是转变为形象，四是转变为梦或幻想等。这说明"内觉"不仅具有人类行为原动力的心理能量，而且具有认知和感受活动方式的隐在结构图式，"内觉"体验的心理冲动可以转变为创造激情。设计美的感知一方面来自"内觉"体验的驱动力机制，另一方面来自对设计师激情和创造美的思维及作品内涵意志凝集的体悟。正如德国艺术评论家莱辛（G. E. Lessing，1729—1781）所说："在艺术作品里发现为美的东西，并不是直接由眼睛，而是由想象力通过眼睛去发现其为美的。"③ 莱辛的这句话很好地阐释了作品中体现的设计美与人的想象力及感知的关系。

中国的东方设计美有其民族的独特性，它根植于东方文化与哲学，强调内敛、含蓄、自然与和谐的美感特征，追求一种平衡、简约和深闳的审美体验。中国艺术传统将"感物"作为创作的源头。"感物"是指艺术家对客观现实的体察和感受，是创作的来源和基础。由"感物"而达"感兴"，从而使创造主体产生创作冲动。此时，设计师进入一种高度兴奋状态，使想象力勃发。正如宋代书画鉴赏家郭若虚所说，"灵心妙悟，感而遂通"④，触物兴怀，情来神会。古代文论的"神会"正是综合了思考、想象、情感和激情等的复杂创造性活动。中国最早阐述手工设计美学原理的重要论著《考工记》，就将东方设计美创造和东方设计伦理思想融会贯通，概括出六点："知者创物，巧者述之""审曲面势，以饬五材""天有时，地有气，材有美，工有巧，合此四者，然后可以为良""圆者中规，方者中矩，立者中县，衡者中水""轸方象地，盖圆象天""六材既具，巧者和之"⑤。这些丰富的实践和理论创见，与其说是中国设计美的教育理论，不如说是中国古代人的设计审美思想及其对人、材、物、景的天观哲学。它顺应自然，以人为本，尊重设计美的客观规律，体现了中国传统文化精神，体现了中国古代应天之时运，承地之气养，人与自然和谐相通的审美造物的宇宙观。

---

① 康德：《判断力批判》上册。译文引自金开诚：《文艺心理学术语详解辞典》，北京大学出版社1992年版，第114页。

② 凌继尧、徐恒醇：《艺术设计学》，上海人民出版社2006年版，第345页。

③ 莱辛：《拉奥孔》，朱光潜译，人民文学出版社1981年版，第41页。

④ 郭若虚：《图画见闻志》，黄苗子校，人民美术出版社1963年版，第62页。

⑤ 杨天宇：《周礼译注》，上海古籍出版社2004年版。

由此可见，无论是西方还是东方，对设计美的认知都有其思想和观点。西方强调个人情感和审美追求的创新性，而东方则注重内涵和文化传统的延续性。同时，设计美被定义为是艺术与技术结合的塑造，设计美不仅要切合人们对生活品质的需求，还要提升用户美的感知和体验。

（二）设计美的本质

设计美的本质是一个复杂的问题，它涉及美学、艺术、技术、文化等多个门类学科的方方面面。下面我们从设计美所具有的共性美的本质来作分述。

第一，设计美的本质是为人服务的。它与人类的需求紧密相连，设计不仅仅是为了满足实用功能，还追求审美价值，提升"以人为本"的设计美学思想。设计美的形式包括感知要素、形式要素以及心理构建，这些要素共同作用于人的审美感受，提高人的审美素养。

第二，设计美的本质体现跨学科交叉融合的特点。中国设计美的认识和发展经历了从工艺美、技术美、设计美到当今人工智能美的范式转变。虽然，不同历史阶段设计美的表现形式不一，但跨学科交叉的创造设计美的本质传承至今，它涵盖了艺术、科学、技术、文化等多个方面创造的显性审美成果。

第三，设计美的本质是有规律的创造性审美活动。正如马克思所指出的，"人也按照美的规律来构造"①。人的任何活动均程度不一地具有美的因素。设计作为人的创造性活动，其根本目的是满足人们的物质文化和精神文化生活的需要，提高生活品位和质量。无疑，设计更应该按照美的规律来进行，由此设计才具有了美学的意义。这是设计活动及其成果所遵循的创美原则。

第四，设计美的本质是追求理想和自由。正如国学大师王国维《人间词话》中探讨的"境界"，是心物交感的产物，是人对理想的追求中"我"与"无"的关系的深刻洞见。境界等同于理想，是属于精神层面的，但理想实现和境界追求都需要有物质载体，当然，最为关键的是主体——人，人即我，只有"我"的参与，即审美主体的具身投入和象的融合统一，才能达成有限的客体和无限自由表达的主体的同构超越，亦即王国维提出的"有我之境""无我之境""超我之境"在追求理想的实现中融入审美境界，将"我"隐入到"象"之中。设计之美的理想追求早在中国古典哲学中就已被看成人生的最高境界，"知之者不如好之者，好之者不如乐之者"。

在这一点上，"儒""道""释"三家达成了共识。美对人类的吸引不仅在于它的感性形式，更重要的在于它将人类引向悠远、深邃而又快乐无比的理想彼岸。现实的感性形式是物质的，也是有限的、短暂的，而它的意蕴精神和理想追求则是无限的、永恒的，设计之美的本质就是追求理想和艺术表达的无限自由。

第五，设计美的本质是非功利性的，但设计是有目的的。设计作为一种物创行为，

---

① 马克思：《1844年经济学哲学手稿》，人民出版社2018年版，第53页。

其需求目的的功利性和追求精神愉悦的非功利性正是美的主客体融合的真实呈现。艺术设计通过功利性的造物和超越上升到审美世界的自由表达来实现功利性和非功利性的结合，它是物质和精神的统一。

第六，设计美的本质是跟随时代和技术发展不断创新。在人工智能时代的背景下，设计美的研究和人的审美教育也迎来了颠覆性、跨越式的新挑战和新机遇。创新技术驱动了设计创新与发展，提升了产品审美的当代价值，创造了新的生活方式。

人工智能科技设计，其美的形态又展示出矛盾悖论的辩证统一。一方面，人工智能设计的"艺术品"，具有非人类的人类艺术的模仿痕迹，缺乏严格意义上的原创性。另一方面，人工智能创作的作品又具备人类主导展现的创造性，完成人工智能作品的前提是人类提炼和组织准确的人工智能创作语言，它包括设计创作元素、构图形式、风格特点等关键提示词。

这表明，尽管人工智能在设计领域展现出了惊人的能力，但其创作的"艺术品"的审美价值和艺术性仍然需要人类的参与和检验，仍然追求实用和情感共鸣，满足人类个性化需求和用户体验。人工智能的设计活动虽然在一定程度上体现了艺术和美的规律，但这种美开始嵌入算法化和程序化的系统，设计美的感知被转译为螺旋式上升的数据分析和数字计算。人工智能设计美的本质开始进化为理性主义和经验主义的高级审美范式，甚至将传统文化、艺术、概念等进行解析并生成当代人工智能设计美的多态模式。

第二节　设计美构成原理和语言特征

设计美的素质教育在未来人工智能社会、元宇宙世界的高素质人才培养中占据重要地位，特别是科技与艺术的融合将成为未来智能社会竞争力的核心要素，因此，中国大学生审美能力的培养迫在眉睫，这逐渐成为全社会，特别是教育界专家、学者的普遍共识。那么，设计美教育的核心内容包括哪些方面？首先，需要引导大学生认识设计美的构成原理；其次，要让他们认识构成好的设计作品会涉及哪些元素；再次，引导他们认识不同类型学科设计美的差异，如建筑、产品、服装、广告包装、品牌、装饰图案等，通过具体案例分析提升大学生的审美素质、鉴美能力和艺术修养。

一、设计美的构成原理

设计美的构成原理，大到不同类型学科和专业方向设计师在创作过程中遵循的一系列普遍的、基本的原理和规则，小到各学科和专业方向的独特个性、行业特殊性等个性化原理，不论是普遍还是特殊，这些原理都将帮助设计师创造出既美观又具有吸引力的设计作品。一般来说，各门设计类学科基本都遵循的设计美构成原理包括以下几个方面。

（一）秩序与重复

秩序美是设计的灵魂，它是一种组织美的编排，能体现画面的科学性和条理性。就视觉传达设计作品而言，它是由文字、图形、线条等组成的，尤其要求画面具有清晰明了的视觉秩序美并构成一种有规律的效果。简言之，形式上赋予规律性的组织所形成的优美视觉秩序，通过条理与反复的构成，呈现简洁的节奏感，形成秩序美。秩序是美的形式最基本、最原则性的原理，它使设计作品看起来和谐统一。而重复呢？它是以某一种比较明确的图形为主，将同样的形状、色彩等元素重复排列，形成简单、清新、整齐的感觉。重复性可以增强设计的统一性和节奏感，使设计作品更加有力量感。我们以中国传统铜钱为例阐述秩序与重复的关系，如图 11-1。

图 11-1

钱纹　钱纹由外圆内方或内菱外圆等形状组成，因与铜钱造型相似而被转化为装饰图案。钱纹是财富的象征，同时有镇灾、吉庆之意。

结构　钱纹的结构常以文字、线条组合而成，有单体、双体、多体组合。

对照　原图与设计图对照，方便理解。

从图 11-1 中可以看到，秩序和重复在设计视觉艺术中本来是两个重要的概念，但在作品美的表现中，它们的构成和表达往往相互交融于一体。美国著名学者阿恩海姆认为，秩序和重复不仅仅是艺术创作的技巧，更是艺术家传达思想和情感的重要手段。而贡布里希在其《秩序感》一书中明确认为：秩序感是人类生物遗传中的一种基本属性，它不仅使装饰艺术设计作品更加美观，还具有一定的文化象征意义。

（二）对称与均衡

对称与均衡原理是构成设计审美的重要部分，它们在建筑设计、视觉传达设计、产品设计、室内设计等多个领域都有广泛的应用。就对称而言，设计美强调整体中各个部分的空间布局采取左右、上下、对角、对点、对轴等的相互对应关系的形式表现。简单来说，就是两边各部分之间的比例和形态是一致的。在自然界中，许多生物和事物都遵循对称的规律，如蝴蝶的翅膀、蜂巢的结构等。对称设计美给人一种稳定、平衡、和谐的感觉，它使设计作品呈现出一种规律性和条理性，具有一种定性的统一形式美。然而，过度的对称可能会显得单调乏味，缺乏变化。因此，我们可以看到对称原理的背后还藏着一个更为重要的原理，即均衡原理。均衡是一种相对对称而言的原则，它强调的是整体与部分之间的和谐与平衡。在设计美的认知中，均衡并不意味着两边完全一致，而是通过合理的布局和设计，使美在整体上看起来协调和平衡。均衡的形式法则一般以等形不等量、等量不等形和不等量不等形三种形式存在。设计师需要根据产品的功能、结构和使用场景来合理配置各个元素的位置、大小和形状，以达到视觉上的平衡。

从图 11-2、图 11-3、图 11-4 中我们可以看到中国、印度和意大利等不同国家在建筑美的设计上对称与均衡原则的应用。学界常常将对称视为均衡的一种特殊形式，即两边完全一致的均衡和重复性。均衡则是对称形式的发展，它比对称形式更富有趣味和变化，它允许在保持整体平衡的前提下进行更多的变化和创新，适用于轻松、活泼、富于变化的场合或产品。现实设计中对称和均衡往往会结合使用，以达到最佳的视觉效果。

（三）对比与调和

对比与调和是构成设计美的重要原理，广泛应用于视觉艺术、产品设计、室内设计、时尚服装设计、印染织物设计等多个设计领域。对比强调设计时事物的差异性，如大小、明暗、黑白、强弱、粗细、疏密、高低、远近、硬软、直曲、浓淡、动静、锐钝、轻重等对比效果。当然，对比的目的是突出某一元素或特征，使设计作品更加生动、活泼、引人注目。例如，在色彩设计中，冷暖色调的对比可以营造出不同的氛围；在形状设计中，直线与曲线的对比可以产生强烈的视觉冲击力；在材质设计中，光滑与粗糙的对比可以丰富触觉体验。调和原理强调事物的统一性、和谐性、相似性、舒适性和安定性，当两个或两个以上的构成要素间存在较大差异时，通过另外的构成要素进行过渡、衔接，给人以协调、柔和的感觉。调和的目的是消除设计中的冲突和矛盾，使设计作品更加和谐、统一。

从图 11-5 和图 11-6 中我们可以看出：对比能够增强设计的视觉冲击力，使设计作品更加鲜明、突出。通过对比可以引导观众的视线，突出设计的重点，增强设计的表现力。然而，过度的对比可能会使设计显得杂乱无章，缺乏和谐感。调和能够使设计作品更加统一、和谐，增强设计的整体感，设计师常常通过调和消除设计中的不和谐因素，使设计作品更加舒适、安定。对比与调和是设计美创生中两个相辅相成的原理，对比能够突出设计的重点和特色，调和则能够消除设计中的冲突和矛盾。把握好两者之间的关系和平衡，并充分理解和运用这两个原理，可以帮助设计师创造出更具表现力和感染力的作品。

（四）比例与结构

比例与结构原理是设计美创生中相互关联、相互影响的建构美学的重要组成部分。比例是物体各部分之间、部分与整体之间以及物体与环境之间在数量、大小、尺寸等方面的关系。在设计中，比例是塑造美感的关键因素之一。公元前 6 世纪的古希腊数学家、哲学家毕达哥拉斯及其学派在研究数学原理时提出了一个形式美法则，它将整体一分为二，较大部分与整体部分的比值等于较小部分与较大部分的比值，其比值约为 0.618。后来，经过欧多克斯、欧几里得、柏拉图等人的系统论述，将这个最能引起美感的比例称为"黄金分割"（golden section）。黄金比例不仅在数学中得到广泛应用，而且在美学和艺术设计中也被广泛应用，特别是在建筑设计、空间设计等领域发挥着重要作用，具有非常高的美学价值，如图 11-7。

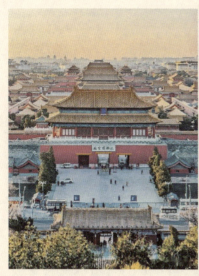

图 11 - 2

　　故宫　中国最具代表性的对称建筑。无论东方、西方，没有哪个民族对中轴对称线如此钟爱与恪守。从皇家官殿、公共官署、佛道庙观到一般民宅都严格依中轴线分布，从群体组合到一室布局都呈现出中轴线的特征。

　　结构　中国古典建筑最大的特色便是以中轴对称为骨架，承托起"整齐严肃、有条不紊"的视觉感受。

　　装饰　天花板雕饰、底座雕花装饰，都体现了对称在建筑和建筑装饰上的运用。古人对于中轴对称的推崇，深刻影响了中国传统建筑布局的发展。中轴对称建筑发端于商周时期，但最典型的代表却要数明清两代的官殿以及城市建筑。

图 11 - 3　　　　　　　　　　　　　　　　　图 11 - 4

　　泰姬陵　印度最具代表性的对称式陵墓建筑。属于伊斯兰建筑风格，是印度穆斯林艺术的完美瑰宝，展现了精湛的建筑技艺和对对称设计美学的追求。

　　结构　建筑群围绕着中央的穹顶展开布局，四周有四座尖塔，这些尖塔象征着四季，主体建筑以及周围的花园、门廊等都展现了伊斯兰建筑的典型特征。

　　装饰　材质使用了大理石，外部装饰和内部设计都充满了对称的植物图案装饰样式。

　　斗兽场　意大利古罗马标志性建筑，是古罗马贵族举行人兽表演的地方，是角斗士与牲畜搏斗的场所，同时，也是为取悦凯旋的将领士兵和赞美伟大的古罗马帝国而建造的。

　　结构　多楼层、多看台的圆形环柱式建筑，从外部看斗兽场由一系列 3 层的环形拱廊和第 4 层的顶阁组成。

　　装饰　威尼斯广场和古罗马广场到处是横七竖八躺着的建筑遗址，其中常见的装饰纹样有茛苕纹和花瓣纹，以及多立克、爱奥尼和科林斯柱式。

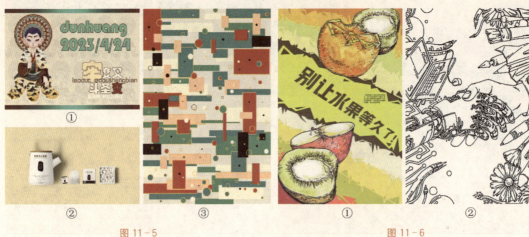

图 11-5

图 11-6

牢度叉斗圣变　中国敦煌文创设计作品，上海美术学院设计系本科毕业生优秀作品，图③是延伸设计。

结构　作品探讨色彩的对比运用，在对比中创作调和，使作品达到完整、统一和协调效果。

图①别让水果等久了　本科生课程优秀作品，探讨水果造型对比、色彩深浅对比，同时，在设计中加强整体画面的统一和协调。

图②接纳共存　探讨人工智能与"我"的关系，以手绘线描形式，运用对比与协调原则进行设计，表现对机智与人智关系的认识。

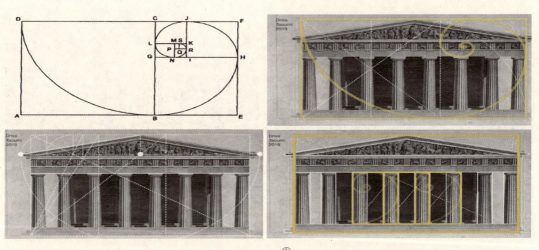

图 11-7①

古希腊帕特农神庙　黄金分割法则在古希腊帕特农神庙的建造设计中得到了巧妙应用，四图均为比例图解。

结构　屋顶采用古希腊建筑中常见的三角形结构，能够有效地分散上部结构的重量和压力。

装饰　神庙的装饰体现了古希腊文化的特色，三角形山墙内以栩栩如生的神话人物浮雕作为装饰，其设计之美蕴藏着古希腊更深层次的历史文化内涵。

---

① 筑得自在：《黄金分割法在设计作品中的应用——古希腊帕特农神庙建造比例图解》，知乎网站，2021 年 4 月 16 日。

通过图 11-7，我们可以看到建筑的设计和比例关系与建筑的结构紧密联系，可以说比例蕴藏在结构中，而结构又根据比例呈现建筑之美，良好的结构、比例与各元素、装饰之间的有序组织和秩序排列增强了建筑的科学性、艺术性和亲和性。

（五）节奏与韵律

节奏与韵律是结构设计中的高级表现形式。它们通过元素的重复、渐变和对比等手法来营造一种动态的美感。在设计时运用这些手法可以增强设计的吸引力和感染力，从而形成一种动态的、有节奏的视觉效果。

节奏与韵律是设计美的重要构成原理。节奏与韵律源自音乐概念，正如歌德所言，"美丽属于韵律"。不同要素的一切有秩序、有规律的变化均可以产生节奏与韵律之美。如在产品设计中，产品可按照一定的条理、秩序，重复性连续排列，形成一种律动形式，创造出丰富的节奏变化。同时，产品也可以按照一定的条理、秩序和规律进行有连续的、有渐变的、有大小的、有长短的、有明暗的、有形状的、有高低的重复或变化，使设计产生音乐般富有韵律的感染力，而韵律也可以在节奏的基础上得到进一步丰富和发展。设计师在作品设计中不仅会运用节奏感，还会融入情感因素和个性化表达。特别是，设计师在创作作品过程中，将元素的节奏与韵律有机结合起来，它们相互依存、互为因果，极大地强化了设计师情感和个性的表达；在整体与局部的取舍之间保持着节奏感，并通过局部细节实现韵律的变化，展现出丰富而整体的设计美效果。具体可参见图 11-8 中展示的案例。

（六）色彩与光线

色彩与光线作为设计美感知中最为重要的原理之一，涉及色彩的产生、色彩空间的选择、选色逻辑以及色彩的光等重要概念。色彩与光线原理是视觉艺术和设计领域研究的重要课题，它不仅关系到作品的视觉呈现效果，还能影响人们的情感和行为。色彩的产生与光有直接联系。如果没有光对眼睛的刺激，我们是无法感知到色彩的，正如黑夜里我们是看不见色彩的，除非有光。科学家们通过实验发现，白光可以分解为红、橙、黄、绿、青、蓝、紫七种色光，这些色光无法进一步分解，但混合后可形成白光，这证明了光与色之间的互补关系。当我们处在一定的空间时，人眼所能识别的范围构成了我们观察的色彩空间。在设计中，使用的光的冷热不同，空间的色彩也会随之发生改变。同时，我们也发现这种因光线产生的色彩冷暖变化对人的情绪也有影响，如红色通常与热情、活力相关联，而蓝色则给人以平静、稳重的感觉，甚至不同行业对色彩有不同的偏好，如餐饮行业更倾向于使用温暖的颜色，科技行业则偏好冷色调。此外，文化、年龄、性别等因素也会影响人们对色彩的偏好。未来，伴随人工智能科技的发展，色彩的应用将更加广泛，特别是科技对色彩的应用以及媒介显示技术的发展、色彩与光的组合应用以及类型色彩的细分、色系准确性的大幅度提高，还有隐性材料的色彩多变性和随周边色彩变化能力的提升，都将使色彩的应用扩展到更多领域。在更广阔的空间，色彩与光线原理的融合发展将带给这个世界更加个性化的视觉艺术体验。图 11-9 展示了牛顿色散实验、自然界的光色和装饰图案，有助于我们进一步理解色彩与光线原理。

① ② ③

图 11-8

  图①上海外白渡桥 中国第一座全钢结构铆接桥梁和仅存的不等高桁架结构桥，上海标志性桥梁建筑。

  结构设计 大桥由两端的弧形跨度组成有节奏的形状，跨越黄浦和虹口两区，钢构斜纵梁件有节奏的穿插，使得整座桥梁宛如彩虹。

  图②麦克坦-宿雾国际机场 以波浪起伏的木结构为特色设计的航站楼，是菲律宾标志性国际机场。

  结构设计 数千个较小的木制肋骨相互连接，形成有节奏的骨架结构。内部的拱形与地面形成一个有意境、有韵味的虚实相生的圆境，屋顶自然光线与金属板映射出周围波光粼粼的海洋之象。①

  图③海拉尔机场 中国内蒙古自治区呼伦贝尔市海拉尔区的民用机场，是呼伦贝尔的标志建筑，宛如草原上一颗璀璨的明珠。

  结构设计 柱梁结合菱形展开，建筑框架柱通过几个双V形对角结构支撑二楼的巨大屋顶。柱子、天花板和屋顶有节奏地伸展，消除了垂直和水平界面的边界，创造出一个连续空间，韵律之美在白色交错的结构语言中得以体现，宛如白桦林一般。②

① ② ④ ⑥ ⑧ ⑨

③ ⑤ ⑦

图 11-9

  1. 色散实验 1666年英国物理学家牛顿用三棱镜进行了光的色散实验，并得出结论：白光不是单色光，而是由多种色光混合而成（图①—③）。

  2. 自然界的光色 大自然中天空、云层和山川呈现的光色，归纳为两组色彩：冷色和暖色（图④—⑦）。

  3. 装饰图案 设计中对光色进行组合与搭配，呈现的冷、暖色系的美（图⑧、⑨）。

---

① 图 11-8 图②来源：专筑讲坛。

② 图 11-8 图③来源：网易。

二、设计美的构成元素

在设计领域，建筑设计、产品设计、服装设计、视觉传达设计、公共艺术设计、会展设计等都离不开设计美的构成元素。就设计各门类构成要素的共性归纳，材料、结构、肌理、纹饰、形状、线条、符号、色彩和空间等，都是设计美构成的重要元素。不管是过去、现在或未来，这些基本的设计美元素都始终存在，不同的是，不同历史时期和阶段，使用的材料、设计的结构、呈现的肌理、装饰的纹样、表现的形状、使用的线条、创意的符号、变化的色彩和选择的空间等都有不同的变化。中国古人讲世间万物都是运动的，一切都在变，但万变不离其宗。人工智能时代来临，人工智能可能代替人类做更多记忆性、机械性、重复性的工作和劳动，但它不能代替人类进行创造性劳动，这是属于人类的"专利"。然而，人工智能却能辅助我们更好、更快、更准确地实现高端的创智设计。未来的设计美是复杂的，也是简单的：复杂的是使用工具多了，创生的作品更丰富了；简单的是人工智能可以代替我们完成很多复杂流程和琐事，让设计变得更加简单方便。但无论如何，设计美还是需要用这些主要的构成元素来实现，通过它们的变化实现科技与艺术美的结合和突破，并在人机协同合作中创造出更加令人愉悦和富有美感的创新力作。为此，下面将对这些设计美的主要构成元素作分述。

（一）材料

材料是设计美的作品的物质基础，不同的材料具有不同的质感和美感。材料的选择和运用对于设计作品的最终效果至关重要。设计师需要根据甲方需求选择恰当材料，根据具体情况选择适宜风格，然后进行作品设计。同时，作品的质感和美感也需要通过合适的材料来实现。材料的色彩、形状等元素的相互融合和协调也是不可不考虑的部分，各元素相互配合才能共同创造出具有独特魅力的设计作品。如金属材料具有良好的光感、坚硬感、光滑感或粗糙感；塑料材料富有弹性、色彩明快、质地柔和，给人以亲切的触觉质感；工业陶瓷耐高温、导热性低且具有细腻如玉的美感。此外，还有现代设计师常使用的复合材料，这些高科技复合材料往往结合不同性能的材料，经过加工、取长补短，表现出极为不凡的设计美感。（如图 11‒10）

（二）结构

结构是设计美中各种材料相互联结和相互作用的组合方式。结构作为产品设计或建筑设计等的功能载体，其形式取决于产品功能的需要。设计师需要根据设计作品的功能需求和审美要求，设计出符合实际情况、构成逻辑严谨的结构形式。以工业产品设计为例，一般来说，工业产品的结构分为构筑型和塑造型两大类。构筑型结构呈现简洁的几何型造型风格，遵循力学的逻辑规律，多采用垂直方向叠加和水平方向展开的对称式结构形式，容易形成秩序感和规律感，给人以理性的逻辑的审美感受。塑造型结构一般通过制坯、烧结、铸造、注塑等方式成型，呈现出动感和有生命力的形式，富于起伏变化，有曲线造型效果，给人以感性的形象的审美感觉。结构元素塑造的形态是人类对自然规律的深刻认识和洞见，同时也是人类智慧的结晶，体现出人类在创造活动中对美的本质的执着追求。（如图 11‒11）

①　　　　　　　②　　　　　　　③　　　　　　　④

图 11 - 10

图① 芝加哥千禧公园复合金属材料雕塑。
图② 上海博物馆馆藏陶瓷。
图③ 金属材料椅子。
图④ 彩色塑料碗。

图 11 - 11

　　巴黎圣母院　法国著名地标性建筑，这座大教堂建在塞纳河中心的小岛上。建造始于 1163 年，于 1345 年完成。它被认为是中世纪哥特式建筑的瑰宝。但 2019 年 4 月 15 日巴黎圣母院突发大火，教堂毁于一旦。2024 年 12 月，维修后的巴黎圣母院重新开放。这里将其设计的正面外观图、侧面图及局部装饰纹样结构呈现出来。

（三）肌理或纹理

由材料的质感形成的肌理或纹理是物体形式美感的重要表现，包括光滑、粗糙、细腻或特殊纹理等，肌理或纹理的运用可以增强设计作品的真实感和触感体验。通过运用不同的纹理效果，设计师可以创造出具有独特质感和触感的设计作品。同时，纹理还能够与色彩、形状等元素相互呼应和协调，共同营造出更加丰富的视觉效果和审美体验。例如：玻璃材质的设计品特别细腻、明澈和洁净；竹藤材质的作品就显得轻巧、纯朴和流畅；新疆的和田玉，有些质地暗含色泽和清晰的纹理，色光温润自然，各种玉器，包括动物、人物或花纹造型，都能让人感受到材质的美感。（如图 11 - 12）

（四）形状

设计美的形状一般指物体外形的轮廓和边界，包括点、线、面和体等。以产品设计为例，形状是产品外观的形态，形态产生于点、线、面等元素相结合的综合效果。当这些视觉元素相对独立存在时，点具有集中性，线具有延长性，面具有体积、体量性。如果将它们有机结合在产品的设计中，就可以表现出产品设计美的多样性和视觉感染力。设计师可以通过不同形状的组合、变化和创新，创造出具有独特美感和个性的设计作品。同时，形状还能够传达出设计作品的功能性和实用性，让人们在使用过程中获得更好的体验。随着人工智能的进步和发展，自然形态与人脑抽象形态越来越紧密地联系在一起，在科技与艺术融合发展的时代，越来越多的创意形状和曲线与产品结构融合，在更为广泛的领域应用，为现代设计美注入了科技感十足的构成形态。

（五）线条

线条是设计美中用于描绘物体轮廓和结构的基本元素。线条的种类繁多，包括直线、曲线、折线等。线条的运用可以表达出设计作品的动态感、节奏感和韵律感。通过线条的粗细、长短、方向等变化，设计师可以创造出不同的视觉效果，组合出优美的形态和

　　　　①　　　　　　　②　　　　　　　③　　　　　　　④

图 11－12

图①和田玉　新疆和田玉原石，其纹饰和色彩直接呈现于石上，自然形成。自藏。

图②玉神人　玉神人以其本玉的纹饰、温润通透及人物造型的惟妙惟肖著称，源于石家河文化（公元前 24 世纪—前 20 世纪），现藏于上海博物馆玉器馆。

图③莲鹭纹炉顶　青玉质，雕刻造型极为精致，元代文物，现藏于上海博物馆玉器馆。

图④双鹦鹉纹饰　白玉温润，双鹦鹉造型生动，明代文物，现藏于上海博物馆玉器馆。

风格。分析线的运动过程可以发现，线条如果按照一定轨迹反复运动就会产生面的界限，进一步还可以产生由面向体的结构变化，如旋转螺旋。线本身是单薄的，如一条直线、一条斜线、一条曲线，但是将线进行叠加组合和有序排列，由线的组合带来的艺术之美将扑面而来，静动结合、曲直结合、纵横结合等，可以将设计之美推向高潮。

（六）色彩

色彩是设计美中最直观、最具有感染力的元素之一。不同的色彩能够引发人们不同的情感反应和心理感受。色彩的运用不仅包括单一颜色的选择，还包括色彩的搭配、对比、和谐等。通过色彩的运用，设计师可以创造出丰富多彩、层次分明的视觉效果，从而传达出设计作品的主题和情感。人的视觉在光的刺激下能感知到一切色彩现象。观察一件物象或设计作品，其色彩呈现出的是各要素之间的色彩关系，如果是素描，则反映的就是明暗之间的关系。如果以红、黄、蓝三原色为认识色彩的起点，通过将它们两两融合就可以得到橙、紫、绿、灰等更多色彩，还可以组成12色相环。以此为基础再来了解色彩的纯度，色彩的纯度指色彩的纯净程度，它表示颜色中所含有色成分的比例。有色物体色彩的纯度与物体的表面结构有关。除此之外，色彩的审美意义赋予了色彩象征性的情感和认知价值，人们可以通过色彩表达各种情绪，不同的色彩可以触动人们不同的情感。

（七）空间

空间是物体存在的三维向度的合乎逻辑的设计美构成元素，涵盖长度、宽度和深度三个维度。空间感的营造对于设计作品的立体感和层次感至关重要。设计师运用透视、重叠、分割等手法，既可以创造出有明确界限的空间体或物体，如三度空间造景，也可以创造出依赖视觉知觉判断的立体作品，还可以创造出面面结合的、用造型要素构成的立体作品。当然，我们还可以看到生活中用实心木块制成的家具，以凹凸形状组成的有阴阳光影效果的结构，还有用圆球、圆柱、锥体等组成的实体，这些类型多样的结构空间都能让人从中感受到空间和体积的美。无论是建筑设计、室内设计、室外公共设计、环境设计，还是产品设计，只要满足三维的空间设计要求，同时暗合设计的美学规律，都将带给人们视觉张力和体量美感，如图 11 - 13。

① ② ③

图 11 - 13

图①线组空间　人工智能生成的曲线、点、圈线和深邃背景组成的空间图。
图②室内空间　人工智能生成的建筑室内装饰空间图，由柱子、窗、转折空间、沙发、茶几等提示词生成。
图③太空空间　人工智能生成的太空空间图，提示词包括：太空、亿年沉积山、火星和人等。

三、设计美语言的表现特征

当我们对设计美语言构成元素进行系统分析后，就需要从材料、结构、肌理或纹理、形状、线条、色彩和空间等设计语言元素的应用来进一步分析其在设计作品中呈现的设计美品质、面貌和特征。下面我们从简洁性、功能性、创造性、人性化、适用性、美感性、文化性、科技性以及社会性等方面，对设计美语言的表现特征作详细阐述。

（一）简洁之美

设计美追求简洁、精练，去除所有冗余元素，让设计更加纯粹、明确。这种简洁之美不仅体现在外观形式上，也贯穿于设计理念和表达方式的始终。简洁的设计语言能够直击人心，让人一眼就记住设计的亮点和特征。设计师在设计过程中，常常需要进行复杂与简洁问题的思考，围绕设计目的采用尽可能简洁的设计元素，去除陈冗繁琐的部分，如繁杂线条、晦涩字体、冗余图形等，保证设计内容清晰明了。这种设计思路强调的是设计的简洁性和易读性，使得设计一目了然，美观简约，便于受众快速理解和接受信息。说到简洁之美，其实是兴起于20世纪60年代的一种极简主义风格，奉行极简主义的生活方式。以密斯·凡德罗提出的设计思想"少就是多"（Less is more）为核心，掀起了室内设计简约浪潮。

极简主义设计以保留最直接、最核心的元素为原则，以最明快、最易接受的方式传达设计思想和概念，这种设计风格不仅追求设计的简洁之美，还要求在简洁中传达出深刻的意义，达到以少胜多、以简胜繁的效果。

（二）功能之美

设计美不仅关注外观的美感，更重视物品的功能之美，它必须满足人们的实际需求和使用功能要求。设计师经过深思熟虑和巧妙构思，将美学价值与功能完美融合，确保设计作品既美观又实用。这种突出功能性的设计不仅满足了消费者、用户实用功能的基本需求，还提升了使用的便捷性和舒适度。功能主义的理念产生于19世纪八九十年代，影响深远，风靡至20世纪30年代。由当时著名的芝加哥学派的建筑师沙利文提出："形式服从功能。"[①] 他认为"功能不变，形式就不变"，强调了功能主义思想对产品的实用性和功能性的重视，追求"形式追随功能"。著名建筑师瓦格纳在1896年的《现代建筑》（*Modern Architecture*）中，同样表达了对实用和高效建筑设计的理想追求。他认为，设计"美"的目的是给功能以艺术表现。因此，多余的装饰不仅不实用、效率低下，显然也不现代，也没有满足功能美的诉求。

从上面两段论述中我们可以领悟到：功能性与艺术性在设计中是相互结合的，但在设计本质问题上，不少设计师倾向于将建筑设计美的问题看作人类特定生活方式的构建。功能性问题是设计之美的基础，没有功能性，设计之美就失去了存在的基础，变成了一

---

① 尹定邦：《设计学概论》，湖南科学技术出版社2001年版，第221页。

种纯艺术之美，而非基于以人为本理念的真实之美。因此，我们需要反思设计活动或设计之美建立的根基，不管装饰有多美，都必须以具体物质功能为基础。所以，设计师在设计美的创造过程中要协调功能之美与艺术之美之间的关系，达成两者的统一。一个好的设计应该具有清晰的功能，能够有效地解决问题或满足人的诉求。功能之美的话语权是尊重物体的结构、材料、技术所表现的符合目的性的功能与符合规律性的功能的统一，艺术之美的话语权体现形式塑造特征与功能结构有机结合的科学性和艺术性表达。当产品实现预定功能时，合目的性与合规律性达到统一，都会涉及经典的功能性之美的形式，即典型样式、自由形式样式，表现出超越产品本身的美。只有当这种功能之美和设计之美达到高度统一时，所呈现的多层次、高品质美感才能极大地满足人对功能性、实用性和艺术性的多重需要，实现功能性之美的最大化。著名建筑设计师贝聿铭的形式、功能与环境的设计给了我们启示。(图 11 - 14)

图 11 - 14

苏州博物馆　设计者贝聿铭，美籍华人建筑师，美国艺术与科学院院士，中国工程院外籍院士，建筑领域最高奖"普利兹克"奖获得者。
设计将功能主义和艺术表现结合，以中国人文主义精神为指导，在塑造博物馆功能中力图传达中国人"天人合一"的意境和追求，形成自然与建筑的超然融合。

(三) 创造之美

设计美要具有创造性就需要有独特的创意思维。设计师需要打破常规、勇于创新，以独特的视角和方式诠释设计理念和美学追求。这种创造性不仅体现在设计的外观和形态上，也渗透在深厚的文化中，设计还需把握好每一个细节、元素以及局部与整体的关系等。

我们知道现代设计美不再局限于个体的美，而是追求明显的社会性特征。由于设计属于应用学科、交叉学科领域，设计之美往往体现出技术美的个性特征，而技术美的本质又趋向于功利之美，即设计美需要在实现功利性、限定性特征的基础上无限自由地驰骋，更考验设计师的思想力、创造力和创新力。设计的这种功利性，与其说是适应时代需求，不如说是为了满足用户或消费者的喜好或追求，如生理上的物质需要、操作上的便利、经济上的节约等。当然，这个时代已经走上高科技发展的快车道，仅满足一些基本需求已不能适应消费市场了，设计师需要挑战时代，在设计美的追求上要超越现实主义的审美特征，跨越后现代主义设计的陷阱，追求现在青年人热爱的、能满足他们精神诉求的设计风格，既要感性又要理性，还要挖掘传统文化宝库。概而言之，当代设计美的创造性文化特征不仅要凝结人类社会历史文化积淀，同时也要反映人类国际文化大同美的追求；作品既要具有物态文化层、制度文化层、行为文化层和心理文化层等多方面理念的融合，又要显露出现代高科技、智能化的理性创造之美的新文化特征。（图 11-15，11-16）

图 11-15

冬奥会设计　2022年北京冬奥会会徽、运动徽标、广告、海报系列，呈现具有中国风特点的创意设计作品。

图 11-16

奥运会设计　2024年巴黎奥林匹克运动会备选会徽设计及运动员海报系列，呈现具有巴黎埃菲尔铁塔建筑标志的设计。虽然最终落选，但其设计思路及表现形式颇具特色。

（四）人性之美

设计美呈现的一个重要特征是设计师的人性化设计。在设计过程中，首先要根据人的行为习惯、生理结构、心理需求、思维方式等，在原有设计基本功能的基础上，对其进行优化，使体验者使用起来非常方便、舒适。春秋时期的齐国名相管仲就已提出"以人为本"的概念："夫霸王之所始也，以人为本。本理则国固，本乱则国危。"（《管子·霸言》）这是管仲对齐桓公陈述霸王之业的言论，强调了人的重要性和"以人为本"的理念。古希腊哲学家普罗泰戈拉也提出了著名的论断："人是万物的尺度。"所以，无论是东方还是西方，在对待与人产生关系的问题上，都突出强调了将人放在首位的社会发展理念。"以人为本"的理念在设计领域也得到了广泛认可和应用，该理念体现设计师对人的尊重和关怀，不管做任何设计都优先考虑人的需求，设计美也充分考虑人的感知、情感的接受。设计师需要了解使用者的心理和行为习惯，以人的需求和体验为中心进行设计，使用户能从设计语言中体悟到一种贴心的关怀并产生共鸣，从而提升用户的愉悦感和满意度。如羽绒服装设计、食品包装设计等，都可以用周到的功能设计和温馨的服务赢得消费者的喜爱。

（五）适用之美

设计美要根据使用场景的不同进行有针对性的设计。设计师需要充分考虑设计作品的使用环境和条件，确保设计作品能够在不同的场景下发挥最佳效果。设计要体现审美性、实用性的平衡，不仅需要满足功能性的需求，同时也需要具有审美价值。不同领域设计的适用性需根据各领域的特点，采取有效的元素构成方法去平衡。平面设计、建筑设计、服装设计等不同设计领域中都有适合自身特点的设计方案，如平面设计领域在媒介传播或广告传播、动效传播等的设计上，汉字元素的应用就极为广泛，汉字不仅具有可读性的实用性，还具有可塑性的审美性。汉字作为一种具有识别性的文化语言，记录历史，传播文明，体现了其适用性功能。同时，汉字具有结构美与意境美，在设计中运用其字体的刚柔、方圆、直曲，线条的肥瘦，结构的正奇，布局的疏密等，都能体现出汉字和谐美的设计意境，展现了极高的适用的审美价值。

（六）形式之美

设计美的最终目的是给人带来美的享受。设计师需要通过巧妙的构图、色彩搭配和材质运用等手段，营造出具有视觉冲击力和感染力的设计作品。这种美感不仅体现在设计的外观和形态上，更渗透在设计的内涵和情感中，让人在使用和观赏过程中感受到美的魅力。例如建筑设计美，它不仅仅关乎建筑外观，还包括建筑内部的空间布局、功能性与用户体验。建筑设计美及美的感知可以从多个方面产生，如材料的质感、形式，结构形式，空间形态，构造方式，立面构图以及建筑外部的环境、公共空间设计等。此外，建筑设计美还体现在建筑天际线勾勒出的高低错落、穿插起伏的韵律，以及建筑装饰、长廊、柱式等，都是建筑设计特色和个性美感的体现。当然，产品包装设计美、时装设计美等也都在其形式上呈现美感特点，主要表现为各有其设计的符号元素，一般被称为"有意味的形式"。这些符号元素中蕴藏着深厚的观念性内容与传统文化的根脉，让使用者能感受到深厚的民族情感和艺术带来的精神愉悦，通过对建筑、产品、服装等的欣赏和使用获得形式美感的享受。

（七）文化之美

设计美是社会性劳动成果的结晶，它反映了时代精神和社会风貌。就设计而言，它是人类的一面镜子，不仅反映人类的物质文明发展，也折射人类精神文明的发展和对更高理想的追求。设计有自身的规律，设计美也随其规律体现在各行各业的设计中。设计美不仅反映其作品、产品蕴含的丰富文化内涵，也呈现不同的外在形式美的样式。设计美是现代创造性设计产物的文化之美。在前文明时代，人类的设计主要是农业文明生产、生活所需的手工艺设计创造，其设计美天然带着农耕文明的朴质、适用、方便、简单等特征。进入工业化时代后，设计美便携带着工业文明的特征，工业技术的理性设计及设计美，在产品中体现为标准化、机械化、类型化特征。到 20 世纪 20 至 60 年代，设计及设计美呈现出国际主义、波普主义、感性表达和反过分理性主义的特征。再到后现代主义时期，计算机、互联网、数字技术及人工智能技术等新兴科学技术方兴未艾，设计及设计美的文化性特点表现出反中心主义，并提出间性、边界融合跨界发展的多样式、多模态设计，以及文化多样性设计美的风格特征。于是，在多样化、复杂化、国际化与反国际化的浪潮中，设计文化在跌跌撞撞中、在传承传统文化和创新设计的碰撞中发展和成长，设计美也在这样的文化中不断刷新、创造、锻炼。

（八）科技之美

伴随智能科技、互联网、物联网和数字技术的发展及广泛应用，不同类型领域的设计都向科技与艺术相结合的方向转化。高科技工业产品设计、日用品设计、数字视觉媒体设计等都向机械设计美、智能美的方向发展。特别是，新一代年轻人生活在高科技社会，耳濡目染，其审美兴趣、审美心理和审美诉求都呈现出智能科技时代科技之美的新审美范式。机械设计美、人们的审美和美的教育与传统相比都发生了深刻的变化，技术革新与美学进步紧密相连，这反映出人类探索未知世界、追求美好生活的精神动力。如越来越多的设计作品反映出酸性风格、太空风格、二次元风格、梦幻风格、三维风格、外太空风格、极地风格、龙族风格、银河风格、数字风格、人机工程风格、宇宙风格等，表明生成式人工智能设计审美已开始向更高维度的科技美学方向发展。（如图 11-17）

（九）社会之美

设计美语言特征反映的不仅是解决人类发展问题的美学范式和方法、手段，更是人类科技文化进步、社会之美的理念追求和新的审美范式的思想进化。更进一步说，感知、理解智能时代社会设计之美的新样式，设计师不仅需要理解人类审美元真社会的历史发展，更要理解当代社会之美发展的设计美学的新样式、新突破、新转变。时代变了，设计语言也需要变，而表现的内容、形式和方法也随之变化，这是不以人的意志为转移的，它是智能社会之美对设计美语言表现特征的更高要求。元宇宙、人工智能创意时代的社会之美，在设计美、美育教育和发展上已呈现出新的特点，并向我们提出了新的挑战。

图 11-17

科技海报　现代科技与艺术结合，展示科技美与设计美的和谐统一。①

应该说，现在的设计师不再是简单的设计者、绘图者、传播者，而是已成为与人工智能系统协作的推动社会向前发展的创构者。

第三节　设计美育实践探索新路径

2023 年教育部发布了《关于全面实施学校美育浸润行动的通知》目的是加强学校的美育工作，强化美育的育人功能，全面实施学校美育浸润行动。大学生设计美感素质的培养正是实施高校美育浸润行动的最为有效的途径之一。

2024 年是生成式人工智能爆发元年，ChatGPT 的出现再次颠覆了我们的想象和社会生活方式，越来越多的重复性、记忆性、机械性的知识累积型职业将有可能被人工智能所代替。然而人类的创造力是无法被轻易取代的，提高人的审美能力就是为从事创造性的工作和行业打好基础的方式之一。基于此，当代大学生具备审美能力、审美感知力、发现美的能力、鉴赏美的能力、创造美的能力、表现美的能力，是人格完善的重要素质和条件。那么，要培养对身边设计美的直觉觉察力，对日常生活中美的鉴别力，发展审美创造性思维，激发美的表现力，成长为既具有高水平创新力又具有审美力的人才，就需要在继承传统的基础上探索培养设计美感的好方法、新路径。

设计美教育的好方法、新路径不仅关乎传统审美教育的继承，也关乎当代审美教育的创新发展，培养大学生审美感知力必须了解设计美生成的来源。美的设计往往产生于我们的日常生活需求，设计美的创造与我们生活环境改善的诉求息息相关，尤其与生活中的衣食住行紧密联系。然而，设计的目的不仅是为了提升生活质量、创造审美体验，

---

① 图片来源：搜狐号 nicepsd。

更是为了更好地传承和创新文化、解决生活中的诸多问题、提升生活的艺术品质、创造诗意栖居的美好生活，以及促进人格完善和社会发展。我们必须明确，设计美感的培养不只是培养鉴赏美的能力，更是培养创造美的能力。因此，从人本主义出发，以大学生为中心，以学生审美素质发展为目标，师生共同探索提高美感能力和审美素养的有效方法和路径很有必要。本节将介绍一套通过沉浸体验、角色带入来培养设计美感的学习方法和路径。

下面是三个不同类型的创造设计美的实践活动，我们可以用"角色带入"的方式来沉浸具身体验，建构设计美的感知力，通过分析、鉴赏和考察体验，激活人体五觉感知并调动人的神经觉知系统，培育美的直觉感知能力和接受美、判断美的能力，积累美的感知经验。

一、设计美感知能力探索新路径

设计美感知能力培养有很多种方法，传统方法主要以欣赏优秀作品、博物馆馆藏作品为主，从作品分析中了解美的特点，是一个正向输出和接受美的过程。然而我们还可以尝试进行新的探索，通过著名艺术家的经典设计及其设计美产生的整体人生叙事来分析、研究、探讨设计美的创造性生成过程。大学生可以将自己带入探讨对象的时代，在互动和对话情景中去分析案例、解读案例，尝试评价案例，由此培养对设计美感知的敏锐度、对设计美的理解和对创造的理解。下面我们以达·芬奇的经典设计为例，通过系统结构分析来促进大学生设计美感知能力的提高。

（一）课堂训练

案例：西方经典设计

国别：意大利

主题：传承与创新

对象：文艺复兴三杰之一：列奥纳多·达·芬奇

框架："角色代入"沉浸体验达·芬奇设计美（图 11-18）

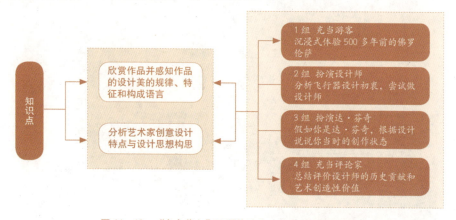

图 11-18 "角色代入"沉浸体验达·芬奇设计美框架图

1. 合作探究，角色代入，小组角色确定

要求：根据角色类型查阅历史资料。

整理探究关键问题，设计课程翻转小组演绎方案。

小组讨论，任务分配。

2. 小组合作，角色到位，从小组到课堂

小组成员各领任务，提前预习案例，找出核心问题：

达·芬奇是一个什么样的人？让我们猜一猜！

他的创造力是怎样形成的？我们从中感知到了怎样的设计美？

（二）案例活动

1. 课堂讨论：列奥纳多·达·芬奇设计案例

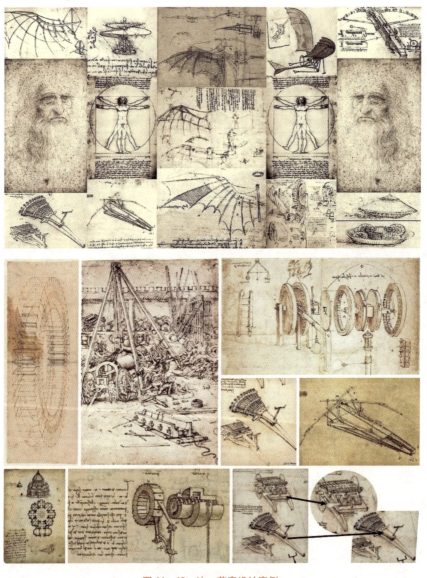

图 11-19 达·芬奇设计案例

2. 达·芬奇生平简介

列奥纳多·达·芬奇（Leonardo da Vinci，1452年4月23日—1519年5月2日），意大利文艺复兴时期画家、自然科学家、工程师，与米开朗基罗、拉斐尔并称"文艺复兴后三杰"，又称"美术三杰"。

达·芬奇生于托斯卡纳的芬奇镇，在少年时已显露艺术天赋。约1470年进入韦罗基奥工作室学习，逐步成长为具有科学素养的画家、雕刻家，同时也是军事工程师和建筑师。后受到美第奇家族的资助，在1472年成为画师，并加入行会。1482年应聘到米兰公国后，在贵族宫廷中进行创作和研究活动。1513年起漂泊于罗马和佛罗伦萨等地。1516年侨居法国，受法王弗朗索瓦一世礼遇。1519年在法国昂布瓦斯病逝。

达·芬奇思想深邃，学识渊博，是人类历史上少见的全才，被现代学者称为"文艺复兴时期最完美的代表"。他最大的成就在绘画领域，其绘画把科学知识和艺术想象有机地结合起来，使当时绘画的表现水平发展到一个新阶段。绘画理论方面，他把解剖、透视、明暗和构图等零碎的知识，整理成为系统的理论，对欧洲绘画的发展影响很大；在地质学、物理学、生物学和生理学等方面，他提出了不少创造性见解；在军事、水利、土木、机械工程等方面，都有重要的设想和发现。其代表作有《岩间圣母》《最后的晚餐》《蒙娜丽莎》《圣母子与圣安娜》《自画像》等。另有其画论手稿整理而成的《绘画论》、大量的草图速写及有关自然科学工程等的手稿存世。

> 建立个人美学数据库：大学生在日常生活中可以收集和整理自己认为美的设计作品、艺术作品等素材，建立自己的美学数据库。这有助于审美感知能力的发展和提高。任何能力的成长都需要长期知识积累的过程，创造灵感也是在不断累积中诞生的。
>
> 分享与交流：通过社交媒体、设计论坛等平台分享自己的美学数据库和设计作品，与同好进行交流和互动。这不仅可以获得他人的反馈和建议，还可以从他人的作品中汲取新的灵感和创意。

综上所述，设计美感知能力的培养需要理论与实践相结合，跨界融合与多元体验、观察与反思、技术与艺术的融合，以及培养创新思维等多方面的努力。这些新的路径和方法，可以帮助学生更好地感知和理解设计美学，提升自己的设计水平和创造力。

(三)课堂知识扩充训练

训练题：焦点透视图、两点透视图和三点透视图。

要求：

自选一幅油画进行焦点透视训练。

自由选择建筑摄影图片进行两点透视图、三点透视图训练。

训练时可以用彩色笔标示不同的意义，标明文字，以便更好理解。

二、设计美鉴赏能力探索新路径

设计美鉴赏能力的培养需要从设计基本原理、色彩学、构图学、视觉心理学、艺术设计历史等系列知识的学习和实践中不断积累经验，培养个人的审美意识和审美鉴赏、审美判断、审美感悟能力，丰富内心精神世界，促进人格全面发展。下面我们以徽派建筑为例，探讨关于设计创意思维、设计眼光、设计超越等的培养。

（一）课堂训练

案例：徽派建筑与审美

国别：中国

主题：传承与创新

对象：徽派建筑

框架："角色代入"鉴赏徽派建筑设计美（图 11-20）

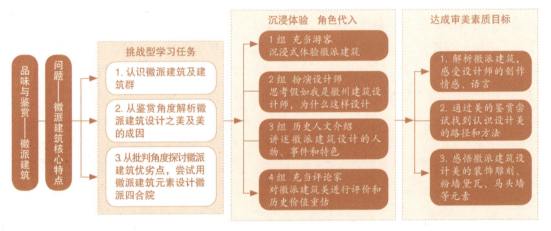

图 11-20　"角色代入"鉴赏徽派建筑设计美框架图

1. 品味与鉴赏

围绕核心问题抓特点，抓挑战任务。

2. 角色代入，沉浸体验，合作探究

要求：根据角色类型查阅历史资料。

整理探究关键问题，设计课程翻转小组演绎方案。

小组讨论，任务分配。

3. 小组合作，角色到位，从小组到课堂

小组成员提前预习案例，代入角色，并在课堂上进行演绎。

讨论：徽派建筑的分布、核心、样式、特色、结构、构件、风格等。

问题：徽派建筑设计美和创造的意境之美表现在哪些方面？徽派建筑是怎样形成的？我们从中感知到的设计美是什么？该建筑风格存在设计上的不足吗？

（二）案例活动

1. 课堂讨论：徽派建筑设计案例

图 11－21　徽派建筑设计案例

2. 徽派建筑介绍

中国徽派建筑主要分布在古徽州地区（今黄山市、绩溪县、婺源县）、泛徽地区（如今浙江淳安、江西浮梁），以及徽州周边皖南部分地区，如宣州等。这些地区受到徽州文化的影响，形成了独特的建筑风格，其中以民居、祠堂和牌坊最为典型，被誉为"徽州古建三绝"。徽派建筑不仅在建筑结构上体现了江南地区的自然风光和人文特色，而且在装饰艺术上也展现了精湛的工艺和独特的美学价值。例如，徽派民居通常采用坐北朝南的布局，注重内采光，以木梁承重，以砖、石、土砌护墙，并以堂屋为中心，以雕梁画栋和装饰屋顶、檐口见长。此外，徽派建筑还特别重视与周围环境的协调，讲究自然情趣和山水灵气，形成了独具一格的建筑风格。

徽派建筑作为徽州建筑文化重要的物质载体，集当地自然、气候、人文、地景和工匠创造于一身，是人文思想、徽州传统、当地建筑语言与自然融合的杰作。徽派建筑与其他地域的建筑相比较，有以下几个显著的特色。

（1）粉墙黛瓦。这是皖南古民居的独特色调，白色墙面和青色瓦片组成黑白的世界，质朴而纯净，典雅而大方。民居和山水田园构成一个活泼灵动的世界。

（2）马头墙。这是徽派建筑又一重要表现特征。马头墙结构实现了防火、防盗、防风等功能，顶部墙头高低耸立，错落有致，明朗素雅又层次分明，有两叠式、三叠式等不同样式。

（3）雕刻。徽州古建筑最有名的还要数"三雕"，即木雕、石雕、砖雕，是徽派建筑装饰的风格。在徽派建筑雕刻装饰中占主导地位的木雕，题材多样，内容丰富，图案祥瑞，充满孔孟教化思想；外观装饰风格素雅简洁，内部极尽雕刻之能事；木雕、石雕或壁龛镶嵌于宅邸，或置于屋前镇宅等，不仅有祥瑞动物还有花草植物雕饰，具有较强的装饰效果，体现了宏大与细微融合之美。青灰的屋瓦、墙砖、地砖的雕刻质地坚细、精致。装饰风格典雅、庄重，木雕、石雕相映成趣，层楼叠榭、高脊飞檐、亭台楼榭、曲径回廊等，层层叠叠，共同构成了民居精雕同构的和谐之美，是徽派建筑之绝。

如果以观览者的身份沉浸式感知徽派建筑，尝试品鉴其设计之美并提升审美素养，那么建议从建筑构成分析入手，感知徽派建筑的点、线、面、体，发现建筑元素和构件之美，品味建筑设计美的韵味和意境；从视觉传达造景入手，感知黑白色彩与天地相接、水乳交融，尽透人文意趣；从节奏韵律入手，可见马头墙鳞次栉比、高低错落，白墙黑瓦间宛如一曲动人的乐曲，在水的倒影中一静一动、一虚一实、一高一低、一张一弛，节奏变化有序。徽派建筑像一颗明珠镶嵌在徽州大地，又如"凝固的音乐""自然的史诗"，别具一格的精神和气质蕴藏其中。

总之，徽派建筑设计之美呈现了江南建筑艺术视觉美的装饰特征，其自然天成的淳朴、简洁呈现出当地的民俗民风，建筑内外雕梁画栋的装饰图案传达了百姓的精神诉求，特殊的符号又象征着百姓祈福纳祥的美好愿望。因此，我们认识某种类型的艺术设计之美，不仅要从视觉感知的表层认识，还应切入民间生活去观察、感知，深入当地民居去体验和理解，才能感悟和鉴赏这种独特的美，积累丰富感知经验并提升审美素养。

根据上述分析我们可以归纳出设计美鉴赏四步法（表 11 - 1）：

表 11 - 1　设计美鉴赏四步法

设计美鉴赏过程——"四步法"路径		
读作品	感知设计美中看到的东西（包括画面的内容、材质、比例、肌理、色彩、结构等）	逻辑分布式描述
为什么这样设计	诠释作者的思想、理念、设计、构想、实现（结合作品时代背景、文化历史、艺术家创作心得等）	解析式诠释
怎么完成设计的	探讨设计美的构成形式特征（包括空间营造、形状塑造、相互关系、色彩色调等）	解码性分析
价值和意义	在一定范围内比较、鉴定、判断作品优劣（可以参考公认的标准或依据，可以结合个人的理解和感悟）	批判性评价与反思

（三）课堂知识扩充训练

训练题：散点透视设计。

要求：

自选一幅徽派建筑设计的照片或水墨画进行散点透视设计训练。

标出散点的动视线、关键节点位置、重心图标等。

训练时可以用彩笔标示不同的意义，标明文字，以便更好理解。视平线、地平线、视中线、天平线都需要标出。

三、沉浸体验设计美新路径

随着人工智能、大数据等技术的迅猛发展，人们的时间被互联网大量占据，大学生们具身实践、先验行为感知的时间变得越来越少，但新型视听、人工智能、虚拟现实、增强现实等新媒体技术带来的沉浸式体验得到了充分的应用和发展。这些技术的应用使得设计美感知向光影与交互技术、装置艺术等等方向发展，这给高校设计美育带来了挑战。因此，通过具身感知的"五觉"体验和"角色代入"沉浸体验培养设计审美是很好的尝试路径。

设计美沉浸体验可以促进大学生设计审美心理在接受美的熏陶过程中得到发展。只有当审美认识心理发展合乎人的成长目的和心理诉求、能够使人获得精神愉悦的情况下，心理感受或美的认识才会渐进形成。因此，将传统手工艺贯穿到大学生设计美沉浸体验训练中是一种值得尝试的新方法。

（一）课堂训练

案例： 具身体验古法造纸设计美

国别： 中国

主题： 古法造纸的传承与创新

对象： 古法造纸

框架： "角色代入"具身体验古法造纸设计美（图 11–22）

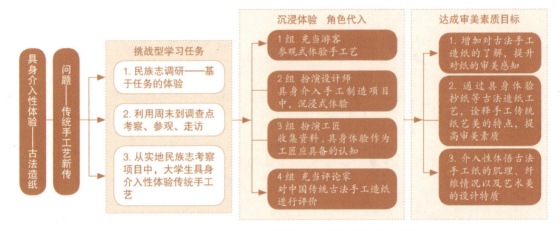

图 11-22　"角色代入"具身体验古法造纸设计美框架图

1. 民族志调查

围绕核心问题抓特点，抓挑战任务。

2. 角色代入，沉浸体验，合作探究

要求：查阅古法造纸历史资料。

整理探究关键问题，设计课程翻转小组演绎方案。

小组讨论，任务分配。

3. 小组合作，角色到位，从小组到课堂

小组成员提前预习案例，代入角色，并在课堂上进行演绎。

讨论：古法造纸的发明与改进、历史分布、手工传承的当代价值、纸的材料属性、纸的艺术风格等。

问题：古法纸张的设计之美、创造的意境之美体现在哪些方面？纸的形成过程是怎样的？我们从中感知到传统手工纸哪些方面的美？

（二）民族志田野调查活动

1. 课堂讨论：古法手工纸艺术美探讨

图 11-23 古法手工纸①

树皮纹理　　撕开的树皮　　树皮纤维　　一堆沙田草　　沤煮树皮

图 11-24 古法手工纸材料肌理和纸纤维

2. 古法造纸介绍

安徽手工纸种类繁多，除了最有名的宣纸，桑皮纸、构皮纸、楮皮纸加工也一直留存。楮皮纸加工技艺十分复杂，要经过近百道工序，历经 20 个月才能制作而成。徽州楮皮纸冠绝一时，然而随着宣纸和竹纸的兴起，徽州楮皮纸也日渐没落，但其加工技艺在造纸匠人的守护下，却一直流传至今。②（图 11-25）

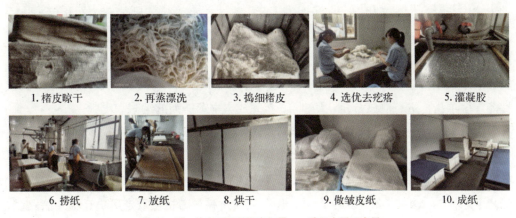

1. 楮皮晾干　　2. 再蒸漂洗　　3. 捣细楮皮　　4. 选优去疙瘩　　5. 灌凝胶

6. 捞纸　　7. 放纸　　8. 烘干　　9. 做皱皮纸　　10. 成纸

图 11-25 休宁县田野调查场景——造纸主要工序展

---

① 黑余、李敏供稿。

② 《纸上写春秋》，《活起来的技艺》第三季第六集，安徽经视频道，2023 年 11 月 25 日。

（三）课堂知识扩充训练

训练题：关于手工纸发展趋势背后的思考。

要求：尝试作为 CMF（Color，Material and Finishing，指在产品设计过程中，基于色彩、材料和表面处理的创新和设计）策划者，以古法造纸的样本案例、研究报告等为基础材料，探讨手工纸在当代的传承与创新。

从市场需求数据入手，从古法工艺技术、经济状况、文化美学、生活方式、消费行为等方面来洞察与挖掘新传承样式趋势背后的逻辑成因。

通过实践感知设计美，以跨界、场景、问题、田野调研驱动具身体验、感知审美生成，可以有效促进审美能力的发展。

中国手工造纸技艺的探索

数字时代的来临，推动设计飞速变革，从满足需求到驱动未来，一群设计师用古法手工纸田野调研案例和纸艺术先锋设计主题实验室，一起探讨与发现手工纸发展的新趋势。

人们在提起设计的时候，总会下意识地对这个创造的过程充满敬畏。因为它不仅演绎着设计者的奇思妙想，也在某种程度上，反映出对未来生活的好奇与构想。

当灵感与现实碰撞，许多有趣的作品被创造出来，而当这些作品被置于普通生活中，能否在展现功能的同时又满足当代"生活家"们对流行的需求呢？带着这样的思考，课题小组开始了对古法手工纸及纸的设计美的探索。

中国科学技术大学手工纸研究所，探索中国手工造纸技艺，通过田野调查、理化分析、科技考古、艺术设计、文化传播、数字媒体等多学科路径，从文化与科学交叉视角对中国手工纸进行多维度立体研究，其"宣纸文化遗产数字化和文化旅游综合服务示范"项目获得科技部国家科技支撑计划支持，并以"工作坊＋社区体验"的方式助力"中华经典传统文化——文房四宝工艺"在大学教育中的师徒制个性化传承。手工纸研究所代表成果《中国手工纸文库》（图 11 - 26），第一期为十卷本，共 1 080 万字，作者团队从 2008 年开始，对中国云南、贵州、广西、四川、西藏、安徽等 22 个省区的手工纸行业状况展开了普查，对近 900 份纸张的纤维形貌、耐老化性能、机械性能等多项指标进行测试分析，历时 16 年完成本书第一期的编写和出版。

大学生也可以通过实地调查，开启对古法手工纸及纸的设计美的探索，了解更深层次的内容。如可以走进中国科学技术大学手工纸研究所，探索中国手工造纸技艺，了解材料分析、纤维理化分析，从科学和技术角度入手进行探索；或通过田野调查，走访手工艺生产单位，深入了解生产和产品；还可以通过科技考古，重走历史迁移发展路线，学习历史发展脉络；或从艺术设计、文化传播、数字媒体影视等角度，传播中华优秀传统技艺。通过打通多条路径和学科跨界，对中国手工纸进行多维度立体研究。

　　手工纸研究所另一特点和样本是与社会连接，参与了上海当代艺术博物馆与香奈儿文化基金合作推出的"手艺再兴"展览项目（图11-27）。大学生可以从展览项目中，了解在文明快速发展到人工智能的今天，社会更迭导致了多少民间手艺的失落。因此，倡导"手艺"二字，重塑传统工艺价值并以此为触发点，重置一套友好、克制的生态发展生产体系，让大学生参与具身审美体验、参与实践探讨，尝试拾回人与自然联结的共情，是一条美育的好途径。同时，实践探索手艺背后的造物观念、文化内涵、工艺传承、艺术设计及精神追求，对将传统手工艺运用在当代的生产和生活中、潜移默化于我们当代人的思想和行为中，有重要价值和意义。

　　手工纸的设计之美让我们脑洞大开，这些作品所隐喻的文化内涵和意义需要我们深入其中观察、调研与体验，才能真正触发对美的认识，开发创造力，提升审美素养。

图11-26　《中国手工纸文库》①　　　　　　图11-27　"手艺再兴"展览项目②

　　综上所述，大学生设计美感知能力、鉴赏能力的培养有很多方法、路径，传统的或现代的、虚拟现实的或身临其境的、线上的或线下的、实践的、竞赛的，等等。每一种方法和途径都有不同的效果，但任何方法、路径都指向一个终极目的：培养有很高审美辨识力的、有创造性的、高情商、高素质的综合性人才。大学生应培养创造性思维，激发对美的向往，打破常规、勇于尝试创新，在具身参与和"角色介入"的设计审美鉴赏和学习中，提高个人的审美修养和素质，拓宽文化艺术视野，增强对国家的热爱、责任和担当，在辨识美的过程中认识美、包容各种美、理解美，塑造健康向上的精神品质，这有利于全面提升全民族的素质，从而推动社会进步与发展。

本章思考题与阅读书目

一、思考题

1. 设计、设计之美及设计审美之间有何关系？

①② 中国科学技术大学手工纸研究所提供。

2. 设计本质特征在设计作品中的表征是什么？请举出中外两个经典案例进行论证。

3. 请你阅读《天工开物》和《考工记》，并对其中的设计审美特点进行评述。

二、阅读书目

1. 林徽因等：《建筑之美》，团结出版社 2006 年版。

2. SendPoints 善本：《极简之道：日本平面设计美学》，文汇出版社 2020 年版。

3. 李渔：《闲情偶寄图说》，王连海译注，山东画报出版社 2003 年版。

4. 尹定邦：《设计学概论》，湖南科学技术出版社 2009 年版。

5. 李敏：《欧文·琼斯与现代装饰艺术》，电子工业出版社 2021 年版。

第十二章
生态美育

大学生态美育是一种面向当代大学生的生态审美教育形式，它是大学美育在新的历史条件下的创新发展形态，是生态文明时代大学教育不可或缺的重要组成部分。开展生态美育对于提升大学生的综合素质、促进大学生的全面发展具有十分重要的意义。

第一节　生态美育的内涵

生态美育是随着生态学、美学等相关学科的发展以及人们认识的不断深化而走上历史舞台的，它具有鲜明的时代主题、重要的社会功能以及独特的性质和特征。

一、"生态美育"概念的提出

"生态"（ecology）一词源于古希腊语中的"οἶκος"，本义指"住所""房子"或"栖息地"，后来陆续在德语、英语等语种中衍生出相应的词语。生态的基本含义是指生物的生存和发展状态，以及生物物种之间、生物与环境之间的关系。随着社会的发展，"生态"一词被广泛用于形容或描述诸多正面的、美好的、具有积极意义的事物或行为，如生态消费、生态文明、生态发展等，于是美好、和谐、健康、科学等逐渐成为"生态"概念的重要内涵。

18世纪工业革命以后，人类社会开始迈入工业化和现代化时代，迅速发展的科学技术极大地提升了社会生产力，创造了空前规模的物质财富。但与此同时，经济的快速发展也带来了严重的环境污染问题，由此造成的水土流失、耕地减少、空气污染、资源短缺、气候异常、生命物种减少等都严重影响着人类的生存质量和社会的持续发展，因而生态问题日益引起全世界的思考和关注。随着思考的不断深入，人们越来越清醒地认识到造成生态问题的直接原因是人类发展模式的落后以及人与自然之间关系的失衡，而深层次的原因则是人类对自然的敬畏感和亲近感的缺失。

进入20世纪，生物学意义上的"生态"概念逐渐进入人文社会科学领域。1922年，美国地理学家哈伦·巴洛斯提出了"人类生态学"的概念，首先将生态学与人的生存联系起来。20世纪40年代，德国美学家海德格尔提出了"人类应该诗意地栖居在大地上"的命题，"诗意栖居"说将生态之维引入对人类理想栖居场所的思考，实现了美学之思与生态之思的有机统一。20世纪六七十年代以来，随着人们对人类生存与发展问题的日益关注，生态学的思想与方法广泛渗透到科学与人文研究的各个领域，与生态学相关的人文学科如生态哲学、生态伦理学、生态社会学等也纷纷建立，在文学和美学领域则出现了生态文学、生态批判、环境美学等。尤其是挪威生态哲学家阿伦·奈斯于1973年提出了生态平等、生态自我等理论命题以及人与自然平等共生、共在共荣等重要的生态伦理学观念，从而将传统的浅层生态学发展成为深层生态学，标志着生态哲学研究进入一个崭新阶段。在深层生态学观念的启发和影响下，西方当代学者阿诺德·伯林特、艾伦·卡尔松、约·瑟帕玛等人将生态观念引入美学领域，着重研究人类生存环境的审美要求、环境美感对于人的生理和心理作用以及欣赏环境美的经验和创造环境美的法则等问题，创立了环境美学，在世界范围内产生了巨大影响。如今，生态日渐成为一种人类审美地观照自身与客观世界的世界观、价值观和方法论，代表着一种新的文明理念、新的思维方式、新的审美理想和新的生活状态。

中国学者从美学、文艺学视角理解和使用"生态"概念始于20世纪90年代，并且明确提出了"生态美学"的概念。1991年，杨英风在《从中国生态美学瞻望中国建筑的未来》一文中首先使用了"生态美学"一词。1994年，李欣复发表《论生态美学》一文，提出了建设生态美学学科的观点。进入21世纪，"生态美学"逐渐成为中国学者关注的热点问题。2001年10月，"美学视野中的人与环境——首届全国生态美学术研讨会"在陕西召开。徐恒醇、曾繁仁等美学理论家陆续出版了《生态美学》《生态存在论美学论稿》[①]等理论著作，相关研究得到了进一步拓展和深化，生态美学在我国异军突起，逐渐成为中国美学研究的重要生长点。

生态美育是环境教育的重要组成部分，是生态美学与审美教育研究的拓展与深化。1972年联合国斯德哥尔摩环境会议上通过的《联合国人类环境会议宣言》（又称《斯德哥尔摩宣言》），正式提出了环境教育的理念，并且对环境教育提出了具体要求。1975年在贝尔格莱德召开的国际环境教育会议又发表了著名的《贝尔格莱德宪章》，进一步提出人人都享受环境教育的权利。1987年，世界环境与发展委员会撰写的研究报告《我们共同的未来》提出了人类可持续发展战略，指出"可持续发展战略旨在促进人类之间以及人类与自然之间的和谐"[②]，强调人类社会的可持续发展只能以生态环境和自然资源的持久稳定的承载能力为基础。同年，联合国环境规划署正式使用"生物多样性"的概念，将生物多样性作为生态平衡的基础，生物多样性教育逐渐成为生态教育、环境教育的重要

---

① 参见徐恒醇《生态美学》（陕西人民教育出版社2000年版）、曾繁仁《生态存在论美学论稿》（吉林人民出版社2003年版）。

② 世界环境与发展委员会：《我们共同的未来》，王之佳、柯金良等译，吉林人民出版社1997年版，第80页。

内容。1992 年联合国内罗毕会议通过了《生物多样性公约》，将保护生物多样性视为人类共同的利益和实现人类社会可持续发展的重要保证。此后，随着世界范围内环境教育的日益拓展与深化，生态美育理念逐渐形成。而"生态美育"的概念则是由我国学者在 21 世纪初首先明确提出的，丁永祥、祁海文①等人在其著述中较早使用了"生态美育"这一概念，并对其内涵进行了细致的阐述。"生态美育"概念的提出是我国学者对人类生存与发展环境进行美学反思的必然结果，是我国生态美学、审美教育研究的重要成果，亦是生态文明理念日渐深入人心的重要体现，它意味着生态美学的价值理念、思维方法向美育理论与实践研究的有机渗透，为美育的重构与发展提供了学术支撑。

总之，生态美育是人类社会不断向前发展的必然产物，是美学学科发展的必然选择，是中国美育发展的当代诉求与西方环境伦理学、中国生态美学研究视域融合的结果，它推动了传统美学价值的现代转向，代表着一种全新的价值取向和美育理念。时至今日，加强生态文明建设，构建人与自然和谐共生的地球生命共同体、重建人与自然和谐的审美关系、建设经济与环境协同共进的美丽家园、实现人类永续发展是当今世界各个国家、各个民族、各个地区人民的共同愿望。实现这一美好愿望离不开大众生态审美素养的提高。所谓生态审美素养，是指以生态环境、生态系统为对象的审美经验、审美情趣、审美理想和审美能力的总和，是一个人所具备的认识、理解、感受、鉴赏、评价和创造生态美的素质和能力。一个人如果生态审美素养不足，特别是缺少关爱自然、亲近自然的生态审美情怀，那么他就是一个片面发展甚至畸形发展的人，而非真正全面发展的人。缺少生态美育，当代社会所提倡的生态文明建设、可持续发展理念就难以真正在实践中落实。推动美育转型、走向生态美育业已成为当代社会的必然要求，积极开展生态美育是当代人面临的一项重大历史任务。

二、生态美育的含义

生态美育的出现，标志着当代美育的大众化、生态化转向，也昭示了普通人的生活日益审美化、生态化的历史趋势。

生态美育是一种坚持生态原则与审美原则相结合，以人与自然和谐共生、平衡发展的审美关系为价值取向，以生态审美及其艺术表现为主要手段，旨在树立科学的生态审美观念、培养生态审美素养的审美教育形式。

从理论层面看，生态美育是一种将"生态""审美""教育"三者有机结合，以生态审美及其艺术表现为主要手段的审美教育理念与方法论；从实践层面看，生态美育是指一种践行生态美育理论和生态审美理想，将生态美与人性美有机融合的教育实践活动。

① 参见丁永祥《论审美教育中的生态意识》（载《河南师范大学学报（哲学社会科学版）》2002 年第 4 期），陈国雄《论生态美学的美育》（载《云梦学刊》2002 年第 6 期），祁海文《走向生态美育——对生态美学发展的一种思考》（载《陕西师范大学学报（哲学社会科学版）》2004 年第 5 期），丁永祥、李新生《生态美育》（河南美术出版社2004 年版）。

在中国，学校是教育的主渠道。大学是实施美育的重要平台，亦是开展生态美育的重要阵地。面向大学生的态美育不同于面向普通大众的社会生态美育，其美育对象是在校大学生群体，其活动范围包括校园内和校园外，而大学校园是其主阵地。大学生态美育的开展要与大学校园生活相融合、与大学课程学习相结合，强调生态美育向具体教学活动渗透与拓展。面向在校大学生开展生态美育是当代大学教育不可或缺的组成部分，它主要包括生态化渗透和生态美的教育两个方面。具体而言，面向在校大学生开展生态美育就是以生态美理论和知识学习、生态审美体验为主要手段，将生态意识和生态理念渗透到大学生审美教育全过程，积极推进课程生态美育，通过形式多样的生态教育教学活动、生态审美实践活动教育和引导大学生充分体验、认识自然美的生态价值，旨在培养大学生的生态审美意识、生态审美观念、生态审美情感和生态审美责任，提高大学生的生态审美欣赏能力和创造能力，为生态文明建设培养高素质人才。

三、生态美育的性质

生态美育是当代美育的一种新范式、新形态，是生态学、美学与教育学交叉融合的产物，具有鲜明的时代特征和多学科交叉融合的突出特点。生态美育的主要性质可以概括为以下几方面。

首先，生态美育是一种审美教育。众所周知，审美性是美育的基本特征。美育又称审美教育，其基本手段和途径是用美学理论引导人，用美的形象感染人，培养人感受美、欣赏美、创造美的能力，促进人的全面发展。美学家席勒曾经指出："要使感性的人成为理性的人，除了首先使他成为审美的人，没有其他途径。"① 生态美育是审美教育在当代的创新发展形态，本质上仍然属于美育范畴，其核心在于"美育"。大学美育的基本性质、任务、目标都适用于生态美育。因此，审美性是生态美育的应有之义，是生态美育的基本性质之一。生态美育首先必须是"美"的教育，始终坚持以美育人、以文化人、以美成人的美育原则。生态美育强调人与自然灵性相通、美感与共，将培养当代人的生态审美意识、生态审美理想、生态审美情感、生态审美态度等作为主要任务，旨在让人们学会欣赏自然生命的多样性、丰富性、生动性之美，通过提高人的生态审美素养构建人与自然生态之间和谐的审美关系。此外，生态美育将美育由传统的艺术教育扩展到由自然科学、社会科学、人文科学等组成的学科美育以及人们的日常生活和学习实践形成的生存性美育中。

其次，生态美育是一种生态教育。生态美育以当代生态哲学、生态美学为理论基础，以生态整体主义为价值导向，不但注重生态知识、生态理念的培养，而且积极倡导人类的生态审美化生存，以培养全面发展的生态审美人为目标。从这个角度而言，生态美育是一种带有审美性质的生态教育，是传统生态教育的创新发展形态。一般而言，生态教

---

① 席勒：《美育书简》，徐恒醇译，中国文联出版公司 1984 年版，第 116 页。

育的内容主要包括生态理论、生态知识、生态文化、生态技术、生态工艺、生态健康、生态安全以及生态哲学、生态伦理、生态美学等，而生态美育要求在学习和掌握以上内容的基础上，能够进一步理解与把握世界深层生态规律，以追求地球生态系统的有机和谐性、动态平衡性与可持续发展性为重要的价值取向，把生态价值观、生态伦理观、生态审美观作为美育的核心内容，以培养人们的低碳、环保、节能、绿色、适度消费等新的生活理念作为其重要任务之一。因此，生态美育是传统的生态教育在新的历史背景下的拓展与深化。

再次，生态美育是一种伦理教育。众所周知，在传统的伦理教育观念中，伦理只存在于人际关系中。对于其他动植物而言，人类是绝对的主宰力量，可以处置、占有、掌控、利用地球上的其他动植物，对其他生命体具有生杀予夺的绝对权力。而生态美育将伦理范围由人类社会扩展到整个生态系统，将人与地球上的其他一切生命物种都视为地球生态大系统中不可或缺的组成部分。生态美育通过美育的方式方法，帮助人们树立起人与生态圈中其他生命物种之间相互平等、相互依赖、相互扶助的伦理观念，将培养当代人对于自然生命的关爱精神作为重要任务之一，积极引导人们充分认识包括人在内的一切生命体都在整个生态系统中占有各自的位置、发挥各自不可替代的作用，都平等地享有生存、繁衍、发展和自我实现的权利，进而形成不能损害自然的完整、稳定与平衡这一基本道德底线。因此，生态美育是一种新的伦理教育形式，它体现的是一种与传统伦理观不同的当代生态伦理观。

最后，生态美育是一种责任教育。地球是一个包括人类、土壤、水、植物和其他动物在内的生命共同体，"当一个事物有助于保护生物共同体的和谐、稳定和美丽的时候，它就是正确的，当它走向反面时，就是错误的"①。从一定意义上讲，目前的资源短缺、水土流失、环境污染、栖息地退化、生命多样性锐减等问题主要是由人类对大自然的无序无度攫取和不合理开发利用所造成的，人类与自然之间不和谐的紧张关系也主要是由人类的为所欲为所导致的。例如澳大利亚原本没有兔子，但是在英国对澳大利亚进行殖民的过程中，殖民者托马斯·奥斯汀从英国带来了29只兔子，由于兔子在澳大利亚没有天敌，它得以迅速繁殖，数量急剧扩大，甚至泛滥成灾，把牧草吃掉一大半，而且在草原上到处进食挖洞，造成严重的水土流失，给当地牧业造成巨大损失。当地民众想尽各种办法清除这些兔子，比如引进狐狸、围建铁丝格子网等，但都以失败告终，当地的生态环境一度变得更加严峻。这是一个典型的人的恣意妄为导致环境恶化的例子，因此人类对于自然万物的生存与发展、对于维护良好的生态环境是负有特殊的不可推卸的历史责任的。作为一种特殊的审美教育，生态审美教育不是为了审美而审美，除了净化灵魂、陶冶情操以及引导人们爱护自然、亲近自然之外，还要努力培养人们的生态责任意识。西方环境美学明确将资源保护视为人们的必备知识，提出要实行资源保护教育。通过生

---

① 奥尔多·利奥波德：《沙乡年鉴》，侯文蕙译，吉林人民出版社1997年版，第213页。

态美育，可以引导人们从审美超功利性中超拔出来，充分认识与理解人类对于整个地球生态圈所应承担的责任，增强维护生态之美的自觉性，构建绿色、科学的行为准则和消费模式，承担起相应的爱护环境、保护地球、维持生态平衡、保持生命多样性和丰富性、促进人类社会可持续发展的责任。

四、生态美育的特征

作为当代审美教育的创新发展形态，生态美育具有超越性、统一性、体验性、实践性等突出特征。

（一）超越性

作为教育学、生态学、美学等多学科融合发展的产物，生态美育具有十分明显的超越性特征。生态美育的超越性主要表现为对传统美育的超越和对传统生态教育的超越两个方面。

一方面，生态美育在基本理念、审美感官、审美范式以及美育的内容和方式等多个方面实现了对传统美育的超越。在传统美育观念中，作为审美主体的人始终处于主导地位，审美的本质是人对审美对象的生命灌注和移情，是人的一种对象化的自我享受。审美的感官主要是眼睛和耳朵，审美感觉局限于视觉和听觉，而且强调在审美活动中人与审美对象之间必须保持适当的心理距离，不能太近也不能太远。传统美育主要以艺术知识的灌输和艺术技能的训练为具体实施方式，侧重于人文情怀和艺术素养的培养。而生态美育强调的则是万物平等、化育万物、生态审美，认为人与自然之间是彼此平等、和谐相处、共生共荣的关系。生态美育将生态原则融入具体审美活动之中，将自然生态环境作为最重要的审美对象，更加强调尊重自然、保护环境，维持生态系统的平衡、稳定、和谐与美丽，着重培养人的生态审美意识和生态审美情怀，极大地拓展了美育内容。人对生态之美的欣赏需要目、耳、鼻、口等感官全部介入参与，审美主体身处自然生态环境中，既可以通过眼睛得到万千美景的视觉享受，也可以通过耳朵听到自然中的各种悦耳的声音，通过皮肤真切地体验微风拂面、细雨如丝的美好感觉，还可以通过鼻子闻到青草鲜花、紫萝绿树等植物的芬芳，通过味觉器官品尝到鱼米之香、果实之甘。生态美育具体实施方式和手段更加多样化，既可以从宏观层面上体验生态之美，也可以在微观层面上欣赏自然之美，这就极大地超越了传统审美的时空距离限制。例如，我们既可以自由自在地漫步于美丽的大自然中，欣赏整个自然生态系统的独特魅力，感悟宇宙天地的大化流行，也可借助高倍数精密显微镜等科学仪器欣赏微观世界之美，如一片晶体、一粒沙子、一个细胞、正在发芽的种子、破茧而出的蝴蝶、空气中飘动的尘埃，等等。生态美育致力于提高人的生态审美素养，培养"生态审美者""生活的艺术家"，从而将审美教育的重心转移到人的审美生存层面上来，比传统美育和一般美育更切近人的生存本质。

另一方面，生态美育实现了对传统生态教育的超越。传统生态教育是一种以提高人们的生态知识素养为目的的科学教育，注重科学性和知识性，在内容上侧重于生态知识的传授。而生态美育则是一种更贴近自然和人的生存本质的人文教育，它以培养人的生态审美观念和生态审美情感为旨归。具体而言，生态美育比传统的生态教育更注重形象性、情感性、审美性，它从人类生存与发展的高度对自然生态进行审美观照，侧重于对人的生态审美情怀、生态审美意识的培养。

（二）统一性

与传统美育相比，生态美育具有鲜明的统一性特征，这集中表现为审美与生态的有机统一、理性与感性的辩证统一。

面对严重的生态危机，人们日益强烈地意识到解决自然环境问题的根本在于人的思想观念的更新、认知水平的提高、社会伦理的变革及审美理想的升华，需要美育的积极参与。生态美育的出现意味着当代美育的生态转型，意味着生态性与审美性日趋紧密地融合统一，意味着美育生态化与生态教育审美化的发展趋向。在生态美育中，审美与生态有如一枚硬币的两面，始终是相互依赖、相互交融、有机统一的。

生态美育体现了理性与感性的辩证统一。一方面，生态美育离不开理性。生态美育是审美教育在新的历史条件下的深化拓展与创新发展，是当代大学教育教学活动的有机组成部分，离不开理性的支撑。首先，生态美育要遵循基本的教育规律。作为一种教育活动，生态美育不可避免地受到主体的年龄、性格、个性特征、认知能力、文化水平、生理与心理状态等因素的影响，受到教育学、教育心理学等学科的理念、原则、方法的规范和制约，因此，不论是其基本理念、教学设计还是具体实施，都必须遵循教育教学规律以及人的认知和身心发展规律。应根据人的不同年龄阶段和学习阶段，充分考虑主体的身心发展规律，坚持循序渐进、因材施教等教育教学原则，科学合理地确定具体内容，采取灵活多样的方式方法开展生态美育。其次，生态美育必须遵循基本的生态规律和审美规律。生态美育若要提高其针对性和实效性，顺利完成其任务、实现其目的，就必须采用科学合理的手段和方法，引导人们了解、熟悉、掌握基本的生态知识、生态理念和美学原理，用生态规律和审美规律规范人们的行为和活动，进而培养人们的生态意识和生态观念，提升人们发现、欣赏、创造生态美的能力和素养。另一方面，生态美育的实施也离不开感性。众所周知，感性是美学的重要特征，西方"美学之父"鲍姆嘉通曾明确将美学阐述为"感性认识的完善"；教育既是科学，也是艺术，正如教育家夸美纽斯所说，教育是"将一切事物教给全人类的无所不包的艺术"①。美育是美学与教育的有机融合，是一种人文教育，其主要手段是生动、具体的感性形象。因此，作为当代美育的创新发展形态，生态美育不只是传授生态理论和美学知识，还运用感性的方式激发人们的学习兴趣和生态情感，提高人们接受生态美育的自由度，深化其审美体验和感悟。开展以美学为学科基础的生态美育，需要适时适宜地创设生态情境，通过直观的感性形

---

① 夸美纽斯：《大教学论·教学法解析》，任钟印译，人民教育出版社 2006 年版，第 5 页。

象，激发人们的审美感兴，引导人们进入审美自由的精神天地，引导人们将那些理性的生态知识、生态观念化为感性的审美情趣和生态情怀，并自觉地将它们落实到具体的日常生产、生活实践中，积极创造和发展生态美，充分发挥生态美育以美育人、以美化人、以美培元的巨大作用。

（三）体验性

从一定意义上讲，生态美育实施的过程就是审美主体能动地体验生态之美的过程，因此体验性是生态美育的一个重要特征。美国当代著名生态伦理学家罗尔斯顿在其著述中反复强调体验的重要性："如果自然事物拥有价值，那么，我们也必须经由某些体验（体验把我们带入这些价值之中）才能了解它们……对大自然的所有评价也是建立在体验之上的。"[①] "人类所知道的价值都是经过人的体验筛选过的，是由我们的体验来传递的。"[②] 生态美育的出现意味着人的生命活动向生态审美领域的延伸，它离不开审美主体的积极参与，离不开人的审美体验和审美感悟。因此，生态美育特别强调参与式审美体验和积极的情感体验，主张充分发挥审美主体的积极性、主动性和创造性，全身心地参与其中，通过对自然生命形式的审美观照而引发生命体验和审美意象的生成，进而深刻领悟和把握生态美的意义和价值。美国著名环境美学家阿诺德·伯林特倡导将自然、环境纳入审美领域，并一再强调个人对于自然和环境的切身体验在生态审美中的重要性。他反对将艺术、审美与自然截然分开的观念，主张通过主体的审美体验在自然和艺术之间建立一种连续性，他明确讲道："在艺术和环境两者当中，作为积极的参与者，我们不再与之分离而是融入其中。"[③] 也就是说，生态美育需要视觉系统、听觉系统、触觉系统、味觉系统等所有主体感官的参与，进而增强个体对生态之美的体验。所以，从这个意义上讲，生态美育就是一个获得和积累生态审美经验的过程，而作为主体的人则以自己的审美体验和审美感受积极参与其中。

（四）实践性

生态美育还具有强烈的实践性特征，引导着人们不断将生态审美理论转化为具体实践。生态美育实际上包括两个方面：一是将生态审美知识和理论内化为人的生态审美观念、生态审美情怀和生态审美人格，提升人的生态审美素质和能力。二是把内化了的生态审美意识和观念外化为欣赏和创造生态美的实际行动，转化为推进生态文明建设的巨大力量，构建绿色发展模式，造就生态审美的人生，促进人的全面发展。亲身体验和积极参与生态审美教育，能够帮助人们提升自己的审美观念、生态意识，并将所获得的生态知识和美学理论运用于各种具体的审美实践和创造活动中。在日常生活中积极践行生

① 霍尔姆斯·罗尔斯顿：《环境伦理学——大自然的价值以及人对大自然的义务》，杨通进译，中国社会科学出版社2000年版，第37页。
② 霍尔姆斯·罗尔斯顿：《环境伦理学——大自然的价值以及人对大自然的义务》，杨通进译，中国社会科学出版社2000年版，第38页。
③ 阿诺德·伯林特：《环境与艺术：环境美学的多维视角》，刘悦笛等译，重庆出版社2007年版，第9页。

态美育所倡导的审美理念和环境保护意识，与大自然和谐相处，自觉维护生态平衡，进而积极地创造生态美，这是生态美育的内在要求。

对于大多数人而言，虽然通过传统的审美教育，审美素养、审美趣味能够得到一定程度的提高，但并不是每一个人都可以拿起笔来去搞艺术创作，也并不是每一个人都可以成为"生活的艺术家"；而通过生态审美教育，每一个人在提高生态审美意识和生态审美观念的基础上，都可以把这些意识和理念落实到个人的具体行动中，爱护自然环境，维护生态平衡，为创造人类的美丽家园贡献自己独特的智慧和力量。生态美育正呈现出日渐向日常生活拓展的态势，不仅使个体所接受的美育由阶段性的学校美育变成了终身性的人生美育，更重要的是使不同职业、不同身份、不同背景、不同文化程度的人都有了接受生态美育的机会，因而具有了广阔的实践性。

五、生态美育的实施

生态美育的目的是培养人们的生态审美意识，构建科学的生态审美理念，形成完善的生态审美能力，促进人的全面发展。在人类文明发展史上，不论是西方还是东方，众多思想家都对人与自然的审美关系、生态美等问题进行过深刻的思考和阐发，提出了许多独具价值的理论和学说。马克思主义理论家们运用辩证唯物主义的立场和观点，对人与自然的关系、生态平衡等问题作了十分深刻的阐述，提出了许多真知灼见，如人的自然属性理论、人化自然的理论、人与自然共同进化的观点、人类同自然和解的思想、可持续发展理论等；在中国传统文化中，蕴含着极为丰富而深刻的生态审美思想，如万物同源和道法自然思想、"仁民爱物"的生态大爱精神、"和而不同"的共生思想、"知者乐水，仁者乐山"的自然亲和情怀、"参赞化育"的生态担当等，这些思想观念集中体现于儒家、道家、禅宗等思想流派对于审美、艺术、人生、自然等问题的哲学思考。西方生态哲学思想、环境美学理论是生态美育的重要思想资源。在西方近现代美学中，许多理论学说都蕴含着深刻的生态哲学思想，具有明显的生态美育价值。20世纪出现的生态哲学、环境美学则明确地运用生态系统的观点和方法研究人类与自然环境之间的审美关系及其普遍规律、人类生存环境的审美要求、环境美感与人的生理和心理之间的复杂关系和相关作用等现实问题，将生态美育的思考推进到一个全新的阶段。以上这些理论学说和思想观念既是生态美育形成与发展的重要思想资源，也是当代大学生在开展生态美育过程中需要学习和掌握的基本知识。

对生态美的亲身体验与感悟是生态美理论学说的诉求和目标。各种生态美理论学说和思想观念，都有一个共同的目的，那就是促进人与自然的友好和谐，丰富人的精神审美生活，通过对多姿多彩的生态之美的欣赏，能够加深人们对生态美相关理论学说、思想观念，尤其是对于保护生态环境、维护生态之美之重要性的理解与认识，进一步强化人们的生态审美意识，筑牢人们的生态审美观念，推动人们在生产、生活和学习中积极落实和践行生态美理念。作为生态审美主体而言，如果不对生态审美对象进行观照，不去亲身体验和感悟丰富多彩、形式多样的生态之美，丰富个体的生态审美经验，生态审美理念的构建、生态审美能力的提升也就成为空谈。从一定角度而言，对生态美的欣赏主要包括对大自然的感性形式之美、人与自然的和谐共生之美、生态圈的动态平衡之美、生命物种的多样繁荣之美、生活环境的舒适宜居之美的体验和感悟等几个方面。

第二节　生态美育的思想根基

马克思主义生态文明思想、中国传统文化中的生态审美观念以及西方生态哲学思想和环境美学理论，既是人类对于自然环境、生态之美进行长期深入思考的智慧结晶，也是当代生态美育的思想根基。

一、马克思主义生态文明思想

马克思、恩格斯在其著述中对人与自然的关系、开发利用自然、展示自然的本质和美、创建美好生态环境等问题作了十分深刻的阐述，提出了许多相关真知灼见。生态文明思想是马克思主义的重要组成部分，亦是当代大学生态美育的重要思想资源。

人的自然属性理论。 马克思主义认为，人是有自然力和生命力的、能动的自然存在物，"人是自然界的一部分"[1]，"我们连同我们的肉、血和头脑都是属于自然界，存在于自然界的"[2]。自然界影响和制约着人的活动，人的生活离不开自然界。作为自然存在物的人不可避免地要接受自然规律的制约、受到自然外物的束缚，所以在生产和生活中，不应以人自身需求为中心，通过强行干预使自然为人所用，发挥人的主体能动性时必须充分考虑各种现实条件，尊重自然的本性，避免将人凌驾于自然界之上。

人化自然的理论。 自然（环境）是人类的活动对象和结果。自然（环境）对于人而言具有一定的优先地位，人类要尊重自然，但人类并不是消极地、被动地适应自然（环境），而是对自然（环境）具有积极的能动作用，"处处都把内在的尺度运用于对象"[3]，"再生产整个自然界"[4]。因此自然是在人的实践中不断生成的，自然是人化的自然——自然处处打上了人的烙印，成为人的本质力量的确证。

人与自然共同进化的理论。 马克思主义认为，从实践的角度看，人的活动与自然（环境）的改变是一致的，也就是说，人与自然（环境）相互作用、共同进化。而实践是

---

[1] 马克思：《1844年经济学哲学手稿》，中共中央马克思恩格斯列宁斯大林著作编译局译，人民出版社2000年版，第57页。

[2] 《马克思恩格斯全集》第二十卷，中共中央马克思恩格斯列宁斯大林著作编译局译，人民出版社1971年版，第519页。

[3] 马克思：《1844年经济学哲学手稿》，中共中央马克思恩格斯列宁斯大林著作编译局译，人民出版社2000年版，第58页。

[4] 马克思：《1844年经济学哲学手稿》，中共中央马克思恩格斯列宁斯大林著作编译局译，人民出版社2000年版，第58页。

二者相互作用、共同进化的中介，实践为人与自然（环境）的共同进化和相互统一提供可能性，使人与自然（环境）的关系处于一种不断变化、动态平衡的状态。

可持续发展理论。对于自然资源而言，人类不是所有者，而只是占有者和利用者。人类无权随意滥用和破坏土地等自然资源，而应根据实际需要按最合理有效的方式来调节人与自然（环境）之间的关系，"合理地调节他们和自然之间的物质变换，把它置于他们的共同控制之下，而不让它作为盲目的力量来统治自己；靠消耗最小的力量，在最无愧于和最适合于他们的人类本性的条件下来进行这种物质变换"[1]。要对土地等自然资源进行合理利用、科学保护和有效改良，给子孙后代留下可持续利用的优良自然资产，保证人类社会的永续发展。而共产主义的实现则是真正解决生态问题的有效途径，"共产主义，作为完成了的自然主义＝人道主义，而作为完成了的人道主义＝自然主义，它是人和自然界之间、人和人之间的矛盾的真正解决，是存在和本质、对象化和自我确证、自由和必然、个体和类之间的斗争的真正解决"[2]。

二、中国传统文化中的生态审美观念

以"天人合一"为核心观念的中国传统文化蕴含着极为丰富而深刻的生态审美思想，它集中体现于中国古人对于审美、艺术、人生、自然等问题的哲学思考中，它们是大学生态美育的重要思想资源。

"万物一体"的生态整体主义思想。在中国古代哲学中，不论是元气论、太极说，还是道生万物说、阴阳五行说，都认为世间万物具有同源性、同律性，整个世界是有机统一的，生命是美的、自如自在的。物无贵贱，所有的生命都是大自然（天地）对人类的无私馈赠。正如老子所言："道生一，一生二，二生三，三生万物。万物负阴而抱阳，冲气以为和。"[3] 人源于天地（自然），亦是天地（自然）的一部分，人与天地（自然）相通相合相应。在中国古代大量的山水诗、山水画中，人总是悠然地存在于、生活于自然境界中，人本身就是自然的一部分，就是自然的一景，王维的"人闲桂花落，夜静春山空"[4]（《鸟鸣涧》），常建的"山光悦鸟性，潭影空人心"[5]（《题破山寺后禅院》），黄庭坚的"草木同沾甘露味，人天倾听海潮音"[6]（《戏赠惠南禅师》）……这些脍炙人口的诗句所描绘的正是万物一体、人境无碍的生态美境。

---

① 《马克思恩格斯全集》第二十五卷，中共中央马克思恩格斯列宁斯大林著作编译局译，人民出版社 1974 年版，第 926—927 页。

② 马克思：《1844 年经济学哲学手稿》，中共中央马克思恩格斯列宁斯大林著作编译局译，人民出版社 2000 年版，第 81 页。

③ 《老子》，饶尚宽译注，中华书局 2006 年版，第 105 页。

④ 《全唐诗》第 4 册，中华书局 1960 年版，第 1302 页。

⑤ 《全唐诗》第 4 册，中华书局 1960 年版，第 1461 页。

⑥ 北京大学古文献研究所：《全宋诗》第 17 册，北京大学出版社 1995 年版，第 11649 页。

"和而不同"的生态共生思想。《论语》中的"君子和而不同"①，《中庸》中的"万物并育而不相害，道并行而不相悖"②，都是在强调宇宙天地中的生命万物尽管有所不同，但彼此之间却是平等的，因此万物可以和谐相处、共生共荣。孔子认为草木、花鸟、山水、日月等自然物之所以引起人们的喜爱，是由于它们与人在某些属性和品质上具有对应关系，因此他在《论语·雍也》中提出"知者乐水，仁者乐山"③ 的观点，赋予自然山水以人格精神和道德比附的含义。庄子认为人可以与鸟兽虫鱼自由嬉戏，与自然万物友好相处，推崇和倡导"天地与我并生，而万物与我为一"④（《庄子·齐物论》）的高度和谐的生态平衡之美，将人与自然高度和谐统一的"物我两忘""圆通无碍"状态视为人生的最高境界。

"仁民爱物"的生态大爱思想。早在先秦时期，中国古代思想家们就提出了一种推此及彼的生命观、自然观，如孔子的"仁者爱人"、孟子的"老吾老，以及人之老；幼吾幼，以及人之幼"⑤（《孟子·梁惠王上》）、荀子的"以人度人，以情度情，以类度类"⑥（《荀子·非相》）等，都强调人与人之间的互利互爱。中国古代先贤并未将"仁爱"思想限定在"爱人"上，而是进一步将仁爱之心扩大到宇宙万物，例如孟子的"亲亲而仁民，仁民而爱物"⑦（《孟子·尽心上》）思想，宋代张载提出的"天人合一""民胞物与"理论学说，程颢、程颐"仁者，以天地万物为一体"⑧ 的思想，禅宗"慈悲为怀""善待众生"的思想等，都主张人要心怀万物，用谦逊和亲和的态度看待一切宇宙生命，人要尊生、重生、爱生，体现出一种朴素的生态大爱思想。

"道法自然"的生态运行思想。道家提出了"人法地，地法天，天法道，道法自然"⑨的观点，认为自然即道，人类应该顺应自然法则，与大自然融合共存，而不是以人力去强行改变事物的自然发展过程，要坚守"自然之道不可违"的基本原则。儒家主张"不违农时"，倡导"知天命"，以"四时行焉，百物生焉"⑩（《论语·阳货》）言天道，认为百物生长遵循四时更迭的秩序和自然规律，因此人们要主动认识、掌握自然的规律，遵守自然的节序规律，按四时节律行事，否则就会造成自然失序。孟子曾对此作过详尽的阐述："不违农时，谷不可胜食也；数罟不入洿池，鱼鳖不可胜食也；斧斤以时入山林，

---

① 杨伯峻：《论语译注》，中华书局 2006 年版，第 159 页。
② 孟子等：《四书五经》，中华书局 2009 年版，第 57 页。
③ 杨伯峻：《论语译注》，中华书局 2006 年版，第 69 页。
④ 《庄子》，孙通海译注，中华书局 2014 年版，第 20 页。
⑤ 孟子等：《四书五经》，中华书局 2009 年版，第 65 页。
⑥ 《荀子》，安小兰译注，中华书局 2007 年版，第 45 页。
⑦ 孟子等：《四书五经》，中华书局 2009 年版，第 114 页。
⑧ 程颢、程颐：《二程集》，王孝鱼点校，中华书局 1981 年版，第 15 页。
⑨ 《老子》，饶尚宽译注，中华书局 2006 年版，第 63 页。
⑩ 杨伯峻：《论语译注》，中华书局 2006 年版，第 211 页。

材木不可胜用也。谷与鱼鳖不可胜食，材木不可胜用，是使民养生丧死无憾也。"①（《孟子·梁惠王上》）在此基础上，中国古人逐渐形成了自然朴素为美的思想观念，认为自然之道朴素无为，淡然无极，自然而然，生命的本质是无人工介入的自然存在，美的生命在于自然朴素，"朴素而天下莫能与之争美"②（《庄子·天道》），在艺术创作领域竭力推崇"清水出芙蓉，天然去雕饰"③（李白《经乱离后天恩流夜郎忆旧游书怀赠江夏韦太守良宰》）之美。

"生生之谓美"的生态创生思想。"生生"之学及与之紧密相关的"生生"审美意识是中国传统文化和美学的思想精华之所在。早在先秦时期，中国古人就形成了"生生之道"的思想观念，《周易》提出了"生生之谓易""天地之大德曰生"等理论命题。"生生"意味着生命物种的多样性发展，意味着宇宙生命的生机勃勃、欣欣向荣。后人创造性地把文学艺术、社会伦理等领域的思想观念与生生之道相结合，从而将"生生之谓易"发展成为"生生之谓仁""生生之谓美"等理论学说，以自然而然为美，以生命的充盈为美，"生生"便成为整个中国传统文化中的一个重要的审美原则，彰显了中国古人以大自然的繁荣昌盛为美、以宇宙天地的无穷发展为美的生态审美情怀。

"取之有度，用之有节"的生态节用观念。中国传统文化反对过度开发和耗费自然资源，反对涸泽而渔、奢侈浪费，主张安贫乐道、"节用而爱人"④（《论语·学而》），建议人们"子钓而不纲，弋不射宿"⑤（《论语·述而》），倡导宁静、节制、简单、素朴的生活方式，以勤俭节约为美，体现了一种朴素的科学生产观念和绿色生活理念。

"参赞化育"的生态担当思想。中国传统文化充分肯定天地万物的内在价值，主张敬天法地，以仁爱之心对待自然，通过家庭、家族、社会、国家进一步将人情伦理原则扩展延伸至天地自然，《中庸》对此有过十分精当的阐述："能尽人之性，则能尽物之性；能尽物之性，则可以赞天地之化育；可以赞天地之化育，则可以与天地参矣。""中也者，天下之大本也；和也者，天下之达道也。致中和，天地位焉，万物育焉。"中国传统文化不仅主张人应该亲近自然、关爱自然，还将按照天道、物性的要求，促进万物的"化育"和繁荣、推动自然天地不断进化视为人类不可推卸的职责和义务。

三、西方生态哲学思想、环境美学理论

在西方近现代美学中，许多理论学说，如叔本华的"人生艺术化"理论、尼采的"生存状态诗意化"理论、杜威的"艺术生活化"理论以及海德格尔的"家园意识""天地神人四方游戏"说、"诗意栖居"说等，都蕴含着深刻的生态哲思，具有明显的生态美

① 孟子等：《四书五经》，中华书局2009年版，第63页。
②《庄子》，孙通海译注，中华书局2014年版，第138页。
③《全唐诗》第5册，中华书局1960年版，第1752页。
④ 杨伯峻：《论语译注》，中华书局2006年版，第4页。
⑤ 杨伯峻：《论语译注》，中华书局2006年版，第83页。

育价值。20 世纪出现的生态哲学、环境美学则明确地运用生态系统的观点和方法研究人类与自然环境之间的相互关系及其普遍规律，将人类对生态问题、环境问题的思考推进到一个全新的阶段。西方生态哲学思想、环境美学理论是大学生态美育的又一重要思想资源。

生命共同体理论。 西方生态哲学和环境美学将作为生态系统的自然视为"一个呈现着美丽、完整与稳定的生命共同体"①，强调人不能独立于自然之外，也属于这个生命共同体的一部分。西方学者超越纯粹生物学意义上的适应和生存，围绕"荒野""大地""田园"与"环境"等，提出了构建充满美丽、和谐与深意的生命共同体的理论构想。例如，西方环境美学专家霍尔姆斯·罗尔斯顿指出："荒野是一个活的博物馆，展示着我们的生命之根。"② 在荒野中，"有肌肉与脂肪、神经与汗水、规律与形式、结构与过程、美丽与聪明、和谐与庄严、灾祸与荣耀。荒野是一个有投射与选择能力的系统，编织出了一个内容丰富的故事"③。西方生态哲学和环境美学还将整个生物圈视为"生命为自己在地球表面上所建造起来的家园"④，认为地球生命共同体其实就是一个容纳所有生命、各部分相互交织关联的美丽的生态家园。在西方生态哲学和环境美学关于生命共同体和生态田园的构想中，自然之美是一个重要的维度，强调"越是美丽的环境，就越应谨慎地对待"⑤，"在我们不能让自然的地方保持原始状态的情况下，我们在进行改造时应尊重自然的美"⑥。

生态环链理论。 西方生态哲学认为，生态系统是由微生物到人类一系列联系所组成的错综复杂的生命之网，里面充满生机，能量不断流动和循环。地球生态圈就像一个由许多生态环链组成的网，每个生态环链都同等重要，都是整体生态之网的重要环节。生态系统中的某一部分出现问题，与其他成员的关系不再和谐，甚至生态网链整体面临失衡的危险，进而威胁到每一个成员的生存。西方学者利奥波德用生态金字塔来形容这种生态链：从高到低依次是食肉动物层、啮齿动物层、昆虫层、植物层、土壤层，土壤层是整体生态金字塔系统的基础，每一个接续的层次都以它下面的一层为食，这样不断地向上推进，组成一个蕴含巨大能量的通道——食物链，土壤、植物与动物在食物链中形成了可循环的能量流动。食物链不仅是一个不断进化、相互关联依赖的生态环链，还是一个慢慢增长发展的"生命储备处"⑦。生态环链有一定的负荷极限，在负荷之内，它就是和谐的、美丽的，超出其负荷极限，生态网络就会走向崩溃。

① 霍尔姆斯·罗尔斯顿Ⅲ：《哲学走向荒野》，刘耳、叶平译，吉林人民出版社 2000 年版，代中文版序第 10 页。
② 霍尔姆斯·罗尔斯顿Ⅲ：《哲学走向荒野》，刘耳、叶平译，吉林人民出版社 2000 年版，第 213 页。
③ 霍尔姆斯·罗尔斯顿Ⅲ：《哲学走向荒野》，刘耳、叶平译，吉林人民出版社 2000 年版，第 242 页。
④ 巴里·康芒纳：《封闭的循环——自然、人和技术》，侯文蕙译，吉林人民出版社 1997 年版，第 7 页。
⑤ 霍尔姆斯·罗尔斯顿Ⅲ：《哲学走向荒野》，刘耳、叶平译，吉林人民出版社 2000 年版，第 286 页。
⑥ 霍尔姆斯·罗尔斯顿Ⅲ：《哲学走向荒野》，刘耳、叶平译，吉林人民出版社 2000 年版，第 287 页。
⑦ 奥尔多·利奥波德：《沙乡年鉴》，侯文蕙译，吉林人民出版社 1997 年版，第 204—205 页。

　　土地伦理理论。西方生态哲学和环境美学将大地视为一个能够维持生命运转的、动态平衡的有机生态系统，并用"大地盖亚"这一概念对其作了伦理化的描述：大地是生命之母，"她年高德劭、温柔慈祥，她是大地母亲，手中掌握着我们的命运"①。利奥波德认为，在和谐、美丽的土地生态共同体中，人类的角色发生了重要转变，不再是征服者，而"变成这个共同体中的平等的一员和公民。它暗含着对每个成员的尊敬，也包括对这个共同体本身的尊敬"②。谨慎对待地球共同体、协调与其他生命物种的关系是人类必须坚持的立场和态度，是人类应该承担的责任与义务。人类应尊重土地共同体及共同体内的其他成员，与其他生命物种共同分享地球。

　　生态繁荣思想。西方生态哲学和环境美学认为，包括人在内的所有生态系统成员都应维护生态系统的健康与繁荣。环境美学家霍尔姆斯·罗尔斯顿指出，人类自身的繁荣与生态系统中其他物种的繁荣紧密相连，人类有能力改造周边的生存和生活条件，但"我们的改造活动得是合理的，是丰富了地球的生态系统的……并非维持生态系统的现状，而是保持其美丽、稳定与完整"③。西方生态哲学和环境美学将生态平衡视为实现生态繁荣的基础和条件，认为生态平衡是一种基本的价值基础与行为规范。在此基础上，西方学者还提出了生态繁荣原则，认为自然世界的发展就是一种日趋走向生态繁荣的进程，强调必须维持生命物种的多样性和生态系统的稳定与平衡。生态多样性是生态繁荣的一种表现，同时也是维护生态系统稳定与平衡的重要基础。如果缺少生态多样性，生态体系就会缺乏稳定性，其恢复能力也会变弱，这将导致生态环链的断裂甚至毁坏。

　　绿色发展理论。19世纪美国作家梭罗创作的散文集《瓦尔登湖》被视为西方生态伦理学先驱之作，它通过艺术化的形式深刻反思了人与自然环境之间复杂的生态关系，表达了对环境恶化、生态失衡的无限忧虑，告诫人们不要用物欲满足去排遣人生的空虚与无奈，否则就会陷入一种恶性循环，因此人们应该选择一种自然、简朴、平静、绿色的生活和生产方式。《瓦尔登湖》的面世意味着一种绿色生活与发展理念在现代社会日渐形成。20世纪西方生态哲学和环境美学充分认识到自然资源的稀缺性和脆弱性，将土壤改良以及生态平衡视为生态圈维持正常运转的决定性因素，并着重对现代农业生产中滥用化肥、农药等现象作了深刻反思：化肥、农药在被用来对付虫害的同时，也给土壤带来了污染和损害。西方学者用"大自然在反抗"④来形容和描述人类在改造自然过程中遭受的生态副作用乃至生态惩罚。西方生态哲学和环境美学将资源保护视为人类应当遵守的基本准则，倡导绿色发展模式和可持续发展战略，旨在促进人类之间以及人类与自然之间的和谐，使地球生态系统能够长久地保持稳定与美丽。

---

① 唐纳德·沃斯特：《自然的经济体系：生态思想史》，侯文蕙译，商务印书馆1999年版，第437页。
② 奥尔多·利奥波德：《沙乡年鉴》，侯文蕙译，吉林人民出版社1997年版，第194页。
③ 霍尔姆斯·罗尔斯顿Ⅲ：《哲学走向荒野》，刘耳、叶平译，吉林人民出版社2000年版，第30—31页。
④ 蕾切尔·卡逊：《寂静的春天》，吕瑞兰、李长生译，吉林人民出版社1997年版，第214页。

第三节　生态之美的欣赏

对生态审美对象进行观照，亲身欣赏、体验、领略、感悟生态之美，是开展生态美育的另一重要内容，也是当代大学生提高自身生态审美素养的现实路径。对生态美的欣赏主要包括感悟与体验大自然的感性形式之美、人与自然的和谐共生之美、生命物种的多样繁荣之美、生态圈的和谐平衡之美、生活环境的舒适宜居之美等几个方面。

一、欣赏大自然的感性形式之美

生态美育的一个重要目的是激发人们对大自然的亲近之情，培养人的生态审美意识，提高人类构建自身与自然之间和谐的审美关系的能力。因此，以审美的眼光观照大自然，深切体验大自然的感性形式之美，是实施生态美育不可或缺的重要手段和方式。具体而言，就是通过对自然界中美的形象的观照和欣赏，获得真切的审美体验和审美感受，培养人们敬畏自然、尊重自然、感恩自然、珍爱自然、善待自然的情感和美德，进而增强人们维护自然生态系统平衡稳定、和谐美丽的自觉性、主动性、积极性。

人类具有悠久的自然审美活动的历史，早在春秋战国时期，自然就开始进入中国古人的审美视野。魏晋时期，文人士子不但把自然山水作为审美的对象，而且主动置身于自然美之中以陶养情性、砥砺品格。从此自然审美就获得了与艺术审美平等的地位，成为一种重要的美育方式。而在西方，18 世纪的思想家们日渐重视自然对人的审美陶染作用，于是过去那种单一的自然美欣赏活动逐渐发展成为一种具有审美教育功能的活动。随着人们认识的深化以及审美意识的提升，到了 20 世纪后期，对自然美的欣赏逐渐成为生态美育的重要内容。

众所周知，构成自然美的先决条件是自然事物本身的质料、形状、色彩、线条等自然特征，因此自然美首先表现为其外在感性形式之美。大自然丰富多彩、绚丽多姿、有声有色、有形有态，是开展自然美育的天然而理想的对象。大自然千变万化，春秋代序，斗转星移，云卷云舒，花开花落，草长莺飞，足以令人产生审美的惊喜，而且置身于大自然中，享受阳光雨露，接受自然的洗涤与化育，本身就是一种积极而高效的生态体验方式。在具体的生态美育活动中，当代大学生可以着重从以下几个方面对自然的感性之美进行欣赏和感悟。

一是感受自然的形状之美。自然景物首先是也主要是以它的空间形式给人以美感的。例如，位于昆明市石林彝族自治县境内的路南石林（图 12 - 1），遍布着上百个黑色大森林一般的巨石群，这里众多奇石拔地而起，参差峥嵘，千姿百态，或如夫妻对叙，或如母子相偎，或如勇士驰骋，或如窈窕淑女，或如雨后春笋，或如飞鸟走兽……形态真切，琳琅满目，令人目不暇接，不愧为大自然鬼斧神工的杰作。中国古人对自然景物的形状之美深有体会，并且留下了许多脍炙人口的精彩的描绘，如："碧玉妆成一树高，万条垂下绿丝绦"①（贺知章《咏柳》），"峭仞耸巍巍，晴岚染近畿"②（郑谷《华山》），等等。在开展自然美育活动时，审美主体要注意观赏和把握这些自然景物的外在样貌、形态，充分享受大自然的馈赠，积极获取审美享受。

图 12 - 1　云南路南石林

　　二是领略自然的色彩之美。大自然不但多姿，而且多彩。例如位于我国甘肃省张掖市的丹霞地貌群，其美不仅在于奇特险峻，更在于令人目眩的色彩。在方圆 10 多平方公里的范围内，红、黄、橙、绿、青、白、灰等多种鲜艳的色彩将山丘、沟壑装点得绚丽多姿、五彩缤纷，行走在其中，仿佛进入了一个色彩斑斓的童话世界，令人惊叹不已。色彩易于激发人们情绪或情感上的强烈反应，大自然斑斓的色彩美，能够给人们带来愉悦的心情。我国古人是很重视自然色彩的审美价值的，将色彩之美入诗入画，例如："桃红复含宿雨，柳绿更带朝烟"③（王维《田园乐七首·其六》），"最爱湖东行不足，绿杨阴里白沙堤"④（白居易《钱塘湖春行》），等等。如果没有了色彩美，那么自然美就会大打折扣。当代大学生应继承中华美育传统，积极开展生态审美活动，睁大双眼，注意欣赏自然天地间的五颜六色和五彩缤纷，深切领略自然景物的色彩之美，增强对大自然的亲近感。

　　三是聆听自然的声响之美。自然美是有声有色的，人们在获得视觉享受的同时，也能够获得听觉享受。在大自然中，风起松涛，雨打芭蕉，泉水叮咚，莺歌燕语，鸟啼蝉鸣，溪水潺潺……这些美妙的声音构成了一部优美的交响曲。宋代词人辛弃疾《西江月·夜行黄沙道中》曾经写道："明月别枝惊鹊，清风半夜鸣蝉。稻花香里说丰年，听取

---

① 《全唐诗》第 4 册，中华书局 1960 年版，第 1147 页。
② 《全唐诗》第 20 册，中华书局 1960 年版，第 7727 页。
③ 《全唐诗》第 4 册，中华书局 1960 年版，第 1305 页。
④ 《全唐诗》第 13 册，中华书局 1960 年版，第 4957 页。

图 12-2　（宋）马麟《静听松风图》

蛙声一片。"① 南宋画家马麟作有《静听松风图》（图 12-2），通过笔墨的渲染和线条的变化，生动形象地描绘了自然声响之美，产生了一种看似无声却有声的美妙效果，让人仿佛听到了松风轻吟、流水低唱。在我国许多名胜景区里，可以看到许多名字类似"听江亭""听泉亭""听雨榭""闻涛阁"等的建筑物，目的就是便于人们尽情欣赏大自然的声响之美。所以，审美主体应竖起耳朵，用心地倾听大自然中的风吼雷鸣、虎啸龙吟、莺啾燕啭、鹤唳猿啼、蝉唱虫吟、紫燕呢喃、流水淙淙、落叶沙沙……注意聆听自然的声响之美，进而获得无限的精神愉悦。

四是感受自然的律动之美。大自然是不断发展变化的，春去秋来、潮起潮落、斗转星移、阴晴圆缺、沧海桑田，周而复始，循环往复，生生不息。自然界的光、色、声、形变幻无穷，四时的风光各有特色，大自然以其特有的生命运动显示了勃勃生机和无限活力，为人类演奏了一曲美妙、和谐、统一的优美乐章，呈现出一种充满无穷魅力的律动之美。在人类审美史上，古代先贤们积累了丰富的自然审美经验，并因此而创作出了数不胜数的优美诗篇，"春风桃李花开夜，秋雨梧桐叶落时"②（白居易《长恨歌》），"春城无处不飞花，寒食东风御柳斜"③（韩翃《寒食》），"新年都未有芳华，二月初惊见草芽"④（韩愈《春雪》），"塞下秋来风景异，衡阳雁去无留意"⑤（范仲淹《渔家傲·秋思》），等等，都是人们对于自然律动之美的生动描述。当代大学生应积极主动地走近自然、融入自然，充分调动视觉、听觉、味觉、触觉、嗅觉等一切审美感官，用自己的身心去观照和感受自然，深切体悟自然的律动之美，进而激发对大自然的敬畏之心和热爱之情，增强爱护自然环境、维护生态平衡的美学意识。

二、感受人与自然的和谐共生之美

中国传统文化是一种以"天人合一"为哲学根基、蕴含着丰富生态审美智慧的农耕文化。中国古人对天地自然怀有天然的亲和情感，很早就注意到了自然山水可亲可爱的

---

① 胡云翼：《中国古典文学作品选读·唐宋词一百首》，上海古籍出版社 1978 年版，第 118 页。

②《全唐诗》第 13 册，中华书局 1960 年版，第 4819 页。

③《全唐诗》第 8 册，中华书局 1960 年版，第 2757 页。

④《全唐诗》第 10 册，中华书局 1960 年版，第 3846 页。

⑤ 胡云翼：《中国古典文学作品选读·唐宋词一百首》，上海古籍出版社 1978 年版，第 23 页。

一面，把热爱大自然、亲近大自然、融入大自然视为人生最大的快乐。道家美学的代表人物庄子认为人与自然和谐相处就是天乐，他在《庄子·天道》中说："夫明白于天地之德者，此之谓大本大宗，与天和者也。所以均调天下，与人和者也。与人和者，谓之人乐；与天和者，谓之天乐。"[1] 儒家美学的创始人孔子曾经满怀深情地对人与自然的和谐共生之美进行了描述，"莫春者，春服既成，冠者五六人，童子六七人，浴乎沂，风乎舞雩，咏而归"[2]（《论语·先进》），并且将其视为心目中理想的生活情景。中国历代文人对自然景物都充满了深情，其笔下所呈现的往往是人与万物相亲相近、友好相处的生态和谐世界，他们通过充满诗意的笔触建构起了人与自然亲和协调的审美关系，如：陶渊明的"采菊东篱下，悠然见南山"[3]（《饮酒》），王维的"行到水穷处，坐看云起时"[4]（《终南别业》），李白的"相看两不厌，只有敬亭山"[5]（《独坐敬亭山》），苏东坡的"东风知我欲山行，吹断檐间积雨声"[6]（《新城道中二首·其一》），等等。热爱自然美景是人的天性，中国古人尤其喜欢亲近天地自然，喜欢纵情山水、放意林泉，乐于游园戏水、赏花弄草；唐代诗人刘禹锡的诗句"千竿竹翠数莲红，水阁虚凉玉簟空。琥珀盏红疑漏酒，水晶帘莹更通风"[7]（《刘驸马水亭避暑》）对人们亲近自然、戏水纳凉的生活场景进行了生动描述，而辛弃疾的《清平乐·村居》"茅檐低小，溪上青青草。醉里吴音相媚好，白发谁家翁媪？大儿锄豆溪东，中儿正织鸡笼；最喜小儿亡赖，溪头卧剥莲蓬"[8] 则惟妙惟肖地描写了农村一家五口人与大自然和谐相处的美好生活画面……对人与自然和谐共生之美的赞赏、体验和感悟，意味着人与自然的生态审美关系的建构与提升，因为在这一审美体验过程中，主体在不知不觉中拉近了与自然生态的距离，生态情感、生态意识悄然而生。

从一定意义上讲，生态美就是经济增长与资源环境协调发展、人与自然和谐共生的美好状态。近年来，随着绿色、循环、低碳生产方式和生活方式的不断推进，人类生态环境日益改善，在祖国大江南北我们都可以感受到人与自然的和谐共生之美。例如，我们国家在修建青藏铁路时，为了使当地野生动物的日常栖息不受影响，在设计铁路时绕过动物的集中栖息区域，并且还专门修建了方便藏羚羊等野生动物迁徙活动的涵洞，每隔一段铁路就有一座。当青藏铁路正式通车后，乘坐火车旅行观光的人们与成群迁徙的藏羚羊一同映入我们的眼帘，完全是一幅人与自然和谐共生的美丽生态图景。

---

[1]《庄子》，孙通海译注，中华书局 2014 年版，第 138 页。

[2] 杨伯峻：《论语译注》，中华书局 2006 年版，第 135 页。

[3] 逯钦立：《陶渊明集》，中华书局 1979 年版，第 89 页。

[4]《全唐诗》第 4 册，中华书局 1960 年版，第 1276 页。

[5]《全唐诗》第 6 册，中华书局 1960 年版，第 1858 页。

[6] 王文诰：《苏轼诗集》，孔凡礼点校，中华书局 1982 年版，第 436 页。

[7]《全唐诗》第 11 册，中华书局 1960 年版，第 4055 页。

[8] 胡云翼：《中国古典文学作品选读·唐宋词一百首》，上海古籍出版社 1978 年版，第 116 页。

三、感悟生命物种的多样繁荣之美

科学、高效、完善的生态美育，离不开审美主体对生命物种的多样繁荣之美的观照和欣赏。自然界中每一个生命物种都有其独特的精彩，"一花独放不是春，百花齐放春满园"，只有各个生命物种都按照自然规律有序地发展进化、生长繁衍、各美其美、美美与共，共同维护自然生态系统的平衡、稳定与可持续发展，整个世界才是最美的。

"生生不息"是中国传统文化中一个重要的审美原则。万物滋生化育、大化流行、生生不息就是善，就是美。《周易·系辞上》曰："生生之谓易。"① 在中国古人看来，"生生"意味着变化、发展与繁荣，意味着生物体之间的平等，意味着生命物种的多样性发展。"生生"是自然万物存在的基本方式和基本特征，彰显和发扬万物之生意便是仁，就是天地之大德，"二气交感，化生万物。万物生生，而变化无穷焉"②，"天地之大德曰生"③。中国古典美学将自然视为一个生生不息、创生不已的有机整体，认为个体生命的自由发展与繁荣是自然大化流行、循环往复、周而不殆的组成部分。每种自然存在物在道（自然规律）的作用下自由地生存、不断地繁衍，以自身独特的方式体现着大自然的生生不息和欣欣向荣。"海阔凭鱼跃，天高任鸟飞"正是对体现在自然大化流行之中的自由的赞颂与向往。宋人周敦颐《太极图说》曰："圣人与天地合其德，日月合其明，四时合其序，鬼神合其吉凶。"④ 在周敦颐看来，大自然生生不息、变化无穷、丰富多彩，呈现出充满生机与活力的生命之美、天地大美，人对天地万物承担着伟大的生态责任，应该与自然万物同生共荣、和谐共处。中国古人还极力主张生命物种的多样性与丰富性之美。汉乐府《长歌行》写道："阳春布德泽，万物生光辉。"⑤ 宋代美学家朱熹说："嘉，美也；会，犹齐也。嘉会，众美之会，犹言齐好也。春天发生万物，未大故齐。到夏时，洪纤高下，各各畅茂。盖春方生育，至此乃无一物不畅茂。……事事物物，大大小小，一齐到恰好处。……万物至此，各遂其性，事理至此，无不得宜……"⑥ 一枝独秀不是春，百花齐放春满园，万物竞秀、万紫千红才是真正的大美、和美。因此，朱熹进一步指出："人、物并生于天地之间，其所资以为体者，皆天地之塞；其所得以为性者，皆天地之帅也。"⑦ 人与自然万物有着共同的来源和本性，在根本上是平等的，所以人与物并生于天地之间，生生不息，生意无穷，丰富多彩。

按照当代西方环境美学的观点，自然界中的每一个存在物都有自由存在与发展的权

---

① 孟子等：《四书五经》，中华书局 2009 年版，第 539 页。

② 周敦颐：《周子通书》，徐洪兴导读，上海古籍出版社 2000 年版，第 48 页。

③ 孟子等：《四书五经》，中华书局 2009 年版，第 543 页。

④ 周敦颐：《周子通书》，徐洪兴导读，上海古籍出版社 2000 年版，第 48 页。

⑤ 郭茂倩：《乐府诗集》，中华书局 1979 年版，第 442 页。

⑥ 黎靖德：《朱子语类》，王星贤点校，中华书局 1986 年版，第 1708 页。

⑦ 朱熹：《西铭解》，朱杰人等主编：《朱子全书（修订本）》第十三册，上海古籍出版社、安徽教育出版社 2010 年版，第 141—142 页。

利，所有存在物之间都是平等的。在自然生态系统中，所有存在者应平等交往、同生共荣。西方学者还强调，人类必须要和其他生物共同分享地球，学会与其他生命和谐相处，将其他生命的繁荣衰败与人类自己的发展兴盛相关联，在人类与其他生命之间形成一种合理的协调关系，这样才能实现共同繁荣，实现可持续的生态繁荣。西方学者罗尔斯顿提出了一个生命多样性的原则，他指出，人类有能力改造他们的环境，"但这种改造应该是对地球生态系统之美丽、完整和稳定的一种补充"[1]，同时，"我们的改造活动得是合理的，是丰富了地球的生态系统的……并非维持生态系统的现状，而是保持其美丽、稳定与完整"[2]。自然世界的发展，就是一种日趋走向生态繁荣的进程。生态多样性是生态繁荣的一种表现，同时也是维护自然的美丽、完整、稳定以及可持续发展的重要基础。

我国地大物博，幅员辽阔，地形多样，山川秀美，河流纵横，湖沼星罗，自然美育资源极为丰富，生物多样性在许多地方得到有效保护，充分展示了自然生命繁荣之美。例如，横跨福建、江西两省的武夷山国家公园，号称"世界生物之窗""天然植物园""昆虫世界""飞鸟天堂""蛇的王国""研究亚洲两栖爬行动物的钥匙"，是世界上保存最完整、最典型、面积最大的中亚热带森林生态系统，保存着大片的原始森林植被。有爬行类、两栖类、鸟类以及脊椎动物、昆虫等7 000多种野生动物在武夷山国家公园栖息繁衍，还有黑猩猩、黄腹角雉、白颈长尾雉、金斑喙凤蝶等多种国家重点保护动物；整个公园内分布着11种植被类型、170多个群丛，有南方红豆杉、银杏、水松、水杉、伯乐、闽楠等各类国家重点保护植物100余种，几乎涵盖了中国亚热带地区的所有植被类型。百余年来，新的物种不断被发现，如福建天麻、武夷山对叶兰、崇安斜鳞蛇、挂墩鸦雀等，数量多达1 000多种，其中仅新发现的昆虫种类就多达数百种。公园内山峦连绵，草木葱茏，鱼跃禽飞，猿啼鸟鸣，处处洋溢着生物多样性之美，呈现出一片万物竞发、生机勃勃的景象。置身于武夷山国家公园，我们可以深切地感受到生物多样性之美，于不知不觉中涵养个人生态审美情怀。

面对生命物种的多样繁荣之美，当代大学生应该给予更多更深入的欣赏和观照，从而更加深刻地理解生命，更加自觉地关爱生命，不断增强环保意识，提升自身的生态审美素养，为促进生命物种的多样发展和持续繁荣作出应有的贡献。

四、感受生态圈的和谐平衡之美

通俗地讲，生态圈就是地球上所有生命物体同生共存的生态环境，它是一个封闭且能够自我调控的有机系统。人与其他生命物种都属于生态圈的组成部分。不同生命物种之间相互依存、相互制约、相互影响，它们之间的和谐与平衡维系着整个生态圈的正常运转。西方生态哲学和环境美学认为，自然平衡是生态圈的一种规范，这是一种不断发

---

[1] 霍尔姆斯·罗尔斯顿Ⅲ：《哲学走向荒野》，刘耳、叶平译，吉林人民出版社2000年版，第30页。
[2] 霍尔姆斯·罗尔斯顿Ⅲ：《哲学走向荒野》，刘耳、叶平译，吉林人民出版社2000年版，第30—31页。

展的动态平衡，它与生态圈的进化伴随而行。深切感受生态圈的和谐平衡之美是生态美育的重要内容，也是强化生命共同体理念、提升生态环保意识的重要途径和手段。

中国古人历来欣赏那种天地阴阳相谐和、万物并育而不相害的和谐平衡之美。庄子从万物并生、物我齐一的观念出发，为我们描绘了一幅万物和谐相处的美丽图景：

> 故至德之世，其行填填，其视颠颠。当是时也，山无蹊隧，泽无舟梁；万物群生，连属其乡；禽兽成群，草木遂长。是故禽兽可系羁而游，鸟鹊之巢可攀援而窥。夫至德之世，同与禽兽居，族与万物并，恶乎知君子小人哉？①（《庄子·马蹄》）

> 古之人，在混芒之中，与一世而得澹漠焉。当是时也，阴阳和静，鬼神不扰，四时得节，万物不伤，群生不夭，人虽有知，无所用之，此之谓至一。当是时也，莫之为而常自然。②（《庄子·缮性》）

这里所呈现的是一种和谐、淳朴、平衡、浑整的生态平衡之美。宇宙天地间，万物不伤，群生不夭，一切都自然而然、和谐平衡。《礼记·乐记》云："天高地下，万物散殊，而礼制行矣。流而不息，合同而化，而乐兴焉。春作夏长，仁也。秋敛冬藏，义也。"③自然天地间，阴阳相得，万物并生，圆融和谐，草木茂盛，一切井然有序。

一些当代西方学者也深刻地意识到生态圈的和谐平衡之美的重要价值和意义。当代西方环境美学认为自然界的每个存在物都不是孤立存在的，它们以各自独特的存在方式与周围的生物发生密切的联系，相互依赖，彼此制约，使整个自然界保持一种动态的平衡状态。这种平衡意味着自然存在物间的和谐与有机统一。美国学者利奥波德将自然视为一个"和谐、稳定和美丽"的"生物共同体"④。在这个充满生态和谐的生命共同体中，"作为生态系统的自然并非任何不好的意义上的'荒野'"⑤，而是一个各种成员相互依存、彼此和谐的有机整体。

生态圈可以依靠自动调节来维持自身的稳定与永续发展，各个生命物种之间既相互依存又相互制约，呈现出一种独特的和谐平衡之美。当某种外力强行影响生态圈并超过一定限度时，生态圈的和谐平衡之美就会遭到毁坏。例如，大草原是一个由牧草、野兔、狼、牛、羊等组成的一个相对封闭的生态圈，如果牧民们为了保护牛羊而过度捕杀狼，野兔会因失去狼这个天敌而数量激增，牧草面积也会随着野兔的增加而减少，随之牛羊的数量因牧草面积的减少而减少，但是当野兔数量达到一定规模后又会因种内的生存竞

① 《庄子》，孙通海译注，中华书局 2014 年版，第 94 页。
② 《庄子》，孙通海译注，中华书局 2014 年版，第 170 页。
③ 孟子等：《四书五经》，中华书局 2009 年版，第 383 页。
④ 奥尔多·利奥波德：《沙乡年鉴》，侯文蕙译，吉林人民出版社 1997 年版，第 213 页。
⑤ 霍尔姆斯·罗尔斯顿Ⅲ：《哲学走向荒野》，刘耳、叶平译，吉林人民出版社 2000 年版，代中文版序第 10 页。

争，数量逐渐减少而达到新的平衡。生态圈中各种生物的数量和所占的比例总是维持在相对稳定的状态，使生态圈呈现出和谐平衡之美。

许多自然保护区、自然风景区等都是欣赏生态圈和谐平衡之美的好去处。例如，位于贵州省威宁县境内的草海国家级自然保护区，是一个由草海深水域、浅水沼泽、莎草湿地、草甸、水生生物群落以及六洞桥和望海楼等人文景观等组成的自然湿地生态系统。保护区内的草海湖，素有"高原明珠"之称，是一个面积达46.5平方公里的天然淡水湖，湖区青山环抱，草木繁茂，阳光充足。保护区内生长着金鱼藻、狐尾藻、水毛花、荆三棱、水芹、水葱等数十种水生植物和云南松、华山松、刺柏、滇榛灌丛、白桦灌丛等多种灌丛和经济林木，栖息着黑颈鹤、斑头雁、灰鹤、黄斑苇鳽等200多种鸟类和草鱼、鲤鱼等鱼类，还有水赤链游蛇等爬行动物。草海自然保护区是我国迁徙水禽的重要越冬地和停歇地，冬季鸟类云集，数以万计的游禽、涉禽在此越冬，此时的草海湖平如镜，烟波浩渺，水天一色，云水相接，万鸟齐飞，生机勃勃，呈现出一幅人禽共生、多种生物和谐相处的美丽画面。

当代大学生应充分利用自然保护区、自然风景区、国家公园、生态园等自然美育资源，积极投身于这种生命和谐共生的意境和生机盎然的环境氛围，调动审美情感，深切体验和感悟生态圈的和谐平衡之美，激发对自然的亲近之情，增强与其他生命个体和谐相处、与大自然共命运的使命感，树立尊重自然、维护生态平衡的观念。

五、体验生活环境的舒适宜居之美

人居环境之美是当代生态美的重要组成部分，舒适宜居则是人类生活环境美的重要衡量标准之一，因此欣赏和体验生活环境舒适宜居之美是实施生态美育的一个重要方式和途径。

西方环境美学家伯林特认为："审美的环境正是每个人生活的介质（medium），是环境的艺术、人类生活的艺术。"[1] 进入20世纪以后，随着"人类应该诗意地栖居在大地上"等理论学说的提出，环境美日益受到人类的重视，对生活环境的舒适宜居之美的欣赏也因此成为生态美育的重要内容，正如伯林特所强调的，要"运用最大限度的感知能力"，"拓展我们的体验、人类世界和自己的生活"，而"这种生活的核心就是环境之美感"。[2] 天蓝、地绿、水清的美好家园业已成为当代人对理想生活环境的共同向往。

其实，人类自古以来就比较关注自身的生活环境，并且将生活环境作为重要的审美对象予以观照和欣赏。东晋陶渊明在《桃花源记》中对他心目中理想的生活环境——桃花源的舒适宜居之美作了生动细致的描述："芳草鲜美，落英缤纷。……土地平旷，屋舍俨然，有良田、美池、桑竹之属。阡陌交通，鸡犬相闻。"[3] 从此以后，《桃花源记》的故

① 阿诺德·伯林特：《环境美学》，张敏、周雨译，湖南科学技术出版社2006年版，第22页。
② 阿诺德·伯林特：《环境美学》，张敏、周雨译，湖南科学技术出版社2006年版，第23页。
③ 逯钦立：《陶渊明集》，中华书局1979年版，第165页。

事在中国被广泛传播，陶渊明笔下的桃花源也逐渐成为人们向往的美好家园。在中国数千年的诗词发展史上，涌现了一大批描写日常生活环境之美的佳作，如"榆柳荫后檐，桃李罗堂前。暧暧远人村，依依墟里烟。狗吠深巷中，鸡鸣桑树颠。户庭无尘杂，虚室有余闲"①（陶渊明《归园田居》），"渭城朝雨浥轻尘，客舍青青柳色新"②（王维《送元二使安西》），"绿树村边合，青山郭外斜"③（孟浩然《过故人庄》），这些诗句都是对日常生活环境舒适宜居之美的真切描述，抒发了人们对于自然生态的审美感悟。

随着我国社会生产力的提升以及生态环境问题的日益突出，推进绿色低碳发展、改善人居环境、建设美丽家园、不断满足人民群众对美好生活的向往成为当代一项重要的历史任务。近年来，各级政府大力整治生态环境、全面提升城市功能品质、努力构建绿色空间体系，人民群众的生活环境有了较大优化和明显改善，涌现出了威海、厦门、珠海、烟台、大连、青岛等一批生活舒适、环境优美的样板城市以及青岛八大关、厦门鼓浪屿、南京梅园新村、大连青泥洼、珠海唐家湾等建筑美观、风貌迷人的宜居街区，它们既是美丽中国建设的先进典型，也是切身体验生活环境舒适宜居之美的好去处。例如，地处山东半岛最东端的威海市，是中国第一个国家卫生城市，拥有国家园林城市、国家森林城市等诸多荣誉称号，以环境优美、生活舒适而享誉世界，市民的生活幸福指数逐年提升，威海市也因此多次荣登中国最具幸福感城市榜单。威海市政府历来注重生态环境的保护和优化，近年来以开展"美丽城市"建设试点为契机，围绕"大气山海，精致栖居"的整体风貌定位，坚持"生态赋能"理念，在城市建设中科学规划，将碧海蓝天、红瓦绿树、特色小区、历史街区、园林绿化、景观照明、街道界面、建筑风貌、城市雕塑等环境要素有机融合，实施高效能空间治理，统筹国土空间的保护、开发、利用、修复，努力给市民创造一个优美、舒适、宜居的生活环境，实现了旅游观光、文化创意、美食休闲、生态宜居的有机统一。威海海岸线曲折多湾，沙滩细腻，海水清澈，植被茂密，空气清新，环境宜居，城市风貌独特，地域文化特色鲜明。面朝大海，春暖花开，有生活，也有诗和远方，自然景观之美与人居环境之美在此交相辉映、美美与共。不论是外地游客，还是本地居民，漫步在威海的街头巷尾，无不深切地感受到生活的闲适与惬意；徜徉在威海的山间海边，处处可以体验大自然的清新与宁静，体悟环境之美带来的愉悦。再如，广州祈福新村位于祈福山与大夫山之间，是一个居住人口达 20 多万的大型居民社区。小区三面环山，以环境优美、舒适宜居而被誉为"中国第一村"。设计者将欧式建筑中浪漫悠闲舒适的生活元素植入小区建筑中，小区内建有大小花园 100 多个，种植树木 30 多万棵、花卉 50 多万株，总体绿化率达 75%，整个小区就如无数小花园组合而成的大型公园。小区建有商业区、美食街、超市、影院、宾馆、学校、邮局、银行、医院等各种配套生活设施。不论是清晨还是傍晚，徜徉在小区中就仿佛置身于人间仙境：

---

① 逯钦立：《陶渊明集》，中华书局 1979 年版，第 40 页。
② 王维：《王维集校注》，陈铁民校注，中华书局 1997 年版，第 408 页。
③《全唐诗》第 5 册，中华书局 1960 年版，第 1651 页。

空气清新，绿意葱茏，身边景色美不胜收；走在祈福湖岸边，能够享受一线天然湖泊美景；遥望远方，大夫山层峦叠翠、连绵起伏……人们在尽情欣赏优美的生活环境，体验其舒适宜居之美时，保护生态、关爱生命之情油然而生，自身的生态审美素养也在潜移默化、不知不觉中得到了提升。

当然，对生活环境舒适宜居之美的欣赏和体验，不是单纯的观照式的，而是沉浸式的，它不同于以往的对艺术美的欣赏，主要依赖于眼睛或耳朵等一种或几种审美感官，而是需要欣赏者亲临其境，置身于美的生活环境中，沉浸于美的生活环境中，调动一切感觉器官，全身心地去细心体验、深切感悟环境之美。

本章思考题与阅读书目

一、思考题

1. "生态美育"是如何提出的？

2. 大学生态美育的任务是什么？

3. 生态美育的主要特征是什么？

4. 如何欣赏生态之美？

二、阅读书目

1. 韩风：《走向生态审美——环境设计的生态审美研究》，中国建筑工业出版社 2017 年版。

2. 陈望衡：《环境美学》，武汉大学出版社 2007 年版。

3. 袁鼎生、黄秉生、黄理彪：《生态审美学》，中国文史出版社 2002 年版。

4. 章海荣：《生态伦理与生态美学》，复旦大学出版社 2005 年版。

5. 隋丽：《现代性与生态审美》，学林出版社 2009 年版。

6. 唐海珍、曹珍：《美育与生态环境素养》，湖南科学技术出版社 2022 年版。

7. 刘悦笛：《自然之美》，安徽文艺出版社 2021 年版。

8. R. W. 爱默生：《自然沉思录》，博凡译，上海社会科学院出版社 1993 年版。

三、实践活动

活动主题：亲近自然，感受生态之美。

活动可采用多种不同的形式，以下活动供参考，可选择其一完成。

1. 前往郊外春游踏青或游览学校所在城市的风景名胜，感悟大自然的感性形式之美，并撰写一篇 1 000 字左右的活动感受。

2. 开展到动物园或市民广场投喂鸽子的班级活动，与鸽子亲密接触，体验人与自然的和谐共生之美，并撰写一篇1000字左右的活动感受。

3. 观看纪录片《美丽中国》，感悟人与自然的和谐共生之美，并撰写一篇1000字左右的观后感。

4. 观看纪录片《平衡》《青海·我们的国家公园》，感悟生态圈的动态平衡之美、生命物种的多样繁荣之美，并撰写一篇1000字左右的观后感。

5. 参观当地城市规划展览馆，感受生活环境的舒适宜居之美，并撰写一篇1000字左右的观后感。

四、案例分析

案例介绍：南京林业大学"人与自然生命共同体视阈下高校生态美育创新研究"课题组大力开发和建设园艺综合实践活动课程，通过观摩园艺科普展、开展生态环境调查、小花园营建竞赛、插花艺术大赛、盆栽制作展示、植物手工创作、建设校园植物库、打造校园植物文化节点、美化装点校园、花园营建竞赛等丰富多彩的活动形式，积极开展大学生态美育。调查显示：87.9%的学生希望参加形式多样的生态文化活动，如制作植物相关的手工作品等；86.2%的学生希望参加调节身心的劳动，如种植可实施范围内的蔬果等。96.6%的学生认为参与园艺相关的创造性技能劳动对身心发展有积极影响，其中感觉有明显改善的占34.5%，有一定作用的占62.1%。从对校园植物特色及其植物景观的满意度调查来看，58.6%的学生觉得满意。受调查大学生普遍反映，通过灵活多样的生态美育形式，他们的综合素质得到显著提升。（摘编自尹红梅、芦建国、丁彦芬：《绿色发展背景下高校生态美育融合园艺劳动育人实践初探》，载《林业勘察设计》2022年第3期。）

分析：南京林业大学"人与自然生命共同体视阈下高校生态美育创新研究"课题组立足本校实际，突出林业高校的专业特色及其在生态美育方面的学科优势，将生态美育融入园艺劳动教育，积极开创生态美育第二课堂，努力创新高校大学生生态美育的途径和方法，让大学生在丰富生动的美育实践活动中领悟生态美，借校园以悦人性，育花木以滋养人。

该课题组在大学生态美育中注意将生态美育与专业特点相结合，注意将生态美育融入具体的课堂教学中，将园艺劳动的相关知识与美育心育相结合，将园艺理论、生态理念与审美实践相结合，突出生态美育的实践性，精心打造符合大学生特点、富有时代气息、体现文化内涵、具有价值导向的生态美育品牌活动，着力培养学生尊重劳动、热爱自然和爱护生态环境的意识和情感，深受大学生欢迎，极大提升了大学生的生态审美素养，取得了良好效果。该生态美育案例在国内高校中具有一定示范和推广价值。

后 记

　　审美体验能使人们摆脱功利主义的羁绊，从而诗意地栖居于大地。美育的当代使命就是要守护文明长河中的精神火种，而在高等学府当中开展美育更具有跨越学科的作用。《大学美育》作为大学通识课的教材，与其说是对高等教育知识体系的补充，还不如说是对现有学科隔阂的消弥。人工智能技术的发展让知识的获取更加便捷，人文和审美情感的陶冶对于当代年轻人显得尤为重要。具备了审美素养的新型知识分子，不仅是在专业之余能背几句唐诗，弹几支乐曲，而是能在量子芯片上看见拓扑美学，在航天技术中理解天问诗学，在基因序列中反思生命美学的时代弄潮儿，从而能够打通文理科的壁垒，在科技与人文之间架起交流的津梁。

　　本教材期待能为大学的通识美育课程提供有益的帮助，全书共分十二章，前五章总论大学美育的本质、功能与历史，后七章则是分论不同类型的美育形态。本书从策划到最终付梓，经历了三年的时间。我要特别感谢刘彦顺教授，他与我共同策划和组稿，并且一起统稿，终于完成了本教材的写作。本书的编写者都是来自于全国不同高校的专业教师，他们从各自擅长的领域提出了编写的内容，经由多次的线上会议的磋商讨论，以及在江苏师范大学举办的编写讨论会的充分交流，共同确定了编写体例和写作基调，书稿能够顺利完成是全体作者们共同努力的结果。

　　承蒙华东师范大学出版社的鼎力相助，书稿在交稿几个月的时间内就得以出版，范耀华编辑和张婧编辑为书稿的文字工作审校把关，感谢她们的辛劳付出和高效工作！

朱志荣

2025 年 3 月 31 日